管理学原理

（第2版）

21世纪经济管理类创新教材

主　编　李维刚　李　冰
副主编　张宗利　李玉红　于　辉　武雪梅

清华大学出版社
北京

内 容 简 介

本书共分 12 章，分别是管理与管理者、管理理论的形成和发展、创新、决策、计划、组织、组织文化、领导、沟通、激励、控制的基础、控制方法。全书以创新思维为引领理念，以管理职能为主体脉络，逻辑清晰，融会贯通，覆盖了管理理论的主要知识点。在体例上每一章前面都设置了本章导读、学习目标和关键概念，正文中穿插了管理故事、经典案例、知识拓展、课程思政等栏目，章后有本章小结、复习思考题、自测练习题和案例分析题，使理论体系更加完善，注重培养学生务实的态度、创新精神和实践应用能力。

本书既可作为普通高等院校经济管理类专业的教材使用，也可作为企业管理人员的培训用书或自学用书。

本书封面贴有清华大学出版社防伪标签，无标签者不得销售。
版权所有，侵权必究。举报：010-62782989，beiqinquan@tup.tsinghua.edu.cn。

图书在版编目（CIP）数据

管理学原理 / 李维刚，李冰主编. — 2 版. — 北京：清华大学出版社，2022.3（2025.2 重印）
21 世纪经济管理类创新教材
ISBN 978-7-302-60296-5

Ⅰ. ①管… Ⅱ. ①李… ②李… Ⅲ. ①管理学－高等学校－教材 Ⅳ. ①C93

中国版本图书馆 CIP 数据核字（2022）第 039174 号

责任编辑：杜春杰
封面设计：刘　超
版式设计：文森时代
责任校对：马军令
责任印制：杨　艳

出版发行：清华大学出版社
　　　网　　址：https://www.tup.com.cn, https://www.wqxuetang.com
　　　地　　址：北京清华大学学研大厦 A 座　　邮　编：100084
　　　社 总 机：010-83470000　　邮　购：010-62786544
　　　投稿与读者服务：010-62776969，c-service@tup.tsinghua.edu.cn
　　　质量反馈：010-62772015，zhiliang@tup.tsinghua.edu.cn
印 装 者：涿州市般润文化传播有限公司
经　　销：全国新华书店
开　　本：185mm×260mm　　印　张：24.75　　字　数：601 千字
版　　次：2007 年 8 月第 1 版　　2022 年 5 月第 2 版　　印　次：2025 年 2 月第 2 次印刷
定　　价：69.80 元

产品编号：091343-01

前言

管理学是在自然科学和社会科学两大领域的交叉点上建立起来的一门研究人类社会管理活动中各种现象及其规律的综合性交叉学科，涉及数学、社会科学、人类学、生理学、技术科学、新兴科学，以及领导学、决策学、未来学、预测学、创造学、战略学、科学学等。注重解决实际问题，使组织目标能够高效率地得以实现，强调理论与实践的有机结合；强调站在哲学思维的高度，利用分析问题、解决问题的合理思路与方法，针对特定外部环境与组织内部条件，切实提出问题解决方案。

管理学课程是教育部规定的普通高等院校经济管理类专业本科教学的一门重要的核心专业基础课程。本书以高等院校经济管理类专业本科生为主要服务对象，以人才培养为宗旨，以培养学生的创新精神、创业意识及实践能力为导向，以提高实践能力，培养为经济社会发展服务的应用型人才为目标，充分吸收国内外管理学教材的精华，对教学内容的设置以"必需、够用"为度，以适应性、实用性和应用性为准，力求突出课程教学的开放性和综合性。

当今世界正面临百年未有之大变局，随着"大、智、移、云、物、区"等现代信息技术的快速发展，管理学作为应用性极强的学科被赋予了新的内涵和使命。为了更好地适应和满足应用型大学本科学生对管理学的学习需求，编者在2007年出版的《管理学原理》教材的基础上，结合多位主讲教师的教学改革经验，充分调研学生学习诉求，征求管理学领域内同行与专家的建议，将平时积累的新理论知识与实践资料精细地进行补充与完善，形成了第2版《管理学》。

教材主要有三个方面的变化。一是对编写体系进行了较大调整。将"创新"一章由原来单独作为一篇调整为"基础篇"中的第三章，主要是考虑创新作为一种必不可少的思维方式应该贯穿于任何一个管理职能中，而不应该单独作为一种职能与其他四个职能并列。二是在内容上做了更新与丰富。在保留管理学核心内容的基础上，根据学生的需求和老师的讲课经验总结，将现代管理研究的前沿理论特别是技术创新、组织创新、国外管理理论的新发展、中国管理理论的新成就、新实践等内容纳入新教材体系中，做到与时俱进。三是形式上的变化。增加了思政目标，具体体现在增加了管理故事、课程思政等专栏。

教材在编写过程中更注重教学实际要求，更有助于学生自主学习，既强调对基础知识的准确理解，又要强化对管理实践的把握。具有如下特色。

第一，理论时代化。全书以管理过程为主要线索，用通俗易懂的语言全面、系统地介绍了管理学基础理论研究的主要成果，涵盖了新概念、新思想、新模式、新方法，充分反映了当代管理学研究所面临的新问题，具有前瞻性，能充分体现新时代管理学理论与实践的新探索。

第二，内容本土化。在教材撰写过程中融合了我国古今优秀的管理理论和实践内容，将本土管理思想融入教材。力求将管理研究的历史成果和现代观点有机整合起来，力求概念准确、语言精练、论述透彻、层次清晰、通俗易懂。

第三，育人思政化。本书在提炼精华、介绍经典的基础上，将家国情怀、责任担当、文化自信、创新精神、工匠精神、无私奉献等思政元素以润物无声的形式融入教材中，提升学生的思政素养，为实现中华民族伟大复兴培育人才。

第四，形式丰富化。第 2 版教材在每一章教学内容前新增"本章导读"模块，引导学生关注本章讲述内容，并提炼出每章的学习目标及关键概念；每一章正文内容中包含四个主要栏目：知识扩展、管理故事、经典案例和思政专栏；正文之后有本章小结、课后思考题、自测练习题和案例分析。

本书由李维刚教授（佳木斯大学经济与管理学院）任主编，编写大纲并最后统稿。具体分工如下：李维刚编写第 1 章、第 4 章，张宗利编写 2 章、第 3 章，李冰编写第 5 章，魏溪瑶编写第 6 章，于辉编写第 7 章、第 8 章，李玉红编写第 9 章、第 10 章，武雪梅编写第 11 章、第 12 章。

本书在编写过程中参考了大量国内外专家学者的著作、教材、案例及学术论文，涉及的内容已经尽可能地在参考文献中列出，在此，对这些专家学者表示最真诚的感谢；如有遗漏，在此表示歉意。本书在修订过程中得到了编者所在单位领导、老师以及学生的支持，在此，谨代表全体编写人员表示感谢。尽管编者们努力工作，但囿于水平与视野，对管理学先进理念的理解仍有不够透彻的地方，也缺乏实际管理运作的经验，书中难免会有各种疏漏与不足之处，恳请读者批评指正，以作为再次编写时的宝贵资料，对此深表感谢。

编者

2022 年 3 月

目 录

第一篇 基础篇

第一章 管理与管理者 2
- 本章导读 2
- 学习目标 2
- 关键概念 2
- 第一节 管理概述 3
  - 一、管理的地位和作用 3
  - 二、管理的概念 5
  - 三、管理的特性 6
  - 四、管理的基本职能 8
  - 五、管理的环境 11
- 第二节 管理者 19
  - 一、管理者的概述 19
  - 二、管理层次与管理技能 20
  - 三、不同层次的管理者角色与任务的转变 23
  - 四、管理者的角色 23
  - 五、平均的、成功的和有效的管理者 24
  - 六、管理者的道德 25
  - 七、管理者的社会责任 29
- 本章小结 32
- 复习思考题 32

第二章 管理理论的形成和发展 33
- 本章导读 33
- 学习目标 33
- 关键概念 33
- 第一节 早期的管理思想 34
  - 一、中国早期管理思想 34
  - 二、国外早期管理思想 39
- 第二节 古典管理理论 42
  - 一、科学管理理论 42

二、一般管理理论 ... 46
　　三、行政组织理论 ... 51
　　四、古典管理理论的主要特点 ... 54
第三节　行为科学理论 ... 56
　　一、人际关系学说 ... 56
　　二、行为科学理论的建立与完善 ... 58
第四节　现代管理理论 ... 61
　　一、现代管理理论的概述 ... 62
　　二、现代管理理论的学派 ... 62
第五节　当代管理理论的发展 ... 68
　　一、国外管理理论的新发展 ... 68
　　二、中国管理理论的新成就 ... 72
本章小结 ... 74
复习思考题 ... 74

第三章　创新

本章导读 ... 76
学习目标 ... 76
关键概念 ... 76
第一节　创新概述 ... 77
　　一、创新的内涵 ... 77
　　二、创新的特征 ... 80
　　三、创新职能的基本内容 ... 80
　　四、创新过程及其管理 ... 90
第二节　技术创新 ... 91
　　一、技术创新及其贡献 ... 91
　　二、技术创新的源泉 ... 92
　　三、技术创新与产品开发 ... 96
　　四、技术创新的战略及其选择 ... 99
第三节　组织创新 ... 105
　　一、组织制度创新 ... 105
　　二、组织结构创新 ... 107
　　三、组织文化创新 ... 110
　　四、组织理论创新 ... 111
本章小结 ... 113
复习思考题 ... 114

第二篇　计划篇

第四章　决策 116
本章导读 116
学习目标 116
关键概念 116
第一节　决策概述 117
　　一、决策的概念 117
　　二、决策理论 118
第二节　决策的原则与程序 121
　　一、决策的原则 121
　　二、决策的程序 122
第三节　决策的类型与方法 125
　　一、决策类型 125
　　二、决策方法 130
本章小结 138
复习思考题 139

第五章　计划 140
本章导读 140
学习目标 140
关键概念 140
第一节　计划概述 141
　　一、计划的定义 141
　　二、制订计划的目的 142
　　三、计划的类型 143
　　四、影响计划的权变因素 145
　　五、计划的程序 146
第二节　战略计划 148
　　一、战略计划的概念 148
　　二、战略环境分析 149
　　三、战略计划的选择 157
第三节　计划的方法 163
　　一、目标管理法 163
　　二、滚动计划法 165
　　三、运筹学方法 167
　　四、PERT网络分析法 167
　　五、甘特图法 169
本章小结 170

复习思考题..170

第三篇　组织篇

第六章　组织..174
本章导读..174
学习目标..174
关键概念..174
第一节　组织概述..175
一、组织的概念..175
二、组织的分类..176
第二节　组织设计..180
一、组织设计的含义..180
二、组织设计的基本原则..182
三、组织设计的权变因素..189
四、组织设计的类型选择..194
五、组织人员配备..202
第三节　组织变革..206
一、组织变革的动因分析..206
二、组织变革的方式..208
三、组织变革的实施..210
四、当代组织变革的新举措..213
本章小结..214
复习思考题..215

第七章　组织文化..216
本章导读..216
学习目标..216
关键概念..216
第一节　组织文化概述..216
一、组织文化的内涵..216
二、组织文化结构..226
三、组织文化的类型..227
第二节　组织文化的塑造..232
一、组织文化的历史积淀..232
二、组织文化的培育..236
本章小结..240
复习思考题..241

第四篇　领导篇

第八章　领导 244
本章导读 244
学习目标 244
关键概念 244
第一节　领导概述 245
一、领导及领导者 245
二、领导活动的基本要素与基本特征 247
三、领导与管理的区别 249
第二节　领导理论 251
一、领导特质理论（20世纪30—40年代） 252
二、领导行为理论（20世纪40年代末至60年代末） 255
三、领导权变理论（20世纪60年代末至80年代初） 260
四、人性假设理论 263
第三节　领导艺术 267
一、提高工作效率的艺术 267
二、知人善任的艺术 271
三、冲突管理的艺术 272
四、提高会议效率的艺术 274
本章小结 278
复习思考题 279

第九章　沟通 280
本章导读 280
学习目标 280
关键概念 280
第一节　沟通概述 281
一、沟通的概念 281
二、沟通过程与要素 284
三、沟通模式 287
四、沟通的种类 288
第二节　沟通障碍与有效沟通 295
一、沟通障碍 295
二、有效沟通 297
第三节　组织冲突与有效谈判 302
一、组织冲突 303
二、有效谈判 306
本章小结 308

复习思考题 308

第十章 激励 310

本章导读 310
学习目标 310
关键概念 310

第一节 激励概述 311
一、激励的概念 311
二、激励的要素 312
三、激励的类型 313
四、激励的效果 314

第二节 激励理论 316
一、内容型激励理论 317
二、过程型激励理论 324
三、行为改造型激励理论 327

第三节 激励原则与基本途径 331
一、激励原则 331
二、激励基本途径 333

本章小结 336
复习思考题 336

第五篇 控制篇

第十一章 控制的基础 340

本章导读 340
学习目标 340
关键概念 340

第一节 控制概述 340
一、控制的基本概念 341
二、控制的重要性 341
三、控制的类型 342

第二节 控制的原则与程序 346
一、控制的原则 346
二、控制的程序 349

本章小结 354
复习思考题 354

第十二章 控制方法 356

本章导读 356
学习目标 356

关键概念 356
第一节　预算控制 357
　　一、预算的编制 357
　　二、预算的种类 362
　　三、预算的作用及缺点 363
第二节　作业控制 365
　　一、成本控制 365
　　二、库存控制 366
　　三、质量控制 369
第三节　财务控制 370
　　一、财务控制的定义 370
　　二、财务控制的方法 370
　　三、财务控制的特征 371
　　四、财务控制的实施方式 371
第四节　综合控制 372
　　一、标杆控制 372
　　二、平衡计分卡 375
本章小结 380
复习思考题 381

参考文献 382

第一篇　基础篇

第一章　管理与管理者
第二章　管理理论的形成和发展
第三章　创新

第一章 管理与管理者

本章导读

学习管理的理由有如下两方面。

第一，管理实践与人类历史一样悠久，有了人类就有了管理实践活动。管理思想（理念、方式等）对于国运的荣辱、组织的胜败以及个体的切身利益至关重要。

第二，当你从学校毕业，开始你的事业生涯时，你所面对的现实不是管理别人就是被别人管理。只要你为了生活不得不去谋生，就得在某个组织中工作，或者你是管理者，或者你为管理者工作。对于那些选择管理生涯的人来说，理解管理过程是培养管理技能的基础。即使你想当一个被管理者，通过学习管理，你可以从你老师的行为和组织的内外运作中，领悟到许多做人的道理和经营模式的基本原理，从而减少被动淘汰的概率。

学习目标

知识目标：了解管理的地位和作用；理解管理和管理者的概念，以及管理者的道德、管理者的社会责任；掌握管理的基本职能、管理的环境、管理者概念、管理层次与管理技能、管理者的角色等基础知识。

能力目标：充分认识学习管理重要性的能力；提高综合分析问题的能力。

素质目标：管理者角色的转换；管理者技能的侧重；自我定位的胜任力。

思政目标：充分认识到管理是我们最困难、最崇高的任务；培养学习者良好的道德修养和敢于担当的社会责任感。

关键概念

管理（management） 组织（organization）
资源（resources） 环境（environment）
职能（working talent） 管理者（managers）
管理角色（management roles） 技能（technical ability）
道德（ethics） 社会义务（social obligation）
社会责任（social responsibility） 社会响应（social responsiveness）

第一节 管理概述

自从有了人类的共同劳动，管理实践就开始了。早在公元前 5000 年生活在幼发拉底河流域的古闪米特人就有了最原始的记录活动，这也是人类历史上最早的管理活动。古希腊时代的色诺芬（约公元前 440—公元前 355 年）根据自己经营和管理庄园的经验撰写的《家庭管理》，是古希腊流传下来的专门论述经济管理的第一部著作，对经济管理的研究对象、管理水平优劣的评判标准、加强人的管理以及分工的重要作用等方面，都做了较为详细的记载。现存世界十大建筑之首的万里长城，其历史可上溯到西周（公元前 1046—公元前 771 年）时期，历经战国、秦、明等朝代。统治者在生产力极其低下的条件下组织数万甚至数十万百姓的分工与协作实属不易。古代管理实践与思想的光辉可见一斑。

【知识拓展 1-1】

现存的世界十大建筑

① 中国的万里长城；② 中国兵马俑；③ 埃及金字塔群；④ 巴西里约热内卢基督雕像；⑤ 印度泰陵；⑥ 土耳其圣索菲亚大教堂；⑦ 罗马斗兽场；⑧ 意大利比萨斜塔；⑨ 秘鲁印加遗址马丘比丘；⑩ 英国巴斯城罗马古浴场。

一、管理的地位和作用

（一）管理是人类社会一切实践所必不可少的活动

在生产力极其低下的远古时代和原始社会，人类群居群猎，氏族部落共同生活，因此，在抵御外来风险、征服自然的过程中需要分工与协作、协调与领导，此时群居的"头"——氏族部落的首领在人类生产生活中的管理作用是不可替代的。从人类社会几千年的历史来看，管理活动伴随着人类文明发展的整个历程。管理的不可或缺性，我们在日常生活中都可以真真切切地体会到。孔子的"修身、齐家、治国、平天下"体现了管理的普遍性和重要性。

（二）管理是促进人类社会进步和科技发展的关键因素

人类社会的所有活动都需要组织起来进行，诸如政治、经济、军事、文化、教育、科研等皆需如此，要想组织活动顺利进行就必须有管理。随着社会生产力的快速发展，科学技术的高度发达，信息技术的日新月异，人类社会有组织的活动规模越来越大，协作的范围越来越广，管理也越来越向精细化、科学化方向发展，管理的地位和作用也日益突出和重要。理论家和实践者也都深刻地认识到，管理是推动人类社会进步和科学发展的催化剂，把管理同土地、劳动和资本并列称为社会的四种经济资源。管理同人力、物力、财力和信息一起构成了组织的"五大生产要素"。

管理理论的创新发展，管理实践水平的提高，既是人类社会进步、科学技术发展的结果，同时也大大促进了社会的发展、科学技术的进步。

【知识拓展 1-2】

两个轮子都不能少

前国务院总理朱镕基同志在 1983 年主编的"现代科技知识干部读本"《管理现代化》一书指出：先进的科学知识和先进的经营管理是推动现代经济高速发展的两个轮子，两者缺一不可。科学技术是第一生产力，为人类社会的进步与发展提供动力，使历史的车轮转动得更快。而管理不仅影响甚至决定把科技成果转变为这种动力的可能性和速度，而且决定整个历史车轮转动的方向，因为管理是能动的、创新的，具有活跃的生命力，体现时代特征。管理是生产力发展的催化剂，是解决矛盾与冲突的润滑剂，是一个组织团结与凝聚的黏合剂。管理科学思想与实践活动对于人类社会的重要性，随着社会经济的发展必将日益显著。

（三）管理是社会生产力发展的重要保障

管理对社会生产力发展的作用具体表现在以下几个方面。

1. 管理影响着生产力的存在状态

在不同管理条件下，生产力存在的状态和发挥的效用却不同。生产力被压抑、僵化死板则效率低下，充分解放则充满活力。其中主要的原因是管理，取决于管理是宏观的管理体制和管理制度；取决于微观的管理方式、方法和管理人员的管理实践的艺术性。

2. 管理制约着生产力的发展速度

生产力总是要发展的，从根本上说，生产力的发展取决于整个社会科学技术的发展水平和人们素质的提高。它的标志是，高素质的人掌握着新的设备，运用新的方式进行生产。

3. 管理能创造新的生产力

既然人们总是在一定的组织形式下依靠群体的协作有组织地进行活动，那么，这种有分工协作的共同活动不仅会提高个人生产力，还会产生新的生产力。我们常常听到"科技兴邦"和"科技兴农"等口号，是否会引发下面的问题：谁兴科技？如何运用科技？如何将科技转化为生产力？需要人，需要人与人的分工与协作，需要资源的整合，而这些都离不开"管理"。所以说，科技是生产力，管理也是生产力，管理还能创造新的生产力。

（四）管理是一个国家的基础国力

管理的好坏决定着我们的经济形势，决定着国家的命运。可以说，一个国家、一个民族、一个组织、一个家庭甚至作为个体的人，由强变弱或由弱变强地转换力量，在很大程度上取决于管理水平的高低。历史事实表明，管理在民族的兴衰荣辱、国家的繁荣昌盛中扮演着重要的角色。

【知识拓展 1-3】

管理的重要性

朱镕基同志认为管理是我们最困难、最崇高的任务。他在《管理现代化》一书中指出：

"当前我们需要优先解决的问题,第一是管理,第二是管理,第三还是管理。"在《管理现代化》一书中朱镕基同志强调:"中日对比中,管理的差距远远大于科技的差距,这个事实说明什么,耐人寻味。"在拉丁美洲流行的一句话也颇为引人深思:发展中国家并不是发展上的落后,而是管理上的落后。李·艾柯卡曾使克莱斯勒起死回生,杰克·韦尔奇曾使通用电气这只"大象"会跳舞,张瑞敏曾使电冰箱厂扭亏为盈,又带领海尔集团成为"世界级航母",他们的制胜法宝就是管理。

二、管理的概念

(一)西方管理学者的理解

研究管理的角度不同,给管理的定义也不一样,有人认为管理是一门科学,而有人认为管理是一种艺术、一种文化。西方众多的管理学家对管理的理解具有代表性的主要有以下几种。

(1)"科学管理之父"弗雷德里克·温斯洛·泰勒:管理就是"确切地知道你要别人去干什么,并使他用最好的方法去干"。

(2)"经营管理之父"亨利·法约尔:管理就是实行计划、组织、指挥、协调和控制。

(3)美国管理学家、1978年诺贝尔经济学奖获得者赫伯特·西蒙:管理就是决策。

(4)美国洛杉矶加州大学教授哈罗德·孔茨:管理就是设计和保持一种良好环境,使人在群体中高效率地完成既定目标。

(5)美国管理学家斯蒂芬·罗宾斯:"管理是指同别人一起,或通过别人使活动完成得更有效的过程。"

(6)被美国《商业周刊》称为"当代不朽的管理思想大师"的彼得·德鲁克早在20世纪40年代就认为管理已成为组织社会的基本器官和功能。他曾在《管理:人物、责任、实践》(*Management: Tasks, Responsibilities, Practices*,1973)中阐述:管理是一种器官,是赋予机构以生命的、能动的、动态的器官。没有机构就不会有管理;没有管理,机构就是乌合之众。他认为,管理从根本上讲意味着用智慧代替鲁莽,用知识代替习惯,用合作代替强制。

(7)美国弗吉尼亚大学商学院美洲银行讲席教授托马斯·贝特曼(Thomas S. Bateman)和康奈尔大学工业与劳动关系学院人力资源教授斯考特·斯奈尔在其合著的《管理学:构建新时代的竞争优势》(第5版)中指出,在新时代,对管理影响最重要的四种要素是互联网、全球化、知识管理、跨边界合作。管理者必须关注质量、成本竞争力、创新和速度。

(二)我国管理学者的理解

管理的概念是一个历史的范畴,在我国古代,"管"是指管辖、管制的意思,体现着权力的归属。"理"即整理或处理之意,体现的是目标的完成。管和理连在一起,就表示在权力的范围内对事物的管束和处理,以实现组织目标。

(1)周三多、陈传明、刘子馨、贾良定:管理是为了实现组织的共同目标,在特定的时空中,对组织成员在目标活动中的行为进行协调的过程。

他们认为，实现组织目标是评价管理成败的唯一标准；特定时空是管理的必要条件；管理的核心是人的行为；管理的本质是协调。

（2）芮明杰：管理是对组织的资源进行有效整合以达成组织既定目标与责任的动态创造性活动。他认为管理的核心在于对现实资源的有效整合。

（3）郭占元：管理是指组织为了实现其目标，通过各项职能活动，合理分配、协调相关资源，努力达到投入最小、产出最大的经济和社会效益的过程。

以上管理的概念各有所长，值得借鉴和学习。

（三）我们的观点

我们认为，管理是指一个组织在特定的环境下，对其所拥有的资源（人力、物力、财力、信用、时间、信息、关系以及其他资源）进行计划、组织、领导、控制和创新，使组织更有效地实现既定目标的过程。

管理的概念归纳起来包括以下几点含义。

（1）管理工作是在一定的环境条件下开展的。环境既提供了机会，也构成了威胁。也就是说，管理须将所服务的组织看作一个开放的系统，它不断地与外界环境产生相互的影响和作用。

（2）管理的对象是组织所拥有的各种各样的资源。管理工作要通过综合运用组织中的各种资源来实现组织效率高、效果好的目标。在组织所拥有的众多资源中，人力资源居第一位。人力资源具有能动性、创造性，是组织管理职能的执行者，是管理的核心。

（3）管理由若干个职能构成。管理职能包括计划、组织、领导、控制和创新，管理工作是在一系列相互关联、连续进行的环节中由相关职能完成的。

（4）管理是一个过程。管理是为实现组织目标服务的，是有意识、有目的的一个过程。

三、管理的特性

（一）管理的自然属性和社会属性

管理的自然属性表明了凡是社会化大生产的劳动过程都需要管理，它不取决于生产关系的性质，而主要取决于生产力的发展水平和劳动社会化程度，因而，它是管理的一般属性，体现了在任何社会制度中管理的共性。社会生产总是在一定的生产关系下进行的，管理要体现生产资料所有者的意志，维护所有者的利益，为巩固和发展一定的生产关系服务，从而表现管理的社会属性。管理的社会属性主要取决于生产关系的性质，并随着生产关系性质的变化而变化，因而，它是管理的特殊属性，在不同的社会生产关系条件下表现出管理的不同个性。

管理的自然属性和社会属性使我们可以更好地了解管理的特性。因为任何一种管理方法、管理技术和手段的出现都是与时代背景和特定的社会关系紧密结合的。就自然属性而言，各种不同社会形态的管理，都有其很鲜明的社会属性，但从生产力角度来看，管理具有继承性和连续性，都有其共同可遵循的规律。因而，古今中外，只要是管理好经验和先进的方式方法，我们都可以利用和借鉴。管理的二重性之间的关系如图1.1所示。

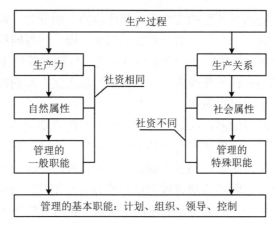

图注：社资指社会主义制度和资本主义制度。

图 1.1 管理的二重性示意图

（二）管理的科学性和艺术性

管理的科学性是指人们在发现、探索、总结和遵循客观规律的基础上，建立系统化的理论体系，并在管理实践中应用管理原理与原则，使管理成为理论指导下的规范化的理性行为。在长期的管理实践中，人们经过无数次的失败和成功，通过对丰富的管理实践的归纳、总结、提炼，从中抽象总结出一系列反映管理活动过程中客观规律的管理理论和一般方法，使管理成为一门科学。

管理的艺术性关注的是管理的实践性。管理者在实际工作中需要面对千变万化的管理对象，灵活多样地、创造性地运用管理技术与方法解决实际问题，从而在实践与经验的基础上，创造了管理的艺术与技巧，形成了管理的艺术性。管理的艺术性强调的是管理人员必须在管理实践中发挥积极性、主动性和创造性，利用个人的智慧、知识和经验，因地制宜地将管理理论与具体的管理活动相结合，实现有效的管理。

管理的艺术性要求管理者必须学会熟练地掌握实际情况、因势利导、总结经验、理论联系实际。但是，管理的科学性和艺术性并不相互对立、相互排斥，而是相互补充、相互印证。管理理论和管理艺术研究的都是管理实践。不同的是，管理理论研究的是管理活动中普遍的、必然的规律性，而管理艺术研究的是在具体情景中管理活动的特殊性和随机性。所以，管理理论和管理艺术都是管理学的有机组成部分，二者缺一不可。

（三）管理的动态性和创新性

管理活动的动态特征主要表现在其需要在变动的环境与组织本身中进行，需要消除资源配置过程中的各种不确定性。因此，管理不是停留在书面的东西，它需要在现实中实践。书面上的东西最多是管理实践的总结或理论的推演，它是一种静态的东西，学习管理需要学书面上的东西，但更重要的是学会在什么样的状况下如何实施具体的管理。哈佛大学注重案例教学，表明了哈佛的教授对管理真谛的一种认识。事实上，由于各个组织所处的客观环境与具体的工作环境不同，各个组织的目标与从事的行业不同，从而导致了每个组织中资源配置的不同，这种不同就是动态特性的一种派生，因此不存在一个标准的处处成功的管理模式。

管理的创新性主要源于管理的实践条件和环境的不断变化，根植于动态性之中，与科学性和艺术性相关。就像一个民族的灵魂在于创新一样，管理同样需要创新。通过管理的创新，推动社会和经济的发展，在一定条件下，还可以创造新的生产力。试想一下：在21世纪的今天，我们仍然原样不变地应用着"科学管理之父"泰勒的科学管理原理，那我们的世界将会是什么样子就可想而知了。

今天，管理已经跨越国界，成为世界范围内人类的重要活动。不同国家的国情不同，民族不同，文化不同，组织模式和类型都有较大差异，管理的创新性显得更为重要。现在国际流行的管理本土化就是管理创新性的反映，可以说，管理的创新性是管理理论不断发展、管理学科日益重要、管理活动有效的核心基石。正如《商业周刊》所描述的：在日常经营中优胜劣汰的斗争中，胜者将是那些最适应新世界演变的个人和组织。

（四）管理的人本性和经济性

管理的人本性是指在管理过程中以人为本，即以人为中心，把理解人、尊重人、调动人的积极性放在首位，把人视为管理的重要对象及组织最重要的资源。管理的人本性主要表现为两个方面：一是管理的中心是协调人际关系和管理人，人是管理的中心，在管理中要注意研究并根据人的行为规律去激发、调动人的积极性，调动人的积极因素，并使人们相互沟通和理解，为完成共同的目标而努力；二是在管理中要时时关注人的尊严，尊重人、关心人，注意满足人的合理需要。

人力资源是一个组织的首要资源，其他资源利用效率和效果主要由管理者对资源配置的优劣决定。资源配置是需要成本的，因此管理就具有经济特性。管理的经济性首先反映在资源配置的机会成本之上，管理者选择一种资源配置方式就会放弃另一种资源配置方式，这里有个机会成本的问题。其次，管理的经济性反映在管理方式方法选择上的成本比较，因为众多可帮助进行资源配置的方式方法成本不同，故如何选择就有个经济性的问题。最后，管理是对资源有效整合的过程，因此选择不同资源供给和配比，就有个成本大小的问题，这也是管理经济性的一种表现。

四、管理的基本职能

管理过程学派的创始人亨利·法约尔在1916年发表著名的著作《工业管理与一般管理》，对管理的具体职能加以概括和系统论述，提出管理就是一个组织进行的计划、组织、指挥、协调和控制。法约尔对管理职能的论述，形成了自己的学派，被后人称为"五职能学派"。后来，许多管理学者对管理职能从不同的角度进行研究，出现了不同的学派。但从总体上看只是繁简不同、表述不一，并没有实质上的差异，如表1.1所示。

表1.1 不同学者对管理职能划分一览表

年份	代表人物	职能										
		计划	组织	指挥	协调	控制	激励	人事	调集资源	通讯联系	决策	创造革新
1916	法约尔	○	○	○	○	○						
1934	戴维斯	○	○			○						

续表

年份	代表人物	职能									
		计划	组织	指挥	协调	控制	激励	人事	调集资源	通讯联系	决策	创造革新
1937	古利克	○	○	○	○	○			○			
1947	布朗	○	○			○			○			
1947	布莱克	○			○	○						
1949	厄威克	○	○			○						
1951	纽曼	○	○			○		○				
1955	孔茨	○	○			○		○				
1964	艾伦	○	○			○						
1964	梅西	○	○					○			○	
1964	米	○	○			○	○			○	○	○
1966	希克斯	○	○			○		○		○		
1970	海曼和克斯特	○	○	○		○		○				
1972	特里	○	○			○						

本书采用管理学者周三多的观点，管理职能包括计划、组织、领导、控制、创新。

（一）计划职能

计划职能排在管理职能之首，是管理的首要职能。计划职能的主要任务是在收集大量基础资料的基础上，对组织未来环境的发展趋势做出预测，根据预测的结果和组织拥有的可支配资源建立组织目标，然后制定出各种实施目标的方案、措施和具体步骤，为组织目标的实现做出完整的谋划。

因为任何有组织的集体活动都需要在一定的计划指引下进行。一般来说，计划职能主要包括以下内容：① 分析和研究组织活动的环境和条件，明确组织的优势和劣势；② 制定决策，根据组织资源及组织的优势和劣势，明确组织在未来某个时期内的总体目标和方案；③ 编制行动计划，详尽制订实现这些目标的具体行动计划，以便将目标落到实处。行动计划实际上要解决的问题是"5W1H"，即做什么（what）、为什么做（why）、何时做（when）、在哪做（where）、由谁来做（who）以及如何做（how）。

（二）组织职能

组织职能有两层含义：一是进行组织结构的设计、建造和调整，如成立某些机构或对现有机构进行调整和重塑；二是为达成计划目标所进行的必要的组织过程，如进行人员、资金、技术、物资等的调配，并组织实施，等等。组织工作是计划工作的延伸，其目的是把组织的各类要素、各个部门和各个环节从劳动的分工和协作上，从时间和空间的连接上，从相互关系上，都合理地组织起来，使劳动者之间和劳动工具、劳动对象之间，在一定的环境下形成最佳的结合，从而使组织的各项活动协调有序地进行。

(三) 领导职能

领导职能是指组织的各级管理者利用各自的职位权力和个人影响力去指挥和影响下属为实现组织目标而努力的过程，是管理者带领、指挥和激励下属，选择有效的沟通渠道，营造良好的组织氛围实现组织目标的过程。有效的领导要求管理者在合理的制度环境中，针对组织成员的需要和行为特点，运用适当的方式，采取一系列措施提高和维持组织成员的工作积极性。领导职能主要涉及组织中人的问题，往往和激励职能、协调职能一起发挥作用。

(四) 控制职能

为了确保组织目标以及保证措施能有效实施，管理者要对组织的各项活动进行有效的监控。控制职能所起的作用就是检查组织活动是否按既定的计划、标准和方法进行，及时发现偏差、分析原因并进行纠正，以确保组织目标的实现。由此可见，控制职能与计划职能具有密切的关系，计划是控制的标准和前提，控制是为了计划的实现。

(五) 创新职能

由于科学技术迅猛发展，社会经济活动空前活跃，市场需求瞬息万变，社会关系也日益复杂，每位管理者每天都会遇到新情况、新问题。如果因循守旧、墨守成规，就无法应付新形势的挑战，也就无法完成肩负的任务。许多事业获得成功的管理者成功的关键就在于创新。在新经济条件下，在互联网、经济全球化、知识经济时代和组织之间跨边界合作的新时代管理环境背景下，创新是管理目标实现的关键、管理的灵魂，所以说，创新是管理重要的职能之一。

【创新故事 1-1】

重视 "双鸟"

所谓双鸟：一指"凤凰涅槃"；二指"腾笼换鸟"。"凤凰涅槃"就是要拿出壮士断腕的勇气，摆脱对粗放型增长的依赖，大力提高自主创新能力，建设科技强省和品牌大省，以信息化带动工业化，打造先进制造业基地，发展现代服务业，变制造为创造，变贴牌为创牌，实现产业和企业的浴火重生、脱胎换骨。"腾笼换鸟"就是要拿出浙江人勇闯天下的气概，跳出浙江，发展浙江，按照统筹区域发展的要求，积极参与全国的区域合作和交流，为浙江的高度产业化腾出发展空间；并把"走出去"和"引进来"结合起来，引进优质的外资和内资，促进产业结构的调整，弥补产业链的短项，对接国际市场，从而培育和引进吃得少、产蛋多、飞得高的"俊鸟"。实现"凤凰涅槃"和"腾笼换鸟"，是产业高度化发展的客观趋势和必然选择。

(六) 各种职能之间的关系

每一项管理工作一般都从计划开始，并经过组织、领导、控制。各职能之间同时相互交叉渗透，控制的结果可能又产生新的计划，开始又一轮新的管理循环。如此循环不息，把工作不断向前推进。各种职能相互联系、相互依存，各自发挥其独立作用。没有计划，组织、领导、控制都无从谈起；但没有组织、领导和控制，计划也不能有效落实，特别是控制职能，能对前三项职能的有效实施起到很好的反馈作用。而创新在管理循环之中处于轴心的地位，成为推动管理循环的原动力。

在管理实践中我们还要注意如下三个问题。

第一，管理者在某一个时间不一定在执行一项职能，也不是按照顺序执行的。管理者在某一段时间、处理某一个问题时，可能同时执行几项甚至全部职能。

第二，管理者在这四项职能上耗费的时间是不一样的。一般来讲，管理者所处的职位不同，对不同管理职能的关注和时间分配也有较大的差异。例如，高层管理者要花更多的时间来考虑组织的发展战略和整个组织的设计，而基层管理者则要更多地考虑如何激励下属和小组或个人的工作设计。

第三，创新职能与上述各种管理职能不同，它本身并没有某种特有的表现形式，它总是在与其他管理职能的结合中表现自身的存在与价值。

管理职能之间的关系如图 1.2 所示。

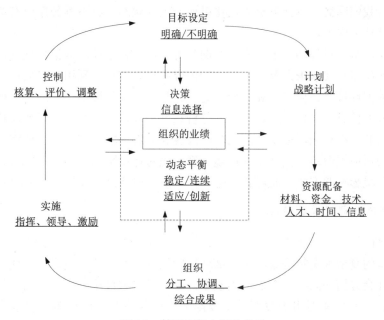

图 1.2　管理职能之间的关系

五、管理的环境

作为一个组织的管理者，必须做的一件事就是关注环境的变化，这是避免僵化和不灵活的关键。

（一）组织与环境的关系

环境是指事物存在和发展的周围条件和状况。系统管理理论认为，组织与环境之间是相互作用的，组织是一个受环境影响又影响环境的开放系统，是所有外部环境系统中的一个子系统，离开外部环境的子系统的存在是毫无意义的。组织需要从外部环境系统中获取所有的资源，既有的资源又受外部环境的制约和影响，同时组织也反过来影响外部大系统。

1. 外部环境对组织的决定作用

外部环境是一个组织生存的载体，外部环境对组织的决定作用主要表现在：第一，组织离不开环境，离开环境的组织不亚于空中楼阁；第二，外部环境为组织活动及生存和发展提供必要的资源。以企业为例，企业经营所需的各种资源都需要从属于外部环境的原料市场、能源市场、资金市场、劳动力市场等去获得。离开外部环境中的这些市场，企业经营便会成为无源之水、无本之木。与此同时，企业用上述各种资源生产出来的产品或劳务，也要在外部市场上进行销售。没有外部市场，企业就无法进行交换，也就无法生存下去。通常来讲，有什么样的环境就会造就什么样的组织，古今中外无一例外。同时，环境的变化对不同的组织来说可能是机会也可能是威胁，如国家政策的调整、消费者偏好的变化、公共卫生事件的发生，如新冠疫情的突发。

2. 组织对外部环境的影响

组织与外部环境是一种互动关系，组织对外部环境具有影响作用。当今社会是网络和信息化社会，我们回忆一下计算机大众化以前的生存状态，就不难想象没有英特尔的微处理器的世界是什么样子。

一般来说，组织对外部环境的影响有两种方式：一种是被动或消极地适应环境，即完全按照环境的特点和要求来调整自己的行为内容和行为方式，利用自身条件去适应现实环境，而不对外部环境有任何影响和改变；另一种是主动并积极地适应环境，即组织尽可能多地掌握环境的信息、情报，通过科学地分析和预测环境因素及其发展变化趋势，采取积极、主动的措施，在顺应环境变化的同时，改造和创造环境，甚至改变环境要素，然后利用自身条件去适应被改造、创新了的环境。组织面对环境影响的两种不同方式，前者是一种被动接受环境影响的方式，而后者则是一种主动、积极改变或创造环境的方式。

(二) 组织外部环境的特征

1. 复杂性

外部环境的复杂性是指构成组织外部环境的因素既有经济、技术、文化方面的因素，又有政治、社会方面的因素。在这些因素中，既有对组织直接产生影响的，又有间接产生影响的；既有一种因素对组织发挥着重要影响作用的情况，也有多种因素同时对组织发挥着重要影响作用的情况。因此，组织必须全面分析各种因素的影响，特别是着重分析那些对组织影响重大的环境因素，并及时做出正确的反应，只有这样才能掌握各种活动的主动权。

2. 变动性

外部环境的变动性是指组织的外部环境总是处于不断变化的过程中，只不过有的变化是渐进的，比较缓慢，不易察觉和把握；有的变化是突变的，很快就会对组织的活动产生直接的影响，引起组织的足够重视。不过，无论是对渐变的部分，还是对突变的部分，组织都应当及时掌握和分析有关的信息和情报，把握环境因素变化的趋势，制定正确的应对策略，以适应组织外部环境的变化。

3. 交叉性

外部环境的交叉性不仅指组织外部环境的各种因素之间客观上存在着相互依存、相互制约的关系，更指组织外部环境的复杂性和动态性交织着对组织产生的影响。它们的相互作用使得人们有时候很难看清环境到底会怎样变化。

（三）组织外部环境的内容

1. 一般环境内容

1）政治与法律环境

政治环境是指制约或影响组织的各种政治要素及其运行所形成的环境系统，包括一国的政治体制、政党制度、政府颁布的政策、政治气氛等诸多因素。政治环境既有相对稳定的成分，又有动态变化的要素。国体、政体、政党制度等属于一国政治环境中的结构性要素，具有较强的稳定性，一般不会有大的调整和变化；而政府颁布的各种政策由于受国内与国际各种因素的影响，通常处于动态的变化中，往往会对企业产生意想不到的影响。可以说，动态变化的政治环境要素是政治环境中最重要的部分，企业必须给予足够的重视。

法律环境是指与组织相关的一系列法律规范以及这些法律规范的制定和实施机构，同时也包括与此相关的社会法律意识，其中，法律规范是最基本、最重要的要素。由于法律法规的制定与政治环境中的政治体制、政党、政府等要素密切相关，所以，法律环境和政治环境本质上是一体的。法律的强制性决定法律环境对组织的影响具有硬性约束和刚性约束的特征，它规定了哪些事情能做，哪些事情不能做，从而确定了组织的行为边界，对组织的行为具有导向和规范的作用。比如，汽车召回制度的实施，使得汽车生产厂商都尽可能地在汽车出厂之前将所有的质量问题都解决掉。不过，需要指出的是，不同国家的法律有可能是不一样的，这是企业在跨国经营中必须要特别注意的问题。

2）经济环境

经济环境是指影响组织生存与发展的社会经济状况以及国家经济政策，包括社会经济水平、经济周期、产业结构、居民的购买力水平、消费结构、价格、财政税收制度、利率与通货膨胀水平以及国家的经济管理体制等要素。经济环境可能是一般环境中对组织特别是企业的经营管理活动影响最为直接的部分。环境的另一个特征是其内部的各种因素通常会发生连锁反应，一种因素的变化有可能引起诸多因素不同程度的变化，甚至导致整个经济形势发生逆转。比如，当消费者的收入减少，或者他们对工作保障的信心减弱，或者他们预计今后的消费支出会大幅度增加，他们就会减少或者推迟目前一些非必需品的消费，这会导致这些部门的投资不足，进而导致整个社会的投资需求不足，为避免经济出现衰退，政府又会采取积极的财政政策来刺激经济需求。不过，有时候政府投资有可能对民间投资产生"挤出效应"，从而进一步加剧经济衰退的步伐。而在经济衰退期，人们对服务愿意支付的费用不但会降低，而且还要求服务质量不断提高。

【知识拓展1-4】

"看不见的手"和"看得见的手"都要用好

在市场作用和政府作用的问题上，要讲辩证法、两点论，"看不见的手"和"看得见的手"都要用好，努力形成市场作用和政府作用有机统一、相互补充、相互协调、相互促进的格局，推动经济社会持续健康发展。

政府和市场的关系是我国经济体制改革的核心问题。党的十八届三中全会将市场在资源配置中起基础性作用修改为起决定性作用，虽然只有两字之差，但对市场作用是一个全新的定位，"决定性作用"和"基础性作用"这两个定位是前后衔接、继承发展的。使市场在资源配置中起决定性作用和更好地发挥政府作用，二者是有机统一的，不是相互否定的，不能把二者割裂开来、对立起来，既不能用市场在资源配置中的决定性作用取代甚至否定政府作用，也不能用更好地发挥政府作用取代甚至否定使市场在资源配置中起决定性作用。

3）社会文化环境

社会文化环境，是指社会环境中由文化诸要素及与文化要素直接相关联的各种社会现象构成的实际状态。文化环境涉及的范围十分广泛，大体上包括文化的基本要素系列、文化的价值系统和文化教育事业状况。文化的基本要素系列包括哲学、宗教、语言与文字、文学等。价值系统主要指存在于文化之中的普遍的价值观，也称文化价值观。文化教育事业是提高社会文化水平的决定性因素。置身于一定的文化环境中的组织，必然要受到文化环境的影响和制约。因此，组织应当充分认识文化的作用及作用方式，强化组织的文化环境意识，建设具有自己特色的组织文化。社会文化环境潜移默化地影响着我们对世界的认知方式。

4）技术环境

技术环境主要是指组织所处的社会环境中的科技要素及与该要素直接相关的各种社会现象的总和，包括新技术、新材料、新工艺的开发和采用，以及以此为基础形成的组织经营管理方式改变与国家科技政策制定等内容。当今世界技术的变化日新月异，中国科学院院长白春礼在第十六届中国科协年会上作大会特邀报告时说，回顾人类社会发展过程中经历的五次科技革命，得出科学先导、双轮驱动和科技强国三大启示。目前，我们在5G通信技术、高铁技术、桥梁建设技术、基因测序技术、量子通信技术和特高压输电技术等方面都取得领先地位。

以安全管理问题为例，以"大、智、移、云、物"等为代表的新兴技术正在颠覆传统，带来源源不断的变化，安全云化、安全大数据化、安全服务化、安全高端化是未来网络安全的发展趋势。

5）国际环境

经济全球化是不可阻挡的潮流，各种规模或者类型的组织都面临着全球环境下管理的机遇和挑战，这迫使每个管理者都不得不去认真思考在国际市场中它的消费者在哪里、它的竞争者是谁、它如何才能够从一个地区性的公司发展成全球性的公司等诸如此类的问题。

6）自然环境

前述的五个环境的一个共同特征是它们都属于社会环境，是人们在一定物质生产活动基础上建立起来的各种相互联系、相互作用的关系的总和，它强调的是与一定生产力发展水平相适应的生产关系以及在生产关系基础上建立和衍生出来的其他各种社会关系。与社会环境不同的是，自然环境强调的是外在物质要素的条件、状况对人类活动的制约和影响。自然环境有时也被称为地理环境，对于组织而言，它往往是指作为生产资料和劳动条件的各种自然禀赋，常常表现为组织经营地域内的能源供应情况，自然资源的种类、品位、储量、分布和开采利用的程度等。

2．具体环境内容

不同的组织面临着不同的具体环境。具体环境是指与实现组织目标直接相关的那部分环境，是管理者特别关注的环境，它是由对组织绩效产生积极或消极影响的关键顾客群或要素组成的。具体环境对每一个组织而言都是不同的，并随条件的改变而变化。具体环境包括投入物供应商、客户或顾客、竞争者、政府机构及公共压力集团。

1）供应商

一个组织的供应商，是为组织供应原材料和设备的上游厂商，是原材料、资本包括人力资源等生产要素的供给者。组织应以尽可能低的成本来保证所需投入的持续稳定供应。因为这些投入物代表着不确定性，也就是说，它们的不可获得或延误均能极大地降低组织的效果，组织必须尽最大努力保证输入流的持续稳定。大多数大型组织之所以设有采购、财务及人事部门，正说明了获取机器、设备、资本及劳动力的重要性。

2）顾客

组织是为满足顾客需要而存在的，为顾客提供高质量的商品和服务是一个组织存在的意义。从环境分析角度，对于一个组织而言，顾客代表着潜在的不确定性。若顾客的需求发生改变，他们会对组织的产品或服务感到不满。所以，组织应该时时关注顾客，关注顾客的变化。

【知识拓展 1-5】

消费者对管理者工作的重要性

思科公司（Cisco Systems）的首席执行官约翰·钱伯斯（John Chambers）喜欢听转发自不满意顾客的语音邮件，因为他想直接听到他们的情绪反应和经历的挫折。他无法从阅读邮件中获得那种洞见。他理解消费者的重要性——没有他们，大多数组织将不复存在。然而，关注消费者长期以来被认为是营销人员的责任。"让营销人员挂念顾客"是很多管理者的感受。但是，我们调研发现员工的态度和行为在消费者满意度上发挥了很大作用。例如，澳洲航空公司（Qantas Airways）请它的乘客排列他们在航空旅行中的"基本需求"，从迅速的行李传递、礼貌高效的航班空服人员、对联航的帮助到快速友好地办理登机手续，几乎每个列出的因素都直接受到公司员工行为的影响。

3）竞争者

所有组织，甚至垄断组织，都有一个或更多的竞争者，如百事可乐与可口可乐，通用汽车与丰田汽车，联想集团与清华同方，一汽集团与上汽集团，等等。任何组织的管理当局都不能忽视自己的竞争者，否则，它们会付出惨重的代价。中国移动通信公司是通信业的龙头老大，但中国联通、中国电信使它不敢有丝毫的松懈。竞争者（以定价、提供新服务、开发新产品等形式）是一种重要的环境力量，管理当局必须掌握并时刻准备对此做出反应。

4）政府

政府是一个国家社会事务的管理者，任何组织都在国家允许的范围内活动，并受到法律法规的监督。电信产业中的组织要受国家电信管理局的管制；上市的股份公司必须遵守证券交易委员会规定的财务标准，并按要求从事经营；生产药品的公司出售的一切药品，需经国家药品监督管理局审查和批准。政府对组织的生存与发展具有直接的重要的影响。

5）压力集团

管理者应意识到特殊利益集团在试图影响组织的行为。压力集团在我国主要指的是社会团体，包括各级工会组织、妇联组织、消费者协会、新闻媒体，还包括中国青少年发展基金会、希望工程基金会、中国红十字会、中国残疾人联合会、全国老年基金会等诸多组织，以及经民政部门批准成立的其他非营利的公益性组织。例如，绿色和平组织经过不懈努力，在远洋捕捞业中做出了显著的改变，公众对环境问题的重视早已达成共识。

在信息高度发达、生态意识日益增强的今天，压力集团对组织尤其是对工业企业的约束和舆论监督显得尤为重要。管理者应当意识到这些影响他们决策的集团力量。

（四）环境分析的必要性

组织都处于一定的环境之中。环境对组织的生存和发展具有至关重要的影响，因此，准确地分析环境就显得十分必要。对环境进行分析是在计划、组织、领导、控制等管理过程中必须做好的前提性工作。

1. 准确及时地把握环境的特点，提高组织决策的正确性

环境研究可以为组织提供大量的能够客观反映环境特点及其变化趋势的信息，通过环境分析，可以把握和预测环境及其发展变化的规律与趋势，掌握环境的特性，如环境的系统相关性、环境的客观平等性、环境的动态性、环境的规律性等。组织可以根据自己的优势和劣势，制定出既符合环境要求，又能被组织成员所接受的正确决策。

2. 发现和利用环境中的机会，提高组织决策的及时性

各种环境要素在发展变化中孕育着很多机会，组织通过环境分析，可以发现并利用这些机会。比如，新资源的利用可以帮助企业开发新的产品；所得税优惠政策的出台，意味着某个行业或某个地区利润空间的增大。组织要想继续生存和不断发展，就必须及时地采取措施，积极地利用外部环境在变化中提供的有利机会。对组织内部经营条件进行分析，可以发现与其他同类组织相比的优势和劣势之所在，为正确确定经营战略及策略提供正确的信息，只有这样，组织才会在变化的环境中游刃有余，从而发展壮大。

【☆思政专栏 1-1】

努力走向社会主义生态文明新时代

生态环境保护是功在当代、利在千秋的事业。要清醒认识保护生态环境、治理环境污染的紧迫性和艰巨性，清醒认识加强生态文明建设的重要性和必要性，以对人民群众、对子孙后代高度负责的态度和责任，真正下决心把环境污染治理好、把生态环境建设好，努力走向社会主义生态文明新时代，为人民创造良好的生产生活环境。

建设生态文明关系人民福祉，关乎民族未来。党的十八大把生态文明建设纳入中国特色社会主义事业"五位一体"总体布局，明确提出大力推进生态文明建设，努力建设"五位一体"（经济建设、政治建设、文化建设、社会建设、生态文明建设）美丽中国，实现中

华民族永续发展。

3. 发现和规避环境中的威胁，提高组织决策的稳定性

与环境中存在的机会一样，环境要素的发展变化也会为组织带来威胁，如宏观经济环境恶化或发生战争会使企业丧失发展的安定环境，可能导致开工不足甚至无法生产；再比如，技术条件或消费者偏好的变化可能使企业产品不再受欢迎。要利用机会、避开威胁，就必须认识外部环境；要认识外部环境，就必须研究外部环境，分析外部环境，从而揭示外部环境变化的一般规律，并把握规律，掌握主动权，及时发现危险，规避威胁，提高组织决策的稳定性，保证组织目标实现的连续性。

（五）环境分析的工具

1. 环境不确定矩阵

环境不确定矩阵是著名的环境分析方法之一，它主要从环境的变化程度、环境的复杂程度两个维度来分析环境的不确定性。

1）环境的变化程度

环境的变化程度是指环境要素改变的程度。由于各种要素的影响及事物本身的规律性，环境要素是经常变化的，有的变化程度大些，有的变化程度小些，丝毫不发生变化的环境要素是不存在的。而根据环境要素变化程度的大小，可把环境分为两种，一种是稳态环境，一种是动态环境。

2）环境的复杂程度

环境的复杂程度是反映环境的不确定性的另一个指标，是指组织所面对环境的环境要素数量的多少，以及识别这些环境要素所需知识的多少。根据环境要素数量的多少及识别这些环境要素所需知识的多少，可把环境分为两种，一种是复杂环境，一种是简单环境。例如，当海尔集团面向所有的消费者销售其产品时，就比单独销售电冰箱的环境复杂得多；小区的食杂店对于家乐福超市来说，简单得一目了然。

3）环境的不确定性矩阵

环境不确定性矩阵就是把环境的变化程度和环境的复杂程度结合在一起，对环境进行综合分析，其中，环境的变化程度作为一个分析标准，环境的复杂程度作为另一个标准，把二者有机结合在一起，可以把全部环境分为四种基本类型，这四种基本类型的环境组成了一个矩阵，管理学界把它称为环境不确定性矩阵，如表1.2所示。

表1.2 环境不确定性矩阵

环　　境		变　化　程　度	
		稳　　定	动　　态
复杂程度	简单	单元1 稳定的和可预测的环境 环境的构成要素很少 构成要素类似且保持不变 对构成要素基本不需要深入了解	单元2 动态的和不可预测的环境 环境的构成要素很少 构成要素类似但持续变化 对构成要素基本不需要深入了解

续表

环境		变化程度	
		稳　定	动　态
复杂程度	复杂	单元 3 稳定的和可预测的环境 环境的构成要素很多 构成要素各不相同但保持不变 对构成要素需要深入了解	单元 4 动态和不可预测的环境 环境的构成要素很多 构成要素各不相同且持续变化 对构成要素需要深入了解

该矩阵分为四个单元，单元 1 代表的是不确定性程度最低的环境；单元 2 代表的是不确定性程度较高的环境；单元 3 代表的是不确定性程度较低的环境；单元 4 代表的是不确定性程度最高的环境。

一般认为，日常生活必需品生产商所面对的环境的不确定性是最低的；电子商品制造商、通信电信产品制造商及航空公司所面对的环境的不确定性较高；大学、社会团体、研究机构所面对的环境的不确定性较低；而时装制造商、各种软件制造商所面对的环境的不确定性最高。

环境不确定性矩阵把环境分为四种基本类型，为组织进行环境分析提供了一种有用的工具，其在管理实践中有较高的应用价值。管理者需要尽可能地将不确定性减至最低，但由于所选行业的性质不同，管理者控制不确定性方面的能力不可避免地会降低许多。

2．SWOT 分析法（道斯矩阵）

SWOT 分析法是组织根据其自身优势（strengths）和劣势（weaknesses），分析外部环境机会（opportunities）和外部环境威胁（threats），寻求组织目标、内部条件和外部环境这三者之间动态的平衡，作为制订战略计划依据的一种分析方法，主要用于事业层战略分析。SWOT 分析内容如表 1.3 所示。SWOT 分析内容如图 1.3 所示。

表 1.3　SWOT 分析内容

优势（strengthes）	劣势（weaknesses）
市场占有率高 掌握核心技术 充足的资金来源 良好的企业形象 达到了规模经济 成本优势 美誉度高 ……	设备老化 管理混乱 缺少关键性技术 科研开发工作落后 产品范围太窄 成本过高 缺乏资金 ……
机遇（opportunities）	威胁（threats）
新市场 有利政策 具有吸引力的外部市场壁垒下降 对手失误 市场增长速度快 ……	低成本的外部竞争者进入市场 替代品产量上升、价格下降 市场增长缓慢 顾客偏好变化 经济衰退 ……

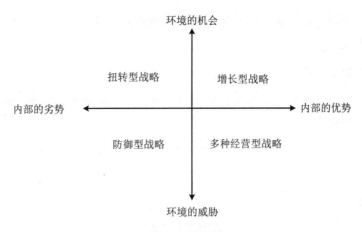

图 1.3　SWOT 分析图示例①

3．环境管理应从被动地适应环境到主动管理环境

环境虽然是客观存在的，但是在适应环境基础之上可以有效地管理环境。第一，要关注环境的变化，哪怕是任何一点特别细微的变化，适应环境变化的方向；第二，科学地分析、预测、挖掘环境变化中的机会，并在组织、人力、物质等方面做好充分的准备，机会是留给有准备的组织的；第三，要利用自身的优势和各种有利条件，创造环境中的机会，即开发、创造市场需求，而不是随波逐流；第四，要采取权变管理方法，在计划、组织、领导、控制等各方面时刻做好迎接环境变化的准备，即进行动态的管理，如制订权变计划、进行组织变革等，使组织更好地与环境融为一体，成为环境中的一个有机子系统。

第二节　管理者

一、管理者的概述

（一）管理者概念

管理者是指挥或协调别人活动的人。

在组织中从事管理活动的全体人员都是管理者。他们是在组织中负责计划、组织、领导、控制和协调等工作，以期实现组织目标的人，所以，管理者是目标的提出者、计划者、组织者、指挥者、协调者。每个人作为社会组织成员之一，或者成为管理者，或者成为被管理者，或者二者兼之。

并非所有在组织中工作的人都是管理者，简单地说，组织成员可以分为两种类型：操作者和管理者。操作者（operatives）直接从事某项工作和任务，不具有监督其他人工作的职责。管理者（managers）是指挥别人活动的人，他们也可以担任某些作业职责，但我们假定作为一名管理者，一定要有下级。

并非所有的管理者都是领导，管理者在组织中通过协调别人来完成工作，没有组织就

---

① 宋晶，郭凤侠．管理学原理[M]．大连：东北财经大学出版社，2004：78.

谈不上管理者；领导是指一种影响群体实现目标的能力，领导既可产生于正式的组织，也可以来自于非正式组织。

（二）管理者的分类

（1）按照管理者在组织中所处的层次不同，可以把管理者分为三类：高层管理者、中层管理者、基层管理者。

（2）按照管理者所从事管理工作的领域不同，可以把管理者分为综合管理人员和专业管理人员。

【经典案例1-1】

管理者的形象

管理者可以是各种身材、各种模样、各种肤色和不同性别的人，他们在各类组织中履行着自己的职责。例如，美国的一位教士艾琳·克劳斯（Irene Kraus）曾经营着美国最大的私营非营利性连锁医院系统。她并不具有那种一般人所想象的权力很大的管理者的固有形象，但她的确是一位强有力的管理者。她获得过工商管理硕士学位，担任着妇女慈善全国保健系统（Daughters of Charity National Health System）的总经理，管理着36家急救医院和19家保健诊所。她的组织年营业收入超过30亿美元。更令人印象深刻的是，在大多数医院（营利的和非营利的）都亏损的情况下，她的医院系统却是盈利的，其病床利用率远远高出行业的平均水平。在1990年财政年度，她的医院系统实现了19亿美元的盈余。

正如艾琳·克劳斯教士所证明的，成功的管理者没有固定的模式。管理者可以是年纪不满18岁的未成年人，或是年逾八旬的老人。如今，女性管理者已屡见不鲜。管理者们不仅经营大公司，也经营小企业；还管理政府机构、医院、博物馆、学校，以及像合作社这类非传统组织。有些管理者身居组织的最高领导岗位；而有些管理者则担任基层管理职务。在世界各国都可以发现，管理者在各类组织中履行着自己的职责。

二、管理层次与管理技能

（一）管理层次

管理工作必须在组织的各个层次展开，也就是说，其涉及的层次是从执行总裁到一线管理人员，包括高层管理、中层管理和基层管理（或一线管理）。

这三个层次管理的任务和职责随组织不同而各异，这取决于组织的规模、技术和其他因素。

管理职位的多少通常随管理层次的不同而变化。在大多数组织中，基层管理职位最多，中层管理职位较少，高层管理职位最少。这样，管理层次就构成了一种金字塔式结构，如图1.4所示。

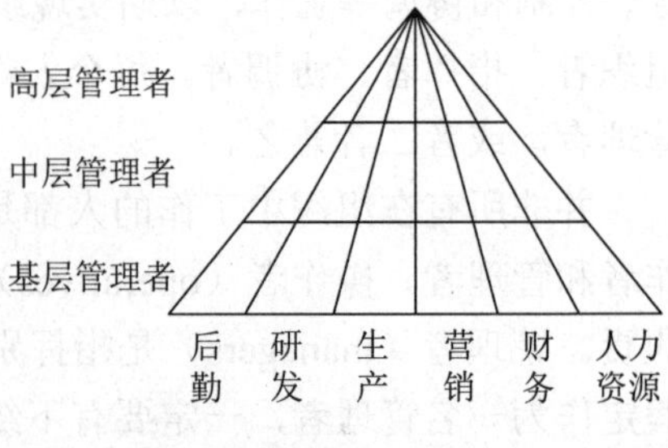

图1.4 管理层次示意图

首席执行官（chief executive officer，CEO）这个职位是西方发达国家，主要是美国对企业第一经理人的称呼，与我国的总经理/总裁（general manager/president）在本质上是一致的。他们都是企业的第一雇员，是为董事会和股东服务的。任何 CEO 都不能凌驾于董事会之上。CEO 这个词在中英文中可以互译。

（二）管理者的技能要求

就职能而言，随着管理者在组织中的晋升，他们从事更多的计划工作和更少的直接监督工作。所有管理者，无论他处于哪个层次上，都要制定决策，履行计划、组织、领导和控制职能，只是他们花在每项职能上的时间不同。

高层管理者：制订和评价长期计划与战略；评价不同部门的总体运作业绩，保证合作；重要人员的选择；就全局的项目或问题与下级管理人员磋商。

中层管理者：制订中期计划和长期计划，供高层管理人员审查；分析管理工作的业绩，考察并提升人员的个人能力，确定其合格情况；建立部门政策；审查日常和每周的生产和销售情况；与下级管理人员磋商生产、人事和其他情况；选择和招募员工。

基层管理者：确定详细的短期经营计划；考察下级的工作业绩；管理和监督日常经营运作；制订详细的任务分配计划；与操作员工密切联系和保持接触。

因此，所有管理者都需要拥有一定的管理技能。罗伯特·卡茨（Robert L. Katz）认为管理者必须具备如下三种类型的技能。

（1）技术技能（technical skills）。即与特定专业领域有关的知识和能力。一般而言，所处的管理层次越低，对技术技能的要求越高；所处的管理层次越高，对技术技能的要求越低。管理人员没有必要使自己成为某一技术领域的专家，因为他们可以借助有关专业人员解决技术性问题。但他们需要了解或初步掌握与其专业领域相关的基本技术知识，否则他们将很难与其所主管的组织内的专业技术人员进行有效的沟通和交流，从而无法对其所管辖的业务范围内的各项管理工作进行具体的指导。这也会严重影响决策的及时性、有效性。

（2）人事技能（human skills）。即处理与他人包括个人和团体关系的能力。管理最主要的任务是管理人，这就要求管理人员必须具有识别人、任用人、团结人、组织人和调动人的积极性以实现组织目标的能力。对于各个层次的管理人员来说，人事技能同样重要。管理人员不仅要处理好与下级的关系，影响和激励下级；还要处理好与上级、同级之间的关系，能够说服领导，与其他部门有效合作。

（3）概念化技能（conceptual skills）。概念化意味着对模糊的、不明确的复杂问题进行分析，明确问题的本质和问题的根源，确定问题的关键变量，理解变量与问题之间的关系，从而使问题清晰化。概念化技能是对问题进行思考和推理的能力。

【知识拓展 1-6】

与众不同的领导者

他不是典型意义上的首席执行官。事实上，一些人可能觉得他有点疯狂，除了他将疯狂的想法变成有利可图的事业的业绩记录非常可观这个事实外。我们正在谈论的是埃隆·马斯克（Elon Musk）。2002 年，他以 15 亿美元将自己的第二家互联网创业公司贝宝

（PayPal）卖给了 eBay（他的第一家企业是网络软件企业，被康柏电脑公司收购）。现在，马斯克是太空探索技术公司（Space Exploration Technologies，SpaceX）和特斯拉汽车公司（Tesla Motors）的首席执行官，以及能源技术企业 SolarCity 的董事长和最大股东。太空探索技术公司为企业和国家制造火箭以向太空发射卫星，这是第一家向国际空间站进行太空运输的私人企业。它点燃了人们太空探索的兴趣。特斯拉汽车公司是世界上最著名的电动汽车制造商，而且其证明电动汽车可以是环保、有魅力和有利可图的。SolarCity 现在是美国家用太阳能电池板的领导企业。马斯克创立的每个事业都改变（或者正在改变）一个行业：贝宝——互联网支付；特斯拉——汽车；太空探索技术公司——航空；SolarCity——能源。作为决策者，马斯克处理最多的是风险情况下的非结构化问题。然而，与其他企业创新者不同，马斯克对于这些很多人可能觉得"疯狂"的想法的追求非常执着。人们将他的天赋与已逝的史蒂夫·乔布斯（Steve Jobs）相提并论。《财富》杂志提名他为 2013 年度企业家。从这位与众不同的领导者身上我们可以学到很多。

2019 年 3 月，埃隆·马斯克以 223 亿美元财富排名 2019 年福布斯全球亿万富豪榜第 40 位。2020 年 4 月 7 日，埃隆·马斯克以 246 亿美元财富位列 2020 年福布斯全球亿万富豪榜第 31 位。2021 年 1 月，世界富豪排行榜（最新福布斯富豪榜对比）埃隆·马斯克以 1772 亿美元位列第 2 位，仅次于财富为 1846 亿美元排名第一的杰夫·贝佐斯。2021 年 3 月 2 日，胡润研究院发布《2021 胡润全球富豪榜》。埃隆·马斯克首次成为世界首富，财富总额达到 1.238 亿元人民币。彭博亿万富翁指数显示，截至北京时间 2021 年 10 月 22 日，马斯克净资产达到 2420 亿美元，稳居世界首富位置。

我们将概念化技能理解为一种将组织视为一个整体，对组织所面临的复杂问题建立起适当的分析框架，设想组织如何适应外部环境的变化，即分析、判断和决策能力。因而，概念化技能也称为"决策技能"。这种能力具体包括以下三方面。

——把握全局的能力。

——理解事物的相互关联性，从而识别关键因素的能力。

——权衡方案优劣及其内在风险的能力。

管理者所处的层次越高，其面临的环境和问题越复杂，越无先例可循，从而越需要高超的决策技能（见图 1.5）。

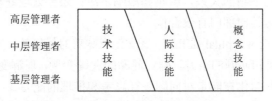

图 1.5 管理层次与管理技能关系

【经典案例 1-2】

管理者技能分析

某旅行公司刘总经理在总体市场不景气的情况下，以独特的眼光发现了惊险性旅游项目与 40~45 岁男性消费者之间的相关性，在此基础上设计了具有针对性的旅游路线与项目，并进行了前期宣传。因为涉及与交通管理、保险、环保等部门的协调，新项目得到正式批准的时间比预期的时间晚了整整一年，由此丧失了大量的市场机会。你分析并评价一下刘总经理的管理技能状况。

三、不同层次的管理者角色与任务的转变

不同层次的管理者每天开展的工作和运用的技能是不同的，但各层次的管理者，如杰出的基层管理者，不仅可以开展新业务，而且可以预期成为新业务的高层或中层管理者。在自由空间、激励手段和组织政策的支持下，不同层次的管理者的角色和任务进行着转变。如表1.4所示。

表1.4 不同层次管理者角色和任务的转变

项　目	基层管理者	中层管理者	高层管理者
变化的角色	从运作执行者到进取的企业家	从管理控制者到支持性的教练	从资源分配者到机构的领导
基本价值观	在一线部门内通过专注于生产率、创新和成长实现业务绩效	通过支持和协调使大公司的优势体现到独立的一线部门中	在整个组织中营造一种方向感、投入精神和挑战的气氛
关键活动	① 创造和发现新的业务增长机会； ② 吸引、开发资源； ③ 在部门内管理绩效不断获得提高	① 在单位内联合分散的知识、技能和最佳途径； ② 协调短期绩效和长期战略间的矛盾	① 建立一整套规范和价值体系以支持合作和信任； ② 创立整个公司的目标和战略

四、管理者的角色

本小节围绕亨利·明茨伯格（Henry Mintzberg）的管理者角色理论展开论述。

按照管理职能（或过程）论，管理者的管理活动是有序的、连续的。20世纪60年代末，加拿大学者亨利·明茨伯格对总经理的工作进行了仔细的观察和研究。他的发现对长期以来人们关于管理者的看法提出了挑战。例如，当时普遍认为管理者都是深思熟虑的思考者，在决策时总是仔细、系统地处理有关信息。而研究发现，与多数非经理人员所做的工作相比，经理的活动具有简短、多样和琐屑等特点，大事小事交叉在一起，受干扰是极其寻常的。他们倾向于应付工作中更为活跃的组成部分——即现行的、具体的、明确规定的、非例行的活动。处理文件被视为一种负担，他们所重视的是那些需要采取行动的文件。非常新的信息——如闲谈、传闻和推测——受到欢迎，例行报告则不然。工作的紧张和压力不鼓励他们成为计划者，而是促使他们成为具有适应性的信息处理者。他们在刺激—反应的环境里工作，并优先处理具有现实意义的工作。在大量观察的基础上，亨利·明茨伯格提出了一个管理者究竟在做什么的分类纲要（1973年）。他的结论是管理者扮演着10种不同但却高度相关的角色，这10种角色可以从总体上分为三大类型。

（1）人际关系角色（interpersonal roles）。指作为正式负责或管辖一个具体的组织单位并具有特别的职务地位的人，所有管理者都要履行礼仪性和象征性的义务。

——挂名首脑（figure head）。这是最简单的一种角色。管理者负有在所有礼仪事务方面代表其组织的责任。

——联络者（liaison）。管理者同组织以外的管理者或其他各种类型的人交往，以便获得外部支持和信息。

——领导者（leader）。涉及管理者与其下属的关系，如激励、调配等。

（2）信息传递角色（informational roles）。管理者的人际关系角色使他具有获得信息的独特地位。他同外部的接触带来了外部信息，而他的领导工作则使他成为组织内部信息的集中点。其结果是，管理者成为组织信息的重要神经中枢。

——监听者（monitor）。管理者作为信息的接受者和收集者，使他对于组织的状况有一个清晰的了解。

——传播者（disseminator）。管理者把特别的信息向他的组织内传播。

——发言人（spokesperson）。管理者把组织的信息向组织所处的环境传播。

（3）决策制定角色（decisional roles）。管理者掌握信息的独特地位和特别的权力使他在重大决策（战略性决策）方面处于中心地位。

——企业家（entrepreneur）。管理者在企业家角色中发动组织的变革。

——危机处理者（混乱驾驭者，disturbance handler）。在组织受到威胁时，管理者要处理紧急情况。

——资源分配者（resource allocator）。这一角色决定组织向哪一方向发展。

——谈判者（negotiator）。这一角色表现为管理者在他感到有必要时代表组织同外界打交道。

【知识拓展 1-7】

管理者角色识别

（1）某大学聘请若干院士为兼职教授，校长为受聘院士颁发聘书（挂名首脑）。

（2）A 企业欲与 B 企业建立战略联盟，A 企业总经理主动与 B 企业总经理进行协商（谈判者）。

（3）某饭店决定开展金钥匙服务活动，总经理在动员大会上做动员演说（领导者）。

（4）某地区遭受雪灾，地方领导到农户慰问受灾群众（领导者）。

（5）某大学主管招生工作的校长在会议上传达国家教育部招生工作会议精神（传播者）。

（6）某企业总经理经常性地与供应商、主要客户等进行会晤（监听者）。

（7）总经理接待一个来访团体，介绍本企业的发展历史和现状（发言人）。

五、平均的、成功的和有效的管理者

弗雷德·卢森斯（Fred Luthans）和他的副手从不同的角度考察了管理者究竟在干什么。

他们研究了 450 多位管理者后发现,这些管理者都从事以下 4 种活动。

(1)传统管理:决策、计划和控制等。

(2)沟通:交流例行信息和处理文件工作。

(3)人力资源管理:激励、惩戒、调解冲突、人员配备和培训。

(4)网络联系:社交活动、政治活动和与外界交往。

研究表明,对于成功的管理者(以晋升的速度为标志)而言,维护网络联系对管理者的成功相对贡献最大;从事人力资源管理活动的相对贡献最小。

对于有效的管理者(以工作成绩的数量和质量以及下级对其满意和承诺的程度为标志)而言,沟通的相对贡献最大;维护网络联系的相对贡献最小;而传统管理和人力资源管理活动的相对贡献处于中间水平。如图 1.6 所示。[①]

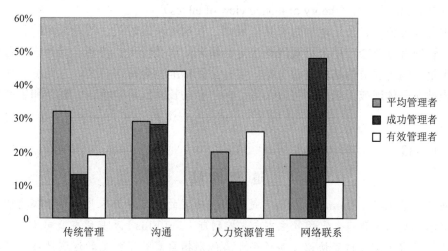

图 1.6　平均的、成功的和有效的管理者每种活动的时间分布

六、管理者的道德

组织的行为是组织的管理者决策的延续,组织的宗旨和使命实质上就是组织管理者的道德标准和经营理念的最终体现。管理者的道德水准在今天和将来都会扮演重要的角色。

(一)道德及道德观

1. 道德

道德是指规定行为是非的惯例或原则,是调整人们之间相互关系的行为准则和规范,以善与恶、正义与非正义、诚实与非诚实、虚伪与非虚伪等的概念来评价和衡量人们的行为,并通过社会舆论、宣传教育和人的内心信念对社会生活产生影响。

但道德的约束不如法律约束的强度大。

管理者道德是指管理者制定决策时所坚持的是非观和行为准则。

2. 道德观

斯蒂芬·罗宾斯提出了道德标准方面的三种不同的观点。

---

① 罗宾斯. 管理学(第 4 版)[M]. 黄卫伟,孙建敏,闻洁,等译. 北京:中国人民大学出版社,1997:12.

1）道德的功利观（utilitarian view of ethics）

这是完全按照成果或结果制定决策的一种道德观点，它可以牺牲少数人的利益从而为绝大多数人提供最大的利益。功利主义一方面鼓励生产效率的提高，并符合利润最大化目标；但另一方面，在有些部门缺少发言权时，会忽视利害攸关者的权利，可能造成资源的不合理配置。

2）道德的权利观（rights view of ethics）

按照尊重和保护个人自由和特权有关的观点进行决策。个人自由和特权包括隐私权、良心自由和法律规定的各种权利。权利观的积极一面是保护个人自由和隐私，使组织中个人的自尊得以保全；但它在组织中也有消极的一面，它能造成一种过分墨守成规的工作氛围，而阻碍生产力和效率的提高。

3）道德公正观理论（theory of justice view of ethics）

要求管理者公平、公正地加强和贯彻规则。管理者决策时关注的是组织的利益和良好的结果。管理者可能会应用公正观理论决定给新来的雇员较高的待遇，因为管理者认为最低工资不足以满足雇员的基本财政负担。实行公正标准也会有得有失，它保护了那些其利益可能未被充分体现或无权的利害攸关者，但它会助长降低风险承诺、创新和生产率的权利意识。

【经典案例1-3】

道 德 困 境

托马斯·洛佩斯（Thomas Lopez）是迈阿密地区的一名警卫人员，由于擅离职守营救了一名溺水人员而被解雇。他的雇主杰夫·埃利斯（Jeff Ellis）及其所在公司（该公司与佛罗里达州哈兰代尔市签订了协议）声称由于洛佩斯擅自离开了指定的巡逻区域，使得公司置身于可能的法律诉讼中。洛佩斯说他别无选择，只是做了他该做的。面对一位亟须帮助的人，他不可能将工作原则放在第一位。"我只是做我认为正确的事情，而我也确实这样做了。"该事件经媒体曝光之后，该公司为洛佩斯恢复了原来的工作，但是洛佩斯拒绝了。

（1）你如何看待这一问题？从这一事件中你发现了什么道德问题？

（2）该事件的哪些教训可以应用于组织设计中？

资料来源：罗宾斯，库尔特. 管理学（第13版）[M]. 刘刚，程熙镕，梁晗，等译. 北京：中国人民大学出版社，2017：286.

（二）影响管理者道德的因素

一个管理者的行为是否符合道德规范，受管理者道德发展阶段、管理者个人特征、组织结构设计、组织文化等因素的影响。

1. 道德发展阶段

斯蒂芬·罗宾斯认为，道德发展存在三个水平，每一个水平包含两个阶段。在每一个相继的阶段上，个人道德判断变得越来越不依赖外界的影响。如表1.5所示。[①]

[①] 罗宾斯. 管理学（第4版）[M]. 黄卫伟，孙建敏，闻洁，等译. 北京：中国人民大学出版社，1996：105.

表 1.5 道德发展阶段

阶 段	水 平	阶 段 描 述
前惯例	仅受个人利益的影响。按怎样对自己有利制定决策，并按照什么行为方式会导致奖赏或惩罚来确定自己的利益	（1）严格遵守规则以避免物质惩罚； （2）仅当符合其直接利益时方遵守规则
惯例	受他人期望的影响。包括遵守法律，对重要人物的期望做出反应，并保持对人们的期望的一般感觉	（3）做你周围的人期望你做的事情； （4）通过履行你所赞同的准则的义务来维护传统秩序
原则	受自己认为什么是正确的个人道德原则的影响。它们可以与社会的准则和法律一致，也可以不一致	（5）尊重他人的权利，支持不相关的价值观和权利，不管其是否符合大多数人的意见； （6）遵循自己选择的道德原则，即使它们违背了法律

在前惯例（preconventional）水平上，个人仅当物质惩罚、报酬或互相帮助等个人后果卷入时，才对正确或错误的概念做出反应；在惯例（conventional）水平时，表明道德价值存在于维护传统秩序和他人的期望之中；在原则（principled）水平上，个人做出明确的努力，摆脱他们所属的团体或一般社会的权威，确定自己的道德原则。

通过对道德发展阶段的研究，可以得出几个结论。

第一，人们以前后衔接的方式通过 6 个阶段。他们逐渐地顺着阶梯向上移动，一个阶段接着一个阶段地移动，而不是跳跃式地前进。

第二，不存在道德水平持续发展的保障，发展可能会停止在任何一个阶段上。

第三，大部分成年人处于第 4 阶段，他们被束于遵守社会准则和法律。

第四，一个管理者达到的阶段越高，他就越倾向于采取符合道德的行为。例如，处于第 3 阶段的一位管理者，可能制定将得到他周围的人们支持的决策，处于第 5 阶段的管理者，更有可能对他认为错误的组织行为提出挑战。

2．个人特征

组织中的每一个人都有一套相对稳定的价值准则（values）。这些准则是个人在早年就开始积累并逐渐沉淀而成的，它是关于什么是正确、什么是错误的基本标准。自我强度高低、控制中心的强弱使得组织中的每个管理者都有明显不同的个人特征。

1）自我强度

自我强度是衡量个人自信心强度的一种个性度量。自我强度得分高的人比得分低的人更可能克制冲动，并遵循自己的判断。自我强度高的管理者比自我强度低的管理者将在道德判断和道德行为之间表现出更大的一致性。

2）控制中心

控制中心是衡量人们相信自己掌握自己命运程度的个性特征。从道德的观点来看，具有外在控制中心的人不大可能对他们行为的后果负个人责任，更可能依赖外部力量。相反，具有内在控制中心的人，则更可能对其行为后果承担责任，并依据自己的内在是非标准指导自己的行为。具有内在控制中心的管理者将比那些具有外在控制中心的管理者，在道德判断和道德行为之间表现出更大的一致性。

3. 组织结构设计

组织结构设计有助于形成管理者的道德行为。有些结构提供了强有力的指导；而另一些却只是给管理者制造困惑。通常情况下，正式的规则和制度可以减少模糊性，清晰的结构设计有助于促进管理者的道德行为。

4. 组织文化

组织文化的内容和力量也会影响道德行为。一般而言，强文化比弱文化对管理者的影响更大。处在较高道德标准、高风险承受力、高度控制以及对冲突高度宽容的文化中的管理者，将被鼓励进取和革新，对管理者的道德行为产生非常强烈和积极的影响。对不道德的行为，将会予以抨击和反对，以维护正义。

（三）改善管理者道德的行为

1. 严格进行人力资源的甄选和培训

一个组织人力资源的严格甄选过程（包括面试、笔试、背景测试等），是剔除道德上不符合要求的求职者的有效途径。进行道德培训，对提高管理者的道德发展水平，增强管理者的道德意识，使管理者尽快融入组织道德文化具有深远的意义。

2. 形成组织道德准则

例如，强生公司长期形成了"承诺为顾客、雇员、社会和股东履行义务"的道德准则。当 1982 年和 1986 年，有毒的泰诺胶囊在商店货架上被发现时，美国各地的强生公司的管理者和员工，甚至在强生公司还未发表有关中毒事件的声明之前，就自动地将这些产品从商店撤走了。并没有人告诉这些雇员在道德上什么是对的，但他们知道强生公司对他们的期望是什么。

3. 制定有效的决策规则

劳拉·纳什（Laura Nash）提出了十二个问题作为企业管理者制定决策的规则，很有实践指导意义。

（1）你准确地认定问题了吗？
（2）如果你站在对方的立场上，你将如何确定问题？
（3）这种情况首次发生时会是怎样的？
（4）作为一个人和作为公司的一员，你对谁和对什么事表现忠诚？
（5）在制定决策时，你的意图是什么？
（6）这一意图和可能的结果相比如何？
（7）你的决策或行动可能伤害谁？
（8）在你做出决策前，你能和受影响的当事人讨论问题吗？
（9）你对你的观点在长时间内将和现在一样有效有信心吗？
（10）你的决策或行动能问心无愧地透露给你的上司、首席执行官、董事会、家庭或整个社会吗？
（11）如果你的行动为人所了解，那么它的象征性潜力是什么？如果被误解了，又该如何？
（12）在什么情况下，你将允许发生意外？

4．高层管理者的正确领导和引导

道德准则要求高层管理以身作则，率先垂范。高层管理者建立的道德准则，对组织成员的影响是非常大的。例如，如果高层管理者将公司资源作为己用，扩大他们的费用支出，给予朋友优待，或从事类似的行为，他们等于向全体雇员暗示这些行为是可以接受的。

高层管理者还可通过他们的奖罚来建立道德准则，选择谁或什么事作为提薪奖赏或是晋升的对象，将向雇员传递强有力的信息。例如，以不正当的方法取得重大成果的某位经理，他的提升表明那些不正当的方法是可取的。另一方面，当揭发错误行为时，管理当局不仅必须惩罚做错事的人，还要公布事实，让人人看到结果。这就传递了另一条信息：做错事要付出代价，行为不道德不是你的利益所在。

5．建立明确和现实的工作目标

组织应该有明确的和现实的目标。如果目标对管理者的要求不现实，明确的目标也能引起道德问题，在不现实的目标压力下，即使有道德的管理者也会采取不道德的手段。而当目标清楚和现实时，管理者的迷惑会减少并会受到激励。

6．对管理者进行综合绩效评价

对管理者的考核不能仅以经济成果为依据，还要考核管理者的道德水准，并以此作为奖惩的依据之一。例如，一位经理的年度评价除了包括他在多大程度上达到了传统的经济指标的评估，还应包括他的决策总体在多大程度上符合组织的道德准则的评估。如果这位经理在经济指标方面做得很好，但在道德行为方面得分不高，就应当受到恰当的处罚。

7．进行独立的社会审计

按照组织的道德准则评价决策和管理的独立审计，会提高发现不道德行为的概率。这种审计可以是一种常规性评价，类似财务审计；或者是抽查性质的，并不预先通知。为了保证公正，审计员应对组织的董事会负责，并直接将审计结果呈交董事会。这不仅给了审计员一个警告，而且减少了那些被审计的组织报复审计员的机会。

8．建立正式的保护机构

组织提供正式的常设机构，保护处于道德困境中的管理者，并使他们能遵循自己正确的道德标准，不必担心受到惩戒，解除其后顾之忧。

七、管理者的社会责任

（一）问题的由来

工业革命带来工业文明，也带来了工业污染。这把"双刃剑"诞生的工厂生产制度，在关注工厂成本的同时却忽略了社会成本，于是环境问题和能源问题出现了，地球这个人类赖以生存的家园被破坏了，人类未来的生活受到可以预见的威胁。1952年伦敦烟雾事件，20世纪70年代的世界能源危机、80年代美国化工毒气泄漏，苏联切尔诺贝利核电站泄漏，正在受到污染的江河湖海，以及面临荒芜的森林，足以让广大的管理者正视组织的社会责任问题。

（二）社会责任的概念

社会责任是组织追求有利于社会的长远目标的义务，这种义务不是法律与经济所要求的，其加入了一种道德要求（不是法律或者准则要求），促使人们从事使社会变得更美好的事情，而不是去做那些有损于社会的事情。

下面以企业为例展平叙述。

社会责任（social responsibility）是指企业超越法律和经济义务去做正确的事情，以对社会有利的方式实施行动的意图。社会责任与社会义务和社会响应不同。

社会义务（social obligation）是指企业为了履行特定的经济和法律责任而从事的社会活动。也就是说，一个组织承担了社会义务，只是说明它的行为达到了法律的最低要求，企业所追求的社会目标仅限于有利于该企业经济目标的实现。

社会响应（social responsiveness）是指企业为满足普遍的社会需要而从事的社会活动。一个企业适应变化的社会状况的能力强调企业对社会呼吁的反应。一个具有社会响应能力的组织会去识别主流的社会准则（而不是法律）并改变自身的社会参与方式，从而对变化的社会状况做出反应。

三者的关系：社会责任高于社会响应，社会响应高于社会义务。

（三）关于社会责任的不同观点

1. 不应该承担社会责任的观点

著名的经济学家、诺贝尔经济学奖获得者米尔顿·弗里德曼（Milton Friedman）认为企业的真正所有者是股东，经理的主要责任就是按照股东的利益经营业务，企业不应该承担额外的社会责任。如果经营者将企业的资源用于"社会产品"，就会破坏市场机制的基础。企业承担社会责任、生产社会产品，实际上是一种资源的再分配，有人必须为这种再分配付出代价。股东们只关心一件事：财务收益率。

2. 承担社会责任的观点

斯蒂芬·罗宾斯承认弗里德曼的观点可以从微观经济学中得到支持，但他同时指出公司承担社会责任与经济绩效之间存在着正相关关系，这是经过很多实证研究证明的。在罗宾斯引述的一项研究中，被调查的13家公司仅有一家发现负相关关系，但即使在这个案例中，承担社会责任的公司的股票价格并不低于股票价格的全国指数。为使自己的观点更有说服力，罗宾斯还考察了近期发展起来的社会意识共同基金，并将它们的经济绩效同全部的共同基金的平均水平比较。这些基金从不投资与酒类、赌博、烟草、武器、价格管制、诈骗有关的公司，它们为个人投资者支持的那些具有社会责任感的公司提供途径。在1986—1990年，这些共同基金的业绩与全部政权基金的平均水平相当。由此，罗宾斯得出了一个结论：至少，没有足够的证据证明，一个公司的社会责任行为会降低其长期经济绩效。

（四）管理者的责任

传统的观点认为，管理者关注的是股东或所有者；而现代的观点是：管理者应对任何受组织决策和政策影响的个人和团体负责，即对"利害攸关者"（stakeholders）负责，包括政府机构、员工、消费者、供应商、所在社区和公众利益集团。

罗宾斯将社会责任人为地划分为四个阶段模型，每一阶段管理者所关注的焦点会不断地转移。在第一阶段，管理者将通过寻求成本最低和利润最大来提高股东的利益；在第二阶段，管理者关注的是员工的利益，重点放在人力资源管理，使组织获得、保留、激励优秀的员工，并改善工作条件、扩大员工的权利、增加员工的保障；在第三阶段，管理者将扩大其目标，关注诸如公平的价格、高质量的产品和服务、安全的产品、良好的供应商关系，此时管理者意识到，满足其他利害关系者的需要，才能更好地履行对股东的责任；在第四阶段，管理者的社会责任是对社会整体负责，他们经营的事业被看作公众财产，他们对提高公众利益负有责任。在承担社会责任时即使对其利润产生不利影响，管理者也会积极促进社会公正、保护环境、支持社会活动和文化活动。

【☆思政专栏1-2】

大学生的责任感

大学生体现责任感最基本要做到以下几条。

第一，要对自己负责。对自己怎样成人、成才、做人、做学问负责。梁启超说："凡属于我应该做的事，而且力量能够做到的，我对于这件事便有了责任，凡属于我自己打定主意要做一件事，便是现在的自己和将来的自己立了一种契约，便是自己对于自己加一层责任。"

第二，要对亲人负责。懂得怎样去关心、爱护自己的亲人，懂得怎样去减轻和分担父母的种种负担和忧虑，懂得怎样以自己的成长和进步来增添亲人的喜悦与家庭的欢乐。

第三，还要对周围的人负责。孟子说："老吾老，以及人之老；幼吾幼，以及人之幼。"大学生活是集体生活，同学们一入大学就同自己周围的许多人——老师、职工、同学开始了直接的联系，这些人都对你的成才负有各自不同的责任，反过来，你也要对自己周围的人负有高度的责任感。尊重、认同、信任和关怀等，都是建立在责任的基础上的。

第四，推己及人，推而广之，要对更多的人负责，也就是对民族、对祖国、对社会、对人类负责。

资料来源：习近平. 干在实处 走在前列 推进浙江新发展的思考与实践[M]. 北京：中共中央党校出版社，2014：306.

【☆思政专栏1-3】

三 种 境 界

著名学者王国维论述治学有三种境界：一是"昨夜西风凋碧树，独上高楼，望尽天涯路"；二是"为伊消得人憔悴，衣带渐宽终不悔"；三是"众里寻他千百度，蓦然回首，那人却在灯火阑珊处"。领导干部抓理论学习也要有这三种境界：首先，理论学习要有"望尽天涯路"那样志存高远的追求，有耐得住"昨夜西风凋碧树"的清冷和"独上高楼"的寂寞，静下心来通读苦读；其次，理论学习要勤奋努力，刻苦钻研，舍得付出，百折不挠，下真功夫、苦功夫、细功夫，即使是"衣带渐宽"也"终不悔"，"人憔悴"也心甘情愿；最后，理论学习贵在独立思考，学用结合，学有所悟，用有所得，要在学习和实践中"众里寻他千百度",最终"蓦然回首",在"灯火阑珊处"领悟真谛。

资料来源：习近平. 干在实处 走在前列推进浙江新发展的思考与实践[M]. 北京：中共中央党校出版社，2014：397.

本 章 小 结

　　管理和管理者是管理学重要的两个基础知识，管理的概念是全书的开篇，正确理解管理的特性、职能、环境是学习其他章节的基础准备。学习管理学还有一个站在什么角度学习的问题，要掌握管理者的概念、管理层次与管理技能，扮演各种各样的管理者角色，培养管理者高尚的道德情操，履行管理者肩负的社会责任等内容，这些对于学习者来说都非常重要。

复习思考题

1. 如何理解管理的概念？
2. 管理的特性和基本职能有哪些？
3. 如何理解环境在管理中的重要性？环境分析的工具有哪些？
4. 不同层次的管理者的技能要求有区别吗？
5. 如何正确理解平均的、成功的和有效的管理者？
6. 影响管理者道德的因素有哪些？
7. 社会责任与社会义务和社会响应有什么不同？

自测练习题

案例分析题

第二章 管理理论的形成和发展

 本章导读

欲致鱼者先通水，欲致鸟者先树木。水积而鱼聚，木茂而鸟集。

——《淮南子·说山训》

管理作为一种社会行为，自古有之。管理思想伴随着管理实践而逐步产生、形成与发展。"大师中的大师"彼得·德鲁克（Peter F. Drucker）曾说"管理就是实践"。管理思想源自生活，源自管理实践活动，人们在管理实践中把思想总结归纳、分析并系统化，便逐步形成了管理理论，又将这些理论应用于管理实践，在实践中加以验证、修正与完善，进而形成更加系统化的、科学的管理理论。

历史是最富有哲理的教科书。学习管理就必须先从学习管理思想及管理理论的发展历史开始。历史中包含着无数的成功经验，也总结了许多失败的教训。历史是前人深邃智慧的结晶与反复应用于实践的经验沉积。以史为鉴，我们才能站到巨人的肩膀上，看清管理学未来的发展方向，才能不断地完善并推进管理学发展。

 学习目标

知识目标：了解古典管理思想的发展历史；认识早期管理思想；掌握科学管理理论；理解法约尔及其一般管理理论；了解韦伯及理想行政组织理论；掌握行为科学阶段的学者及其主要思想；厘清现代管理思想发展的逻辑思路。

能力目标：运用逻辑思维分析问题的能力；辩证分析问题的能力。

素质目标：立足现实，尊重事实；历史地、辩证地看待问题；客观评价事实。

思政目标：了解中国及西方管理学思想的发展历程，增强民族自豪感。客观评价每一种管理理论的适用条件、优势与不足，结合时代背景考量其利弊与应用条件。培养学生的科学精神、严谨作风、务实态度和辩证、客观分析问题的基本素质。

关键概念

管理理论（management theory）

科学管理理论（scientific management theory）

一般管理理论（general management theory）

组织管理（organization management）

行为科学（behavioral sciences）

霍桑实验（Hawthorne experiment）

现代管理理论丛林（jungle of modern management theory）

第一节 早期的管理思想

人类的管理思想已发展成为一门丰富多彩、日臻成熟的独立学科，但管理的历史是源远流长的。早期的管理思想是指19世纪末管理思想系统化之前，人类经过管理实践和经验总结而形成的对管理的思考与认识，散见于政治、军事、社会及文学等各种著作中。这些思想后来为管理理论的形成奠定了坚实的基础，成为人类灿烂文化的重要组成部分。

【管理故事 2-1】

丁谓"一举三得"修皇宫——系统工程思想的应用

北宋真宗皇帝（公元1000年）建都汴梁（今河南开封），皇宫被毁，皇帝命宰相丁谓主持修复。丁谓提出：将宫前大街开挖成河，取土烧砖，引汴水入宫，水运建材。宫修复，以废砖烂瓦填平河沟，修复宫前大街。这样，挖河一举解决了就地取土、方便运输、清理废墟三个问题，省时、省工、省钱，符合管理的最优化原则，成为我国古代著名的管理思想的实践范例。

一、中国早期管理思想

中国是历史悠久的文明古国之一，在其各个历史发展时期，都蕴涵着丰富的管理思想，产生了许多对管理有贡献的古代政治家、军事家和思想家。有些管理思想是先于西方几千年提出来的，有些管理思想至今还具有借鉴意义。我国古代的一些管理思想近年来特别受到世界管理学界的注意，尤其是日本的管理学者和企业家，更是竞相研究与运用。反映我国古代管理思想的主要著作有：《尚书·尧典》《孙子兵法》《周礼》《管子》《史记·货殖列传》《梦溪笔谈》《天工开物》等。这些文献中包含了国家管理、市场管理、经营理论、用人之道和领导艺术等各种管理思想。

春秋战国时期的孙武所著的《孙子兵法》蕴涵了丰富深邃的战略管理思想。《孙子兵法》开篇就曰："夫未战而庙算胜者，得算多也；未战而庙算不胜者，得算少也；多算胜，少算败，况无算乎！吾以此观之，胜负见矣。"又曰"故经之以五事、校之以计，而索其情"，这里的"五事"即"一曰道、二曰天、三曰地、四曰将、五曰法"，是对决定战争性质和结果的政治、气候与寒暑变化、战区地貌特征、将领的个人能力以及军队的纪律等情况进行分析。所谓"校之以计"则指"主孰有道、将孰有能、天地孰得、法令孰行、兵众孰强、士卒孰练、赏罚孰明"等方面，是对敌对双方的各方面进行对比分析。在这种分析的基础上，"未战而庙算胜"成为可能。这些思想堪比今天管理中的SWOT分析。人尽皆知的《孙子兵法》中"知彼知己，百战不殆"的战略思想、"因敌变化而取胜"的应变策略以及三十六计的具体谋略，已成为当今企业在激烈的市场竞争中取胜的法宝。所以有人说过，讲管理谋略的周详、具体和可操作性，莫过于《孙子兵法》。日本和美国的一些大公司甚至把《孙子兵法》作为培训经理的必用书。

中国的儒家思想是中国传统文化的主流，其特点是着重于对人类精神文明的研究。孔子作为儒家文化的主要代表人，《论语》一书记载了他对人性的看法及建立在此基础上的管理观点。孔子主张用"道之以德，齐之以礼"的方法进行管理，运用人的仁爱心、自尊心、自信心、自觉心来发挥其内在的动力，以求达到社会的平衡与协调，这最终成为贯穿于儒家管理思想的一条主线，也成为儒家管理思想的主要特征。有人说，讲人与人之间关系的维护，讲管理者和被管理者的自我修养，古今中外莫过于《论语》一书了。

与儒家思想在人性问题上截然相反的主张是法家理论。法家是战国时期主张以"法"治国的一个重要学派。这个学派的思想可以追溯到春秋时期的管仲、子产，其主要代表人是荀子、韩非子。法治思想是建立在人性恶的基础之上的，认为人的本性是"好利恶害"的，人与人的关系纯粹是利害关系，人都是好利自私的。韩非说："凡治天下，必因人情。人情者有好恶，故赏罚可用，赏罚可用则禁令可立，而治道具矣。"为此，韩非子提出了要循人好利的本性来进行治理，从而达到社会的治理或管理的有序。

在我国还有一位在经营和财政管理方面有着突出贡献的人物，他就是春秋末期的政治家兼巨商范蠡。范蠡提出了很多经营原则，这些原则到今天仍然具有非常大的启示作用。如"务完物，无息币。以物相贸易，腐败而食之物勿留，无敢居贵。论其有余不足，则知贵贱。贵上极则反贱，贱下极则反贵。贵出如粪土，贱取如珠玉。财币欲其行如流水。"这强调了物价贵贱的变化源自供求关系的有余和不足，建议谷贱时由官府收购，谷贵时平价售出。再如，范蠡还强调了"财政乃国家经济之本"，这些主张为封建集权统一的财政管理制度奠定了基础。

概括中国古代管理思想的精髓，主要包括以下主要内容。

（一）顺"道"

中国历史上的"道"有多种含义：属于主观范畴的"道"，是指治国的理论；属于客观范畴的"道"，是指客观经济规律，又称为"则"或"常"。这里用的是后者，指管理要顺应客观规律。

《管子》认为自然界和社会都有自身的运动规律，"天不变其常，地不易其则，春秋冬夏不更其节"。（《管子·形势》）社会活动，如农业生产、人事、财用、货币，治理农村和城市，都有"轨"可循，"不通于轨数而欲为国，不可"。（《管子·山国轨》）人们要取得自己行为的成功，必须顺乎万物之"轨"，万物按自身之"轨"运行，对于人毫不讲情面，"万物之于人也，无私近也，无私远也"，你的行为顺乎它，它必"助之"，你的事业就会"有其功"，"虽小必大"；反之，你如果违逆它，它对你也必"违之"，你必"怀其凶"，"虽成必败"，"不可复振也"。（《管子·形势》）

司马迁把社会经济活动视为由每个个体为了满足自身的欲望而进行的自然过程，在社会商品交换中，价格贵贱的变化，受客观规律检验。他辩证地写道："贵上极则反贱，贱下极则反贵。贵出如粪土，贱取如珠玉。"人们为求自身利益，"以得所欲"，"任其能，竭其力"，"各劝其业，乐其事，若水之趋下，日夜无休时，不召而民自来，不求而民出之，岂非道之所符，而自然之验邪？"（《史记·货殖列传》）对于社会自发的经济活动，他认为国家应顺其自然，少加干预，"故善者因之"，顺应客观规律，符合其"道"，乃治国之善政。

（二）重"人"

重"人"是中国传统管理的一大要素，包括两个方面：① 重人心向背；② 重人才归离。要夺取天下，治理国家，成就事业，人是第一位的，故我国历来讲究得人之道，用人之道。

得民是治国之本，欲得民必先为民谋利。先秦儒家提倡"行仁德之政"，"因民之所利而利之"。（《论语·尧曰》）《管子·牧民》说："政之所兴，在顺民心；政之所废，在逆民心"，国家必须"令顺民心"，"从民所欲，去民所恶"，乃为"政之宝"。西汉贾谊说："闻之于政也，民无不为本也。国以为本，君以为本，吏以为本"，"国家的安危存亡兴衰，定之于民；君之威侮、昏明、强弱，系之于民；吏之贵贱，贤不肖，能不能，辨之于民；战争的胜败，亦以能否得民之力以为准"（《新书·大政上》）。这些思想经过历代完善补充，逐步成为管理国家的准则。

得人才是得人的核心。要得人才，先得民心，众心所归，方能群才荟萃，故《管子》把从事变革事业，注重经济建设，为人民办实事，视为聚拢优秀人才的先决条件，叫作"德以合人"，"人以德使"。（《管子·五辅》《管子·枢言》）

"管理"一词是个组合词。理，可解释为：理解、厘清、理顺，道理、法理、事理；"管"可拆析成"竹"和"官"。"竹"，中国古代在纸张未发明之前，所有文字是刻在竹简上的，引申开来，就是法典规章、制度；"官"，引申开来，指的是干部。大到国事小到工商，欲国泰民安、长治久安，难道不就是靠好的社会制度和政通人和的吏治吗？

（三）人和

人和中的"和"就是调整人际关系，讲团结，上下和，左右和。对治国来说，和能兴邦；对治生来说，和气生财。故我国历来把天时、地利、人和当作事业成功的三要素。孔子说："礼之用，和为贵。"（《论语·学而》）《管子》说："上下不和，虽安必危。"（《管子·形势》）战国时赵国的将相和故事，被传颂为从大局出发，讲团结的典范。求和的关键在于当权者，只有当权者严于律己，严禁宗派，任人唯贤，公正无私，才能团结大多数。《管子》提出"无私者容众"，要求君主切不可有"独举""约束""结纽"这些宗派行为，不可"以爵禄私有爱"，要严禁"党而成群者"。（《管子·五辅》）唐太宗是个贤明的君主，他不仅重用拥护自己的人，而且重用反对过自己的人，他曾救下反对其父李渊的李靖，并委以重任。魏征曾力劝李建成除掉李世民，太宗就位后，不计前嫌，照样重用。唐太宗平时就能从谏如流，思己短，知己过，使群臣乐于献策，齐心治国。正因为唐太宗广泛团结人才，形成高效能的人才群体结构，贞观之治才有了组织上的保证。

（四）守信

治国要守信，企业经营要守信，办一切事都要守信。信誉是人们之间建立稳定关系的基础，是国家兴旺和事业成功的保证。

孔子说："君子信而后劳其民。"（《论语·尧曰》）他对弟子注重"四教：文、行、忠、信"。(《论语·述而》)治理国家,言而无信,政策多变,出尔反尔,从来是大忌。故《管子》强调取信于民,提出国家行政应遵循一条重要原则:"不行不可复。"人们只能被欺骗一次,第二次就不信你了。"言而不可复者,君不言也;行而不可再者,君不行也。凡言而不可复,行而可再者,有国者大禁也。"(《管子·形势》)

治生也需要守信。商品质量、价格、交货期,以及借贷往来,都要讲究一个"信"字。我国从来都有提倡"诚工""诚贾"的传统,商而不诚,苟取一时,终致瓦解,成功的商人多是信誉度高的人。明代徽商唐祁,其父曾借某人钱,对方借据丢失,唐祁照付父债,后来有人拣得借据,向唐祁讨债,他又照付。别人嘲笑他傻,他说:"前者实有是事,而后者券则真也。"(《安徽通志》196卷)徽州另有一商人,经商"巧而不贼",取得社会的信任,"人莫不以为而任之","虽不矜于利,而贾大进,家用益富"。(《遵岩先里文集·黄梅原传》)由此可见,守信是进财之道。

(五)利器

生产要有工具,打仗要有兵器,中国历来有利器的传统。孔子说:"工欲善其事,必先利其器。"(《论语·卫灵公》)《吕氏春秋·任地》中说,使用利器可达到"其用日半,其功可使倍"的效果。中国古代的四大发明(纸、印刷术、指南针、火药)及其推广,极大地推动了社会经济、文化和世界文明的发展,并使"利器说"成为中国管理思想的重要内容。

近代也一再出现"机器兴邦说",如郑观应主张:维护民族独立要靠"商战",商战必赖机器,机器生产,"工省价廉","精巧绝伦",可与外竞争,因此,必须自制各种机器。孙中山实业报国的核心是技术革命,实现现代化,"用机器去制造货物……把国家变得富庶",争取驾乎英美之上。可见,"利器说"贯乎古今,成为兴邦立业的重要思想。

(六)求实

实事求是,办事从实际出发,是思想方法和行为的准则。儒家提出"守正"原则,是说看问题不要偏激,办事不要过头,也不要不及,"过犹不及",过了头超越客观形势,犯冒进错误;不及于形势又错过时机,流于保守。这两种偏向都会坏事,应该防止。

《管子》提出"量力"原则和"时空"原则。凡事量力而行,"动必量力,举必量技","不为不可成,不求不可得"。指挥作战,要知道自己的兵力、装备的承受能力,"量力而知攻","不知任,不知器,不可,谓之有道"。这些都说明不可不顾主观条件地"妄行""强行"。"妄行则群卒困,强进则锐士挫"。"时空"原则是指办事要注意时间(时机)和地点等客观条件。"事以时举","动静""取予""必因于时也,时则动,不时则静"。(《管子·宙合》)治国和治生,不顾时间的变化,用老一套的办法,不注意"视时而立仪"(《管子·国准》),"审时以举事"(《管子·五辅》),必然招致失败。空间不同,政策措施也应有异,不可将一套办法到处运用,治家、治乡、治国各有特殊性,"以家为乡,乡不可为也;以乡为国,国不可为也;以国为天下,天下不可为也"(《管子·牧民》)。韩非说:"圣人不期修古,不法常可,论世之事,因为之备……事异则备变。"他以守株待兔的故事,告诫治理国家者不可是"守株之类也"。这是所有管理者都应引以为戒的。

（七）对策

《史记》中说："夫运筹策帷幄之中，决胜于千里之外。"说明在治军、治国、治生等一切竞争和对抗的活动中，都必须统筹谋划，正确研究对策，以智取胜。研究对策有两个要点：一是预测，二是运筹。有备无患，预则成，不预则废。《孙子兵法》认为："知彼知己，百战不殆；不知彼而知己，一胜一负；不知彼不知己，每战必殆。"《管子》主张"以备待时"，"事无备则废"。治国必须有预见性，备患于无形，"唯有道者能备患于未形也"。（《管子·牧民》）

中国古代有许多系统运筹成功的实例。三国时期，诸葛亮隆中对策，精辟分析当时的形势，向刘备提出建立根据地联吴抗曹的战略主张。历史上的著名战役，如三国时代孙权、刘备对曹操的赤壁之战，诸葛亮的空城计，孙膑的"减灶诱敌"，韩信置之死地而后生的井陉之战，都是运用战略以弱胜强的典范。

（八）节俭

中国在理财和治生方面，历来提倡开源节流，崇俭戒奢，勤俭建国，勤俭持家。节用思想源自孔子和墨子。

孔子主张"节用而爱人，使民以时"。（《论语·述而》）墨子说："其用财节，其自养俭，民富国治。"（《墨子·节用上》）荀子说："臣下职，莫游食，务本节财无极。"（《荀子·成相》）"强本而节用，则天下不能贫……本荒而用侈，则天不能使之富。"（《荀子·天论》）

在治生方面，节俭则是企业家致富的要素。司马迁说："薄饮食，忍嗜欲，节衣服……纤啬筋力，治生之正道也。"（《史记·货殖列传》）汉初有个经营农业的任氏，一反当时"富人争奢侈"之风气，力行"家约"，"折节为俭"，以致"富者数世"，成为当地的表率，受到人们的赞颂。（《史记·货殖列传》）

（九）法治[①]

中国的法治思想起源于先秦法家和《管子》，后来逐渐变成一套法治体系，包括田土法制、财税法制、军事法制、人才法制、行政管理法制、市场法制等。韩非在论法治优于人治时，以传说中舜的故事为例子：舜事必躬亲，亲自解决民间的田界纠纷和捕鱼纠纷，花了三年时间纠正三个错误。韩非说这个办法不可取，"舜有尽，寿有尽，天下过无已者。以有尽逐无已，所止者寡矣"。如果制定法规公之于众，违者以法纠正，治理国家就方便了。他还主张应有公开性和平等性，即实行"明法""一法"原则。"明法"就是"著之于版图，布之于百姓"，使全国皆知。"一法"是指人人都守法，在法律面前人人平等，"刑过不避大臣，赏善不遗匹夫"，各级政府官员不能游离法外。

可见，中国古代的管理思想仍对今日的管理实践有着重大的指导意义，我们应认真系统地学习、总结古代管理理论，把我国优秀的管理遗产传承下去，结合实际，不断将其发扬光大。

[①] 高映红，王华强. 管理学原理[M]. 天津：天津大学出版社，2013：31.

二、国外早期管理思想

西方文化起源于希腊、罗马、埃及及巴比伦等文明古国。西方在公元前6世纪左右建立了高度发达的奴隶制国家，在文化、艺术、哲学、数学、物理学、天文学及建筑学等方面对人类做出了卓越贡献。如埃及在建造金字塔的实践中，形成了计划、组织和控制观念，他们很早就懂得了分权，确立了上自宰相下至书吏、监工，各有专职、以法老为最高统治者的金字塔式的管理机构。

巴比伦人对管理思想的重大贡献可以说是《汉谟拉比法典》。该法典形成于公元前2000年至公元前1700年，其中谈到责任、奖金制、最低工资制和交易控制等。

400多年前，意大利人马基雅维利著的《君主论》一书，对领导能力做了透彻的论述，其目的是协助年轻的国王求得领导能力。但书中所有关于领导与权力的原理，几乎适用于任何组织的管理者。

希伯来人对管理思想的贡献也很大，如《圣经·旧约·出埃及记》第十八章就记载了摩西领导着希伯来人在人事选择、训练及组织等方面的管理成就，提出了授权原则以及意外事件处理原则等观念。有的外国学者甚至认为，《圣经》这一文献"对任何人都是一项了解基本管理原则的教材"。

古希腊人则在发展民主政治及处理一切繁杂事务所必需的管理技能方面有专长。希腊人提出为市政府成立"波立斯"制，即自由交换意见、公开研讨的政策，还提出用音乐有节奏地控制大批量生产的管理观念。古希腊著名学者柏拉图在其《共和国》一书中提出专业化和分工原理。另一著名学者苏格拉底深刻而生动地提出了管理的普遍性和管理者的互换性原理。

可以看出，这些古国在国家、部队、组织、领导及法律管理等方面有光辉的成就。公元3世纪后，随着奴隶制的衰落、基督教的兴起，这些古代文化逐渐被基督教文化所取代。在基督文化中所包含的伦理观念、管理思想，对以后西方封建社会的管理实践起着指导性作用。

【管理故事2-2】

威尼斯兵工厂

威尼斯兵工厂是当时世界上最大的工厂，也是运用科学管理的先驱。在威尼斯兵工厂产生了许多出色的管理思想。这个工厂占地60英亩（1英亩=4046.86平方米），有工人千余人。它制造军舰、武器和装备，并且储存、装备和修理这些产品。威尼斯兵工厂采用流水作业生产线，利用标准化配件。这些配件按所用顺序摆在仓库里，以便控制库存。生产中实行系统管理，以会计和成本来节约人力、物力。全厂设有若干职能部门，每一部门由一人负责，所有员工按成绩大小决定晋级和升迁。威尼斯兵工厂在管理实践上有其独到之处，据当时报载，在1574年，法国国王亨利三世访问这个工厂时，它已经达到了在一小时之内使一艘大船下水的生产效率。

资料来源：谭蓓. 管理学基础[M]. 重庆：重庆大学出版社，2014.

从 18 世纪中期到 19 世纪末、20 世纪初的一百多年是西方资本主义工厂制度的兴起到资本主义自由竞争发展的时期，此时，人们已朦胧地意识到管理的重要性，并力图摆脱传统管理的桎梏，以寻求资本主义企业的生存发展之道，出现了一些有代表性的人物及管理思想。

（一）詹姆士·斯图亚特（James Denham Steuart，1712—1780）

斯图亚特是英国经济学家，重商主义后期代表人物，他是英国第一个使用"政治经济学"这个名词作为书名的人。他的管理思想主要体现在其 1767 年出版的经济学名著《政治经济学原理研究》中。他先于亚当·斯密提出了"劳动分工"的概念，认为工人因重复操作而灵巧、熟练地工作，从而提高劳动生产率。此外，他比泰勒早 100 年提出工作方法研究，并阐明了刺激性工资的实质以及管理人员与工人之间劳动分工的问题。

（二）亚当·斯密（Adam Smith，1723—1790）

亚当·斯密是英国杰出的资本主义古典政治经济学的创始人，1776 年发表了他的代表作《国民财富的性质和原因的研究》。该著作在论述资本主义"自由经济"的同时，也提出了对管理发展有重大影响的管理见解。一是提出了"分工协作原理"和"生产合理化"的概念，认为对经济效益的追求主要依靠提高效率来完成，而效率的提高靠分工，有了分工，同样数量的劳动者就能完成比过去多得多的工作。所以，只有分工协作才能提高劳动生产率。斯密还举了制针厂的例子，一个熟练工单独干一天做不出 20 枚针，而 10 个工人分工合作，每天可制针 4800 枚，分工的效率至少是单干的 240 倍。二是提出了"经济人"的观点，即经济活动产生于个人利益基础上的共同利益，认为个人在追求个人利益最大化的同时，必须兼顾他人利益，所以，产生了共同利益，形成总的社会利益。个人追求利益的动机和行为有利于发展生产、调动积极性，会自然而然地达到社会的共同利益。斯密"经济人"的观点后来成为资本主义管理理论的重要依据之一。

（三）查尔斯·巴贝奇（Charles Babbage，1792—1871）

查尔斯·巴贝奇是英国剑桥大学教授，他的代表作是 1832 年出版的《论机器和制造业的经济》。他在开创与发展把科学方法应用到管理研究方面有过突出贡献。作为一名技术发明家，他接触了制造业的管理问题，并以极大的兴趣进行研究，提出了自己的观点。一是深化了劳动分工协作原理，认为分工除提高效率之外，还可节省工资支出，因为若不分工，工厂主要按全部工序中技术要求最高、体力要求最高的标准支付工资，分工后，则可依不同工序的不同复杂程度、强度雇用不同的工人，支付不同的工资。二是提出了"边际熟练"原则，即对技术劳动强度做界定，作为付酬的依据，同时应对比工人的效益与企业的成功，按比例付给工人奖金。三是提出了"管理的机械原则"，即以科学方法分析工人工作量、原材料及利用情况，以提高工作的效率，把数学计算引向管理。这些都是巴贝奇对管理思想所做出的重大贡献，也为以后古典管理理论的形成提供了一定的思想依据。

（四）罗伯特·欧文（Robert Owen，1771—1858）

罗伯特·欧文是英国空想社会主义代表人物，也是一名企业管理改革家，被人们誉为现代人力资源管理的先驱。欧文提出了"人是环境的产物"这一著名的管理思想，认为有什么样的环境就会产生什么样的人，他把这种思想应用到企业中，并对此进行了管理实验。实验的结果如欧文所愿，即当企业为工人提供了一个好的生活和工作环境时，工人始终处在一个当好工人的激励当中。为此，他认为只要对工人加以训练与指挥，就可以取得50%~100%的报酬。欧文在人事管理方面的理论与实践，对后来的行为科学理论产生了很大影响。

尽管这些早期研究者们从不同的角度提出了一些管理思想，但他们的研究并没有形成一种系统化的理论体系，当时社会普遍注重于组织生产、减少浪费、增加产量、追求最大利润等具体方法。管理工作呈现出了以下几个特点。

（1）管理的重点是解决分工与协作问题。当时的管理仅着眼于如何进行分工协作，以保证生产过程的顺利进行；或怎样减少资金的消耗，提高工人日产量指标，以取得更多的利润。管理的内容局限于生产管理、工资管理和成本管理。

（2）管理的方法是凭个人经验。由于工业刚从农业中分离出来，这就意味着没有"管理阶层"，即没有普遍适用的有关如何进行管理的知识体系，也没有共同的管理行为，因此，早期的管理人员通常凭借自己的经验来管理，管理工作的成败主要取决于管理者个人的经验、个性特点和工作作风。

（3）管理的主体即企业管理者由资本家直接担任。由于劳动三要素是由资本聚集起来的，拥有资本的工厂主也就理所当然地成了企业管理者。随着企业的发展，越来越多的工厂主开始认识到，单凭自己的经验和直觉已越来越难以胜任整个企业的生产经营管理工作，最好的办法是让那些有管理才能的人来代替自己做一些管理工作，于是，后期出现了"特种雇用人员"——厂长、监工、领班等。但尽管如此，企业的总体管理还是由资本家亲自掌握。

1841年10月5日，在美国马萨诸塞—纽约的西部铁路上，两列火车相撞，造成近20人的伤亡，美国社会舆论哗然，公众对这一事件议论纷纷，对铁路公司老板低劣的管理进行了严厉抨击。为了平息这种局面，在马萨诸塞州议会的推动下，这个铁路公司不得不进行管理改革，资本家交出了管理权，只拿红利，另聘请具有管理才能的人担任企业领导。这也就是美国历史上第一家由领薪金的经理人员通过正式机构进行企业管理。

事件虽属偶然，但两权分离是生产发展的客观要求。分离后，越来越需要管理职能专业化，要求有专职的管理人员，建立专门的管理机构，用科学的管理制度和方法进行管理。同时，也要求对过去积累的管理经验进行总结提高，使之系统化、科学化并上升为理论。基于这一切，一些管理人员与工程技术人员开始致力于总结经验，进行各种试验研究，并把当时的科技成果应用于企业管理，出现了一系列管理理论与方法。

【知识扩展2-1】

早期的战略家——马基雅维利

尼可罗·马基雅维利（Niccolo Machiavelli，1469—1527）是意大利政治思想家和历史学家，也是中世纪管理思想集大成者，其代表作为《君主论》。他的思想被后世称为"马基雅维利主义"，即为结束政治割据，建立强大而统一的国家，君主可以不择手段。他的思想为当时君主管理国家做了很大的贡献。

在《君主论》中，马基雅维利阐述了大量管理思想。

（1）权力接受论。权力接受论强调权力的根源是自下而上来源于群众的，领导者取得权利只是接受了群众的授予。马基雅维利非常强调领导者得到群众拥护的重要性，认为政府的存续、统治的稳定都来自群众的支持和拥护。

（2）组织凝聚力。马基雅维利指出，一个国家要存续就必须有凝聚力。为了形成强大的凝聚力，国王应该亲临那些被他所征服的领土，还要注意抚慰下级官员及平民百姓。为了增强凝聚力，国家立法是不可废的，法律也应当是稳定的。

（3）称职的领导者。一位称职的领导者应当是众人的楷模，甚至是精神上的领袖。他不仅应善于利用时机，还要善于用人、管人。

资料来源：朱舟，周建临. 管理学教程[M]. 4版. 上海：上海财经大学出版社，2017.

第二节 古典管理理论

经过工业革命后，西方国家的科学技术有了较大发展，生产力水平大幅提高，但管理仍处于经验和主观臆断基础之上，缺乏科学依据，严重阻碍了劳动生产率的进一步提升。因此，从19世纪末20世纪初到20世纪30年代，以美国、法国、德国为代表的西方国家产生了科学管理运动，从而推动了古典管理理论的形成与发展。古典管理理论是以"经济人"假设为基础的管理理论，主要包括以泰勒为代表的科学管理理论、以法约尔为代表的一般管理理论和以韦伯为代表的行政组织理论。

一、科学管理理论

科学管理理论形成于19世纪末20世纪初，一般以美国泰勒1911年出版《科学管理原理》为其正式形成的标志，泰勒被誉为"科学管理之父"。

弗雷德里克·温斯洛·泰勒（Frederick Winslow Taylor，1856—1915），出生在美国一个富裕的律师家庭，他年幼时就爱好科学研究、调查与实验，在考入哈佛大学法律学院不久因得了眼疾而被迫辍学，从而放弃了子从父业的理想。1875—1878年，泰勒在费城一家小钢铁机械制造厂当学徒工，1878年谋职于米德维尔钢铁公司，不久升任车间管理员，而后又升至技师、工长、总工程师等职。由于他这样由下而上的经历，决定了他较注重基层生产技术等方面的现场管理和主要处理定额标准、时间动作分析等具体管理业务问题，形成了以劳动管理为主的科学管理理论。

科学管理的主题思想，就是抛弃了根据经验和习惯或主观想象与假设来管理的做法，用"科学"的观点去分析所干的工作，制定出各种标准操作方法和制度，并用此方法对工人进行指导训练，来提高劳动生产率。

科学管理制度又被称为"泰勒制"，是泰勒极力倡导企业建立的一套以科学管理理念为核心的经营管理制度，其目标是提高劳动生产率，把"经济大饼"做大，使追求利益的劳资双方所占份额同时增加，避免一方多得而另一方少得。为此，泰勒特别强调劳资双方要来一场"心理革命"，把目光从争夺盈余转向提高盈余，通过共同协作来提高生产率。泰勒认为这场"心理革命"构成了科学管理的实质。

(一) 科学管理的主要内容

(1) 工作定额原理。科学管理理论认为必须通过工时和动作研究制定出有科学依据的工人的"合理日工作量"，方法是选择合适而技术熟练的工人，把他们的每一项动作、每一道工序所使用的时间记录下来，加上必要的休息时间和其他延误时间，就得出完成该项工作所需要的总时间，以此来确定工人的工作定额，实行定额管理。

(2) 标准化原理。为使工人完成较高的工作定额，就要使工人掌握标准化的操作方法，使用标准化的工具、机器和材料，并使作业环境标准化，消除各种不合理因素，把各种最好的因素结合起来，形成一种标准化的作业条件。

(3) 科学地挑选工人并使之成为"第一流工人"。所谓"第一流工人"，是指适合于所干工作且又有进取心的工人，而不是什么"超人"。泰勒认为管理人员的责任在于按照生产的需要，对工人进行选择、分工、培训，使之最后达到最适合于他能力的、效率最高的、最有趣的和最有利的工作。

(4) 实行差别计件工资制。以有科学依据的定额为标准，采用差别计件制，以刺激工人的工作积极性，因此又称为刺激性付酬制度。这一制度是根据工人是否完成定额而采取不同工资率的付酬制度。如果工人没有完成定额，就按"低工资率"付酬，即为正常工资率的80%；如果超过定额，全部都按"高工资率"付酬，即为正常工资率的125%。

(5) 管理工作专业化原理。提出把计划职能同执行（实施操作）职能分开，管理人员也要专业化分工。泰勒设想了"职能工长制"，建议对每个工人的监督至少要有八个职能工长，或者说一个班组的工长要有八种管理职能，而这些职能又可分为两部分，并由两个管理部门分别承担。如工作流程管理、指示卡管理、工时成本管理、车间纪律管理属计划部门的职能，而工作分派、速度管理、检查、维修保养归执行部门的职能（见图2.1）。

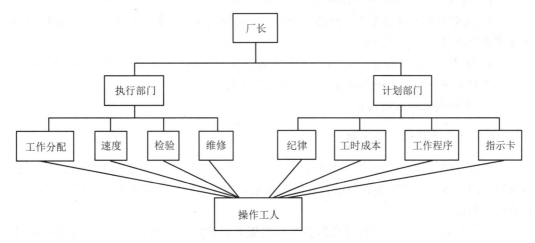

图2.1 泰勒的职能工长制组织

（6）管理控制的例外管理原理。科学管理理论认为，规模较大的企业不能只依据职能原则来组织管理，还必须应用例外原则，即企业的高级管理人员把例行的一般日常事务授权给下级管理人员去处理，自己只保留对例外事项（或重要事项）的决定权。

泰勒的思想在大西洋两岸引起了轰动，受到许多人的追捧，形成了一大批追随者。如亨利·甘特的"人的因素最重要"的思想；吉尔布雷斯的动作与疲劳研究（被后人誉为"动作研究之父"）；吉尔布雷斯夫人的《管理心理学》对劳动者心理的研究；亨利·福特的福利刺激计划；玛丽·福莱特的利益结合论；哈林顿·埃默森的效率原则；等等。他们对科学管理理论的形成与完善做出了卓越的贡献。

【知识扩展2-2】

吉尔布雷斯夫妇对管理理论的贡献

弗兰克·吉尔布雷斯（1868—1924）是一位工程师和管理学家，科学管理运动的先驱者之一，其突出成就主要表现在动作研究方面。莉莲·吉尔布雷斯（Lillian M. Gilbreth，1878—1972）是弗兰克的妻子，她是一位心理学家和管理学家，是美国第一位获得心理学博士学位的妇女，被人称为"管理的第一夫人"。

吉尔布雷斯从"动作分析"角度研究问题。最为著名的是，弗兰克·吉尔布雷斯仔细审视了砖瓦匠的工作。其实他本人就多才多艺，自己也是一位砖瓦匠和建筑学家。这些砖瓦匠的工作是低效的。对此，吉尔布雷斯设计了一种能大大减少捆绑，可以提高1倍效率的脚手架，并为此申请了专利。吉尔布雷斯还发明了一整套动作流程图，并且与打字机的生产者雷明顿（Remington）合作，协助研发出一种更为有效的德沃夏克键盘布局。

他们在照相机的帮助下，对砖瓦匠的活动进行了分析，使得吉尔布雷斯能够认定整个活动由16个单个动作组成。这些单个动作被他们称为"基本分解动作"。

弗兰克·吉尔布雷斯夫妇在管理思想方面的主要贡献有以下几方面。

（1）动作研究。坚持"动作经济原则"并把这种原则推广到工人中，使工效大为提高。

（2）探讨工人、工作和工作环境之间的相互影响。

（3）疲劳研究。建议在工作中播放音乐，以减轻疲劳，并向社会呼吁把消除疲劳放在头等重要的地位。

（4）强调进行制度管理。弗兰克·吉尔布雷斯认为任何工作都有一种最好的管理方法，应该把这些方法系统化为一套制度，人人都遵照执行。

（5）重视企业中人的因素。

（二）科学管理理论的贡献

泰勒的科学管理理论是管理思想发展史上的一个里程碑，它对管理成为科学的推动作用是巨大的。作为一个较为完整的管理思想体系，科学管理理论对人类社会的发展做出了自己独特的贡献。

（1）泰勒是一位西方古典管理思想发展的集大成者，正如英国管理学家厄威克所说："泰勒所做的工作并不是发明某种全新的东西，而是把整个19世纪在英、美产生、发展起来的东西加以综合而形成一套思想，他使一系列无条理的首创事务和试验有了一个哲学的体系，称为科学管理。"

（2）科学管理理论在管理哲学上取得了重要的突破，泰勒堪称管理哲学大师。正如美国管理学家德鲁克所指出的："科学管理只不过是一种关于工人和工作系统的哲学，总的来说，它可能是自联邦主义文献以后，美国在西方思想领域做出的最特殊的贡献。"

（3）泰勒将科学引入管理领域，提高了管理科学理论的科学性。泰勒等人做出了大量的科学实验，并在此基础上提出了系统的理论和一整套的方法措施，为管理理论的系统形成奠定了基础。从本质上来说，科学管理理论突破了工业革命以来一直延续的传统的经验管理方法，是将人从小农意识、小生产的思维方式转变为现代社会化大工业生产的思维方式的一场革命。

（4）科学管理理论提出的有科学依据的作业管理、管理者同工人之间的智能分工、劳资双方的心理革命等，为作业方法和作业定额提供了客观依据，使得劳资双方有可能通过提高劳动生产率、扩大生产成果来协调双方的利害关系，从而推动了生产力的发展，劳动生产率有了大幅度的提高。

（5）科学管理运动加强了社会公众对消除浪费和提高效率的关注，促进了经营管理的科学研究，其后的运筹学、成本核算、准时生产制等，都是在科学管理理论的启发下产生的。

（三）科学管理理论的局限性

（1）科学管理理论的几个基本假设就是：人是"经济人"。在泰勒和他的追随者看来，人最为关心的是自己的经济利益，企业家的目的是获取最大限度的利润，工人的目的是获取最大限度的工资收入，只要使人获得经济利益，他就愿意配合管理者挖掘出他自身最大的潜能。这种人性假设是片面的，因为人的动机是多方面的，既有经济动机，也有许多社会和心理的动机。

（2）科学管理理论的诸项原则在实际推行过程中，并没有得到很好的贯彻。科学管理的本意是应用动作研究和工时研究的方法来进行分析，以便发现和应用有助于提高劳动生产率的规律。但很多企业的工时研究没有建立在科学的基础上，其往往受到企业主和研究人员主观判断的影响，由此确定的作业标准反映了企业主追求利润的意图，为工人确定的工资率也是不公正的。此外，泰勒主张的职能工长制和差别计件工资制，也没有得到广泛的应用。

（3）泰勒对工会采取怀疑和排斥的态度。在他看来，工会的哲理和科学管理的哲理是水火不容的，工会通过使工人和管理部门不和，加紧进行对抗和鼓励对抗，而科学管理则鼓励并提倡利益的一致性。所以，泰勒认为，如果工人参加工会，组织起来，就容易发生工人怠工的情况。但实际上，在通过工时研究和动作研究来确定作业标准和定额以及工资时，如果没有工会的参与，很难建立起真正协调的劳资关系。

尽管泰勒的科学管理理论存在局限性，但有一点是没有疑问的，泰勒确实是管理思想演进过程中一个重要时代的领路人，正如丹尼尔·雷恩所说："科学管理反映了时代精神，科学管理为今后管理学的发展铺下了光明大道。"

【经典案例 2-1】

联合邮包服务公司的包裹发送

联合邮包服务公司（UPS）雇用了 15 万名员工，这些员工平均每天将 900 万个包裹发送到美国各地和世界 180 多个国家和地区。UPS 的宗旨是：在邮运业中办理最快捷的运送。UPS 的管理者系统地培训他们的员工，使其以尽可能高的效率工作。

UPS 的工业工程师对每一位司机的行驶路线进行了时间研究，对每种送货、取货和暂停活动设立了工作标准。这些工程师记录了红灯、通行、按门铃、穿过院子、上楼梯、中间休息喝咖啡的时间，甚至上卫生间的时间，将这些数据输入计算机中，从而给出每一位司机每天工作中的详细时间标准。

为了完成每天取送 130 件包裹的目标，司机们必须严格遵守工程师设定的程序。当他们接近发送站时，他们松开安全带，按喇叭、关发动机、拉起紧急制动，把变速器推到一挡上，为送货完毕后的启动离开做好准备，这一系列动作极为严格。然后司机从驾驶室出溜到地面上，右臂夹着文件夹，左手拿着包裹，右手拿着车钥匙。他们看一眼包裹上的地址，把它记在脑子里，然后，以每秒钟 3 英尺（0.91 米）的速度快步走到顾客的门前，先敲一下门以免浪费时间找门铃。送货完毕，他们在回到卡车的路途中完成登录工作。

思考：本案例体现了什么管理思想的哪些内容？

二、一般管理理论

古典管理理论的另一流派是法约尔的一般管理理论，有人也称为经营组织理论，其特点是从企业管理的整体出发，着重研究管理的职能作用、企业内部的协调等问题，探求管理组织结构合理化、管理人员职责分工合理化等。

亨利·法约尔（Henri Fayol，1841—1925）出生于法国，他长期担任一家煤矿大企业的总经理，这使他得以从最高层次探索企业及其他组织的管理问题，所以，人们称他对管理理论的研究是从"办公桌的总经理"开始的，这也是他与泰勒研究管理视角不同的主要原因。法约尔具备了从一个较完整的角度来考虑管理问题的条件，自上而下考察管理实践的事实也体现于其一般管理理论中。为此，法约尔的理论被称为"一般管理理论"，他被尊称为"经营管理之父"。法约尔的思想主要体现在其 1916 年出版的代表作《一般管理与工业管理》一书中，其主要思想有以下几个方面。

（一）经营与管理的区别

法约尔认为经营与管理是不同的概念。经营是指导或引导一个组织趋向某一既定目标，它的内涵比管理更为广泛，管理仅仅是其中的一项活动。企业的经营活动可以概括为六大类（见图 2.2）。

（1）技术活动——生产、制造、加工。
（2）商业活动——购买、销售、交换。
（3）财务活动——资金的筹集和运用。
（4）安全活动——设备和人员的安全。

（5）会计活动——存货盘点、资产负债表制作、成本核算、统计。
（6）管理活动——计划、组织、指挥、协调、控制。

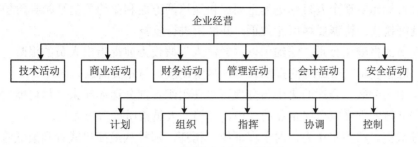

图 2.2　经营活动与管理活动

在不同的企业工作中，六大活动所占比例不同。在高层人员工作中管理活动所占比重较大，而在直接的生产工作和事务性活动中管理活动的比重较小。

这六种活动需要六种不同的能力。这六种能力在企业中的各个阶层都应具备，只是侧重点不同。管理能力的重要性是随着阶层的提高而增强的。

（二）管理的五要素

法约尔第一次提出了管理的组成要素，即计划、组织、指挥、协调和控制五大职能，并对这五大职能进行了详细的分析和讨论。他认为，计划就是探索未来和制定行动方案；组织就是建立企业的物质和社会双重结构；指挥就是使其人员发挥作用；协调就是联结、联合、调和所有的活动和力量；控制就是注意一切是否按照已制定的规章和下达的命令进行。

（三）管理的十四条原则

为了进行有效的管理，法约尔提出了应遵循的十四条原则。

（1）劳动分工。劳动专业化是每个机构和组织前进和发展的必要手段。法约尔认为，劳动分工的目的是用同样的努力生产出更多、更好的产品。因为工人总是做同一部件，领导人经常处理同一事务，就可以达到熟练程度，并且拥有自信心来做好该工作，从而提高效率。

同泰勒的观点一样，法约尔认为劳动分工不仅适用于技术工作，还适用于管理工作以及权限的划分。

（2）权力与责任。法约尔认为，如果要一个人对某项工作的结果负责，就应当赋予确保工作成功的应有的权力，因为权责是互相对应的。

（3）纪律。纪律应以尊重而不是恐惧为基础，纪律的实质就是遵守公司各方达成的协议。领导不善会导致纪律松弛，而严明的纪律来自良好的领导、明确的雇用协议和审慎的赏罚制度。严明的纪律又是企业顺利经营的保障。

（4）统一命令。统一命令指无论对哪一件工作来说，一个下属只能听命于一个领导者。违背这个原则，就会使权力和纪律受到严重的破坏。这与泰勒职能工长制的思想恰好相反。

（5）统一领导。为达到同一目的而进行的各种活动，应由一位首脑根据一项计划开展，这是统一行动、协调配合、集中力量的重要条件。

（6）个人利益服从整体利益。法约尔认为：整体利益大于个人利益的总和。一个组织谋求实现总目标比实现个人目标更为重要。协调这两方面利益的关键是领导阶层要有坚定性和做出良好榜样。协调要尽可能公正，并经常进行监督。

（7）人员的报酬要公正。法约尔以"经济人"假设为前提指出人员的报酬是其服务的价格，所以应该制定公平合理的报酬制度，尽量使雇主与雇员满意。

（8）集中与分散。合理的集中与分散可以使组织各部分运动起来，尽可能发挥所有才能，集中与分散的程度应当视企业的规模、环境、人员素质等情况而定。

（9）等级链。法约尔认为，对于保证统一指挥，那种从最高权威者到最低管理者式的等级系列是必要的，但在紧急情况下，平级之间跨越权力而进行的横向沟通也是非常必要的。为此，法约尔设计了一种把等级制度与横向信息沟通结合起来的"跳板"，即"法约尔跳板"，亦称"法约尔桥"，如图2.3所示。

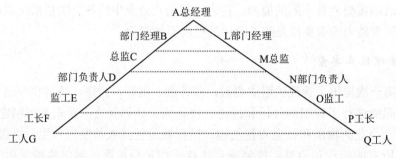

图 2.3　法约尔跳板

（10）秩序。秩序即人和物必须各尽所能。理想秩序是指有地方安置每件东西，而每件东西都放在了该放的地方；有职位安排每个人，而每个人都安排在了应该安排的职位上这么一种理想状态。只有这样才能做到物尽其用、人尽其才。

（11）公平。即以亲切、友好、公正的态度严格执行规章制度。即"做事公平有理智，有经验，有善良的性格"。雇员们受到公平的对待后，会以忠诚和献身的精神去完成他们的任务。

（12）人员稳定。法约尔认为，成功的企业需要有一个稳定的职工队伍，因此，高层管理者应采取措施，鼓励员工尤其是管理人员长期为公司服务。

（13）首创精神。首创精神是创立和推行一项计划的能力。一个企业的成功，不仅其领导要富有首创精神，其全体人员都需要具有首创精神。

（14）集体精神。职工的融洽、团结可以使企业产生巨大的力量。实现集体精神最有效的手段是统一命令。在安排工作、实行奖励时不要引起嫉妒，以避免破坏融洽的关系。此外，还应该直接地交流意见。

法约尔一般管理理论提出了管理的普遍性和重要性，他认为凡有组织活动就需要管理，管理是任何有组织的社会中一个独特的因素。法约尔一般管理理论不仅适用于工商企业，还适用于政府、机关、军队、教会以及各种组织团体，具有普遍的意义。

法约尔一般管理理论分析了管理的过程，明确了管理的五项职能，并强调它是管理工作的基础，它指导管理人员做些什么、怎样去做。法约尔一般管理理论不仅对管理理论的发展起到了重要推动作用，同时也对管理教育、管理实践有着极大的影响。现在西方国家许多管理类教科书都是以法约尔一般管理理论的五项职能为依据撰写的。他的管理的五项职能和管理十四原则至今仍被管理人员奉为"信条"。法约尔提出的管理组织形式——直线参谋制，至今仍是企业广泛采用的主要组织形式之一。近几十年，在组织方面对分权的事业部制、矩阵制的研究，都是一般管理理论的继续和发展。

法约尔一般管理理论与泰勒科学管理的创建有着同样的社会经济背景，都受到历史条件的限制而具有局限性。在组织上，它们都主张实行独裁式的垂直管理，过于强调上下级组织系统不能破坏，劳动者只能听命于管理人员的训练、安排。它们还忽视了组织活动应根据环境的变化而灵活进行，从而限制了人们的创造性、主动性的发挥。

法约尔所确定的管理领域、管理职能和管理原则对管理学的建立和发展起到了极大的推动作用，在管理思想史上占有重要的地位。

法约尔的一般管理理论是西方管理思想和管理理论发展史上的一个里程碑，它为以后管理理论的发展勾勒出了基本的理论框架，它跳出了泰勒以实践研究管理原理的局限，在理论上努力将管理的要素和原则系统地加以概括，使管理具有了一般科学性，为以后推广管理学教育奠定了基础。同时，这些原则也曾给实际管理人员以巨大的帮助，现今仍然为许多人所推崇。其不足之处是管理原则缺乏弹性，以致有时实际管理工作者无法完全遵守。

【经典案例2-2】

巴恩斯医院

十月的一天，戴安娜给巴恩斯医院院长戴维斯博士打来电话，要求立即做出新的人事安排。从戴安娜急切的声音中，戴维斯能够感觉到发生了什么事，他让戴安娜马上过来见他。大约五分钟后，戴安娜走进了戴维斯的办公室，递给他一封辞职信。

"院长，我再也干不下去了，"她开始申诉道，"我在产科当护士长，已经四个月了，我简直干不下去了，我怎么能干下去呢？我有两个上司，每个人都有不同的要求，都要求优先处理，要知道我只是一个凡人，我已经尽最大努力适应这种工作，但看来是不可能的。让我举个例子吧，请相信我，这是一件平平常常的事，像这样的事每天都在发生。昨天早上7:45，我来到办公室，发现桌上放了一张字条，是杰克逊（医院的主任护士，负责全院护士工作）给我的，他告诉我，他上午十点钟需要一份床位利用情况，供他下午向董事会报告时使用。我知道，这样一份报告至少需要一个半小时才能写出来。30分钟后，乔伊斯（戴安娜的直接主管，基层护士监督员）走进来，问为什么我的两位护士不在班上，我告诉她，雷诺兹医生（外科主任）从我这里要走了她们两位，说是急诊外科手术正缺人手，需要借用一下。我告诉他，我也反对过，但雷诺兹坚持说只能这么办，你猜乔伊斯说什么？她叫我立即让这些护士回到产科部，她还说一个半小时以后，她会回来检查我是否把这件事办好了。我跟你说，院长，这种事情每天都会发生好几次。一家医院只能这样运作吗？"

思考题：

（1）这家医院的正式指挥链是怎样的？

（2）有人越权行事了吗？

（3）戴维斯博士能做些什么以改进现状？

（4）"巴恩斯医院的结构并没有问题，问题在于戴安娜不是一个有效的监管者"，对此，你是赞同还是不赞同？说出你的理由。

（5）戴安娜可以利用哪些权力来使自己更好地处理冲突？

（四）一般管理理论的深远影响

法约尔的一般管理理论和泰勒的科学管理理论一起，对西方管理学理论的形成、发展有着非常重大的影响，当今许多管理文献都基于法约尔的观点和术语。在他所处的那个时代，在管理文献极其缺乏的背景下，他的观点是非常新鲜和具有启发意义的，堪称管理学发展史上的里程碑。

在法约尔管理理论的基础上建立和发展起来的理论有：德国著名社会学家和管理学家韦伯提出的"理想的行政组织体系"理论；美国管理学过程学派的主要代表人物詹姆斯·穆尼和艾伦·赖莱提出的组织效率原理，哈罗德·孔茨在其《管理学》中提出的管理五项职能说；英国管理学家林德尔·厄威克提出的管理理论系统化以及他与卢瑟·古利克提出的管理七职能说；美国著名经济学家罗伯特·杰·艾伯特和埃弗雷特·伊·小亚当合写的《生产与经营管理》提出的管理三大职能说；美国当代著名管理学家斯蒂芬·P.罗宾斯的《管理学》将管理的职能分为计划、组织、领导和控制四个方面；等等。法约尔的一般管理理论不仅适用于工商企业，而且延伸到社会组织、政府和国家等诸多领域。他的管理十四项原则和管理职能在行政管理的理论与实践中已经作为普遍遵循的准则而存在，成为现代行政管理理论的重要组成部分。法国政府就曾将他的理论在邮政部门中运用并推而广之。美国著名行政学家伦纳德·D.怀特运用一般管理理论研究政府行政管理，而且美国政府也将一般管理理论提供的科学原理和方法应用于政府的行政管理，精简政府，调整机构，促进了政府的工作改革，提高了行政效率。

管理必须善于预见未来。法约尔十分重视计划职能，尤其强调制订长期计划，这是他对管理思想做出的一个杰出贡献。他的这一主张，在今天看来仍像在他那个时代一样重要。面对剧烈变化的环境，计划职能更为关键。许多企业缺乏战略管理的思维，很少考虑长期的发展，不制定长期规划，其结果多为短期行为，丧失长远发展的后劲，埋下了不稳定的隐患。法约尔还提出了"管理能力可以通过教育来获得"的思想。通过管理教育，可以迅速提升管理层的管理能力，也可以迅速造就急需的管理人才，这也是现在世界级大企业的公认准则。企业的所有管理人员均应该接受必要的管理培训，这是企业得以良性发展的重要基准。"向管理要效益"已逐渐成为企业的共识。计划、组织和控制等术语已被众多的管理者所熟知，但管理职能绝不是在真空中起作用的，而是在实践中得到运用和强化的，将法约尔的这些朴素的管理原则和职能落到实处才是企业走向成功的基石。

法约尔的管理理论经过后来学者的继承和发展，形成了一门完整的学说。他的管理理论对于现代管理，无论是企业管理还是行政管理都具有显著的指导意义。他的管理理论和管理教育思想为其后的管理学家和教育学家所接受和发扬，现在几乎所有的经济学院、管理学院和行政学院都要开设管理学这门课程，我国很多大学所编写的管理学教材，其框架体系和主要内容仍然与法约尔的管理思想基本一致。

（五）一般管理理论的局限性

由于法约尔所处的时代和他本人自身条件的局限性，使得他和泰勒一样，避免不了其理论上的缺憾和不足。例如，其管理理论的体系不够完善；管理学内容比较肤浅、简单；管理原则过于僵硬，以致有时在实际管理工作中无法遵守；忽视对"任性"的研究，仍将人视为"经济人"和"机器人"；过分强调企业内部的管理，忽视外界环境对管理的影响。这都是他的管理理论的不足之处，也为后来的管理学家对古典管理理论的发展留下了广阔的空间。但即便如此，法约尔仍不失为世界管理学理论的奠基者之一，他的管理学理论至今仍熠熠生辉。

【知识扩展 2-3】

古利克的管理七职能论

美国管理学家卢瑟·古利克（Luther Gulick）把亨利·法约尔关于管理者在管理过程中所履行的职能进行了扩展，提出了有名的 POSDCRB 的管理七职能论。这七个管理职能如下。

（1）计划（planning），是为了实现企业所设定的目标所要做的事情的纲要，以及如何做的方法。

（2）组织（organizing），是为了实现企业所设定的目标建立权力的正式机构，以便对各个工作部门加以安排、规定和协调。

（3）人事（staffing），是有关人员的引入和训练以及有利的工作条件的维护等整个人事方面的职能。

（4）指挥（directing），包括以下各项的一种连续工作：做出决策；以各种特殊的和一般的命令和指示使之具体化；作为企业的领导者发挥作用，即包括对下属的领导、监督和激励。

（5）协调（coordination），是使工作的各个部分相互联系起来的极为重要的职能。古利克对这项职能最为强调，提出所谓的"一致性原则"。按照这项原则，为了避免摩擦和提高效率，要把企业的活动进行分类，把类似的活动都归同一个领导管辖。他提出这种活动的四种分类方法：①按目标或所要完成的任务来划分；②按作业的不同性质来划分；③按所涉及或所服务的人来划分；④按服务的场所来划分。古利克认为，在对企业进行分类时，要注意使企业目标能够有效地实现。

（6）报告（reporting），是使那些经理人员应对其负责的人得到有关正在进行的情况的报告，并使其及其下属通过记录、调查和检查得到有关情报。

（7）预算（budgeting），包括所有以财务计划、会计和控制形式出现的预算。

三、行政组织理论

行政组织理论是古典管理理论的又一个流派，它的主要代表人物是马克斯·韦伯（Max

Weber,1864—1920)。韦伯出生于德国,对社会学、宗教学、经济学和政治学有广泛的兴趣,并发表过著作。他在管理思想方面的贡献是在《社会组织与经济组织理论》一书中提出了理想行政组织体系理论,由此被人们称为"行政组织理论之父"。

韦伯的"理想的行政集权制"又被译为"官僚集权模式",它是通过职位或职务来实现管理职能的一套管理体系。在这套体系中,韦伯主要从三方面进行了阐述:理想的组织形态、理想组织形态的管理制度、理想组织形态的组织结构。

(一)理想的组织形态

韦伯认为,任何组织都必须有某种形式的权力作基础,只有这样组织才会始终朝着目标前进并实现目标。韦伯在其管理理论中指出,世上有三种权力,与之对应的有三种组织形态。

(1)超凡权力——神秘化组织。这种组织的基础是个别人的特殊性和对超凡的、神圣的英雄主义或模范的崇拜。在这种组织中,支撑组织的是那些超凡人物,这些超凡人物具有超自然、超人的权力,所谓的救世主、先知、政治领袖就属于这类人物。而一旦其超凡人物死亡,组织就往往会走向分裂,组织形态也就演化成另外两种形态或者组织本身逐渐死亡。可见,这种"神秘化组织"的基础是不稳固的。

(2)传统权力——传统组织。这种组织的基础是对古老传统的、神圣不可侵犯的、按传统拥有权力的人的正统性的信念。可以说,先例与惯例是这种组织行事的准则。在这种组织中,领导人不是按能力来挑选的,而是按照传统或继承沿袭而确定的。其管理也就相对比较单纯,仅仅依照过去的传统行事。这里需要有一个前提条件,即假设其过去一直采用的工作方式就是合理的。可以看出,这种组织形态建立的基础也是非理性的或局部非理性的,其运行效率在三种组织形态中也是最差的。

(3)法定权力——法律化的组织。这种组织的基础是对标准规则的"合法性"的信念,或对那些按照标准规则被提升为领导者的权力的信念。这种组织是一个按规则或程序来行使正式职能的持续性组织;领导者是按技术资格或其他既定的标准挑选出来的;组织中的决定、规则都以制度形式规定与记载;法定权力能以多种方式行使。这种组织好比一台旨在执行某些功能而精心设计的合理化的机器,机器上的每一部件都在为机器发挥最大功能而起着各自的作用。这种组织的优点是能有效地实现组织目标,其组织形态是建立在法理、理性基础上的最有效率的形态,是韦伯所极力推崇的理想的组织形态。

(二)理想组织形态的管理制度

韦伯对理想组织形态的管理制度进行了一系列的构想,提出了如下十条准则。

(1)组织中的官员在人身上是自由的,只是在官方职责方面从属于上级的权力。
(2)官员按职务等级系列组织起来。
(3)每一职务均有明确的职权范围。
(4)职务通过自由契约关系来承担。
(5)官员以技术资格从候选人中挑选出来。
(6)官员有固定的薪金报酬,并享有养老金。

（7）这一职务是任职者唯一的或者是主要的工作。
（8）职务已形成一种职业，有较完善的法理化升迁制度。
（9）官员没有组织财产的所有权，并且不能滥用职权。
（10）官员在司职时，受严格而系统的纪律约束与监督。

（三）理想组织形态的组织结构

在理想的行政集权制理论中，韦伯把理想的组织形态，即法律化组织的组织结构分为三个层次，如图2.4所示。

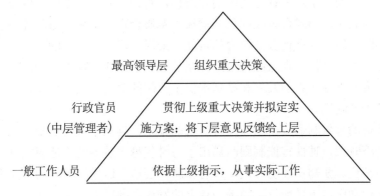

图2.4　法律化组织的组织结构

韦伯的理想行政集权制理论以正式组织为研究对象，总结了在大型组织中的实践经验，为资本主义的发展提供了一种稳定、严密、高效、合乎理性的管理体系理论，同时也为管理理论的创新做出了贡献。从纯技术的观点来看，这种理想的行政组织体系是最符合理性原则、效率最高的。它在精确性、纪律性、稳定性和可靠性方面都优于其他组织形式，具有一定的优越性。但也存在一些缺陷，如有人对理论中的升迁制度提出了疑问，还有人认为韦伯只是把目光瞄向了正式组织，而忽视了现实中非正式组织的存在及其对管理所产生的重大影响。韦伯本人也指出了理想行政组织体系的缺点，他认为，官僚体系犹如一个巨大的铁笼，将人固定在其中，压抑了人的积极性和创造性，使人成为一种附属品，只会机械地例行公事，成为没有精神的专家，没有情感的享乐人，整个社会将变得毫无生气。

（四）理想化行政组织的深远影响

官僚体系是科学技术进步和工业文明在政治生活领域中发展的结果，它又进一步促进了科学技术进步和工业文明化的进程。在20世纪，韦伯总结出官僚制的理论之后，官僚体系的组织形式作为一种普遍的社会组织形式得到了人们的认识和推广。韦伯极力根据合理化原则设计官僚制，希望使它在所有方面都包含着科学和技术进步的内容，试图使它成为一种体制和组织形式从而适应工业文明的需要。韦伯的官僚制行政组织理论有着丰厚的思想内涵，这一理论的许多概念、范畴和分析都成为现代西方政治学的理论来源之一。"理性官僚制"概念也使其成为官僚制研究领域不可逾越的界碑，但尽管如此，理想化行政组织也有其固有的局限性。

(五) 理想化行政组织的局限性

在当前政治、经济、文化、社会不断发展和进步的背景下，我们在肯定其历史进步的同时，也应对官僚制进行理论反思，发现其理论的历史局限性，并寻求新的理论范式和实践途径。官僚制的局限主要是它在功能主义和技术主义的工具理性追求中回避了价值理性的意义，也就是在官僚制的设计中放弃了对人的作用的肯定。官僚制的形式合理性设计把人淹没在冷冰冰的技术主义之中，在实践过程中它又使官僚主义和腐败问题得以滋长和蔓延。首先，官僚制是个形式化的集权体系，在剔除了价值因素的作用后使政府行为渗透到社会生活的各个方面，垄断了社会资源的配置权，对行政人员有着巨大的以权谋私的诱惑力；其次，官僚制中的形式合理性取代和湮灭了实质合理性，使官僚制体系和官僚个人有着自我膨胀和随心所欲地行使公共权力的可能；最后，形式合理性的设计在实践上极易走向自己的反面，即非理性。官僚制在整个体系上拥有了形式合理性的同时，却在具体的部门或个人那里为非理性行为的发生和蔓延提供了广阔的空间，从而出现官僚们追逐个人利益的非理性行为的泛滥。

如果说韦伯的官僚制适应了工业经济时代的要求，推动了人类历史的进步。那么，在现在的知识经济时代，理性官僚制则凸显出了与时代越来越多的不适应之处，充当了历史前进绊脚石的角色。在知识经济时代，具有创新、创造和运用知识能力的人在生产经营活动、社会管理活动中占主导地位，经济与社会的发展必须以人的发展为前提，发展必须以人为中心展开，这充分展示了人的价值的重要意义。韦伯的官僚制无疑在科学与价值融合的道路上愈走愈远，在新的历史时代中没有绽放出生命力的光彩。同时，官僚制在运作过程中，表现出了组织的封闭性、缺乏适应性等问题。正是由于理性官僚制中那些能够提高组织效率的因素阻碍了组织效率的提高，即出现了官僚制的效率悖论，封闭系统的效率追求反而造成效率的丧失。以效率为中心的官僚制的组织结构因其内在的封闭性缺陷而造成组织污染，形成管理低效。

理论的存在必然对实践具有指导意义，理性化行政组织在行政管理方面提供借鉴的同时也引发了各国的反思。西方社会试图通过对官僚制理论的清算来寻求解决诸如财政危机、信任危机、管理危机等一系列问题的方案。对于政府建设和政治生活的重建来说，应当告别官僚制在其外部寻求价值因素补充的局面，应当直接把价值因素引入到政府体制中来，引入到政治生活和一切管理活动中，而且被引入的价值应当是理性的价值，也就是价值理性。

四、古典管理理论的主要特点

综合古典管理阶段管理理论与实践，可看出其主要具有以下几个特点。

（1）以提高生产率为主要目标。因为这一时期制约企业管理最主要的问题就是效率的低下，所以管理理论主要解决的就是效率问题，泰勒等人从事的一系列科学研究，都是以提高生产效率为目标的。泰勒在《科学管理原理》一书中指出："人的劳动生产率的巨大提高这一事实，标志着我国在一两百年内的巨大进步……科学管理的根本就在于此。因为科学管理如同节省劳动的机器一样，其目的正在于提高每一单位劳动力的产量。"

（2）以科学求实的态度进行调查研究。无论是泰勒、法约尔，还是其他管理学者，都是在大量实践基础上，以科学的态度进行调查研究，最后形成自己的理论体系。如泰勒的"科学管理"这一名称本身就表明了泰勒等人对管理问题的科学求实精神。为了提高劳动生产率，泰勒等人的科学方法对生产方法的改进做了长时间的、大量的调查研究，例如，泰勒进行了著名的"搬运铁块试验"和"金属切削试验"等，从而在劳动强度没有增加的条件下提高了劳动效率。

（3）强调以个人为研究对象，重视个人积极性的发挥。泰勒认为生产效率的提高主要取决于工人个人积极性和潜力的发挥，所以泰勒对提高劳动生产率的试验和研究，都是以个人为对象的，由于当时资本家对工人克扣工资和延长工作时间，引起了工人集体怠工，使生产率下降。由此，泰勒反对工人组成团体，以防止工人集体罢工。他对提高劳动生产率的研究和采取的措施，都是以个人为对象的，这必然存在一定的局限性。

（4）强调规章制度的作用。泰勒等人在企业管理实践中，通过大量调查研究总结出一套科学管理的方法，如劳动定额、操作规程、作业标准化、奖励工资及职能分工等，并主张把科学管理的方法纳入企业规章制度，要求职工在生产经营活动中必须遵守，并对执行得好与坏给予一定的赏罚。强调组织中上下层级的关系不能破坏，规章制度不能违反，把组织机构与规章制度作为重要的管理工具。而法约尔的管理十四条原则和韦伯的行政集权制都突出了制度的作用。

【☆思政专栏2-1】

当代中国红色管理理论

改革开放后，我国初步总结许多优秀企业家的管理实践经验及专家学者的理论探索，形成了具有中国特色的现代红色管理理论，在国内外管理学界产生了一定的影响。这是一座巨大的待开发的管理理论的"金矿"，是我们用之不竭的管理核心能力产生的源泉。

红色管理理论包括10个方面。

（1）以人为本，通过信仰教育调动员工的创造性、积极性，为实现企业的宗旨目标共同奋斗。

（2）要树立全心全意为人民服务的意识，这是办企业的崇高使命和核心价值观。

（3）领导要带头学习理论，通过思想教育提高职工的思想觉悟，将企业的宗旨目标真正落地生根，开花结果。

（4）充分发挥团队的力量，必须依靠群众实行民主管理。

（5）加强纪律性，提高执行力、战斗力。

（6）艰苦奋斗是企业永葆进取精神的法宝，永不过时。

（7）正确处理好上下级关系，坚持"官兵一致"的原则。

（8）在实践中学习锻炼，将组织变成一个大学校。

（9）加强骨干人员的选拔培养，充分发挥他们的带头作用。

（10）加强组织建设，构建精干、高效、合理、稳定的组织结构。

我国坚持走有中国特色的社会主义道路，这是从我国的国情出发，与人民当家作主的社会主义国家政权性质相联系的。我们党在马克思主义、毛泽东思想的指导下，完成了新民主主义革命，进行了社会主义建设管理的探索，特别是改革开放后，在邓小平理论和"三个代表"重要思想及科学发展观的指导下，取得了举世瞩目的伟大成就。这充分证明了红色管理理论的正确性和其在我国经济社会发展中的主体地位和主导作用。

资料来源：郭占元.红色管理在管理学课程中的地位与作用[J].吉林省经济管理干部学院学报，2014，28（3）：87-90+136.

第三节 行为科学理论

泰勒等人倡导的古典管理理论完成了使管理由经验上升为科学的转变，在提高劳动生产率方面取得了显著成绩，促进了资本主义生产力的发展。但是，由于资本主义生产资料私有制决定了劳资间存在着不可调和的根本矛盾，因此，泰勒以"劳资合作互利"为基础的科学管理必然受到极大的限制，资本家运用科学管理，加重了对工人的残酷剥削，激起了工人特别是工会的反抗，使怠工、罢工现象大量涌现。另一方面，资本主义生产力有了进一步的发展，随着自动化流水线生产方式的普遍推广，使得古典理论的重要支柱——时间动作研究的效益下降，无甚潜力可挖。由于操作大为简化，使得劳动单调乏味，工人成了机器的附属品，以致工人的工作兴趣下降，这说明人和物两大因素必须相应发展。因此，许多资本主义企业家和管理学者感到，单纯用"科学管理"那一套仅靠金钱刺激的管理手段，已不能有效地控制工人。

另外，人们通过实践古典管理理论所倡导的管理职能专业化，也逐渐意识到管理是必须"通过别人来做工作"，因此，如何了解人群中人与人之间的关系，如何调动人的积极性等问题，日益成为管理实践所迫切要求解决的理论问题。社会学、心理学、人类学等理论的发展，为管理行为科学理论的形成奠定了理论基础和方法基础。

一、人际关系学说

乔治·埃尔顿·梅奥（George Elton Mayo，1880—1949），原籍澳大利亚，后移民美国，曾获逻辑和哲学硕士学位，后又学习医学，进行精神病理学研究，1926年任哈佛大学工商管理研究院工业研究室副教授，1929年后任教授。作为一名心理学家和管理学家，梅奥参与并领导了著名的霍桑实验。

20世纪20年代中后期至30年代初期，在美国芝加哥西方电气公司所属的霍桑工厂，为测定有关因素对生产效率的影响程度而进行了长达9年（1924—1932年）的一系列的实验，这就是著名的"霍桑实验"，这些实验主要包括四个阶段。

（1）1924—1927年的照明实验。该实验从变换车间的照明开始，计划研究工作条件与生产效率之间的关系。实验分两个组进行，一组为实验组，先后改变工场的照明强度；另一组为控制组，照明始终不变。研究人员希望由此推测出照明条件变化对产量的影响。但实验的结果是两组产量都在增加，而且增加的数量几乎是相等的。研究的结论是：工场照明只是影响产量的因素之一,而且是不太重要的因素。生产效率还受其他因素影响,由于牵涉的因素太多,难以控制,无法测出照明对产量的影响。表面看这个实验失败了,但梅奥与他的同事们却发现两组士气之所以都得到提高,是因为被实验人员对实验本身也发生了莫大的兴趣。为了进一步验证,实验继续进行。

(2) 1927—1932年的继电器装配室实验。为了更有效地控制影响效果的因素,研究人员决定从工人中选择一小部分职工来研究他们的行为。于是选定了6位女工在一专门的继电器装配测度室中工作,以研究新环境的影响。在实验中分期改善工作条件,引入了各种变化,如改变工间休息时间、缩短工作日、缩短工作周、增加休息时的茶点供应和实行集体计件工资制,女工们在工作时间可以自由交谈,监督者的态度也很和蔼。结果,如事先所料,产量上升了。但一年半后,取消了这些变化,恢复了周工作六天,产量仍然保持在高水平上。经过研究,发现其他因素对产量无多大影响,是督导方式与指导方式的改善促使工人改变了工作态度,进而使生产率提高。为了掌握更多的信息,管理部门决定通过一个访谈计划,来调查职工态度和可能影响工人工作态度的其他因素。

(3) 1928—1931年的访问职工实验。在上述实验基础上,梅奥等人又进行了为期两年的大规模访谈调查,涉及的对象约两万多人次。最初他们采用直接提问式的调查,也就是列表调查员工对待公司、监督、保险计划以及工资等的态度,结果发现员工对此不感兴趣,答非所问。后来,他们改变了提问方式,允许职工自由选择他们自己的话题,结果却得到大量有关职工态度的第一手资料。研究人员认识到,人们的工作绩效、职位和组织中的地位不仅仅取决于工人自身,还取决于群体成员,任何一个人的工作效率都会受他的同事们的影响。这一看法又导致了进一步系统研究职工在工作中的群体行为实验。

(4) 1931—1932年的布线观察室实验。研究人员选择了接线板小组做试验,以研究职工在工作中的群体行为,即了解非正式组织的存在对工作绩效的影响。实验在选定的14名员工中进行,研究人员发现,尽管实行刺激性的计件工资,但工人并不追求最高产量,而是有意识地限制自己的产量,保持在中等水平上,以保证其他同伴不会因产量低而失业,工人中有一种默契、一种无形的压力,有自己的行为规范和非正式领袖,这些左右着工人的行为。

根据这次实验,梅奥于1933年出版了《工业文明中人的问题》等著作,书中对人的看法以及对待人群关系方面,提出了与古典管理理论不同的新观点,主要有以下几方面。

(1) 工人是"社会人",而非单纯追求金钱收入的"经济人",作为复杂的社会系统的成员,金钱并非刺激积极性的唯一动力,社会和心理因素等方面所构成的动力,对劳动生产率有极大的影响。

(2) 认为生产率的升降主要取决于工人的态度,即所谓"士气",而这又是由个人家庭和社会生活以及企业中人与人的关系所决定的。而古典管理理论则认为"士气"只是受工作方法和工作条件所影响的。

(3) 认为企业中存在"非正式组织",这种无形组织有它特殊的感情、规范和倾向,左右着成员的行为。在感情与理智之间,人们的思想会更多地受感情的支配。企业正式组织与非正式组织的关系是否协调,对生产率提高有很大的影响,而古典管理理论仅注意正式组织的作用是不够的。

（4）提出新型的领导能力就是要在正式组织的经济需求和工人的非正式组织的社会需求之间保持平衡，通过对职工满足度的提高来激励职工的士气，从而达到提高生产率的目的。

在霍桑实验基础上产生了人际关系理论。尽管该实验因方法上的一些缺陷而受到不少批评，但是却大大推动了对工作场所中人的因素问题的研究，开辟了管理学发展的新路子，给管理学带来了若干根本性的变化，即由以事或物为中心的管理，转变到以人为中心的管理；以完全靠纪律强制和金钱物质刺激，转变到重视"情绪—行为"的诱导，着眼于激发人的内在积极性。总之，梅奥等人的人际关系理论奠定了以后行为科学发展的基础。

【经典案例2-3】

是严格管理，还是自我控制

在车间领导班子会议上，两位车间副主任就如何进一步提升管理工作水平问题发表意见。周副主任主张应该向严格管理的方向努力，重点是加强管理的规范化。要进一步加强制度建设，严格劳动纪律，加大现场监督力度，杜绝一切怠工或违纪现象，以确保流水线生产的顺利进行。并引经据典地指出，这是依据"科学管理之父"泰勒的经典管理思想提出来的。而吴副主任则不赞成这种意见，认为这是一种传统的、已经过时的管理思想。他主张应坚持以人为本，重视人的需求，充分尊重员工，主要靠激励手段，由员工自我管理、自主控制，并强调这是梅奥人际关系论的发展，是一种世界性的大潮流。而周副主任则坚持认为，在中国现阶段，又是这种流水线生产，还是规范化的科学管理更可行。在这种流水线生产条件下，过分依靠自觉是不可行的，强有力的现场监督控制才是唯一有效的管理。两个人争执不下。

（1）你知道被称为"科学管理之父"的泰勒及其思想吗？
（2）你了解梅奥的人际关系论吗？
（3）你更倾向于哪位副主任的观点？

二、行为科学理论的建立与完善

继霍桑实验后，西方从事这方面研究的人大量涌现，20世纪40年代起，美国芝加哥、密歇根等大学都设立了人际关系研究中心，并积极开展关于人际关系的宣传教育。1947年，美国成立了全国性的"工业关系研究会"。1949年，在美国芝加哥大学一次跨学科的科学讨论会正式提出"行为科学"的名称后，行为科学受到社会广泛重视，福特、洛克菲勒、卡耐基等基金会以及美国联邦政府相继拨款，支持行为科学的研究。1953年，美国福特基金会召开了各个大学的自然科学家和社会科学家参加的会议，"行为科学"在这次会议上被正式定名。行为科学以后的发展主要集中在四个领域。

（一）关于动机激励的理论

动机激励理论是行为科学最基本的理论核心，其认为人的行为都是由一定的动机驱使的，动机又是由需要决定的。因此，动机激励理论实质上是研究如何根据各种人所具有的各种不同需要去激励人们的动机,从而产生符合组织需要的行为,其理论有如下几种。

(1)马斯洛的"人类需求层次论"与奥尔德弗"ERG 需要论"的修正。美国学者亚伯拉罕·马斯洛认为,人类的需要是分层次的,由低到高排列为生理需要、安全需要、社会需要、尊重需要和自我实现需要五个层次。生理需要是人们最原始、最基本的需要,也是其他需要的前提;安全需要是对人身、财产、职业免受威胁的需要,每个人都会产生对安全感的渴求;社会需要是一种归属与爱的需要,它是对友谊、信任、忠诚、支持、爱情等社会因素的需求,可以通过被关怀、认可等途径获得;尊重需要包括自尊、希望得到他人尊重和社会承认的需要,体现了对知识、能力、修养、荣誉、权力、地位等的追求;自我实现需要是最高等级的需要,即最大限度地发挥个人才干、个性和创造力,以此取得成就,实现自我价值。人的需要是由低级向高级不断发展的,只有在较低层次的需要得到满足后,较高层次的需要才会出现;而且,这些需要的相对强度随人们心理的发展程度而不断变化。马斯洛的需求层次理论从人的需要出发,探索人的激励因素和研究人的行为,反映了人类行为和心理活动的基本规律与步骤。奥尔德弗则认为人类的需要应分为生存、关系、成长三种需要。这些需要并非天生,需要的发展既有满足——上升,也有挫折——倒退。

(2)赫茨伯格的"双因素论"。20 世纪 50 年代末期,美国学者弗雷德里克·赫茨伯格在一次调查中发现,职工感到满意的地方都属于工作本身或工作内容;职工感到不满的地方都属于工作环境或工作关系。他将前者叫作"激励因素",后者叫作"保健因素"。激励因素是指那些能够带来积极态度、令人满意和起激励作用的因素,包括个人成就、赏识、挑战性的工作、工作责任以及成长和发展的机会。保健因素包括公司政策、监督管理、人际关系、物质工作条件、工资、福利等。这两类因素的性质不同,影响也不一样。激励因素是治疗性的,激励因素存在,将产生满意,并发挥激励作用;激励因素不存在,则没有工作满意,但也不会产生不满,这时只会产生正常的生产效率,而不会有高效率。保健因素是预防性的,它不存在,就会产生不满;它存在,则可防止不满产生,但并不能使人满意。如同卫生学上的保健措施,讲卫生不能治病,但不讲卫生则容易得病。恶化的保健因素导致员工绩效降低,这种因素恶化状况的改善至多能恢复到正常水平,绩效的极大提高需要激励因素。保健因素的恶化可由激励因素的改善进行补偿;但反之则不行。双因素理论对于解释工作内容中各种因素的重要性,强调其与工作丰富化及工作满足之间的关系,具有积极意义。

(3)麦克利兰的"成就需要论"认为人在基本需要得到满足后,主要有三种需要:成就需要、权力需要和归属需要。他指出一个企业的成败、一个国家的兴衰与其具有高成就需要的人数有关。而成就需要是可以通过教育来培养提高的。

(4)斯金纳的强化理论,也可称为"行为改造论",认为人的行为可以通过正、负两种强化的办法进行改造。正强化因素用来刺激行为的重复出现,负强化用来制止行为的再现,这是企业常规使用的奖与罚的理论根据。

(5)弗鲁姆的期望理论,认为人的行为是对目标的追求,行为的激发力取决于目标价值(效价)的高低和期望概率的大小,即:激发力=目标价值(效价)×期望值。

（二）关于企业管理中的"人性"理论

这是行为科学的理论基础，把人看作经济人、社会人还是成就人，实质上取决于对人性的不同解释。各种人具有各种不同的需要，其根源也可以从对人性的假设上找到。

1. 麦格雷戈的"X理论与Y理论"

1960年，美国学者道格拉斯·麦格雷戈在其所著《企业中人的方面》一书中提出"X理论"与"Y理论"。X理论认为，一般人都不喜欢工作，都倾向于设法逃避工作；都必须在外部控制下才会为组织目标做出适当努力；都宁愿选择被指挥，逃避责任，缺少雄心壮志和事业心，且只追求经济上的安全感。Y理论认为，人在工作上花费体力和脑力，是一件很自然的事情，如同游戏和休息一样；外部的控制和惩罚并不是促使人们工作的唯一方法，人们能够自我指挥和自我控制；激励员工最重要的因素是自我意识和自我实现需要的满足；在恰当的条件下，人们不但能接受责任，而且会追求责任；多数人都具有解决组织问题的信念、诚意和创造力。麦格雷戈认为，Y理论能够把个人目标与组织目标有效结合，在这一点上，Y理论比X理论优越。但Y理论并非在任何类型的组织中都有效，X理论也不是在任何组织中都无效。授权、工作一般化、减少严密监督以及增加工作趣味性，都是X理论与Y理论带给人们的启示。此后，美国学者约翰·莫尔斯和杰伊·洛希还提出了"超Y理论"。该理论认为，没有一成不变的、普遍适用的最佳的管理方式，而必须了解不同的主体需求，采用不同的组织方式将工作性质和工作人员的特点相结合，并实现动态中的平衡，帮助员工设立层次递进的目标，以激励员工，提高工作效率。

2. 阿吉里斯的"不成熟—成熟"理论

阿吉里斯认为人的个性发展和婴儿成长为成人一样，也有一个从不成熟到成熟的连续发展过程。而正式组织的基本性质使个人保持在"不成熟"阶段，这种矛盾对生产效率有较大的影响，因此，要通过各种途径来调和，如工作扩大化、丰富化，参与管理，目标管理，等等。

（三）关于领导方式的理论

领导方式是行为科学理论的一个重要方面，它以动机激励和人性理论为基础，强调对人的激励和对人性的看法最终是要通过一定的领导方式来体现的。领导方式理论主要有以下几个具有代表性的理论。

1. 坦南鲍姆和施密特的"领导方式连续统一理论"

该理论在一个连续统一体的示意图上描绘出从专权式的领导到极端民主的领导的各种模式，指出要根据领导者、被领导者和环境等具体情况选择适当的领导方式。

2. 利克特的"支持关系理论"

该理论指出在对人的领导工作中，必须善于使每个人建立和维持对自己个人价值和重要性的感觉，并把自己的知识和经验看成是这种感觉的一种支持。因此，领导要采取参与或民主管理的方式。

3. 斯托格第和沙特尔等人的"双因素模式"

他们认为，组织中的领导行为包含两个因素：主动结构和体谅结构。两种因素应结合起来，才能实现高效率的领导。

4. 布莱克和莫顿的"管理方格法"

该理论提出了为了避免企业领导工作趋于极端方式，应采取各种不同的综合的领导方式。他们以对人的关心为纵轴，以对生产的关心为横轴，每根轴线分为 9 小格，共分为 81 个小格，分别代表各种不同组合的领导方式。他们认为，把对生产的高度关心同对职工的高度关心结合起来的领导方式是效率最高的。

5. 大内的 Z 理论

日裔美籍管理学者威廉·大内在他所著的《Z 理论——美国企业怎样迎接日本的挑战》一书中比较美国型的企业组织和日本型的企业组织，提出了 Z 型组织，其特点是：① 实行长期雇用制；② 实行长期考核和逐步提升制度；③ 培养多专多能人才；④既要运用鲜明的控制手段，又要进行细致的启发诱导；⑤ 采取集体研究与个人负责相结合的决策方式；⑥ 树立整体观念，员工之间平等相待，以自我指挥代替等级指挥。

（四）关于组织与冲突理论

前面三个方面是以个体行为作为研究重点，但是管理者面对的是组织、群体，个体行为与群体行为之间有着密切的联系。个体行为是群体行为的基础，群体行为又对个体行为产生重大的影响。管理者不仅要重视个体行为的研究，还要重视对群体行为的研究。因此，群体行为构成了行为科学研究的又一个重要方面。

1. 卢因的"团体力学理论"

该理论主要论述作为非正式组织的团体的要素、目标、内聚力、规范、结构、领导方式、参与者、行为分类、规模和对变动反应等，认为团体是处于均衡状态下的各种力的一种"力场"。

2. 莱维特和利克特等人的"意见沟通理论"

莱维特提出沟通性质主要有单向和双向两大类，并形成许多种方式。采用不同性质和方式的沟通网，对解决问题的速度、正确性和士气都有影响。利克特提出一个保证信息顺利到达基层而又能反馈的双层信息系统，要求每个组织层次都设有连接上下信息通路的"联络栓"。

3. 利兰·布雷德福的"敏感性训练"

该理论提出通过受训者在共同学习环境中的相互影响，提高受训者对自己感情和情绪、自己在组织中所扮演的角色、自己同别人的相互影响关系的敏感性，进而改变个人和团体的行为，达到提高工作效率和满足个人需求的目标。

4. 勃朗的"群体冲突理论"

该理论主张区分冲突性质，利用建设性冲突，限制破坏性冲突。

第四节　现代管理理论

第二次世界大战前后，特别是 20 世纪 50—70 年代，世界的经济、政治情况发生了极大的变化，管理理论的发展也进入了一个新的阶段。在这个阶段，有不少管理学家和企业从事现代管理理论的研究，但没有哪一种理论能在这个时期的理论发展过程中起到主导作用，出现了一种被称为"管理理论丛林"的局面，即出现了各种管理理论学派同时并存的现象。

一、现代管理理论的概述

现代管理理论的形成是第二次世界大战结束后，随着社会生产力的进一步发展和系统科学、电子计算机技术在管理领域中日益广泛地应用，管理理论进入了一个新的发展时期，欧美许多心理学家、社会学家、人类学家、经济学家、政治学家、数学家、物理学家、生物学家、工商管理学家甚至实际管理人员都一拥而上，提出各种各样的管理观点，形成了许多学派。1961年，美国著名管理学家哈罗德·孔茨发表了《管理理论的丛林》，成为西方现代管理理论形成的标志。孔茨使用"丛林"一词来形容管理理论发展的主要特征，说明这些理论与学派在历史渊源和理论内容上互相影响和联系，形成"一片各种管理理论和流派盘根错节的丛林"。1980年，他又发表了《再论管理理论的丛林》，指出20年来管理理论的学派增加了近一倍，已由原来的6个增加到11个，形成了行为科学学派、管理过程学派、社会系统学派、决策理论学派、系统管理学派和经理角色学派等多个学派。这些理论从不同的角度对管理问题进行了研究，为管理实践的发展提供了更加坚实的理论基础。

二、现代管理理论的学派

（一）管理过程学派

管理过程学派又叫管理职能学派或经营管理学派，它的主要代表人物有亨利·法约尔、拉尔夫·戴维斯、哈罗德·孔茨和西里尔·奥唐奈等。一般认为，这一学派的基本理论起源于古典科学管理时期的亨利·法约尔，他早在1916年就提出了管理的五种要素，即五种职能，这五项职能构成了一个完整的管理过程。当代的主要代表是哈罗德·孔茨。

管理过程学派的特点：以管理的职能及其发挥作用的过程为研究对象，认为管理就是通过别人或同别人一起完成工作的过程。管理过程与管理职能是分不开的，管理的过程就是管理的诸职能发挥作用的过程。以这一认识为出发点，管理过程学派试图通过对管理过程或管理职能的研究，把管理的概念、原则、理论和方法加以理性概括，从而形成一种一般性的管理理论。

他们强调，这些职能中的每一种都对组织的协调有所贡献，但协调本身并不是一种独立的职能，而是有效地应用了这五种管理职能的结果。他们对每个职能都按以下几个基本问题进行分析。

（1）这个职能的性质和目的是什么？
（2）它的结构上的特征是什么？
（3）它如何执行？
（4）在它的领域里，主要的原则和理论是什么？

(5) 在它的领域里，最有用的技术是什么？
(6) 执行这一职能有什么困难？
(7) 完成这一职能的环境是怎样的？

他们认为，一切最新的管理思想都能纳入上述的结构中去。管理理论就是环绕这样的结构，把经过长期的管理实践积累起来的经验、知识综合起来，提炼出管理的基本原则。这些原则对于改进管理实践是有明显价值的。

（二）社会系统学派

社会系统学派是当代西方较早出现的一个管理理论学派，其创始人及最重要的代表人物是美国的切斯特·巴纳德（Chester Barnard，1886—1961），他把社会系统分成人们在意见、力量、愿望和思想等方面的合作关系，指出管理者是在合作的社会系统中工作并维护着这些系统。他在代表作《经理人员的职能》一书中阐述了他的观点，大体包括以下五个方面。

1. 协作系统的性质

巴纳德认为，个人在体力和生理方面的局限性，导致他们需要进行协作和在集体内工作，这种协作行为导致协作系统的建立。而组织本身也是一种协作系统，是两个或两个以上的人的有意识协调的活动或效力的系统。所以，就这种意义而言，组织也可用作协作系统的同义语。

2. 协作系统的基本要素

巴纳德认为任何协作系统都包含着三种普遍的要素。

(1) 协作的意愿。这是所有组织不可缺少的第一项普遍要素。其意义为自我克制，交付出对个人行为的控制权（别人控制自己），个人行为的非个人化（服从组织），个人必须有为系统的目标做出贡献的愿望。巴纳德认为，就一个组织的成员来说，协作意愿就是他参加协作后的牺牲（贡献）同所得的诱因（报酬）两者比较后，诱因大于牺牲的净效果。这种效果越大，则协作意愿也越大；反之就小，有时甚至会导致成员退出这一组织。所以，就一个组织来说，为了加强成员的协作意愿，应采取两方面的措施：一方面是向其成员提供金钱、威望、权力等各种宏观的刺激；另一方面是通过说服来影响其成员的主观态度，培养成员的协作精神。

(2) 共同目标。这是协作系统的第二个普遍要素，也是协作意愿的必要前提。它的意思是任何一个组织都必须有一个目标，这个目标也必须是组织成员的共同目标。否则，组织无目标，个人不知道他为组织付出什么样的努力或得到什么样的满足，协作意愿也就很难引导出来。这里需要注意的是，组织目标与个人目标是有区别的。巴纳德认为，组织成员具有组织人格和个人人格的双重人格。前者是指个人为宏观组织的共同目标而做出理性行为的一面；后者是指个人实现个人目标而做出理性行为的一面。对于组织成员来说，组织的共同目标是外在的、非个人的；而个人目标是内在的、个人的、主观的目标。个人之所以对组织的共同目标做出贡献，并不是因为共同目标就是他的个人目标，而是因为他觉得实现共同目标有助于实现个人目标。这两者之间有可能发生矛盾，组织中管理人员的重要任务就是要克服组织目标同个人目标的背离，协调两者之间的关系。

（3）信息联系。巴纳德认为，信息联系是使组织成为动态过程的必要手段和基础，是沟通上述两个基本要素的基础。有了信息联系，才能使组织成员对共同目标有所了解，并不断深化这种理解，才能使组织成员体现协作意愿并合理行动。所以，一切活动都是以信息联系为媒介的。

3. 效力与效率

巴纳德认为，人们的协作是为了做那些他们单独去做时办不到的事情，协作使团体力量能扩大到个人所能做的范围之外而达到某一目的或目标。如果协作途径是成功的，达到了组织的目标，那么这个协作系统就是有效力的。效率则不同，它是指系统内成员个人目标的满足程度。衡量一个协作系统的效率的唯一尺度就是它生存的能力，也即它继续为其成员提供使他们的个人目标得以满足的诱因，以便使团体目标得以实现的能力。如果一个系统是无效率的，它就不可能是有效力的，因而不能继续存在。这是组织理论的一条普遍原则，至今仍为许多人所信奉。

4. 正式组织与非正式组织之间的关系及相互作用

巴纳德在对协作系统进行分析时一直是以正式组织为对象展开的，但他并未忽视非正式组织的存在，非正式组织常常为正式组织创造条件，并会形成一些有利和不利的影响。

5. 经理人员的职能

巴纳德最不寻常的思想之一是他的权威理论，给权威一种不同于传统的新解释。同时提出了经理人员的职能：① 建立和维持一个信息联系的系统；② 从组织成员那里获得必要的服务；③ 制定和规定组织目标。巴纳德实际上是运用社会学的观点，遵从系统理论，对正式组织及非正式组织、团体与个人做出了全面的分析。

（三）决策理论学派

该学派的主要代表人物是美国的赫伯特·A.西蒙和詹姆斯·马奇。由于第二次世界大战后经济和科技的大发展，企业间在时空方面竞争空前激烈，生产管理越来越需要把注意力集中于经营环境的前景预测上，并据此做出正确的经营决策，特别是高层的战略决策。为此，以西蒙为代表的管理决策学派就应运而生。西蒙由于对经济组织内的决策程序进行了开创性的研究，获得了1978年诺贝尔经济学奖。

决策理论学派主要着眼于合理的决策，即研究如何从各种可能的决策方案中选择一种"令人满意"的行动方案。这一学派最初是从社会系统学派中发展出来的，第二次世界大战后也吸收了系统理论、行为科学、运筹学和计算机科学等学科的研究成果，在20世纪70年代形成一个独立的管理学派。它的主要观点包括以下几个方面。

1. "管理就是决策"

西蒙认为，如果从广义上理解"决策"，把它理解为由一系列活动组成的过程，而不是最后抉择的片刻，那么"决策"与"管理"就几乎同义了。任何管理人员的活动都是在制定或执行决策，决策贯穿于管理活动的全过程。

2. 决策的准则和标准

决策的准则应是合理和优化，但西蒙认为，完全的合理性是难以做到的，管理中不可能按照最优准则进行，所以在大多数情况下，我们只能取得"满意的"或"足够好的"决策结果,没有必要也不可能按照"最优化准则"来决策。为此,西蒙用"令人满意的准则"代替传统决策理论的"最优化原则"。

3. 决策的程序

西蒙认为,决策包括四个主要阶段:①找出制定决策的理由,即搜集情报;②拟定出各种可供选择的方案;③从各个备择方案中进行抉择;④对已进行的抉择进行评价。这四个阶段是相互交织在一起的,在循环中大圈套小圈,小圈之中还有圈。

4. 决策的技术

西蒙第一次提出了程序化决策和非程序化决策的概念,并对两类决策的传统技术和现代技术做了总结和比较,尤其是在以人类思维过程为依据解决非程序化问题方面,西蒙提出了"目标—手段分析法"以及"强"方法、"弱"方法、尝试法、探索法和爬山法等决策技术。

(四) 系统管理学派

系统管理理论的代表人是美国的约翰逊、卡斯特、罗森茨韦克,他们三人在1963年合著的《系统理论与管理》以及1970年卡斯特和罗森茨韦克两人合写的《组织与管理——一种系统学说》是系统管理理论的代表作,其主要观点如图2.5所示。

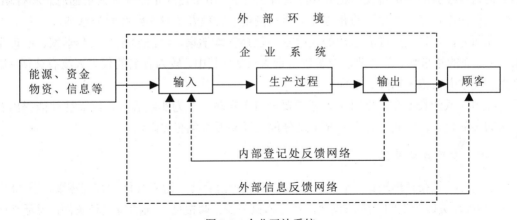

图2.5 企业开放系统

(1)企业是一个人造的开放系统,它同外部环境之间存在着动态的相互作用,并具有内部和外部的信息反馈网络,能够不断地自行调节,以适应环境和企业本身的需要。

(2)企业内部包括各种子系统(要素),它们是目标子系统、技术子系统、工作子系统、结构子系统、人际社会子系统以及外界因素子系统。

(3)用系统的观点考察企业管理的具体职能,认识企业系统在更大的系统中的地位和作用,以使管理的各个职能围绕企业系统的总目标而发挥作用。

总之,系统学派的观点是以系统的观点来考察和管理企业,认为系统方法是形成、表述和理解管理思想最有效的手段,这给管理人员提供了一种新的系统的思维方法和程序。系统理论的基本思想已被各学派广泛吸收,而且成为现代管理理论发展中的一个基本观点。

（五）社会—技术系统学派

创立这一学派的是英国特里司特及其在英国塔维斯托克研究所中的同事。该理论是从研究英国煤矿由手工采煤到机械采煤的技术变化所引起的问题着手，在社会系统学派的基础上发展起来的。它从系统观点出发，认为要解决社会问题，不能只看社会系统，而把与社会系统相适应的技术系统排除在外。只有既满足社会系统的需要，又满足技术系统的需要的组织才是最好的组织。因为技术系统（机器设备和采掘方法）对社会系统有很大的影响，所以，应把社会系统与技术系统结合起来考虑。而管理者的一项主要任务就是要确保这两个系统的相互协调。社会—技术系统学派填补了管理的一个空白，对管理实践有着重要贡献。

（六）经验主义学派

经验主义学派简称经验学派，是以向大企业的经理提供管理企业的成功经验和科学方法为目标，通过研究一个组织或管理人员的实践经验来分析管理的。它的特点如下：从企业管理的实际出发，分析一大批组织或管理人员的成功和失败的实例，以便在一定的情况下把这些成功、失败实例的经验教训加以概括和总结，建立起自己的一套完整的管理理论，然后把这些经验和理论传授给企业实际管理工作者，用来指导企业管理人员的思想和行动。该学派认为不存在管理原则的普遍性，而只侧重于管理者亲身实践经验的总结。

在西方，可以划归经验学派的人很多，包括管理学家、经济学家、社会学家、心理学家、大企业的董事长、总经理以及管理咨询人员等，其中，较为有名的代表人物有彼得·德鲁克、艾尔弗雷德·斯隆、亨利·福特等。

经验学派的长处在于提出管理理论要来自于实践，并为实践服务，因而往往能提出有价值的实际建议，但其不足之处在于过分偏重经验而难免有局限性。

（七）权变理论学派

权变理论是在管理理论与管理实践交织的发展过程中，适应时代的客观需要，于20世纪70年代在美国产生的。所谓权变，就是随机应变，即根据不同的情况和条件，灵活地区别对待某种事物的意思。西方管理学者中也有人将它称作"管理情景论"或"形势管理论"。

权变理论的创始人是美国的劳伦斯和洛希，他们在合著的代表作《组织和环境》中，深入地研究了组织与环境问题。其后，卢山斯和赫尔瑞格于1973年先后出版了《管理导论——权变学派》和《管理学——权变学派》等著作，这些著作的出版标志着权变理论学派的正式产生。

权变理论的内容主要集中在企业组织结构和领导方式两个方面。

（1）关于组织结构的观点。权变理论认为企业是一个开放系统，它的组织结构应按照环境特点来设计，并分成不同的结构模式。设计的过程采取什么形式主要取决于外部环境和内部环境。从外部环境来分，组织是开放系统，它必须与其外部环境保持动态平衡并能应付外部环境的各种威胁。从技术来看，它决定企业如何把投入转换成输出。技术的性质、种类和复杂性影响企业的组织形成及管理层次。从权力来看，企业员工对权力承认的程度、权力结构的层次、运用权力的方式都影响组织形成。从人和组织结构的关系来看，组织成员的文化程度、价值观、经验、偏爱、目标和行为方式都影响组织结构的形式。当然，对于具体的结构模式，不同学者有不同的划分方法。

（2）关于领导方式的观点。权变理论认为，不存在一种普遍适用的"最好的"或普遍不适用的"不好的"领导方式，一切以企业的任务、个人和小组的行为特点、领导者的职位权力及领导者与下属的关系而定（具体领导方式的权变理论见第八章第二节内容）。

除了上述两方面外，权变理论还提出了关于人的激励和管理的权变观点，即所谓的"超Y理论"，它的主要思想如下：认为人的个性在不同时期有所不同，人类人性的差别决定人的需求也在共性的基础上有所不同。人的激励过程大致相同，但激励的因素和满足程度会因人的个性和需求的差异而不同。因此，必须针对具体的环境、人和任务采取权变的激励和管理方法。

权变理论学派出现后，受到了西方一些管理学者的高度重视，并给予了较高的评价。一些管理学者认为，它比其他管理理论有更光明的前景和更广泛的适用性，是解决企业环境变化不定情况下的一种有效方法，能使管理理论走出"丛林"之路。

（八）经理角色学派

该学派又可称作"管理者工作学派"，主要代表人物是加拿大籍的美国管理学教授亨利·明茨伯格，他的代表作是 1973 年出版的《经理工作的性质》。经理角色学派得以此名，是因为它是以经理所担任的角色为中心来分析和研究经理工作性质的。经理角色学派提出了有关经理工作的性质、经理人员担任的角色和提高经理工作效率等理论，内容包括以下几个方面。

1. 经理工作的性质

经理工作的性质表现为 10 个方面：①经理的职务是极为相似的；②各种类型的经理工作存在一些差别；③经理的工作有许多是有挑战性、非计划性的；④经理既是一位通才又是一位专家；⑤经理的权力很大一部分来自他的信息；⑥经理在职务上的主要危险是肤浅性；⑦经理往往采用口头信息联系和凭直觉处理事情的工作方法，而很少采用科学的工作方法；⑧经理往往处于压力的"恶性循环"之中；⑨管理学家可以帮助经理打破这种恶性循环；⑩经理工作是非常复杂的，它比传统文献所提出的内容复杂得多，需要进行系统研究。

2. 经理人员担当的角色

该理论认为在一般情况下经理担任 10 种角色：①挂名首脑；②领导者；③联络者；④信息接受者；⑤信息传递者；⑥发言人；⑦企业家角色；⑧故障排除者角色；⑨资源分配者角色；⑩谈判者角色。这 10 种角色可以归为 3 类：人际关系方面的角色（1～3）、信息联系方面的角色（4～6）、决策方面的角色（7～10）。

3. 提高经理工作效率要遵循的原则

提高经理工作效率要遵循的原则如下：①与下属共享信息；②自觉地对待工作中的肤浅性；③由两三个人分担经理工作；④经理必须正确地履行自己的职责；⑤从职责中将自己解放出来；⑥把重点放在适应具体情况的角色上；⑦既要掌握具体细节，又要有全局观点；⑧充分认识自己在组织中的影响；⑨正确对待对组织有影响的力量；⑩充分利用管科学家的知识和才能。

经理角色学派对经理实际活动的观察和分析受到管理学者和经理们的重视。但是，经理工作并不等于全部管理工作，管理中的许多重大问题，如组织机构的建立和改进、战略的确定以及各部门的具体管理等，该学派都没有论及。

（九）管理科学学派

该学派又称"数学学派"，它基本上由运筹学家组成。早在第二次世界大战期间，管理科学就开始萌芽。战后受到企业管理者和管理学者的重视，发展较为迅速。其原因在于战后企业的领导与管理问题变得越来越复杂了，如何运筹规划企业资源和协调组织活动等问题也愈加突出。同时，面对变幻莫测的外部环境，如何进行正确决策成为关键性问题。这样，作为管理决策工具的管理科学便应运而生。

管理科学学派的创始人是英国物理学家布莱克特，主要代表人有美国的兰彻斯特、希尔、伯法等人。他们认为，管理就是用数学模式与程序来表示计划、组织、控制和决策等合乎逻辑的程序，求出最优解答，达到企业的目标。管理科学就是制定管理决策的数学模式与程序的系统，并通过电子计算机使它们应用于企业管理。所以，该学派的主要特点就是形成以运筹学和电脑应用为主体的管理定量分析方法。管理分析定量化是管理科学的突出标志，并正在成为管理科学的核心手段。管理分析定量化主要依靠运筹学提供分析模式，以电子计算技术为计算手段，否则不能形成管理科学。20世纪60年代，运筹学发展很快，出现了许多分支，如规划论、对策论、排队论、搜索论和库存论等，这极大地推动了管理科学在理论上的迅速发展。但是，此时的管理科学在实际应用方面的发展还较为缓慢，这主要是因为受限于电子计算手段的发展。直到20世纪70年代，随着计算机手段的进一步发展，运筹学的实际应用才有了可能。因此，20世纪70年代管理科学的发展重点开始转向实际应用。该学派的特点如下。

（1）力求减少决策的个人艺术成分，建立一套决策程序和数学模型以增强决策的科学性。决策的过程就是建立和运用数学模型的过程。

（2）以经济效果作为评价各种可行方案的依据，如成本、总收入和投资利润率等。

（3）广泛使用电子计算机。电子计算机的运用大大提高了运算的速度，使数学模型应用于企业和组织成为可能。管理科学学派的主导思想就是以系统的观点，运用数学、统计学的方法和电子计算机技术，为现代管理决策提供科学的依据，解决各种生产、经营问题。

第五节　当代管理理论的发展

一、国外管理理论的新发展

20世纪60年代后期到70年代以后，世界经济环境发生了很大变化，尤其是石油危机对国际环境产生了重要的影响，导致西方长时期的经济衰退。世界市场上的竞争日趋激烈，也使战略决策成为人们关注的主要问题。因此，这个时期的管理理论以战略管理为主，注重研究企业组织与外部环境之间的关系，研究企业如何适应充满危机和动荡的环境的不断变化。迈克尔·波特（M. E. Porter）所著的《竞争战略》把战略管理的理论推向了高潮，他强调通过对产业演进的说明和各种基本产业环境的分析，得出不同的战略决策。

20世纪80年代，由于许多企业经过一个世纪的发展已具有相当大的规模，企业的业务流程越来越复杂。复杂的业务流程越来越不能适应不断变化的消费者的需要，企业必须以为顾客创造价值的流程的视角来重新设计组织的结构，以实现企业对外界市场环境的快速反应，提高企业竞争力。企业再造理论应运而生，该理论的创始人是原美国麻省理工学院教授迈克尔·哈默（M. Hammer）与詹姆斯·钱皮（J. Champy），他们认为企业应以工作流程为中心，重新设计企业的经营、管理及运作方式，进行所谓的"再造工程"。美国企业从20世纪80年代起开始了大规模的企业重组革命，日本企业也于20世纪90年代开始进行所谓第二次管理革命。这十几年间，企业管理经历着前所未有的、类似脱胎换骨的变革。

企业再造理论对管理学最突出的贡献是彻底地改变了200年来遵循亚当·斯密的劳动分工思想能够提高效率的观念，认为企业管理的核心是"流程"，即一套完整的、贯彻始终的、共同为顾客创造价值的活动，而不是一个个专门化的"任务"。

20世纪90年代以来，信息化和全球化浪潮迅速席卷全球，顾客的个性化、消费的多元化决定了企业必须适应不断变化的消费者的需要，在全球市场上争得顾客的信任，才有生存和发展的可能。管理理论研究主要针对学习型组织展开。彼得·圣吉（P. M. Senge）在所著的《第五项修炼——学习型组织的艺术与实践》中更是明确指出，企业唯一持久的竞争优势源于比竞争对手学得更快、更好的能力，学习型组织正是人们从工作中获得生命意义、实现共同愿景和获取竞争优势的组织蓝图。

（一）非理性主义

1982年，美国管理学者彼得斯和沃特曼出版了一本管理学著作《追求卓越——美国成功公司的经验》，引起了美国管理界的广泛注意，迄今为止，此书已用十几种文字出版发行并畅销全球，销售量高达500万册。该书的核心是"向传统的管理理论发起挑战"，它所提出的一些管理观点，至今仍是西方管理界的热门话题。

《追求卓越——美国成功公司的经验》一书的主要论点之一是对美国企业界思潮主流的纯理性主义的批判。作者认为，美国一般企业落后的基本原因在于过分拘泥于以理性主义为基石的"科学管理"思想方法，以及唯有数据才过硬和可信的偏颇之见，它使人们只相信结构复杂，计划周密，严格、自上而下的控制，明确的分工及经济大规模生产等所谓科学的、理性的手段。但是，理性模型并非万能的，它有很多弊端，正在走向衰落，这是因为：①定量分析的方法具有一种内在的保守倾向，降低成本占了压倒一切的优选地位，而提高收入却属于末位；②绝对的分析方法一旦过了头，就会导致一种抽象的、无情哲学；③沾染上了狭隘的理性主义，往往会是消极的；④如今这种理性评论观点是看不起试验的，而且讨厌差错和失误；⑤反对进行试验，就不可避免地会使事情过分复杂化和缺乏灵活性；⑥理性主义的方法不喜欢非正规性；⑦理性模型使我们贬低了价值观的重要性；⑧理性主义者的天地里很少容得下内部竞争。因此，作者认为，人不是纯理性的，感情因素不容忽视。管理并不仅仅是一门纯粹的科学，它还是一门艺术。管理不仅要靠逻辑和推理，还要靠直觉和热情。理性化的解析手段和技术方法有一定作用，但不能迷信和滥用。

作者在调查总结了美国 62 家优秀大公司成功管理经验的基础上，提出了"返回根本"的口号，这就要求：①在含混与矛盾的情况中进行管理；②贵在行动；③紧靠顾客；④行自主、倡创业；⑤以人促产；⑥深入现场；⑦不离本行；⑧精兵简政；⑨紧中有松，松中有紧。这 9 条亦为优秀企业的 9 种品质。在此基础上，作者又进一步提出了一种全面观察与思考管理问题的框架，即"麦肯锡 7S 模型"，包括战略（strategy）、结构（structure）、体制（system）、作风（style）、人员（staff）、技能（skill）和共同价值观（shared values）。

彼得斯和沃特曼对纯理性主义的指责失之偏颇。但书中所提出的许多新理论，尤其是 7S 模型中的多个要素，已经成为今天一个又一个管理新浪潮的源头。

（二）人本管理

人本管理是指一切管理活动以人为根本出发点，调动人的积极性，做好人的工作，反对见物不见人，见钱不见人，重技术不重视人，靠权力不靠人，强调人的需求是多种多样的，尽量发挥人的自我实现精神，充分发挥人的主观能动性。在传统管理中，大生产以机器为中心，工人只是机器系统的配件，人被当作物，管理的中心是物。但是，随着信息时代的到来，组织中最缺乏的不是资金和机器，而是高素质的人才。人在组织中越来越凸显出其重要作用。这就促使管理部门日益重视人的因素，管理工作的中心也从物转向人。传统管理和现代管理的一个重要区别，就是管理中心从物本管理到人本管理的转变。

在任何管理中，人都是决定性因素。管理的这一特征，要求管理理论研究也要坚持以人为中心，把对人的研究作为管理理论研究的重要内容。事实上，在管理理论的研究中，差不多所有的管理理论都建立在人性的假设基础上。许多管理理论的不同，主要出于对人的本性认识的不同。20 世纪初，泰勒的科学管理就是基于"经济人"这一假设，20 世纪 30 年代，梅奥等人的行为管理是基于"社会人"这一假设，至 20 世纪 50 年代，又有了基于"自我实现人"假设的马斯洛的人性管理，20 世纪 80 年代以来出现的文化管理，同样强调了实现自我的人性观。管理研究发展史表明，管理理论的发展越来越明显地强调着以人为本的管理思想。可以得出，未来的管理趋势必定在科学管理基础上，突出科学管理理论与人本管理的有机结合，达到"既见人又见物"的管理。

人本管理的核心是通过自我管理使员工驾驭自己、发展自己，进而达到全面自在的发展。现代组织创设自己的人本管理，需要创造一个良好的环境，以便于组织的员工在完成组织目标的要求下，能够自己开展工作，进行自我管理。人本管理的方式应该建立在对人的思想、心理与行为的转换模式之上。基本方式有塑造价值观、心理平衡、行为引导，使组织中的每一个人都能够个性化、全面健康地发展，与组织一起成长。

（三）跨文化管理

20 世纪 90 年代以来，经济全球化已达到前所未有的水平，跨国公司作为全球化的主体发挥着日益突出的作用。目前，世界跨国投资的增长速度比世界生产速度快 3 倍，比贸易的增长速度快 2 倍。在这种趋势下，世界各个国家和地区之间在经济、生活各方面形成日益密切的相互依存关系，它们都作为世界经济这一有机整体的不可分割的一部分而存在。

世界经济全球化、统一市场的形成，意味着全球范围内各个国家和地区的商品生产和消费都要受价值规律的支配，资金、技术、劳动力等生产要素的配置，产业结构与进出口商品结构的调整都必须面向全球市场。

随着经济全球化向纵深发展，管理也不再局限于国家的边界。作为对这种现实和趋势的回应，20 世纪 70 年代后期，在美国逐渐形成和发展起来的跨文化管理（cross-culture management）必将得到进一步发展，它对企业在跨文化条件下如何克服异质文化的冲突，如何在不同形态的文化氛围中设计出切实可行的组织机构和管理机制，最合理地配置企业资源，特别是最大限度地挖掘和使用企业人力资源的潜力和价值，从而最大化地提高企业的综合效益方面也将起到切实的指导作用。

所谓跨文化管理，是指企业管理不是使用单一的本国管理文化模式，而是融合了其他国家企业管理文化的要素而形成一种综合性的管理模式。跨文化管理模式具有以下特点。

（1）管理文化的多元化。跨文化管理是由多种管理文化要素组成的，支配企业管理的管理理念、管理制度、管理方法吸收了本土和外域的多种文化要素。

（2）管理文化的综合化。跨文化管理不是各种管理文化要素的简单拼凑，而是多种文化要素有机整合，形成一个适应性更强、更有效的崭新的管理文化模式。

（3）管理文化的动态化。跨文化管理是一个开放系统，要不断地吸收各种新的管理文化要素，不断地进行自我更新、自我完善，以求适应不断变化的经济发展形势。

企业要学会跨文化管理，主要从以下几个方面入手。

（1）企业必须重塑自己的价值观。各国企业必须认识到，任何企业都既是本民族的，又是世界性的；任何企业面对的竞争对手和合作伙伴都不仅有本国的，还有世界的；任何企业的资源使用都不仅有本土的，还有外域的；任何企业的经营范围都既是本地域的，又是全球的。因此，面对全球，追赶世界潮流，参与世界竞争，力争世界第一，成了企业追求的价值目标。任何固守一隅、不思进取的做法，都会被强大的竞争对手所吞没。

（2）企业必须善于学习，大胆引进世界上先进适用的管理思想和管理方法。

（3）再造企业管理模式，形成跨文化管理模式。本土企业面对外来的竞争强手，必须彻底再造自己的管理模式，将外来管理文化与本土管理文化进行有机整合，营造出适合 21 世纪全球化要求的企业管理模式，以求得企业的顺利发展。

（4）重塑员工的人格结构，使员工尽快成为合格的跨文化管理模式的实施主体。实行跨文化管理，关键是本企业员工对异域管理文化的接受和适应程度。因此，企业要对员工进行思维方式、行为方式的修炼，要营造新的企业文化，使员工尽快成为跨文化管理模式的有效执行者。

（四）参与式管理

所谓参与式管理，就是包括职工在内的集体决策、集体责任、集体思考，重视创造力的开发和重视人及其所构成的集体的才智。

在现在的西方企业中，这种参与式管理正发展成一种管理思潮。职工不仅参加企业管理，甚至分享股份和红利，与资方共同经营企业，共担风险。出现这种参与式管理思潮的原因是多方面的。首先是劳资双方共同的需要，面对激烈的竞争，企业必须进行改革，如提高企业素质，生产出优质低成本的产品。而基层员工处于企业第一线，他们往往最先嗅到征兆，如能求取与其合作，则必能激励其士气。其次，知识工人已成为当今许多企业的主力军，在这种以知识工作者为基础的组织里，以前那种视经理为"上司"，其他人为"部属"的传统观念已远远不适应了，强调平等、尊重员工、强化沟通、听取意见、参与管理已经成为管理的重要方式。而且，这种方式正在带来实际的效益。据美国公司的统计，实施参与式管理可以大大提高经济效益，一般可以提高50%以上，有的甚至可以提高一倍至几倍。增加的效益一般有1/3作为奖励返还给职工，2/3成为企业增加的效益资产。

参与式管理本质上是一种团队式的管理方式。在这种方式下，领导者会真诚邀请组员参与与自身相关的决策和计划的拟定与讨论，并与组员就计划的目的、可行性、时间进度及预算等进行充分沟通。虽然团体决策的结果由领导者一人承担，但所有的组员将共同承担完成计划的过程。领导者的主要责任则是组建一个能做好决策并且成功执行计划的团队。

对任何一个想将参与式管理带入团队或组织的经理人而言，最重要的是稳步推进。因为如果组织内的员工已经习惯于极端制度化的环境，过快地转移至参与式管理将会产生动荡，并且会破坏组织的生产力。所以要想以不具破坏性的方式实现想要的改变，经理人应制订一个渐进式计划，以逐步的方式向员工导入参与式管理的观念和方法。经理人还必须谨记一个重要原则：参与式管理并不意味着必须召集每个员工参与所有影响他们工作的决策，而是邀请他们参与可能影响他们工作的重要决策。

假设管理阶层已经成功地将参与式管理的观念及方法引入公司内部，那么，许多实行这种管理的益处便可以实现。最重要的是，管理者会发现团队成员具有更大的凝聚力，而这种凝聚力所带来的是沟通的改进、更高程度的信任、更大的工作满足感。当然，他们也将感受到决策的品质和接受度的提高，所有这些益处将使组织生产力得到提高。

二、中国管理理论的新成就

2013年11月15日，中共十八届三中全会针对当前国内外的经济政治形势，做出了《关于全面深化改革若干重大问题的决定》。全会指出，全面深化改革的总目标是完善和发展中国特色社会主义制度，推进国家治理体系和治理能力现代化。必须更加注重改革的系统性、整体性、协同性，加快发展社会主义市场经济民主政治、先进文化、和谐社会、生态文明，让一切劳动、知识、技术、管理、资本的活力竞相迸发，让一切制造社会财富的源泉充分涌流，让发展成果更多、更公平地惠及全体人民。全会要求，坚决破除一切妨碍科学发展的思想观念和体制机制弊端。到2020年在重要领域和关键环节改革上取得决定性成果，形成系统完备、科学规范、运行有效的制度体系，使各方面制度更加成熟、更加定型。

经济体制改革是全面深化改革的重点，核心是处理好政府和市场的关系。党的十四大第一次明确提出了建立社会主义市场经济体制的目标模式；党的十五大提出"使市场在国家宏观调控下对资源配置起基础性作用"；党的十六大提出"在更大程度上发挥市场在资源配置中的基础性作用"；党的十七大提出"从制度上更好发挥市场在资源配置中的基础性作用"。但实践中政府对资源配置的干预却愈来愈多,不少政府管理部门的干部甚至利用手中资源配置的决定性权力进行"设租"和"寻租"以谋取私利。鉴于此,党的十八届三中全会明确提出,应该把市场在资源配置中的"基础性作用"修改为"决定性作用"。

进一步处理好政府和市场的关系,实际上就是要处理好在资源配置中市场起决定性作用还是政府起决定性作用这个问题。经济发展要求提高资源尤其是稀缺资源的配置效率,以尽可能少的资源投入,生产尽可能多的产品,获得尽可能高的效益。理论和实践都证明,市场配置资源是最有效率的形式。市场决定资源配置是市场经济的一般规律,市场经济本质上就是市场决定资源配置的经济。健全社会主义市场经济体制必须遵循这条规律,着力解决市场体系不完善、政府干预过多和监管不到位的问题。做出"使市场在资源配置中起决定性作用"的定位,有利于在全党全社会树立关于政府和市场关系的正确观念、转变经济发展方式、转变政府职能和抑制消极腐败现象。

在强调市场在资源配置中起决定性作用的同时,也要更好地发挥政府职责和作用,主要是保持宏观经济稳定,加强和优化公共服务,保障公平竞争,加强市场监管,维护市场秩序,推动可持续发展,促进共同富裕,弥补市场失灵。

中共十八届三中全会重申十五大以来有关坚持和完善公有制为主体,多种所有制经济共同发展的基本经济制度的论述,并明确提出,完善国有资产管理体制,以管理资本为主加强国有资产监管,改革国有资本授权经营体制;国有资本投资运营要服务于国家战略目标,更多投向关系国家安全、国民经济命脉的重要行业和关键领域,重点提供公共服务、发展重要前瞻性和战略性产业、保护生态环境、支持科技进步、保障国家安全;划转部分国有资本充实社会保障基金;提高国有资本收益上缴公共财政比例,更多用于保障和改善民生。

国有企业是推进国家现代化、保障人民共同利益的重要力量。经过多年改革,国有企业总体上已经同市场经济相融合。同时,国有企业也积累了一些问题,存在一些弊端,需要进一步推进改革。全会决定提出一系列有针对性的改革举措,包括国有资本加大对公益性企业的投入;国有资本继续控股经营的自然垄断行业,实行以政企分开、政资分开、特许经营、政府监管为主要内容的改革,根据不同行业特点实行"网运分开"、放开竞争性业务,推进公共资源配置市场化,进一步破除各种形式的行政垄断;健全协调运转、有效制衡的公司法人治理结构;建立职业经理人制度,更好地发挥企业家作用;深化企业内部管理人员能上能下、员工能进能出、收入能增能减的制度改革;建立长效激励约束机制,强化国有企业经营投资责任追究;探索推进国有企业财务预算等重大信息公开;国有企业要合理增加市场化选聘比例,合理确定并严格规范国有企业管理人员薪酬水平、职务待遇、职务消费。

全会决定从多个层面提出鼓励、支持、引导非公有制经济发展,激发非公有制经济活力和创造力的改革举措。在功能定位上,明确公有制经济和非公有制经济都是社会主义市场经济的重要组成部分,都是我国经济社会发展的重要基础;在产权保护上,提出公有制经济财产权不可侵犯,非公有制经济财产权同样不可侵犯;在政策待遇上,强调坚持权利平等、机会平等、规则平等,实行统一的市场准入制度;鼓励非公有制企业参与国有企业改革,鼓励发展非公有资本控股的混合所有制企业,鼓励有条件的私营企业建立现代企业制度。这将推动非公有制经济健康发展。

全会还对加快转变政府职能，深化财经体制改革，健全城乡发展一体化体制机制，构建开放型经济新体制，加强社会主义民主政治制度建设，推进法治建设，强化权力运行制约和监督体系，以及对文化管理、社会事业改革、社会治理体制、生态文明制度建设等重大问题都提出了许多新的理念和举措。因此，中共十八届三中全会应是中国现代管理思想发展的里程碑。从此，中国经济管理体制改革和企业改革将步入一个新阶段。

本章小结

管理是人类的一种社会性活动，自从有了人类就有了管理。在人类漫长的历史中有着伟大的管理实践，形成了辉煌的管理思想，但管理作为一门学科，有了自己科学的、系统的理论，却只有近百年的历史。纵观管理思想的发展，大致可以划分为三个阶段。

第一阶段为早期的管理思想，是指19世纪末管理理论产生之前，人类在漫长的社会实践中形成的、对管理实践产生了影响的一系列管理思想，它散见于政治、军事、社会及文学等各种著作中。这些思想为后来管理理论的形成奠定了坚实基础，成为人类灿烂文化的重要组成部分。

第二阶段为近代管理思想，始于19世纪末20世纪初，止于第二次世界大战结束。这一阶段的管理思想主要以泰勒的科学管理、法约尔的职能管理、梅奥的人群关系理论及巴纳德的组织理论，还有韦伯等人的思想为代表。这是管理理论形成的时期，研究的重点是效率的提高。

第三阶段为现代管理思想。这一时期从第二次世界大战结束到现在，管理思想百家争鸣，出现了众多的管理思想和管理学派。这个阶段的西方管理理论可以分为现代管理理论与当代管理理论，它们产生的背景不同，关注的问题不同，因此可以概括为两个不同的理论发展阶段。而中国的管理理论新阶段的发展是仅仅结合中国新形势下经济体制改革现状而逐渐发展起来的。

管理思想的发展是与社会经济的发展紧密结合的，在各种管理思想基础上形成的管理理论也必须与组织管理活动的需要相适应。在21世纪，管理思想与管理理论的发展必将更多地体现出新世纪的特色，非理性化管理、人本管理、参与式管理及跨文化管理等将成为管理的趋势。

复习思考题

1. 泰勒科学管理理论的实质是什么？主要内容有哪些？
2. 法约尔提出了哪些管理职能？其14条管理法则的内容是什么？
3. 西方管理理论的发展阶段及各阶段的主要内容与特点是什么？
4. 行为科学理论的分析基础是什么？

5. 亨利·法约尔创立的是什么类型的工作场所？玛丽·福莱特创立的是什么类型的工作场所？弗雷德里克·泰勒创立的又是什么类型的工作场所？

6. 定量的方法能否帮助管理者解决人的问题？例如，怎样记录员工以及如何合理地分配工作？请解释。

7. 社会趋势如何影响管理实践？对于学习管理的人而言，这意味着什么？

自测练习题

案例分析题

第三章 创　　新

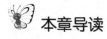 **本章导读**

> 每个组织，不仅仅是企业，都需要一种核心能力：创新。
>
> ——彼得·德鲁克

从古至今，无论国家繁荣、民族兴旺，还是个人事业的成功，无不与敢于创新、勇于创新相联系。创新精神使科学家硕果累累，使文学家流芳百世，使企业家日进斗金，使有志者成为国家栋梁。人类社会的发展史是不断创新的历史，创新是人类社会的永恒主体，是企业进步和社会进步的根本途径。世界企业发展的历史已经充分表明，只有创新才是企业生命力的无穷源泉。

"不创新，则灭亡"，这句话正日益成为现代管理者的一大呼声。在全球竞争的动态环境中，在日益完善的社会主义市场经济浪潮中，组织要成功地开展竞争，就必须不断创造出新的产品和服务，并且不断更新自己已有的技术。因循守旧、按部就班是注定要被淘汰的，因为在 21 世纪，只有创新才意味着积极进取、持续发展、出奇制胜和未来的希望。

作为 21 世纪的管理人员，必须懂得如何对更具创新性的项目团队运用各项主要的管理职能。现如今面临的挑战是如何通过发扬、培育、激励组织中的企业家精神来创新管理。创新和企业家精神将成为我们的组织和社会赖以保持自身活力的必要活动。

学习目标

知识目标：掌握创新的内涵，了解创新的职能、内容及过程，理解技术创新的贡献及源泉，掌握技术创新的战略及其选择和产品竞争战略，理解企业的制度创新、层级结构创新和文化创新。

能力目标：运用创新思维的技巧提高管理创新能力。

素质目标：培养独立思考的能力，逐步确立创新至上的价值观。

思政目标：了解中国企业管理创新的必要性，增强民族企业创新的紧迫感。树立批判性思维和创新思维，并了解实现管理创新的基本条件。培养学生从管理创新的角度，逐步提高作为创新主体的基本素质。

 关键概念

创新（innovation）　　　　　　　　　　组织创新（organization innovation）
环境创新（environment innovation）　　技术创新（technical innovation）

技术创新战略（technical innovation strategy）
产品竞争战略（product competition strategy）
制度创新（institutional innovation）
层级结构创新（hierarchical innovation）
文化创新（culture innovation）

第一节 创新概述

管理活动伴随人类社会的产生而出现，又随着社会的向前发展而不断进步，其理论、方法、手段不断推陈出新，所以，管理本身就是创新的产物。在信息化、全球化和多元化发展背景下，管理的复杂性和不确定性是企业所面临的主要问题。原有的管理理念和管理模式随着经济与技术的发展已经难以满足企业的需求。企业想在激烈的动态竞争环境中取得成功，必须依靠自身的素质和竞争能力的持续提升，而企业可持续发展的动力源泉就是创新。管理创新是全球化经济时代的标志，为信息化背景下企业的持续发展提供了保证。管理创新不仅需要创新精神，还需要运用创新思维。

创新的本质是进取，是推动人类文明进步的激情；创新就是要淘汰旧的观念、旧的技术、旧的体制，培育新观念、新技术、新体制；创新的本质就是不做复制者。因此，创新实际上就是从观念、理论、制度到实际行动的创造、革新、进步和发展的全过程。有人类，就有管理；有管理，就应该有创新；创新与管理相伴相生。

一、创新的内涵

经济学家约瑟夫·熊彼特（Joseph Alois Schumpeter）首创了"创新"的概念，他认为创新是一个经济范畴，不仅指科技上的发明创造，更指能把已发明的科技引入企业之中，形成新的生产力。因此，创新就是建立一种新的生产函数，将生产要素和生产条件的新组合引入生产体系，从而获取潜在的利润。这种新组合包括：创造一种新的产品、采用一种新的生产方法、开辟一个新市场、取得或者控制原材料或半成品的一种新来源、实现任何一种新的产业组织方式或企业重组。我们从管理学角度看创新，认为创新首先是一种思想以及在这种思想指导下的实践，是一种原则以及在这种原则指导下的具体活动，是管理的一种基本职能。创新工作作为管理的职能表现在它本身就是管理工作的一个环节，它对于任何组织来说都是一种重要的活动；创新工作也和其他管理职能一样，有其内在逻辑性，建构在其逻辑性基础上的工作原则，可以使得创新活动有计划、有步骤地进行。

【知识拓展 3-1】
熊彼特创新理论的启示

"创新理论"鼻祖约瑟夫·熊彼特的创新理论给予我们诸多启示。

第一，珍惜企业家精神，造就企业家队伍。在熊彼特看来，创新活动之所以发生，是因为企业家的创新精神。这种精神是成就优秀企业家的动力源泉,也是实现经济发展中创造性突破的智力基础。

第二,有秩序地进行经济结构调整。熊彼特认为,改变社会面貌的经济创新是长期的、痛苦的"创造性破坏过程",它将摧毁旧的产业,让新的产业有崛起的空间。他特别指出:"试图无限期地维持过时的行业当然没有必要,但试图设法避免它们一下子崩溃却是必要的,也有必要努力把一场混乱——可能变为加重萧条后果的中心——变成有秩序的撤退。"

第三,通过一系列的科技政策,建立完整的创新生态体系。技术创新活动是一根完整的链条。完整的创新生态应该包括科技创新政策、创新链、创新人才、创新文化。

资料来源:黄东梅,李红梅. 管理学[M]. 北京:中国经济出版社,2013.

(一) 创新工作是管理过程的重要一环

从逻辑顺序上来考察,在特定时期内,对某一社会经济系统组织的管理工作主要包括以下 8 个方面。

(1) 确立系统的目标,即人们从事某项活动希望达到的状况和水平。

(2) 制订并选择可实现目标的行动方案。

(3) 分解目标活动,据此设计系统所需要的职务、岗位,并加以组合,规定它们之间的相互关系,形成一定的系统结构。

(4) 根据各岗位的工作要求,招聘和调配工作人员。

(5) 发布工作指令,组织供应各环节活动所需的物质和创造信息条件,使系统运行起来。

(6) 在系统运转过程中,协调各部分的关系,使它们相互衔接、平衡地进行。

(7) 检查和控制各部门的工作,纠正实际工作中的失误和偏差,使之符合预定的要求。

(8) 重视内部条件变化,寻找并利用变革的机会,计划并组织实施系统的计划。

以上管理工作可以概述为:设计系统目标结构、结构和运行规划,启动并监视系统的运行,使之符合预定的规则操作;分析系统运行中的变化,进行局部或全部的调整,使系统不断呈现出新的状态。显然,概述后管理内容的核心就是维持与创新。任何组织系统的任何管理工作,无不包括在维持或创新中,维持和创新是管理的本质内容。作为管理的两个最基本职能,维持与创新对系统的生存和发展都是非常重要的,它们是相互联系和不可或缺的,创新是在维持基础上的发展,而维持则是创新的逻辑延续,维持是为了实现创新的成果,而创新则为更高层次的维持提供依托和框架。只有创新没有维持,系统便呈现不断变化的混乱状态,而只有维持没有创新,系统则缺乏活力,犹如一潭死水,适应不了外界变化,最终被环境淘汰。卓越的管理是实现维持与创新最优组合的管理。

(二) 创新工作是重要的管理活动

组织作为一个有机体也和有的生物有机体一样,都是处于不断变化和演变过程中的,任何组织管理只有维持工作显然是不够的,它无法实现组织的可持续发展。管理的创新职能就是要突出"物竞天择,适者生存"的基本规律对于组织的作用。

创新对于组织来说是至关重要的,创新是组织发展的基础,是组织获取经济增长的源泉。在过去的一个世纪中，人类的经济获得了迅猛的增长，20世纪大部分时期的增长率超过了第一次工业革命时期，这种发展和增长的根源就是美国哈佛大学教授约瑟夫·熊彼特所说的创新。创新是经济发展的核心，其使得物质繁荣的增长更加便利。

创新是组织谋取竞争优势的利器。当今社会，各类组织的迅速发展使得组织间的相互竞争成为普遍现象。特别是世界经济一体化的深入，工商业的竞争更加激烈。要想在竞争中谋取有利地位，就必须将创新放在突出的地位。竞争的压力要求企业家们不得不改进已有的制度，采用新的技术，推出新的产品，增加新的服务。有数据表明，创造性思维和组织效益呈正相关关系。

再者，创新是组织摆脱发展危机的途径。这里所说的发展危机是指组织明显难以维持现状，如果不进行改革组织就难以为继的状况，发展危机对于组织来说会周期性地发生，企业每一步的发展都会有其工作重心的转变和新的发展障碍。企业在创业期间，管理目标更主要的是对需求的快速、准确反映，存在资金的充裕和安全问题；进入学步期和青春期，组织管理的目标更多在于利润的增加和销售量，以及市场份额的扩大；组织成熟期后，管理目标转向维持已有市场地位。相应地，在各阶段，组织会出现领导危机、自主性危机、控制危机和硬化危机。组织只有不断创新，才能从容度过各种难关，持续健康地发展。

（三）创新工作具有逻辑结构

人们对于管理的创新职能存在一些误解，例如，有些人将创新看作偶然性的活动，是非正常的千奇百怪的事情，创新源于个别敢于吃螃蟹的人，等等。事实上，就个体的某些创新活动而言，它可能出于敢于探索的成员，创新的成果也会超出常人的想象，会具有偶然性因素的作用。但是，组织的创新工作并不等于个别的创新活动，而是大量的创新活动表现出的有共性的逻辑与原则。作为管理职能的创新工作就是在这种原则指导下的创新活动。

实践和理论研究都表明，组织的创新工作经历了内外因素分析、创新计划和决策、组织和实施创新活动等几个环节。内外因素分析就是要分析组织所面对的内外环境因素、分析组织的创新需求、明确组织可创新的问题、认知创新活动的利弊得失；创新计划和决策的任务是确定公司新的远景和战略，制订创新计划，如创新的内容、创新的深度和力度、创新的切入点、创新的实践进度和预期达到的目标；在创新的组织和实施阶段，包括组织创新团队，培训创新的骨干，进行组织重构和重新分配资源，进行创新过程的控制和评估创新的成果，并将获得的成果加以推广和应用。于是，组织进入新的管理阶段，其目标是保持和巩固创新的结果，使得创新活动带动组织绩效全面提升。

创新工作就是在如此逻辑下持续进行的，永无止境。

【知识拓展 3-2】

创 新 思 维

创新思维是指以新颖独创的方法解决问题的思维过程，通过这种思维能突破常规思维的界限，以超常规甚至反常规的方法、视角去思考问题，提出与众不同的解决方案，从而产生新颖的、独到的、有社会意义的思维成果。

创新思维的本质在于用新的角度、新的思考方法来解决现有的问题。

创新思维既具有一般思维活动的某些特点，又具有不同于一般思维的独特特征，主要表现在新颖性、求异性和开放性。

创新思维的表现形式主要有集中思维、发散思维、逆向思维、侧向思维、组合思维和联想思维。

资料来源：杨加陆，方青云. 管理创新[M]. 上海：复旦大学出版社，2015.

二、创新的特征

为进一步使我们理解创新的含义，需要对创新的特征进行进一步分析。

（1）创新的创造性。必须是新的进步的思想创造出的成果。

（2）创新的不确定性。创新的程度越高，其不确定性就越大。比如，大部分创新会因为其高投入加上信息的不完全性，成功的概率很低，风险就很大。

（3）创新的受抵制性。创新活动往往受到各个方面的排斥、压力和抵制。尤其是思想比较传统的人群或习惯了原有思维方式的人们常常很难接受任何改变。

（4）创新的广泛性。创新涉及社会学、经济学、医学等各种领域。

（5）创新的收益性。创新的目的就是获取更高收益，增加更大价值的回报。

（6）创新的机遇性。这里的机遇包含两层意思：一是促使我们新思想产生的偶然的灵感，它们往往可遇不可求；二是将这个新思想实践于行动的时机，抓住合适的机遇才能使创新真正地实践成功。

三、创新职能的基本内容

系统在运行中的创新要涉及许多方面，为了便于分析，我们以社会经济生活中大量存在的企业系统为例来介绍创新的内容。

（一）经营理念创新

经营理念的转变最直接、最有效的途径就是通过创新企业文化来推进企业管理创新。在知识经济时代，经营理念的创新主要包括以下几个方面的内容。

（1）观念创新。观念创新是指管理者依据一定的管理哲学和管理思想形成的各种知识的综合统一体，是企业战略目标的导向和价值原则，是企业文化创新的前提，是形成能比以前更好地适应组织内外部环境变化，并更有效地利用资源的新概念、新看法或新构想的活动。面临新经济和网络时代，企业管理人员必须树立"国际网络、快速反应"的新观念。

【管理故事3-1】

海尔集团的观念创新

"观念创新是一切创新的开始"，"观念不更新，无异于自我抛弃"，这是海尔集团张瑞敏对海尔员工的训词。海尔的每一步发展、每一个成绩的取得都是从观念重新开始。他们认为，"要做人们认为不可能的事，首先必须创新观念"。初入商海的海尔人提出了名牌战略。"要么不干，要干就要争第一""东方亮了，再亮西方"。工作中，海尔人提出"日事日毕，日清日高"。当市场饱和、产品供大于求时，海尔人提出了"创造需求，创造市场""只有淡季的思想，没有淡季的市场"的市场观念；为了使自己的产品在市场竞争中永远领先，海尔人提出了"必须在别人否定你的新产品之前，自己否定自己"的创新产品观念；为取得用户的信任，海尔人提出"用户永远是对的""为用户服务，真诚到永远"的服务观念；为开拓国际市场，海尔提出"无内不稳，无外不强"的发展观念；等等。这些观念的提出给海尔人带来巨大的经济效益。由此可见，观念的创新是一切创新的先导和前提，只有随着市场环境的变化而不断变化，保持观念的创新，才能保证工作的成效，保持企业的活力。

资料来源：宋瑞卿，张晓霞. 管理学[M]. 北京：中国财政经济出版社，2004.

（2）战略创新。战略是以未来为主导，与环境相联系，以现实为基础，对企业发展的策划、规划，它研究的是企业的明天。战略谋划是企业的灵魂，战略管理关乎企业的发展方向。随着经济全球化的推行，企业文化的战略定位和起步必须是全球化的经营战略。

战略创新的核心问题是重新确定企业的经营目标。企业确定的经营目标会决定企业如何确定自己的顾客、竞争对手、竞争实力，也会决定企业对关键性成功因素的看法，并最终决定企业的竞争策略。成功的战略创新者会采用与所有竞争对手完全不同的竞争策略和经营目标。

企业选择经营目标，必须满足顾客的需要。要对企业内部的优劣势和外部环境机会与威胁进行综合分析，根据自己销售的产品、能满足的顾客需要和自己的核心能力来确定经营目标，据此对备选的经营项目做出系统的评价，根据各种目标是否有助于本企业充分利用其独特的能力、增强竞争优势，判断本企业应采用哪一种经营目标，最终选出适宜的经营目标。重大的战略创新往往是企业改变经营目标的结果。

企业要成功地开展战略创新活动，管理人员还应在企业内部形成适当的企业文化，建立适当的组织结构、经营系统、管理程序、激励制度，并采取必要的措施，克服企业内部各种妨碍创新的障碍，使创新活动变成企业的日常工作。

【知识扩展3-3】

战略创新的实质

美国麻省理工学院在企业战略上曾经提出三句话，这三句话以旧瓶装新酒的寓意，分别从战略的空间、时间和主体，对企业战略创新的实质进行了简要的概括。

第一句话是"你改变不了环境，但你能适应环境"。这句话对企业战略空间进行了高度概括。企业在战略空间层面面临两大任务，企业对内要让员工"好做人"，对外则是"做好人"。企业作为一个主体，对内，应当为广大员工营造一个良好的工作、生活环境，让员工好做人，这样才能充分积聚员工的工作能动性。而对外，要提高产品和服务的质量，以及信誉和回报，做一个"好人"，创造良好的外部企业运行环境。

第二句话是"你把握不了过去，但你能把握未来"。也即战略必须面向未来，知道未来是为了指导当前。事实上，关注趋势的人不仅能分析所面临的潜在威胁，更重要的是他能在威胁变成危机之前将问题加以解决。

第三句话立足于战略主体,是"你调整不了别人,但你能调整自己"。如果事情无法改变,人们就改变自己。

(3) 机制创新。企业机制包括利益机制、激励机制、竞争机制、经营机制、发展机制、约束机制等,机制创新应包括以上各个方面机制的创新。

企业运营机制则是指企业的各个组成部分之间、各种生产经营要素之间,在一定的条件下,相互自动作用、自动调节与控制的过程。

企业机制不同于企业制度,企业制度是外生的规范,企业机制则是内生的机能;企业制度是企业被动执行的,企业机制则是自动运作的。两者又有密切关系,制定企业制度的目的就是形成企业机制,企业机制则是企业制度的内化。企业的组建、运行有其客观规律,只有科学的、符合企业运作发展规律的企业制度才能内化为合理的企业运营机制。因此,企业机制创新虽不同于企业制度创新,但与企业制度创新又密不可分。

(4) 服务创新。服务创新就是使潜在用户感受到不同于从前的崭新内容,是指新的设想、新的技术手段转变成新的或者改进的服务方式。

从经济角度看,服务创新是指通过非物质制造手段所进行的增加有形或无形"产品"之附加价值的经济活动。

从方法论角度看,服务创新是指开发一切有利于创造附加价值的新方法、新途径的活动。

从技术角度看,服务创新是以满足人类需求为目的的软技术的创新活动。这种活动可分为围绕物质生产部门的管理、组织、设计等软技术创新活动,围绕文化产业和社会产业的推动社会和生态进步、丰富精神生活的软技术创新活动,以及围绕传统服务业和狭义智力服务业的软技术创新。

从社会角度看,服务创新是创造和开发人类自身价值,提高和完善生存质量,改善社会生态环境的活动。服务创新通过满足物质需求、精神和心理需求,并提供解决问题的能力,保障人们的精神和心理上的健康,使人们得到满足感和成就感。

【经典案例 3-1】

IBM 的服务创新案例

IBM 公司在最开始是以各类电脑主机作为主要产品的,由于产品单一,在 20 世纪 90 年代一度亏损,濒临破产的边缘。1995 年 4 月,郭士纳就任 IBM 执行总裁,施行服务创新战略。

IBM 服务创新的主要措施如下。

(1) 并购整合产业资源,加强软化软件产品的开发。

(2) 契合市场需求,调整业务定位。将自身的软硬件产品和服务单独或捆绑起来销售,将业务定位为协助首席运营官或首席信息官等高层客户,解决管理决策中的重要问题。

IBM 服务创新的保障体系如下。

(1) 为推动服务创新,IBM 重视持续地与员工进行当面沟通,投入大量的资源进行沟通、沟通再沟通，让员工都积极地行动起来，共同完成公司的战略改革。

（2）构建管理咨询服务业务的组织体系。IBM能够提供宽泛的解决方案，涵盖战略改革、供应链管理、财务管理、客户关系管理、人力资源管理、信息技术及商业外包服务。

（3）再造商业模式。IBM依据独特的竞争优势和分布广泛的销售网络，将全球的电脑零售部件供应商分割为独立的单元体系，施行分部管理，增强顾客与公司的服务紧密性。

资料来源：周治平. 松下冷链（大连）服务创新研究[D]. 大连：大连理工大学，2014.

（二）目标创新

目标创新是对企业经营目标的重新定位，是企业内部结构变化的重新调整。选择什么样的目标，直接决定企业今后的发展方向及发展前景的广阔程度。

企业是在一定的经济环境中从事经营活动的特定的环境，要求企业按照特定的方式提供特定的产品，一旦环境发生变化，要求企业对生产方向、经营目标以及企业在生产过程中与其他社会经济组织的关系进行相应的调整。

我国的社会主义工业企业在高度集权的经济体制背景下，必须严格按照国家的计划要求来组织内部的活动。经济体制改革以来，企业同国家和市场的关系也发生了变化，企业必须通过其自身的活动来谋求生存和发展，因此，在新的经济背景中，企业的目标必须调整为"通过满足顾客需求来获取利润"。至于企业在各个时期具体的经营目标，则更需要适时地根据市场环境和消费需求的特点及变化趋势加以整合，每一次调整都是一种创新。世界上不少跨国公司都以社会责任作为自己的创新目标，也在客观上决定了其能长期立于不败之地。

【管理故事3-2】

宜华生活科技有限公司的目标创新

宜华生活科技股份有限公司前身是广东省宜华木业股份有限公司，2004年8月在上海证券交易所主板上市，是汕头第一家上市民营企业，2016年6月正式变更为宜华生活科技股份有限公司，成功从传统家居制造企业转型升级为住居生活一体化服务商。

与传统的家居生活产品企业不同，宜华生活科技有限公司以其独特的品牌核心价值理念，创新企业发展目标，形成独一无二的品牌核心价值体系。

企业将"基于时代前瞻的智慧创新，灵活地满足生活者面向未来的、富有创意智能的、易用的住居生活体验"作为企业未来发展目标，致力于通过提供高标准、可信赖的物有所值、品质可靠的产品和服务，提供一站式、随需定制、快速响应的生活配套服务，并努力秉持宜华的健康本色，坚持绿色环保、和谐共处、可持续的产品和住居生活解决方案，构建健康持续的生态关系。这是宜华生活科技有限公司对自己未来发展目标的一次有效创新。

资料来源：http://www.yihualife.com/index.php/Home/Index/brand3.

（三）技术创新

广义的技术创新主要包括三个层次：一是根据自然科学原理和生产实践经验发展各种工艺、加工方法、劳动技能和诀窍等；二是将这些工艺、方法、技能和诀窍等付诸于相应的生产工具和其他物质装备；三是适应现代化劳动分工和生产规模等的要求对生产系统中所有资源进行有效组织和管理技术创新，指生产技术的创新，包括开发新技术，或者将已有的技术进行应用创新。

企业的技术创新主要体现在要素创新、要素组合方法的创新以及产品创新三个方面。

1. 要素创新

企业的生产过程是一定的劳动者利用一定的劳动手段作用于劳动对象，使之改变物理、化学形式或性质的过程。参与这个过程的要素包括材料、设备及人事创新三类。

（1）材料创新。材料既是产品和物质生产手段的基础，又是生产工艺和加工方法作用的对象。材料创新的内容包括：开辟新的来源，以满足企业扩大再生产的需要；开发和利用大量廉价的普通材料（或寻找普通材料的新用途），替代量少价昂的稀缺材料，以降低产品的生产成本；改造材料的质量和性能，以保证和促进产品质量的提高。

（2）设备创新。设备创新主要表现在：①通过利用新的设备减少手工劳动的比重，以提高企业生产过程的机械化和自动化的程度；②通过将先进的科学技术成果用于改造和革新原有设备，延长其技术寿命，提高其效能；③有计划地进行设备更新，以更先进、更经济的设备来取代陈旧的、过时的老设备，使企业建立在先进的物质技术基础上。

（3）人事创新。企业的人事创新，不仅应根据企业发展和技术进步的要求，不断地从外部取得合格的新的人力资源，而且更应注重企业内部现有人力的继续教育，用新技术、新知识去培训他们，使之适应技术进步的要求。

2. 要素组合方法的创新

利用一定的方式将不同的生产要素加以组合，这是形成产品的先决条件。要素的组合包括生产工艺和生产过程的时空组织两个方面。

（1）生产工艺是劳动者利用劳动手段加工劳动对象的方法，包括工艺过程、工艺配方、工艺参数等内容。工艺创新既要求根据新设备的要求，改变原材料、半成品的加工方法，又要求在不改变现有设备的前提下，不断研究和改进操作技术和生产方法，以使现有设备得到更充分的利用，使现有材料得到更合理的加工。

（2）生产过程的时空组织包括设备、工艺装备、在制品以及劳动者在空间上的布置和时间上的组合。企业应不断研究和采用更合理的空间布置和时间组合方式以提高劳动生产率、缩短生产周期，从而在不增加要素投入的前提下，提高要素的利用效率。

3. 产品创新

产品创新包括新产品的开发和老产品的改造，这种开发和改造是指对产品的结构、性能、材质、技术、特征等一方面或几方面进行改进、提高或独创，它既可以是利用新原理、新技术、新结构开发出一种全新产品，也可以是在原有产品的基础上部分采用技术创造出来，适合新用途、满足新需要的换代性新产品，还可以是对原有产品的性能、规格、款式、品种进行的完善，但在原理技术水平的结合结构上并无突破性的改变。

产品创新包括许多内容，这里主要分析物质产品本身的创新。物质产品创新主要包括品种和结构的创新。

（1）品种创新要求企业根据市场需要的变化，根据消费者偏好的转移，及时地调整企业的生产方向和生产结构，不断开发出受用户欢迎的适销对路的产品。

（2）产品结构的创新在于不改变原有品种的基本性能，对现在生产的各种产品进行改进和改造，找出更加合理的产品结构，使其生产成本更低，性能更完善，使用更安全，从而更具有市场竞争力。

产品创新是企业技术创新的核心内容，它既受制于技术创新的其他方面，又影响其他技术创新效果的发挥：新的产品、产品的新结构，往往要求企业利用新的机器设备和新的工艺方法；而新设备、新工艺的运用又为产品的创新提供了更优越的物质条件。

【管理故事 3-3】

Android 手机帮助亚马孙部落停止砍伐森林

巴西亚马孙流域的 Surui 部落一直挣扎于保持其传统文化与砍伐原始森林的矛盾之中。

谷歌地球小组开发了一个帮助部落人民既能保护森林又能维持生存的计划，他们为部落成员装备了 Android 智能手机，培训他们使用方法。部落人民可以利用智能手机来测量树木的碳补偿值。

经过谷歌和部落人民四年的合作，这个项目在 2012 年 5 月得到验收，现在，世界各地的公司，如果希望为自身温室气体排放买单，都可以通过购买碳补偿值，帮助亚马孙部落人民维持其生活方式。

资料来源：12 个科技创新解决社会问题的案例[EB/OL]．（2013-01-23）．https://gongyi.qq.com/a/20130123/000022.htm．

（四）制度创新

企业制度主要包括产权制度、经营制度和管理制度三个方面的内容。

（1）产权制度是决定企业其他制度的根本性制度，它规定着企业重要的生产要素的所有者对企业的权力、利益和责任。

【知识扩展 3-4】

产权制度的演变过程

历史上曾经经历过五种产权制度。

第一种类型是小生产者的产权制度。这类企业以手工操作为主，以家庭经营为依托，因而，其产权结构和组织状况比较简单，企业的组织经营目标和产权观念都比较直观。

第二种类型是以资本经营为特征的企业产权制度或企业制度。这种产权关系和组织结构关系比较复杂，企业行为均取决于家庭首脑的利益和意志，并在经营上增加了专家治理。

第三种类型是劳动合作制度，这种企业制度最初是在资本主义条件下，劳动者为避免资本剥削或商业中间盘剥而兴办的一种劳动合作制企业及合作社。

第四种类型是社会主义计划经济体制下形成的企业制度和产权制度。这种产权制度从产权的最终归属上划为公有，并形成了高度集中的带有行政配置色彩的产权模式。

第五种类型是法人制度。法人产权制度以法人企业制度的形成为前提，以股份有限公司为其典型形式，主要特征是产生了原始产权和法人产权的双重产权结构。

资料来源：黄保强．创新概论[M]．上海：复旦大学出版社，2004．

（2）经营制度是有关经营权的归属及其行使条件、范围、限制等的原则规定。经营制度的创新方向应是不断寻求企业生产资料最有效利用的方式。

（3）管理制度是行使经营权、组织企业日常经营的各种具体规则的总称，包括对材料、设备、人员以及资金等各种要素的取得和使用的规定。

制度创新是指在人们现有的生产和生活环境条件下，通过创新更能有效激励人们行为的制度规范体系，来实现社会的持续发展和变革的创新。

（五）组织创新

组织结构是组织的全体成员为实现组织目标，在管理工作中进行分工协作，在职务范围职、责、权、利方面所形成的组织体系结构，是组织在职权方面的动态结构体系，其本质是为了实现组织战略目标而采取的一种分工协作体系。

组织创新就是企业通过打破或调整原有的组织结构对组织内成员的职、责、权、利关系加以重新构建，使组织的功能得到发展，从而获得更多的效益。组织创新是企业管理创新的关键。组织创新的目的就是依据企业的实际需要，建立一套高效、有序的现代企业制度。组织创新是组织所进行的一项有计划、有组织的系统变革过程。

组织创新过程有系统性，不仅会受到组织内部个体创新特征、群体创新特征和组织特征的影响，还要受到整个社会经济环境的制约；组织创新行为又会直接影响组织绩效，包括市场绩效、竞争能力、盈利情况、员工的态度等。同时，组织创新是一个渐进过程，往往从技术与产品开发入手，逐步向生产、销售系统、人力资源、组织结构发展，进而进入战略与文化的创新。它应当遵循以下基本原则。

（1）必须按照组织管理部门制定的规划来进行。

（2）应当使组织在适应当前的环境要求和组织的规划基础上进行。

（3）应当使组织既能适应当前的环境要求和组织内部条件，又能适应未来的外部环境要求以及未来的内部条件的变化。

（4）应当预见到知识、技术、人员的心理和态度的变化，以及工作程序、行为、工作设计和组织设计的改变，并根据这些变化采取相应的措施。

（5）调整必须建立在提高组织的效率与个人工作绩效的基础上，促使个人和组织的目标达到最佳配合。

（六）管理创新

管理模式是基于整体的一整套相互联系的观念、制度和管理方式方法的总称。管理模式是一个很宽泛的概念，既有宏观管理模式，又有微观管理模式；既有整体管理模式，又有局部管理模式。在企业层次上产生的一整套相互联系的观念、制度和管理方式方法形成了企业管理模式，如集成管理、危机管理、企业再造等；同样，在企业内的某个领域所产生的一整套相互联系的观念、制度和管理方式方法就形成了领域管理模式。管理模式与管理方式方法也是有区别的，管理模式具有综合性，着重于内容的落实与贯彻，是围绕一定的管理内容建立的一系列规则、范式和操作规程；管理方式方法则相对具有单一性，它是企业资源整合过程中所适用的工具和具体方法。管理模式既是管理创新的条件，又是管理创新的结果。

管理模式创新是结合企业的特点或职能部门的特点，创造出全新的管理模式，达到提高工作效率的目的。主要包括以下四个方面。

（1）财务系统全面推行"机构统一""人员统一""资金统一"的三统一管理创新模式。所谓"机构统一"就是要理顺财务关系；"人员统一"就是要强化职能作用；"资金统一"就是要提高运营效率。三统一管理模式的实施，能使企业建立一整套制度统一、步调一致、协调一致的财务管理体系。

（2）存货管理实行JIT（just in time）管理模式。这种方法主要是以销售为起点倒推至原材料采购，即整个采购生产过程是在销售需求的"拖动"下完成的。这种存货管理模式与传统的由原料购进再逐级输送到各道工序生产，最后产成品实现销售的方向正好相反。这就完全避免了因存货盲目购进及产品生产过剩所造成的存货在各个生产环节的积压，有利于盘活流动资金，减少流动资金占用。

（3）全面推行OEC（overall every control）管理模式。OEC管理法的主要目的是"日事日毕、日清日高；人人都管事，事事有人管"，每天的事要每天完成，每一天都要比前一天提高1%。"OEC管理法"由三大体系构成：目标体系、日清体系和激励体系。即首先确立目标，再完成目标要求的基础工作，完成的结果必须与正负激励挂钩才有效。"OEC管理法"能更有效地实现全员、全过程、全方位成本管理，使企业的成本管理工作更上新台阶。

（4）在工序生产过程中全面推行看板管理模式。看板的主要功能包括：传达生产与搬运作业的指令；防止过量生产和搬运；揭露生产中的矛盾，防止出现废品；实施"目视管理"。看板管理是暴露问题、改进库存的有效工具，也是企业向"零库存"目标迈进的有效通道。

【经典案例3-2】

乐高的管理创新

20世纪90年代，越来越多的孩子沉迷于视频游戏和其他高科技产品，传统玩具企业面临激烈竞争。乐高围绕商界流行的"创新七法"开展了雄心勃勃的增长策略。1993—2002年，乐高开拓了种类繁杂的新业务，年均发展五个周边产业，远离市场和成长概念的设计师设计出了许多奇特的产品，在追求潮流的同时，放弃了自己安身立命之本——乐高积木的发展。这些时髦的创新法则非但没有让乐高实现爆发式增长，反而让它陷入史上最大规模的亏损，一度几乎无法独立生存。

2004年，约恩·克努德斯道普临危受命，重新制定乐高的创新战略，把创新的立足点重新拉回到乐高的核心产品——乐高积木上。同时，削减与积木不相关的产品种类，缩减零售店项目，放弃电脑游戏和主题公园业务。将乐高组件由12 900个减少为7 000个，并把创新聚焦于围绕核心产品打造更好的客户体验，通过数字和其他线上、线下的体验重新创造乐高积木的体验方式。在创新过程中，乐高还引入了"开放式创新"，在关键产品由公司内部设计部门主导的前提下，部分产品项目设计方案的选择由粉丝投票决定，以保持公司与粉丝之间的持续对话。

2007—2012年，在iPad等智能电子设备成为最受欢迎的儿童玩具的大背景下，乐高集团实现了年均22%的收入增长率，税前利润更实现了年均38%的增长，同一时期，玩具巨头孩之宝和美泰的年均收入增长率仅为1.3%和1.5%。

资料来源：陈圆妮. 乐高如何管理创新[J].（2014-09-11）. https://wen ku.baidu.com/view/ 9e51cco87e21af45b3oTa872.html.

（七）环境创新

环境是企业生存和发展的土壤，制约着企业的经营。环境创新不是指企业为适应外界变化而调整内部结构或活动，而是指通过企业积极的创新活动去改造环境，去引导环境朝着有利于企业经营的方向变化。就企业来说，环境创新的主要内容是市场创新。

企业的市场创新主要是指通过活动去引导消费，创造需求。市场创新的更多内容是通过企业的营销活动来进行的，即在产品的材料结构、性能不变的前提下，或通过市场的地理转移，或通过揭示产品新的物理使用价值寻求新用户，或通过广告宣传等促销活动赋予产品以一定的心理使用价值，影响人们对某种消费行为的社会评价，从而诱发和强化消费者的购买动机，增加产品的销售量。市场创新包含以下两个方面的内容。

1．开拓新市场

（1）地域意义上的新市场指企业产品以前不曾进入过的市场。它包括老产品进入新市场，如由国内向海外拓展，由城市向农村拓展，也包括新产品进入新市场。

（2）需求意义上的新市场指现有的产品和服务都不能很好地满足潜在需求时，企业以新产品满足市场消费者已有的需求欲望。

（3）产品意义上的新市场。将市场上原有的产品通过创新变为在价格、质量、性能等方面具有不同档次的、不同特色的产品，可以满足或创造不同消费层次、不同消费群体的需求。

2．创造市场"新组合"

市场创新又是市场各要素之间的新组合，它既包括产品创新和市场领域的创新，也包括营销手段的创新，还包括营销观念的创新。

市场创新与市场营销反映了两种不同的思路：市场营销以"大路货"为基础，以总体成本取胜，以市场分享为目标，着重广告、推销和价格战等手段。因此，资金最为充足的企业在"战"中取胜的可能性较大。而市场创新则靠产品和服务的差别性取胜，致力于市场创造，即提出新的产品概念，建立新的标准和市场秩序。因而，最具有创造精神的企业取胜的可能性最大。可见，市场新组合是从微观角度促进已有市场的重新组合和调整，建立一种更合理的市场结构，赋予企业新的竞争优势和增值能力。

【经典案例3-3】

丸美的营销模式创新——牵手《我们相爱吧》，谱写完美恋爱指南

丸美音意均同"完美"，与江苏卫视制作的以浪漫唯美为内容基调的明星恋爱实境真人秀节目《我们相爱吧》匹配度高。节目以"爱（eye），要谈（弹）出来"为主题词，一语双关，实属绝妙。三对CP（指有恋爱关系的搭档、组合）谈话中的自然提及、产品使用、礼品赠送等情节植入、品牌形象植入，演播室中以"爱要谈出来"为主线而展开的恋爱经验的交流、创意花字露出、各种甜蜜画面定格后盖上丸美邮戳、朋友圈微信广告的宣传造势等,均多类型、全方位、极大地强化了节目与丸美的关系。

某电子商务成交指数飙升,全国销量比冠名前增长12%。通过冠名《我们相爱吧》,丸美在目标人群中的知名度和美誉度得到有效提升。

从反响来看,《我们相爱吧》前11期收视率在同档节目中稳居首位;微博相关话题阅读量在百万以上的超过50个,总阅读量突破33亿,网络播放量近10亿。

资料来源:营销模式创新案例经典分析[EB/OL]. (2018-01-03). https://www.36.0kuai.com/pc/983f6edbe8cb8597e?cota=4&kuai_so=1&tj_url=so_rec&sign=360_57c3bbd1&refer_scene=so_1.

(八)文化创新

文化创新的核心是要在组织现有文化的基础上不断适应环境的变化而增加新的要素和内涵。现代企业创新文化的培育,必须把握创新精神的内涵。

(1)敢冒风险。创新是对未来领域的探索,在这之前和之后都有大量的不确定因素存在,极易导致创新风险,而一种疲乏的、近视的和不愿冒风险的组织文化必然导致竞争力的丧失,对于成功的企业,有前进的动力、自信和敢冒风险是必需的素质。

(2)不怕失败。创新的过程难免有失败,组织文化要允许失败,以现实的眼光看待成功与失败,重要的是从中学到东西并得以成长,而这种成长使其更有能力应付新的环境。创新者还要有坚韧不拔、百折不挠的毅力,能正确对待失败。

(3)接受模糊。员工的一些模棱两可、不切实际的想法中往往可能带来问题的创新性解决。因此,不要过分强调清晰、目的性,这会限制人的创造性。

(4)永不满足。安于现状、知足常乐是传统保守的思想观念。这种状态不适应竞争日益加剧的现代社会,因为过去的成功并不能保证将来的成功。目标平庸会导致落后,追求卓越才会做出创新努力。

(5)注重实效。创新工作越是从用户出发,从实用、实在的价值标准出发,取得成功的可能性越大。要把创新落实到实践中去。检验一项创新活动要看它为用户做了些什么。

【经典案例3-4】

百度的企业文化创新

百度的企业文化是"简单,可依赖"。

"简单"的意思是上下层关系的平等,而这种平等是从百度创业之初就开始践行的。百度副总裁朱光说:"平等的企业文化必须从一开始就培养,几个人创业时平等容易,但是如果时刻保持平等的文化,等员工变多以后再重新提出平等,就非常困难。"百度认为员工心中需要有一种使命:公司给予宽松环境,那么就要给公司交付很好的东西。那么,所有拘泥于形式的东西都简化到极致,只要员工跟随自己的意愿去创新就好。所以,百度的领导更像是辅导员,把决策权下放,给予员工充分的平等和尊重,并且允许员工犯错误,因为没有错误就没有创新。因此,领导给的压力很小,更多的压力来自新人,因为他们进步很快,让你不得不加快脚步。

资料来源:郭占元. 管理学理论与应用[M]. 2版. 北京:清华大学出版社,2015.

四、创新过程及其管理

创造性活动是人类智能活动的最高体现,创新思维也是一个极为复杂的过程,想要更好地开发、促进创新思维,更好地从事创新工作,就应该了解创新工作的过程。管理创新工作大体上可分为以下六个步骤。

(一)准备阶段

创新不是纯粹的、偶然的"奇思妙想",在偶然的背后有必然的因素在起作用。创新需要具备一定的前提条件:广博的知识和经验的积累;强烈的主观、客观压力和危机感;强烈的好奇心;敢于推陈出新的勇气;接受失败与挫折的思想准备;终身学习的态度。

(二)寻找创新的机会

管理创新的机会是企业获得管理创新火花的导火索,是各种主客观因素在特定时空条件下形成的一种有利耦合。它既是管理创新的有效切入点,又是实现管理创新成功的前提和关键。其来源途径可以是企业内部,也可以是企业外部。

来源于企业内部的机会源包括:①意外情况;②不一致;③流程需要。

而来源于企业外部的机会源主要包括:①工业和市场结构变化;②人口的变化;③观念的变化;④新知识。

(三)提出构想

在察觉到机会到来后,要透过现象研究原因,并据此分析和预测这些因素的未来变化趋势,估计它们可能给组织带来的积极和消极后果,然后,设法利用机遇将威胁转化为机会,提出创新的构想。

(四)迅速付诸实践

创新成功的秘密主要在于迅速行动。构想提出后必须立即付诸实施,以免坐失良机,或者让别人捷足先登。提出的构想可能还不完善,但这种并非十全十美的构想必须立即付诸行动才有意义。一味追求完美,可能坐失良机,把创新的机会白白地送给竞争对手。

(五)不断完善

创新在开始行动以后,必须坚定不移地继续下去,不断地探索,不断总结行动中的经验教训,对当初的构想不断地修正、完善,否则便会前功尽弃。

(六)形成模式

经过在实践中的不断完善,组织将形成一整套适应新环境的新观念、新方法、新体制。创新往往最初是从组织的某个局部开始的,所以,组织还需要把它由点到面地推广开来,以使组织最大限度地适应新环境。

第二节 技术创新

技术创新是企业持续获取市场竞争优势的重要手段，同样是国家经济稳步健康发展的重要动力。为提升产品竞争力、企业竞争力，推进技术创新成为企业存活与持续成长的必然选择，适宜而有效的创新模式是企业技术创新活动成功之关键，关系到技术创新活动的顺利实现与效率、创新能力的提升。任何企业都是利用一定的产品来表现市场存在、进行市场竞争的；任何产品都是一定的人借助一定的生产手段，加上和组合一定种类的原材料生产出来的。不论是产品本身，还是生产这些产品的人和物资设备，或是被加工的原材料以及加工这些原材料的工艺，都以一定的技术水平为基础，以相应的技术水平为标志。因此，技术创新的进行、技术水平的提高是企业增强自己市场竞争力的重要途径。

一、技术创新及其贡献

（一）创新与技术创新

技术创新是企业创新的主要内容，企业中出现的大量创新活动是有关技术方面的，因此，有人甚至把技术创新视为企业创新的同义词。现代工业企业的一个主要特点是在生产过程中广泛运用先进的科学技术，技术水平是反映企业经营实力的一个重要标志，企业要在激烈的市场竞争中处于主动地位，就必须在顺应甚至引导社会技术进步方面，不断地进行技术创新。技术创新经常被一些人与技术发明相互混淆。实际上，创新的概念远比发明宽泛；发明是一种创新，但创新不仅仅是发明。如果说发明可能是新知识、新理论创造基础上的一种全新技术的出现的话，那么，创新既可能是这种全新技术的开发，也可能是原有技术的改善，甚至可能仅是几种未经改变的原有技术的一种简单的重新组合。

（二）技术创新的贡献

从技术创新的概念分析中不难看出，技术或者依附于物质产品而存在，或者是为物质产品的实体形成而服务。因此，不论是何种内容的技术创新，最终都会在一定程度上促进产品竞争力的提高，从而提高企业的竞争力。

产品竞争力和企业竞争力的强弱从根本上说取决于产品对消费者的吸引力，消费者对某种产品是否感兴趣，不仅受到该产品的功能完整和完善程度的影响，还取决于这种或这些功能的实现所需的费用总和。功能的完整和完善程度决定着消费者能否从该种产品的使用中获得不同于其他产品的满足，功能实现的费用（包括产品的购买费用和使用、维护费用）则决定着消费者为获得此种产品而需付出的代价。因此，产品竞争力主要表现为产品的成本竞争力与产品的特色竞争力。

综合起来看，技术创新一方面通过降低成本而使企业产品在市场上更具价格竞争优势，另一方面通过增加用途、完善功能、改进质量以及保证使用，使产品对消费者更具特色吸引力，从而在整体上推动企业竞争力的不断提高。

二、技术创新的源泉

德鲁克把诱发企业创新的不同因素归纳成七种不同的创新来源：意外的成功或失败、企业内外的不一致性、产业结构和市场结构的变化、人口结构的变化、流程改进的需要、消费者观念的改变以及新知识与技术成果的产生等。

（一）意外的成功或失败

企业经营中经常会发生一些出乎意料的结果：企业苦苦追求基础业务的发展，并为此投入了大量的人力和物力，但结果却是这种业务令人遗憾地不断萎缩；与之相反，另一些业务单位虽然未被给予足够的关注，却悄无声息地迅速发展。意外事件包括意外的成功、意外的失败和外部意外事件。不论是意外的成功，还是意外的失败，都有可能是向企业昭示着某种机会，企业必须仔细对之进行分析和论证。

意外的成功通常能够为企业创新提供非常丰富的机会。这些机会的利用要求投入的代价及承担的风险都相对较小。但如果说意外的失败是企业不得不面对的现实的话，那么，未曾料到的成功就常被企业所忽视。因为这些意外的成功既然是"出乎意料"的，那么，其通常也是领导者所陌生、不熟悉的，且大多与组织追求的目标和多年来形成的习惯和常识相悖。开发利用意外的成功所提供的创新机会需要进行分析。意外成功事件作为一个先兆，它究竟代表了什么事务？发生了什么基本变化？是技术还是市场？只有这样，才能把目前还处于隐蔽状态的创新机会揭示出来。

意外的成功也许会被忽视，未曾料到的失败则不能不面对。一项计划——可以是某种产品的技术开发，也可以是其市场开发，不论企业在其设计、论证以及执行上是如何地执着和努力，最终仍然失败了。那么，这种失败必然隐含了某种变化，也预示了某种机会的存在。意外的失败一旦发生就是无法阻止的，但是能否把失败看作成功机会的先兆却需要眼光，需要深入调查意外的失败究竟是怎么一回事。在了解了事实真相之后，就较容易发现成功的创新机会。面对意外的失败，组织的领导要走出单位，多看、多听，而不是关起门来做研究分析。应当严肃认真地对待意外的失败，并把它看作一个创新机会的先兆。

外部意外事件指的是发生在企业或者产业之外的事件，即在领导者的日常业务中所用的数据和信息里找不到的事件。开发利用外部意外事件特别适合大公司进行创新，因为这不仅需要契合自身的业务专长，还需要有能力动用一定数量的资源。然而，它却是一个机会大、风险小的创新领域。

不论是意外的成功、意外的失败还是外部意外事件，一经出现，企业就应正视其存在，并对其进行认真的分析，努力厘清并回答这样几个问题：①究竟发生了什么变化；②为什么会发生这样的变化；③这种变化会将企业引向何方；④企业应采取何种应对策略才能充分地利用这种变化，以使之成为企业发展的机会。

（二）企业内外的不一致性

企业内外的不一致性是指人们对事物想象的情况或以为"应该"是什么与现实的事物之间产生的不符与不协调。当企业对外部经营环境或内部经营条件的假设与现实相冲突，或当企业经营的实际状况与理想的状况不一致时，便产生了不协调的状况。这种不协调既可能是已发生了的某种变化的结果，亦可能是某种将要发生的变化的征兆。同意外事件一样，不论是已经发生的还是将要发生的变化，都可能为企业的技术创新提供一种机会。因此，企业必须仔细观察不协调的存在，分析出现不协调的原因，并以此为契机组织技术创新。

根据产生的原因不同，不协调亦可分成不同的类型，如宏观经济或行业经济景气状况与企业经营绩效的不协调、假设和实际的不协调、消费者价值观判断与实际的不协调等。在所有不协调的类型中，消费者价值观判断与实际的不一致不仅最为常见，对企业的不利影响也最为严重。根据错误的假设来组织企业的生产，始终不可能真正地满足消费者的需求，从而导致生产耗费难以得到补偿，企业的生存危机迟早会出现。相反，如果在整个行业的假设与实际不符时，企业较早地发现了这种不符，就可能给企业的技术创新和发展提供大量的机会。

不一致性可以表现在如下多个方面。

（1）需求的增长与经济效益的不一致性。

（2）假设与现实的不一致性（即主观行为与客观实际创新的不一致）。

（3）对顾客价值观以及期望的认识与实际结果的不一致性。

（4）流程中存在的节奏与逻辑上的不一致性。

当某一产业、某个市场以及某一过程内部发生变化时，往往就潜伏了不一致性，这种不一致性只有在行业中的人或此行业近旁的人能看清，知情者只有在认准和了解的基础上才能开发并利用它。

（三）产业结构和市场结构的变化

企业是在一定的产业结构和市场结构条件下经营的。产业结构主要是指产业中不同企业的相对规模和竞争力结构，以及由此决定的产业集中程度或分散程度；市场结构主要与消费者的需求特点有关。这些结构既是产业内或市场内各企业的生产经营共同作用的结果，同时，也制约着这些企业的活动。

产业结构和市场结构一旦形成就较为稳定，但有时它们又是十分脆弱的，很容易解体。产业结构和市场结构一旦出现变化，企业必须迅速对此做出反应，在生产营销以及管理等诸方面组织创新和调整，否则，就有可能影响企业在产业中的相对位置，甚至带来经营上的灾难，引发企业的生存危机。相反，如果企业及时应变，那么，这种结构的变化给企业带来的将是众多的创新机会。

企业一旦意识到产业或市场结构发生了某种变化，就应迅速分析这种变化对企业经营业务可能产生的影响，确定企业经营应该朝什么方向调整。实际上，处在产业之内的企业通常对产业发生的变化不甚敏感，而那些"局外人"则可能更容易察觉到这种变化以及这种变化的意义，因而，也较易组织和实现创新。因此，面对市场以及产业结构的变化，关键是要迅速地组织创新的行动，至于创新努力的形式和方向则可以是多样化的。

如何知道产业结构将发生根本性的变化？一般可以从以下四种明显的迹象中找到答案。

(1) 产业部门的增长显著快于经济或人口的增长。
(2) 产量翻番。
(3) 原先互不相关的几种技术出现了相互间的结合。
(4) 经营方式迅速改变。

当有上述迹象发生时，往往预示着产业结构将发生变化，采取简明而有针对性的创新战略，就能大大增加成功的机会。

（四）人口结构的变化

在各种外界的变化中，人口统计的变化是一个最显然、最易预测的因素。人口统计的变化包括人口的数量、年龄的分布，以及按人口教育程度、劳动工种、收入水平的分段等。这些统计数据不仅是可知的，而且对某些情况的发生有确定的超前期。通过人口统计了解人口结构状况，其重要性不仅在于人口结构对购买力和购买习惯有影响，而且对劳动力规模和劳动力结构也有影响。

人口因素对企业经营的影响是多方位的。作为企业经营中一种必不可少的资源，人口结构的变化直接决定着劳动力市场的供给，从而影响企业的生产成本。作为企业产品的最终用户，人口的数量及其构成确定了市场的结构及其规模。鉴于此，人口结构的变化有可能为企业的技术创新提供契机。

作为一种经营资源的人口，其有关因素（如人口数量、年龄结构、收入构成、就业水平以及受教育程度等）的变化相对具有可视性，其变化结果也较易预测。根据类似的资料，企业大概可以判断未来劳动市场的供给情况以及工业对劳动力的需求压力，并从中分析企业创新的机会。

由于人口结构具有内在的不稳定性，极易发生突变，因此，人口结构的变化是决策制定者必须予以分析和全面考虑的首要环境因素。通过对人口动态和人口结构中所发生的事件进行分析，可以近乎肯定地预测出市场用户的购买力、购买习惯、顾客的需要以及就业中的主要趋势。

同时，研究人们购买东西的方式，喜欢怎样的环境，如何看待所购商品的价值，等等，通过现场的调查，就可以从变动中的人口结构中发现高度有利可图和极为可靠的创新机会。

（五）流程改进的需要

流程改进的需要则与企业内部的工作（内部的生产经营过程）有关。由这种需要引发的创新是指对现在已存在的过程（特别是工艺过程）进行改善。把原有的某个薄弱环节去掉，代之以利用新知识、新技术而重新设计的新工艺、新方法，以提高效率、保证质量、降低成本。

流程的改进可能是科学技术发展的逻辑结果，也可能是推动和促进科技发展的原动力。在组织这种改进之前，企业可能要针对生产流程中的薄弱环节进行长期的基础研究，以生产出克服这种薄弱环节的产品。与前面两个因素相联系，流程的改进以及与此相联系的技术创新，也可能是由外部的某个或某些因素的变化引起的。流程的创新要取得成功，应该注意以下五个基本指标。

（1）一个独立完整的流程。

（2）一个"薄弱"或"缺损"的环节。

（3）一个清晰的目标定义。

（4）明白解决办法的具体要求。

（5）对"需要一个最佳方式"的共识，要有高度的可接受性。

最后，流程改进需要的机会还应按照三项条件做检验，即：是否真正理解需要的是什么（问题的所在）；是否已经具备了所需的知识与技术，或在目前的技术水平上能否解决这个问题；解决方法是否适宜（是否适合使用者的习惯与价值观）。

（六）消费者观念的改变

人们观念的变化往往孕育了重大的创新机会。对事物的认知和观念决定着消费者的消费态度，消费态度决定着消费者的消费行为，消费行为决定一种具体产品在市场上的受欢迎程度。因此，消费者观念上的改变影响着不同产品的市场销路，为企业提供了不同的创新机会。

需要指出的是，以观念转变为基础的创新，必须及时、有效地组织创新活动才能给企业带来发展和增长的机会。所谓及时是指既不能过迟，又不能过早。

（七）新知识与技术成果的产生

一种新知识的出现，将为企业创新提供异常丰富的机会。在各种创新类型中，以新知识为基础的创新是备受企业重视和欢迎的。但同时，无论是在对创新所需的时间、失败的概率或成功的可能性的预期上，还是在对企业家的挑战程度上，这种创新也是最为变化莫测、难以驾驭的。

与其他类型的创新相比，知识性创新具有最为漫长的前置期。从新知识的产生到应用技术的出现，再到产品的市场化，这个过程需要很长的时间。不仅在自然科学领域如此，以社会科学新知识为基础的创新也是这样。

新技术的出现往往能挖掘人类潜在的或者全新的需求，改变人类各种传统的需求习惯。因此，企业应紧跟技术进步的步伐，对新技术高度敏感。新技术可能带来一个全新的市场技术动态、技术预测、产品方向等信息，能使企业始终与社会保持一致，从而站在创新的最前沿。发明和专利通常是创新的前奏：一方面，可以告诉我们技术的具体信息，使自己的创新思想得到启发；另一方面，又可以告诉我们某一领域的技术走向。同时，对掌握竞争者的研发动向和发展战略亦有很大帮助。但是，在运营后者时应注意竞争者的专利策略及申请延后性。

知识性创新的前置期较长或者对相关知识有集合性要求，决定了企业必须在早期投入大量资金，而且，即便投入许多资源，新知识也可能不会出现或难以齐全。因此，与其他创新相比，以新知识为基础的创新需要承担更大的风险。

以新知识为基础的创新有其自身的特殊需求。

（1）需要对所有必要的因素仔细进行分析，明确还缺少哪些因素，以及所缺的因素能否自行备齐。

(2) 要有明确集中的目标，它可以集中于一个完整的系统，集中于新的市场，或集中于一个有利的战略地位。

(3) 需要学习并实施企业家型的管理，以减少其风险。

以知识和技术为基础的创新不仅包括科技方面的，还包括社会科学方面的。由于其要求高、风险大，因而潜在的报偿也更大。

三、技术创新与产品开发

产品是企业的标志，任何企业都是通过向社会提供某种在一定程度上不可替代的产品来标志并实现其社会存在的。企业技术创新的具体工作最终都将落实到产品的开发上。不论是要素创新还是工艺创新，最终不是影响产品的质量、产品功能的完善或完整程度，就是影响产品的生产与销售成本。因此，企业技术创新应围绕产品开发这个中心来进行。

(一) 产品开发的任务

围绕产品开发的技术创新决策需要回答三个基本问题：企业生产何种产品？企业提供何等质量的这种产品？在上述两个问题解决的基础上，对原先已经生产的产品进行改造和完善，还是开发新的产品？

1. 产品性质的确定

生产何种性质的产品？这是企业自建立起就已经提出，并在企业存在过程中需要不断提出并解决的问题。企业生产产品的目的是获得其价值，而产品价值的实现又以消费者的购买为前提。消费者是否购买某种产品取决于该产品能否满足其需求。因此，企业生产何种产品，最终取决于消费者对市场的需要和企业满足这种需要的能力，以及是否可以从中获取足够利益的认识。市场是千变万化的，企业必须不断地关注和研究这种变化，及时调整自己的生产方向。

2. 产品质量的确定

企业提供的产品如果不符合消费者的质量要求，那么，产品的生产虽耗费了一定的成本和费用，却会由于不具有消费者所需要的完全使用价值而不会受到消费者的青睐。在企业所面对的竞争问题上，质量往往是影响产品受欢迎程度的主要因素。而质量的提高，或更准确地说，产品功能的完整、完善，是与企业的技术创新息息相关的。因此，企业要通过不断的技术创新，生产高质量的产品，以提高声誉、争取用户、扩大市场。

对企业来说，为了完全补偿生产过程中的各种耗费，必然希望将与产品质量提高相关的技术创新与组织费用全部计入生产成本，从而提高价格。而对消费者来说，他们既希望获得更高质量的产品，又不愿为此支付更多的费用。因此，在确定生产成本和质量水平时，企业要有"合理质量"的概念，要注意质量水平与生产成本的最佳组合。

3. 新产品开发

新产品是指在结构、性能、材质、技术特征等一方面或几个方面都有显著改进与提高或独创的产品，它既可以是利用新原理、新技术、新材料、新结构开发出的全新产品，也可以是在原有产品基础上，部分采用新技术而制造出来的具有新用途、满足新需要的换代性产品，或者是对原有产品的性能、规格、品种、款式进行完善，但在原有技术水平和结构上无突破性改变的改进型新产品。

新产品开发通常需要回答如下问题。

（1）如何开发问题。是企业独自组织内部力量完成新产品开发的全部工作，还是与高校科研单位或与其他企业协作开发，或是通过购买专利引进新产品的生产技术？

（2）在新产品开发的研制阶段结束后，是否立即组织批量生产、投放市场问题。没有资源条件或不能迅速形成市场的新产品在投放市场后，可能会造成企业经营的被动，或者完全是"为他人做嫁衣"；而具有很大市场需求的新产品，如未能及时投放市场，则会使企业失去本应获得许多利润的机会。

（3）如何投放市场问题。新产品在批量投入市场以前是否要进行试销？试销可以使企业迅速了解用户的反应和意见，从而可以指导企业及时采取改进措施，使新产品更加完善。但试销也可能向竞争对手泄露自己发展动向的信息，或为他们提供样品，从而对本企业新产品的市场发展构成威胁。

（4）何时投放问题。投放时机选择不当也可能给企业带来危害。投放时机过早会使新产品与企业的现有产品"自相残杀"，从而不能收回原有产品生产的相关投资。投放时机过迟则可能使企业经营出现空当，不能得到足够的现金流以维持日常的经营活动，同时，还可能失去占领市场的良机。

（二）产品竞争战略

企业之间的竞争首先表现为不同企业利用各具特色的产品对相同用户进行争夺。企业竞争的实质是产品竞争。

在这种持续不断的竞争中，企业可以采取三种不同的产品开发战略：模仿战略、追随战略和领先战略。

1. 模仿战略

模仿战略是指新创企业的业务模式建立在模仿竞争者提供的产品或服务的基础上，体现为不占资源优势的新创企业通过学习模仿来实施追随策略并达到快速发展的目的。持这种战略的企业自己不搞新产品研制开发，而是靠购买专利、利用别人的研究成果来改进自己的产品。实施这种战略可节省费用，并可迅速地获得新技术。但购进的新技术别人已经采用过，市场发展前景已相对受到影响。一些技术力量薄弱的企业通常采用这种战略。

2. 追随战略

追随战略又被称为追随者战略，亦称"后发制人"战略，是指企业通常会以模仿竞争对手先前的创新产品或经营模式为立足点，力求占领部分市场。采用这种战略，要求企业能了解先导企业的产品和市场发展动向，迅速对别人的研究成果加以利用和改进，以避免自己的市场地位受到威胁。这种战略不仅可以帮助企业减少研究费用，还可使企业保护自己，防止竞争对手的技术进步对自己构成威胁，甚至能帮助企业后来居上，开发出性能更加先进的产品。

3. 领先战略

领先战略亦称为"先发制人"战略。这种战略力图使企业在本行业发展中始终居于领先地位。企业如果有雄厚的资金实力,有强大的研究与开发部门,能独立进行研究和试制,则比较容易做到率先研制和采用新技术去生产新的产品,从而使产品的技术水平优于其他企业,取得市场竞争的优势。企业要想采用领先战略,不仅要分析目前的条件,还应当更注意未来的持续发展。

(三) 产品开发的分析方法

美国经济学家李维特1965年在《哈佛管理评论》的一篇文章中首先提出产品生命周期。李维特认为,产品也同人一样,要经历从诞生到成长最后死亡的生命过程。对产品来说,其生命周期是指从投入市场开始到完全退出市场为止所延续的时间。产品生命周期的长短主要受技术进步和市场竞争等因素的影响。技术进步使许多新技术、新工艺、新材料不断出现,从而促进了比原有产品性能更好、成本更低、使用更方便的新产品。这种物美价廉的新产品进入市场必然会把老产品排挤出去。因此,技术进步的速度越快,产品的生命周期就越短。产品在生命周期中通常要经历投入、成长、成熟和衰退四个阶段。在不同的生命周期阶段,产品表现出不同的特征,企业应据此采取不同的产品开发对策。

1. 投入期

投入期亦称为投放期或引入期,是产品刚刚试制成功、刚投入市场、销售量最低的一段时间。在这个阶段,产品设计结构仍可变动,生产工艺尚未定型,企业也未形成批量生产能力。同时,市场对新产品还不太了解,销路尚未打开,所以,企业只能小批量生产和销售,成本较高、利润较少,甚至没有利润。

对于投入期的产品成本,企业应及时了解市场和用户的意见与建议并据此对产品结构和生产工艺进行改进、完善;同时,企业应广泛开展促销活动,激发消费者对新产品的注意、兴趣以及消费欲望,以迅速打开销路。投入期持续时间的长短取决于产品的新颖程度、复杂程度、与潜在市场的契和程度,以及市场上是否存在竞争产品。

2. 成长期

产品经过试销和改进,结构和工艺已经定型,产品质量基本稳定,生产能力也逐步形成。同时,由于前一段促销活动的作用,产品已经为广大用户所熟悉,销售量急剧上升。此外,由于产品销路好、利润大、市场前景乐观,许多竞争者纷纷仿制,致使市场竞争逐步形成并日趋激烈。

成长期是产品开发的决定性阶段,企业应努力稳定产品质量,精心维护产品声誉,加速提高生产能力,组织好销售工作,保证充分供应,尽量避免产品在市场上脱销,谨防竞争对手乘虚而入。

3. 成熟期

产品经过成长期逐渐趋向成熟,这时市场已渐渐饱和,销售量增长缓慢,甚至停滞不前。这个阶段的延续时间,如无替代的新产品介入,一般要比前两个阶段长,企业从该产品获得的利润也将在此阶段达到最高,市场竞争在此阶段也最为激烈。

成熟期的长短直接影响产品开发经济效益的大小,因此,要尽可能延长产品成熟期的时间。要努力降低产品成本,争取价格优势,以维持市场占有份额;同时,还要加强广告宣传,做好用户服务工作,在不丢掉老顾客的同时,努力扩大新用户群,最根本的措施是对老产品进行改造,以提供具有活力的最新型产品,形成市场和用户扩张的新势头。

4. 衰退期

对于处在衰退期的产品,企业应积极转移市场,努力在新的地区开拓对该产品的需求,在不改变产品基本结构和性能的前提下,寻找新的用途,开发新的用户,力求在新的领域代替其他产品,以使产品起死回生。如果发现衰退产品既无新用途,又无新市场,就应当机立断,有步骤地迅速予以淘汰。

企业管理者应经常对产品的生命周期进行分析,准确判断产品所处的发展阶段和未来发展趋势,针对产品在各阶段的特点,有重点地组织相关技术创新及其他与之相关的工作。

【管理故事3-4】

华为创新发展历程

华为1987年创立于深圳,成为一家生产用户交换机(PBX)的香港公司的销售代理。回顾华为发展的历史,就是一部企业及早转型创新发展的历史。如果没有创新,就不可能有今天的华为。

1990年,开始自主研发面向酒店与小企业的PBX技术并进行商用。

1997年,推出无线GSM解决方案。

2005年,正式成为沃达丰优选通信设备供应商,还成为英国电信(BT)首选的21世纪网络供应商,为BT 21世纪网络提供多业务网络接入(MSAN)部件和传输设备。

2014年,在全球9个国家建立5G创新研究中心,承建全球186个400 G核心路由器商用网络,在全球建设480多个数据中心、16个研发中心、28个联合创新中心。

2018年,发布全球首个覆盖全场景人工智能的Ascend(昇腾)系列芯片以及基于Ascend系列芯片的产品和云服务;发布了基于3GPP标准的端到端全系列5G产品解决方案。

华为公司30余年的成长史,伴随着我国经济的快速发展,是在经济、政治、文化等因素共同作用下技术创新能力不断增强、技术创新模式不断演变的发展历程。华为公司的发展史就是一部典型的技术创新史。

资料来源:https://m.c114.com.cn/w220-175746.html。

四、技术创新的战略及其选择

任何企业都在执行一套符合自己特点的技术创新战略。这种战略有可能是有计划地刻意进行的,也可能是在无意识下形成的。在后一种情况下,技术创新战略是一系列选择的综合结果。这些选择一般涉及创新的基础、创新的对象、创新的水平、创新的方式以及创新实现的时机等多方面。

(一)创新基础的选择

创新基础的选择需要解决在何种层次上进行组织创新的问题:利用现有知识,对目前的生产工艺、作业方法、产品结构进行创新。但显而易见的是,理论上的创新,特别是利于企业服务的理论创新不是一两次突击性的工作便可以完成的,它需要企业员工,特别是企业中相关研究人员长期艰辛地默默工作。这种工作也可能在组织了众多的研究人员进行长期艰辛工作以后一无所获。基础性研究的上述特点决定了选择此种战略不仅具有较大的风险，而且要求企业能够提供长期的、强有力的资金和人力支持。应用性研究只需要企业利用现有的知识和技术去开发一种新产品或者探寻一种新工艺，与基础性研究相比，其所需时间相对较短、资金要求相对较少、创新的风险也相对较低，研究成果的运用对于企业生产设施调整、基础性投资的要求相对较低，当然，与之相应的对企业竞争优势的贡献程度也相对要小一些。

（二）创新对象的选择

产品创新使得产品在结构或性能上有所改进，甚至全部创新，这不仅可能给消费者带来一种全新的享受，还可以降低产品的生产成本或者减少产品在使用过程中的使用费用。所以，产品创新给企业带来的不仅可能是特色的形成，还可能是成本的优势。

工艺创新则既可能为产品质量的形成提供更加可靠的保证，从而加强企业的特色优势，亦可能促进生产成本的降低，从而使企业产品在市场上更具价格竞争力。

产品与工艺的创新主要由企业完成，外部一般很难替代；生产手段的创新则不然，生产手段的创新亦可借助外部的力量来完成。如果由外部厂家来实现生产手段的改造，就有可能使得企业与此相关的产品创新或技术创新的过程，甚至仅仅是意图过早地被竞争者所察觉，从而难以通过创新带来竞争优势的形成与提高。在这种情况下，某些关键生产手段技术创新的内部组织就是必然的选择了。

（三）创新水平的选择

创新水平的选择与创新基础的选择都涉及通过创新可能达到的技术先进程度。不过，基础的选择可能导致整个产业的技术革命，特别是基础研究导致的创新可能为整个产业的生产提供一个全新的基础；而创新水平的选择则主要是在产业内相对于其他企业而言的，需要解决的主要是在组织企业内部技术创新时，是采取领先于竞争对手的"先发制人"战略，还是实行"追随他人之后"，但目的仍是"超过他人"的"后发制人"战略。

先发制人可给企业带来很多贡献，具体如下。

（1）可给企业带来良好的声誉。
（2）可使企业占据有利的市场地位。
（3）可使企业进入最有利的销售渠道。
（4）可使企业获得有利的要素来源。
（5）可使企业获取高额的垄断利润。

当然，率先行动带来的并非都是鲜花，"先发"并非每次都能达到"制人"的目的。率先开发某种技术或产品也可能给企业带来以下几个方面的烦恼。

（1）要求企业付出高额的市场开发费用。
（2）需求的不确定性。
（3）技术的不确定性。

由于这些原因，许多企业宁愿采用追随的战略，而不愿意先人一步。实际上，由于上面列举的原因，后发者虽然在时间上、在用户心目中、在技术水平上的形象可能处于稍微不利的地位，但它可以分享先期行动者投入大量费用而开发的产业市场，根据已基本稳定的需求进行投资，在率先行动者技术创新的基础上进一步完善，使之更加符合市场的要求。因此，后发制人的战略有时也不失为一种合理的选择。

（四）创新模式的选择

常见技术创新模式按不同的分类标准有多种类型。

1. 以引发技术创新的诱因作为标准划分

（1）技术推动模式。这种模式是指技术创新活动的最初发端是某一技术发明或发现，然后再由技术发明人或所有权拥有人在此基础上进行工艺设计、生产制造及至推向市场的过程模式。在这种模式中，市场是技术成果的被动接受者，而作为技术创新主体的企业则拥有主动权。对于是否有必要进行技术创新，不是由市场决定的，而是由企业根据技术发展轨迹来决定如何开展创新，从而间接地满足市场需求或创造新需求。这种模式一方面强调了技术本身的内在演进逻辑和发展轨迹，另一方面突出强调了企业家或技术发明人在技术创新活动中的显著作用。现实生活中的许多技术创新成果的诞生属于这种模式。其创新轨迹如图 3.1 所示。

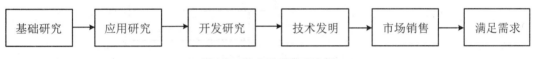

图 3.1　技术推动模式流程

（2）需求拉动模式。该类型模式是指技术创新主体开展技术创新研究缘于客观存在的市场需求或生产要求，并利用技术研究成果从事技术创新活动的模式。在需求拉动模式中，技术创新始于外界存在的市场需求或生产要求，并根据需求有针对性地开展技术创新活动，然后转过来再满足市场需求。在实际的创新活动中，这种模式的例证有很多，尤其是一般积累性的或改进性的创新，大多数是由需求拉动引起的。其创新轨迹如图 3.2 所示。

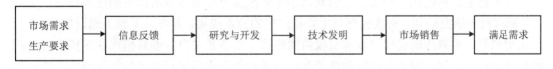

图 3.2　需求拉动模式流程

（3）综合作用模式。这类型模式又称为推拉双动模式，是指技术创新主体基于拥有或部分拥有的科学发现或技术发明，同时受市场需求的诱发，在技术和市场双重作用下而开展技术创新活动的模式。这种模式强调技术推动和市场需求拉动的双重综合作用，忽视任何一方得出的结论都具有片面性。这种模式的运用将会促进技术与经济的紧密结合，从而为企业技术创新政策的制定奠定一定的理论基础。这一模式的技术创新轨迹如图 3.3 所示。

（4）一体化创新过程模式。到了 20 世纪 80 年代后期，创新模式有了新的发展，人们改变了以前将创新过程视为从研发及至商业化的纵向职能递进过程，目前，普遍认为技术创新过程涵盖了新构思和新想法的产生、R&D（研究与发展）经费和人员的投入、产品工艺设计及制造、市场营销推广与信息搜集反馈等综合一体的并行过程。该类型创新过程模式如图 3.4 所示。

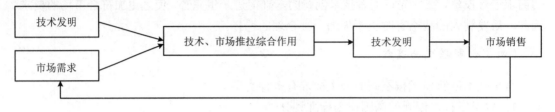

图 3.3 推拉双动模式流程

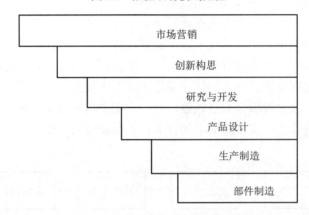

图 3.4 一体化创新过程模式流程

（5）系统集成和网络模式。20 世纪 90 年代至今的第五代创新模式是一种综合网络系统（包括内部职能、供应商、客户、合作等），完善的电子工具提高了整个创新系统产品开发的速度和有效性。与第四代的主要不同点是，第五代使用了先进的电子工具来辅助设计和开发活动，开发速度和效率大部分来自高效信息处理创新网络。

2. 以创新主体与外部经济环境的关系、技术来源与创新活动方式分类

（1）自主创新模式。是指技术创新活动主体在综合考虑自身所拥有的资源与条件基础上，通过自主研发活动，形成拥有自主知识产权的技术成果，并在此基础上通过生产制造、市场营销等一系列活动过程获取现实收益的模式。企业通过自主创新模式获得核心技术并拥有自主知识产权，技术上的原创性使其在市场竞争中获得了领先优势，并为后续技术创新积累了知识资本存量，因此，采用该类型模式的企业一般具有很强的技术研发资源与平台以及市场应变力，从而可以减少外部技术依赖。自主创新开发若能获得成功，企业将在一定时期内垄断性地利用新技术来组织生产，形成某种其他企业难以模仿的竞争优势，从而获得高额的垄断利润。当然，如果开发不能获得预期的结果，企业也只能独自咽下失败的苦果。自主创新模式的实现路径如图 3.5 所示。

（2）模仿创新模式。是指创新主体参照学习和模仿率先创新者的思路与行为，以其创新产品作为标杆，通过技术引进和购买或产品购买等手段，在消化、吸收和掌握技术拥有者的核心关键技术和技术诀窍基础上，进行二次创新以改进和完善性能，然后开发和生产具有市场竞争力的产品的技术创新模式。该模式具有模仿的跟随性、研究开发的针对性、

集中优势资源于中间环节等特点。由于每一个组织都不可能拥有研发所需要的所有技术资源，也不可能在任何技术领域都居于领先地位，而技术知识具有外溢性、共享性、可转让性等特点，因此，采取"拿来主义"，在引进技术基础上注重消化吸收，可弥补本企业的技术短缺，提高发展起点，节省 R&D 经费及时间。技术引进的一般路径如图 3.6 所示。

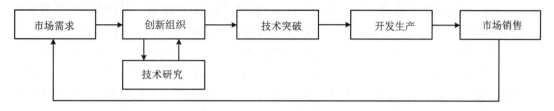

图 3.5　自主创新模式流程

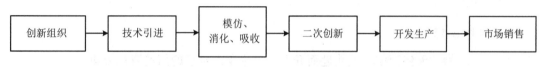

图 3.6　模仿创新模式流程

（3）合作创新模式。是指许多企业联合开展创新活动，各合作方之间基于共同的利益，以资源共享和优势互补为前提，在保持各自相对独立的利益及社会身份的同时，各合作参与方依据协议或合同投入相应的资源开展技术创新活动，并依照协议规定分享创新成果或者失败损失。企业可以与合作伙伴集中更多的资源进行更为基础性的创新研究，并共同承担由此产生的各种风险。如果开发失败，企业将与协作伙伴一道来分担各种损失；当然，如果开发成功，企业不能独自利用研究成果来组织产品创新和工艺创新，协作伙伴也有权分享共同的成果，有权从这种成果的利用中分享一份市场创新的利益。联合开发不仅可以使各合作方共同承担巨额的开发费用和与之相关的开发风险，而且由于优势的互补，可以开发出独自进行时难以开发出的新技术。目前，这种模式已成为创新的一种主要趋势。该模式的实现路径如图 3.7 所示。

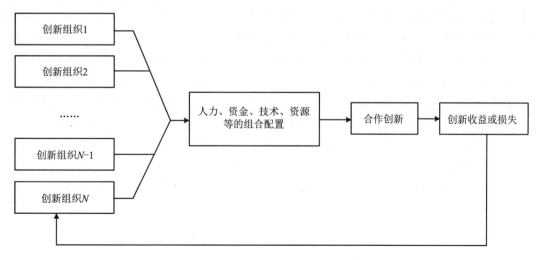

图 3.7　合作创新模式流程

影响企业在开发方式上选择的，不仅是企业自身的资源可支配状况以及开发对象的特殊要求，对市场经济条件下竞争与合作的必要性认识的不同可能是其深层次的原因。

竞争无疑是市场经济的第一原则，正是竞争促进了社会生产力的提高，带来了整个社会资源的合理配置。在技术创新领域也是如此，竞争促使不同企业投入大量的人力和物力资源去开发和采用新的技术、生产新的产品、利用新的材料和设备，以获得市场经营中的某种成本或特点优势、占有更多的市场份额、获得更多的利润。如果不同企业单独进行所有的技术创新研究，特别是与基础研究有关的技术创新研究，所从事的将大部分是重复性的劳动。这种分别进行的重复性的劳动，不仅可能由于力量分散而导致进度缓慢，而且必然会导致整个社会资源的浪费；相反，如果将这些创新活动在一定范围内有组织地协调进行，则不会带来资源的节约，必然会大大加快成果形成的速度。一旦开发成功，将在更大的范围内使更多的企业受益，也将给整个社会的技术进步带来更大的贡献。

【☆思政专栏3-1】

做"无锁而闭，无钥匙而开"——中国人自己的门的康尼公司

南京康尼机电股份有限公司是一家专注于机电核心技术研究和应用的创新型企业。公司成立于2000年10月，于2014年8月1日在上交所首发上市。1990年代初期，创始人金元贵教授用自己的专利——大功率大容量电力连接器办了一个校办企业。这个专利专注于解决火车车厢之间的电力传输和连接问题，1994年通过铁道部认定，被指定为更新换代产品。1997年，干线铁路客车塞拉门系统——M730型塞拉门研制成功。1999年，康尼又进入了一个新的领域——地铁，取得重大突破是在2006年。南京康尼跟传统门的最大差异是无锁。南京康尼的"无锁而闭，无钥匙而开"的门，不仅拯救了自己，而且为我们国家的轨道交通发展起到了巨大的推动作用。

目前，该公司已经发展成为一家具有自主创新能力、自主知识产权的高新技术企业，拥有国家认定企业技术中心，先后被授予"国家高技术产业化示范工程""国家技术创新示范企业""国家知识产权示范企业""国家级博士后科研工作站"，以及工信部第三批制造业单项冠军企业等殊荣。同时，公司还建有机械工业轨道车辆自动门工程研究中心、江苏省轨道交通车辆门系统重点实验室、江苏省轨道车辆自动门工程技术研究中心等多元化创新平台。该公司是国家标准《城市轨道车辆客室侧门》（GB/T 30489——2014）以及《城市地铁车辆电动客室侧门行业技术规范》的主要制定单位。截至2019年年底，公司累计获得授权专利887件，其中发明专利169件，国际发明专利16件，累计登记软件著作权107项。

公司始终秉承"坚持按现代企业制度规范管理，努力成为一家受青睐的公众公司；坚持创新不断，跻身世界一流，努力成为一家受尊重的知名公司；实现对投资者持续增长的回报，努力成为一家受推崇的优质公司"的使命与责任。

资料来源：周三多，陈佳明，贾定良. 管理学：原理与方法[M]. 6版. 上海：复旦大学出版社，2014.

第三节 组织创新

组织创新是为了实现管理目的，将企业资源进行重组与重置，采用新的组织形式、管理方式和方法，以及新的组织结构和比例关系，使企业发挥更大效益的创新活动。它是通过调整优化管理要素人、财、物、时间、信息等资源的配置结构，提高现有要素的效能来实现的。组织创新的内容包括制度创新、结构创新、文化创新和理论创新。

一、组织制度创新

（一）组织制度的概念与内容

1. 组织制度的概念

组织制度是规定或调解组织内部不同参与者之间权力关系和利益关系的基本原则或标准的总和。这些原则或标准以及由此决定的不同参与者的权、利关系，影响着企业的经营绩效，从而在一定程度上促进或阻碍企业的生存和发展。

对于企业来说，广义的企业制度包括产权制度、治理结构和企业内部管理制度等各个方面。制度创新是改变原有企业制度，根据市场经济和现代化大生产的要求，建立产权清晰、权责明确、政企分开、管理科学的现代企业制度。

2. 企业制度的内容

企业制度是通过经营权力和利益的分配来实现其功能的。通过经营权利的分配，企业制度决定了不同参与者在企业活动组织中的相对地位，也影响着企业经营的方向、内容和规模的选择，协调不同参与者的贡献；通过利益的分配，企业制度决定了不同参与者在企业活动中的利益实现方式，从而以不同形式诱发这些参与者的行为选择，影响他们的努力程度。根据企业制度的基本功能以及功能实现方式，可以把企业制度定义为"规定或调节企业内部不同参与者之间权力关系和利益关系的基本原则或标准的总和"，这些原则或标准以及由此决定的不同参与者的权利关系，影响着企业的经营绩效，从而在一定程度上促进或阻碍着企业的生存与发展。企业制度主要包括以下几方面内容。

1）企业产权制度

产权是财产权利的简称。产权制度就是制度化的产权关系，是划分、确定、界定、保护和行使产权的一系列规则。现代产权制度是权、责、利高度统一的制度，其基本特征是归属清晰、权责明确、保护严格、流转顺畅。企业产权制度是指企业的财产制度，是企业制度的核心，它决定了企业财产的组织形式和经营机制。

2）公司治理结构

公司治理结构是一种对公司进行管理和控制的体系，明确规定了公司的各个参与者的责任和权利分布。公司治理结构的作用在于降低管理成本、实现股东利益最大化，并且保护所有利益相关者的权益。完善的治理结构应形成对各利益主体的分权制衡，以利于企业的长远发展。

3）企业管理制度

企业管理制度是行使经营权、组织企业日常经营的各种具体规则的名称,包括人事制度、分配制度、财务制度、生产制度、销售制度等。

(二) 产权制度创新

产权制度是随着经济、社会的发展不断演进和创新的。早期的市场经济的产物是业主制和合作人制,现代市场经济的产物是公司制。通过产权制度的创新,可以对权利进行重新界定,明确从事某项活动的当事人的预期收益,使人们获得收益的多少取决于他们投入要素的数量和质量,确保要素所有者获得应有的报酬,调节产权主体之间的收益分配,协调企业内部关系。

(三) 现代公司治理结构创新

公司治理结构是现代企业中最重要的制度架构,它包括公司经理层、董事会、股东和其他利益相关者之间的一整套关系。完善的公司治理可以激励董事会和经理层去实现那些符合股东、经营者和其他利益相关者利益的奋斗目标,也可以提供有效的监督,激励企业更有效地利用资本。

公司治理结构包括股东大会、董事会、专门委员会、监事会、经理等。股东大会是公司的最高权力机构,它可以对董事会和管理层实施强大的制约,但由于以下几个原因,股东大会的功能在世界范围内出现了弱化的趋势:第一,股东大会正常情况下每年召开一次,因此,其制约功能非常有限;第二,股票市场发展和股权高度分散化,使得公司的股东成千上万,大量的中小股东缺乏参与大会的热情;第三,信息不对称使中小股东处于无奈或无助的地位。

董事会的主要职能有以下三个方面:任免公司最高经营者和高级经理;行使战略决策权;监督和控制公司的运营业绩。但是,在许多国家的实践中,董事会成员往往和内部控股股东或经理有千丝万缕的关系,而无法有效代表全体所有者的利益。

专门委员会是为了保证决策和管理的科学性,在董事会下设立的若干专门机构,作为董事会决策管理的咨询机构,法律对此一般不做强制性规定。

监事会是对公司业务管理活动实施监督的机构,制约着董事会的活动。

经理人员不属于公司内部产权系列,是公司的雇员,由董事会与之签订雇佣合同来约束其行为。但随着企业管理的高度专业化,经理人员在公司中的地位越来越重要,在相当程度上可参与决策,并且随着激励方式的日益多样化,在公司产权实施中产生了一系列的复杂问题。

公司治理结构的创新可以对治理结构中的各种制衡关系进行协调,也可以对董事会、监事会、专门委员会结构进行调整,建立和完善独立董事的遴选机制、激励机制、约束机制,以及对经理人员的激励制度进行改进和调整。

【经典案例3-5】

华为的公司治理结构

华为公司拥有完善的内部治理架构,各治理机构权责清晰、责任聚焦,但又分权制衡,使权力在闭合中循环，在循环中科学更替。华为公司在治理层实行集体领导，不把公司的命运系于个人身上，集体领导遵循共同价值、责任聚焦、民主集中、分权制衡、自我批判的原则。

华为公司坚持以客户为中心、以奋斗者为本，持续改善公司治理架构、组织、流程和考核，使公司长期保持有效增长。

股东大会是公司权力机构，对公司增资、利润分配、选举董事/监事等重大事项做出决策。

董事会是公司战略、经营管理和客户满意度的最高责任机构，承担带领公司前进的使命，行使公司战略与经营管理决策权，确保客户与股东的利益得到维护。

公司董事会及董事会常务委员会由轮值董事长主持，轮值董事长在当值期间是公司最高领袖。

监事会的主要职责包括董事/高级管理人员履职监督、公司经营和财务状况监督、合规监督。

自2000年起，华为聘用毕马威作为独立审计师。审计师负责审计年度财务报表，根据会计准则和审计程序，评估财务报表是否真实和公允，对财务报表发表审计意见。

资料来源：https://www.huawei.com/cn/corporate-information。

二、组织结构创新

（一）传统的组织结构及其特征

传统的科层式组织建立在亚当·斯密分工理论基础之上，其部门之间分工明确，形成了金字塔形组织结构，这种建立在专业化分工基础上的金字塔形组织结构，在工业革命时期的专业化、标准化生产或重复性工作中发挥了巨大的作用。

传统的科层制结构发挥作用并获得成功是以一定的环境条件和假设为前提条件的。这种结构在企业中的广泛应用是以市场环境为背景：消费者的诸多需求尚未得到充分满足；这些需求基本是无差异的；消费需求以及影响企业经营的其他环境因素基本上稳定，或虽有变化，但变化具有连续性的特征，从而基本是可以预测的。

在知识经济到来的今天，传统的组织结构赖以成功的上述背景正在或已经发生变化，消费者日趋成熟，消费者有关消费知识的渐趋丰富，使得消费需求愈来愈具有多样化和个性化的特点，导致企业的经营环境日益复杂且越来越不稳定，其变化不仅无法控制，而且越来越难以预测。为了满足个性化的需求，企业生产组织更具有弹性，这样，传统结构的弊端就日趋明显，如：各职能部门之间缺乏快速统一的沟通协调机制；森严的等级制度极大地压抑了员工的主创精神；信息沟通渠道过长，容易造成信息失真以及由不相容目标所导致的代理成本的增加；决策者无法对顾客的需求和市场的变化做出快速的反应。科层制组织导致了企业里严重的官僚主义，企业为之服务的顾客却被抛在一边，这些都严重制约了企业的进一步发展。而在知识经济和全球信息化环境下，企业的经营管理具有全球性、平等性、共享性、知识性、虚拟性、创造性、自主性的特征，企业间的竞争已进入无边界的竞争时代，在这种环境下，企业的竞争焦点集中于创新能力、反应速度、定制化产品、客户化服务,组织的管理速度成为决定胜负的一个关键砝码。

(二)组织设计的新变化

1. 团队基础的结构

围绕团队开展组织工作的方式越来越受欢迎。当管理者把团队作为联络协调的焦点时,就采用团队结构。团队结构的主要特色在于突破了部门间的障碍,使组织更趋水平化而非垂直化,并将决策制定的权力分散至团队中。团队结构下的员工还必须是通才和专才。在大型企业中,团队基础的组织结构通常对官僚制组织进行了补充,从而使大型公司能够同时获得标准官僚式的效率和团队基础的弹性。

2. 内部自治单位

内部自治单位完全继承了组织采用的金字塔结构,其主要特色是将组织分为许多不同的分权业务单位,每个业务单位都有自己的产品、客户、竞争者以及利润目标,且自己建立了一套市场导向的绩效估量方法、奖励制度、沟通渠道等,因此,可以按照独立公司的标准评估绩效。

3. 虚拟组织

虚拟组织又称网络组织,是一个小型核心组织,其将主要的企业职能外包。在结构上,它是非常集权化的,部门化程度很低甚至没有。虚拟组织的方式降低了官僚式带来的管理费用,因为它不必维持一个大型组织;也降低了长期风险和成本,因为根本没有所谓的长期存在,团队仅在工作中存在,完成工作后随即解散。

当大型组织使用虚拟结构的时候,它们通常通过虚拟结构来外包制造业务。这些虚拟结构创造出一种关系网络,这种关系能让它们将制造、产品分配、营销或企业的其他业务职能交给那些成本较低且做得更好的公司去执行。虚拟组织的主要优点在于它的灵活性;主要缺点在于管理者对于企业重要业务的控制能力可能降低。

4. 无边界组织

无边界组织消除了各组织部门之间的内部边界以及组织与外部环境相连的外部边界。它可以被看作网络结构和团队结构的复合体,并外加"临时性"。在内部关系中,自发的团队工作和沟通取代了正式的权力关系,使组织各成员相互分离的那种传统的和结构性的界限已经不存在了。在外部关系中,随着环境的变化而形成或拆散的外包合同和经营联盟适应了组织的需要。内部和外部边界的消失可以为组织带来较高的速度和灵活性。

无边界组织的关键要求是没有层次、对团队成员授权、利用技术和接受临时性。无边界组织形式的重点在于完成任务的能力,其假设的前提条件是经过授权的组织成员可以在无官僚主义限制的情况下合作完成一些很重要的事情。这样的工作环境可以激发创造性、提高工作质量和灵活性,同时,可以减少低效率现象并加快完成工作任务的速度。

(三)组织结构的创新

1. 外部边界虚拟化

价值链理论认为,在企业众多的价值活动中,并不是每一个环节都创造价值。企业所创造的价值,实际来自企业价值链上某些特定的价值活动,这些真正创造价值的经济活动,我们称之为企业价值链的"战略环节"。企业在竞争中的优势，尤其是能长期保持的优势，是企业在价值链某些特定战略环节的优势。在成长知识化、竞争多维化的现代社会，任何一个企业都不可能拥有价值链上所有环节的优势，也不可能在所有价值链环节都处于劣势。企业必须权衡价值链的每一个环节，并专注于核心能力以建立并保持竞争优势。为此，企业有必要通过各种形式使其外部边界虚拟化，以更好地利用或吸收外部的资源和能力，同时集中内部的资源和能力核心领域，以适应新形势的需求。企业常采用的外部虚拟化形式有业务外包、战略联盟等方法。

2. 业务经营分离化

近年来，许多企业采用业务经营分离化的方式来组织创新。实行分离化的组织结构可以增加公司自主权，减少管理层级，增强企业的应变能力，还可以使各公司之间通过市场途径平等地开展合作。

分离化的第一种形式是横向分离，即企业将一些有发展前途的产品分离出来，选派有技术、懂管理的人去经营，目的是将企业内某些部门的地位和责任加以提升，从而增强企业活力。企业组织结构与业务结构有着密切的联系。通过业务细分，便可实现组织单元的细分。分离化的第二种形式是纵向分离，即企业从事多种经营，且对同一种产品也进行上下游分离，从而保持组织的灵活性。这是一种从产品生产过程角度上化集中为分散的思路。一种产品的产生过程可以分为若干阶段，如果各个阶段都集中由某一组织单元承担，则该组织单元就会变得规模很大，包袱很重；如果将其拆分为若干个不同阶段，那么每个阶段按市场规律独立运作，那么这些阶段的成本就可能降低，发展速度也更快。

分离化是对传统企业经营思想的革新，其最大的好处是将企业内部的计划经济通过组织分离之后，由各单元之间的市场交易来代替，从而提高了整体的效率。

3. 组织结构柔性化

柔性化的组织结构可以对内部资源实现快速整合，缩短产品研制和生产出货的时间，对消费者的需求和竞争者的行为迅速地做出反应，从而在市场中抢占先机。

1）将组织的内部边界模糊化

组织结构柔性化，首先必须将内部边界模糊化，目的是获得快速反应能力，使得决策和执行更加顺畅。旧的垂直边界主要表现为由传统的组织结构所引起的等级森严的层级体系，组织的各层都界定了不同的地位、权威和权力的上下限，在权限分明的同时往往也造成了运作上以权力为唯一判断标准的官僚主义。旧的水平边界由于各职能部门都依据自身的进度表行事，往往会与其他部门发生矛盾和冲突，并且各部门往往会从其局部的立场来评价公司的政策，导致政策的制定通常是政治斗争和协调的结果，而不是根据公司长远发展需要而做出的反应。

为此，企业必须突破这种僵化的定位，职位让位于能力，以谁提出的建议更有价值为标准，只要是有利于企业发展的建议都应该受到重视和采纳。将垂直边界和水平边界模糊化，提高企业各级、各部门之间的可渗透性，使企业能凝聚所有员工的智慧，整合各种信息、资源和流程，从而得到更佳的决策和更好的执行。

2）从以纵向管理为主转变为以横向管理为主

为了摆脱过去上层负担过重的职能式结构，许多企业采用了横向型公司的做法。它具有如下特征：围绕工作流程而不是部门职能来建立结构；纵向的层级组织开始扁平化；采取责任升级的方式，将更多的管理任务委托到更低的层次；横向型公司的流程设计以顾客的需求为基础。

3）实施企业业务流程再造

业务流程再造是一个涉及业务流程再设计的跨职能的创新。它将导致组织结构、文化、信息技术同时变更，并在客户服务、质量、成本、速度等方面引起绩效的重大改善。业务流程再造改变了"分工越细、效率越高、经营效果越好"的传统观念，根据企业的工作流程（包括物流和信息流、资金流、业务流），利用信息技术，对企业组织结构和工作方法进行"彻底的、根本性的"重新设计。企业再造在本质上意味着采用全新的方式，抛弃所有有关现在如何工作的概念，着眼于如何重新设计工作以取得更好的绩效，其思想在于消除工作流程中的死角和时滞。成功的再造工作是顾客驱动的，例如，从顾客的视角审视工作流程，对那些在组织内部受到关注但实际却并不给顾客创造价值的工作过程进行裁剪、合并和重组，使组织的流程重新聚焦于关键目标和核心能力。

【经典案例3-6】

福特公司的应付账款系统流程重组

福特汽车公司应付账款部门可作为组织再造应用的典型范例。该部门沿袭自20世纪30年代以来的付款程序时，需雇用员工500多名。因为采购部门发出订购单至供应商时，会送一张订货单副本至应付账款部门，让供应商将货送达福特公司。收货后会填写收货单，再让人将副本送至应付账款部门。同时，供应商会寄一份发票给福特的应付账款相关部门。

故福特公司的应付账款部门的员工，大部分时间都是在核对订单、收货单、发票以及其他附件，以找出单据之间内容不符的地方。

福特公司后来重新设计了整个应付账款流程。新的程序中，当采购部门对供应商发出订购单时，同时会在电脑资料里输入订购资料；当货送达时，收货员则使用收货部门的终端机输入所收到的货品内容，并检查该资料是否与电脑资料库里的货品订购资料相符；如果相符，收货员则接收该笔货品并输入信息，告诉电脑该货品已到达，电脑则会自动传送一张支票至供应商处；若不相符，收货员则拒收该笔货物并将之退给供应商。

福特的应付账款制度下，收货员有付款同意权，因此，大部分的付款相关工作都被省略了，以往500多名应付账款部门员工已减为125名。组织再造甚至使福特公司其他单位的应付账款部门也缩减了95%的人力。

资料来源：罗宾斯. 今日管理学[M]. 贾毓玲，韩笑，冯丽君，译. 北京：中国人民大学出版社，2009.

三、组织文化创新

组织文化创新是指为了使组织的发展与环境相匹配，根据本身的性质和特点形成体现组织共同价值观的组织文化，并不断创新和发展的活动。组织文化创新的实质在于在组织文化建设中突破与组织经营管理实际脱节的僵化的文化理念和观点束缚，实现向贯穿于全部创新过程的新型经营管理方式的转变。

组织文化创新的思路有如下 6 个方面。

（1）明确组织目标，让人人皆知组织的发展方向。组织目标是企业观念形态的文化，具有组织的全部经营活动和各种文化行为的导向作用。组织目标反映着组织从现在起到未来某个时间点的大致战略走向和主要预期成效，并给人以鼓舞和信心。

（2）培养正确的组织价值观，使之成为组织内涵的代表。组织价值观是组织文化的核心，它影响着组织存在的意义和目的、组织各项规章制度的价值和作用、组织中人的各种行为和组织利益的关系，为组织的生存和发展提供基本的方向和行动指南，为组织员工形成共同的行为准则奠定了基础。

（3）树立具有感召力的组织精神。组织精神是组织文化的高度浓缩，是组织文化的灵魂。组织精神具有强大的凝聚力、感召力和约束力，是组织成员对组织的信任感、自豪感和荣誉感的集中体现，是组织在经营管理过程中占统治地位的思想观念、立场和精神支柱。

（4）制定具有人性化的、合理的组织制度。从组织文化建设角度看，必须把制度建设纳入组织文化建设中，变成一定的文化成果，如质量文化、经营文化、市场文化等。这些成果也需要以制度的形式巩固下来，这就使组织制度建设成为组织文化建设不可缺少的组成部分。

（5）重点建设组织形象，使之成为组织的可视性和可识性象征。组织形象是组织文化的可视性象征，是组织文化的载体。组织形象不仅由组织内在的各种因素决定，而且需要得到社会的广泛认同。

（6）适应时代要求，促进组织创新。利用优越的组织文化环境，吸引有创造力的精英人才。凭借组织文化、智力和其他优势，开辟新的经济增长点和新的竞争要素，掌握组织在市场竞争中的主动权。

四、组织理论创新

理论创新是指人们在社会实践活动中，对出现的新情况、新问题做新的理论分析和理性解答，对认识对象或实践对象的本质、规律和发展变化的趋势做新的解释和预见，对人类历史经验和现实经验做新的理论升华。简单地说，就是对原有理论体系或框架的新突破，对原有理论和方法的新修正、新发展，以及对理论禁区和未知领域的新探索。

（一）理论创新的地位

熊彼特首创的"创新"概念演变至今，其内涵不仅包含技术创新和制度创新，还包括理论创新。在这"三大创新"中，技术创新是基础与前提，制度创新是保证与关键，理论创新则是核心与灵魂。经济理论创新大体包括两大内容：一是经济理论表现出独到的创新特色；二是经济理论发挥出创新的作用。理论创新作为最高层次的创新，通过技术创新和制度创新的途径，使经济发展中的核心与灵魂作用得以充分体现和发挥。

理论创新是技术创新和制度创新的先导，理论创新不仅要具有勇于创新的思想意识，还要有科学的思想方法。只有坚持在继承中求创新，在综合中求创新，在实践中求创新，才能使理论创新既有坚实的基础，又能与时俱进。

（二）理论创新的分类

依据理论创新实现的不同方式，可以把理论创新分为五种，即原发性理论创新、阐释性理论创新、修正性理论创新、发掘性理论创新和方法性理论创新。

（1）原发性理论创新，是指原理、新理论体系或学派的架构与形成。

（2）阐释性理论创新，是指依据社会实践的需要，清除旁人附加给原有理论的错误解释，对其思想资料和原理进行梳理归纳，恢复理论本来的面目。

（3）修正性理论创新，是指在肯定和继承原有理论的基础上，根据实践的要求，对原有的理论体系和原理，做出新的补充和修改，做出新的论证和发挥。

（4）发掘性理论创新，是指前人已经提出的某些理论，由于各种原因被遗忘、掩埋和淡化了，根据时代的需要，把它重新凸显出来，使其重放光芒。

（5）方法性理论创新，是指从社会科学研究方法和学科体系角度，用新的原则、新的模式或新的视野，对社会实践问题做出新的解释，实现社会科学研究方法、思想的更新。

（三）理论创新的特点

理论创新与创新的理论是一个问题的两个方面，前者是行为过程，后者是形态结果，不能分离。因此，从作为形态的创新理论的本质属性来看，作为过程的理论创新具有三个方面的主要特点，即实践性、开放性和实用性。

（1）实践性，即理论创新源于实践又回到实践，由实践检验真理性和现实性，实践性原则既是理论现实性的体现，又是理论发挥作用的桥梁、中介和动力。

（2）开放性，即理论创新要成为时代精神的精华，必须广泛吸取前人和同时代人的思想成果，吸收各门具体科学的理论成就。

（3）实用性，即理论创新的有用性，不是"有用即真理"，而是指理论创新的科学价值性，它要求在理论创新研究中必须坚持历史尺度和价值尺度的辩证统一。

【☆思政专栏3-2】

中国民营企业的管理创新

中国的优秀民营企业并没有像50年前的丰田等日本公司那样，在综合质量管理、持续优化、准时生产等方面踏出一条全新的管理路径。它们教给其他企业的当下管理规则有响应能力（responsiveness）、随机应变（improvisation）、灵活性以及速度。中国企业面临的事实上是一个快速进化中的庞大生态系统：时而高速发展，时而发展放缓；既有大规模城市化进程，又有庞大的农村市场……处于这个生态系统中的企业必须奋力拼搏才能跟上节奏。在中国，大批创业者倒下，而幸存者则变成拥有资源且能灵活应变的强大竞争者。在这个时代里，只有快速适应、于混乱环境中找准方向、筛选人才时看重潜力而非经验，才能够获得全球性的竞争优势。

中国企业通常会保持过程和制造的紧密相连，一般二者并重。而在跨国公司，这两个职能之间的组织距离通常会比较远。中国企业倾向于通过正规的授权合作或是逆向工程来获取新技术，但是，它们会在公司内完成实验和生产所需的体力劳作。尽管过程与制造人才越来越贵，中国企业仍然倾向于雇用更多中层工程与制造人才。"富余"的工程设计和制造人员，却让中国企业拥有宝贵的实验调整能力，能够解决棘手难题。

中国商业的重中之重在于因时因地制宜。中国实际中成长起来的管理实践更为内部、垂直和本地化。回想亨利·福特、美国无线电公司（RCA）、标准石油（Standard Oil）时代，国家市场和专业管理在美国雏形初现——今日的中国在很多方面都像是那个时代的历史重现。如今美国跨国公司虽然有诸多机制来协调、整合和控制事业部，却要花费力气来保持精益和敏捷。管理的未来应该介于西方自上而下的改良与中国自下而上的成长之间。两者都有很多值得对方学习的地方。

资料来源：豪特，迈克尔. 中国式管理新路[J]. 哈佛商业评论（中文版），2014（9）：92-96.

本 章 小 结

对于作为一个系统的企业或其他社会组织来说，决策、组织、领导和控制职能是在现有环境状态和系统目标下，维持系统平衡的重要管理职能；而创新则是适应组织内外部环境条件的变化，打破系统原有平衡，创造系统新的目标、结构和功能状态，以实现新的系统平衡的管理职能。没有创新就没有发展。只有借助管理的创新职能，才能将决策、组织、领导、控制等职能推进到一个新的组织管理的均衡状态，从而使组织在更高层次上实现目标、结构与功能的有机整合，以创造性地适应环境变化，赢得竞争优势。如果说管理的各个职能有机联系，形成一个职能系统的话，那么，正是创新职能赋予了该系统以原动力，使它得以生生不息地运转起来。

本章主要介绍了创新的内涵、特征，以及创新职能的基本内容和创新的过程。重点从技术创新的源泉、技术创新的类型以及技术创新战略的类型选择揭示技术创新的主要内容，从组织的制度创新、结构创新、文化创新和理论创新分析组织创新的关键内容。

技术创新包括材料创新、产品创新、工艺创新、手段创新。材料创新不仅会带来产品制造技术的革命，而且会导致产品物质结构的调整；产品创新不仅使产品功能增加、完整或更趋完善，而且必然要求产品制造工艺进行改革；工艺创新不仅导致生产方法的更加成熟，而且必然要求生产过程中利用这些新的工艺方法的各种物质生产手段有所改进。反过来，机器设备的创新也会带来工作方法的调整或促进产品功能的更加完善，工艺或产品的创新也会对材料的种类、性能或质地提出更高的要求。

组织创新包括制度创新、结构创新、文化创新和理论创新。制度创新是改变原有的组织制度，根据市场经济和现代化大生产的要求，建立起产权清晰、权责明确、政企分开、管理科学的现代企业制度；结构创新通过外部边界虚拟化、业务经营分离化、组织结构柔性化等途径来实现；文化创新的实质在于在组织文化建设中突破与组织经营管理实际脱节的僵化的文化理念和观点束缚，实现向贯穿于全部创新过程的新型经营管理方式的转变；理论创新是技术创新和制度创新的先导，理论创新不仅要具有勇于创新的思想意识，还必须有科学的思想方法。只有坚持在继承中求创新，在综合中求创新，在实践中求创新，才能使理论创新既有坚实的基础，又能与时俱进。

复习思考题

1. 创新过程包括哪些阶段的工作？如何进行有效的创新？
2. 在熊彼特的创新理论中，何谓创新？创新包括哪些方面的内容？
3. 技术创新包括哪些方面的内容？其贡献是什么？
4. 技术创新的来源有哪些？
5. 创新战略有哪些不同类型？选择这些不同的战略类型时应该考虑哪些因素？
6. 组织创新主要包括哪些内容？
7. 如何开展组织文化创新？

自测练习题

案例分析题

第二篇 计划篇

第四章　决策
第五章　计划

第四章 决　　策

 **本章导读**

诺贝尔经济学奖得主西蒙曾说："管理就是决策。"

决策对管理者每一方面的工作的重要性无论怎么强调都不显得过分。不仅因为决策几乎渗透于管理活动的全过程，更由于决策正确与否是管理成败的关键。

关于决策的定义，可谓仁者见仁，智者见智。决策理论的发展大致经历了从古典决策理论到行为决策理论的变迁过程，完全理性和有限理性是两种理论的显著区别，有限理性假设更加贴近决策的现实环境。

依据不同的标准，我们可以将错综复杂、令人眼花缭乱的决策活动划分成若干种不同的类型。程序化决策和非程序化决策是决策中两种典型的类型。管理者所处层次不同，面对问题的种类也有差别，高层管理者通常所做的大多属于非程序化决策。

在漫长的管理实践中，人们发明了一系列的针对不同决策类型的决策方法。随着决策技术手段的不断进步，一些新的、定量化的决策方法大量涌现，特别是伴随着信息技术的发展和计算机的广泛应用，决策的精度正在进一步提高。在信息不完全和环境剧烈变化的今天，我们在了解和掌握各种决策方法和技术的同时，同样不能忽略良好的个人经验、直觉和判断在正确决策过程中的作用。

学习目标

知识目标：掌握决策的概念，理解决策在管理过程中的地位和作用；熟悉古典决策理论和行为决策理论的主要内容和基本观点；了解决策应遵循的原则，熟悉决策过程所包含的基本步骤；掌握并能够熟练运用各种类型决策的基本方法。

能力目标：综合分析资料的能力；判断事务价值的能力。

素质目标：适量信息意识；辨别是非的直觉；满意原则；决策艺术。

思政目标：决策的结果关乎个人得失、组织成效、事业成败以及社稷安危，每一个决策都要慎之又慎，绝非儿戏。培养学生的科学精神、严谨作风、务实态度和高度责任感。

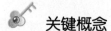 **关键概念**

决策（decision making）　　　　　　古典决策理论（classical decision theory）
行为决策理论（behavioral decision theory）　　程序化决策（programmed decision）
非程序化决策（non-programmed decisions）　　头脑风暴法（brainstorming）

德尔菲法（Delphi technique）　　　　　风险型决策（risky decision）

第一节　决策概述

一、决策的概念

决策（decision making）是管理者的中心任务，也是成功管理的关键。管理者在从事计划、组织、领导、控制等基本职能的过程中，都需要不断做出决策，以充分利用组织内部和外部环境所提供的机会和条件，规避风险和威胁，不断改善和提高组织绩效。管理者几乎每天都要做出大量的决策，因此，有些时候管理者通常又被称为决策者，尽管决策和管理并非同一个概念。由于许多管理者的决策制定活动具有例常性，即决策涉及的问题非常细小和琐碎，而且是重复发生的，这类决策往往很容易做出，甚至管理者自身并没有意识到自己是在进行决策活动，以至于大多数管理者对决策的有关理论和特性以及决策的科学程序和方法缺乏必要的了解，由此严重影响了决策质量和管理者决策水平的提高。

（一）决策的定义

关于决策定义，可谓见仁见智，说法至今不统一，许多专家学者从各自的角度提出了自己的见解。一个简明的定义："从两个以上的备选方案中选择一个的过程就是决策。"（杨洪兰，1996）此定义说明了科学的决策是一个正确选择的过程，并且强调必须有两个或者两个以上的备选方案。另一个较具体的定义："所谓决策，是指组织或个人为了实现某种目标而对未来一定时期内有关活动的方向、内容及方式的选择或调整过程。"（周三多，1999）此定义表明，决策的主体既可以是组织，也可以是组织中的个人；决策要解决的问题，既可以是组织或个人活动的选择，也可以是对活动的调整；决策选择或调整的对象，既可以是活动的方向和内容，也可以是在特定方向下某种活动的方式；决策涉及的时限，既可以是长期的，也可以是短期的。路易斯、古德曼和范特对决策的定义是："管理者识别并解决问题的过程，或者管理者利用机会的过程。"（Lewis, Goodman & Fandt, 1998）该定义着重强调了以下几点。第一，决策的主体是管理者，决策不仅是管理的一项职能，也是管理者的主要任务和职责。组织中大量的决策是由管理者做出的，是否负有决策责任也是区别管理者与非管理者的一个重要标志，虽然现代组织中越来越强调非管理人员对决策的参与，但通常情况下非管理人员的主要工作是操作性的。第二，决策的本质是一个过程，它包含一系列相互关联的步骤，尽管人们对决策过程的理解不尽相同。第三，决策的目的是解决问题或利用机会，也就是说，决策有时候是一个发现、确定并解决问题的过程，有时候是针对组织外部环境变化和组织内部资源运用过程中所产生的机会或威胁而采取行动，或者做出反应的过程。

我们认为，所谓决策，是管理者为实现一定的目标，在两个以上的备选方案中选择一个方案的分析判断过程。

(二) 决策的地位和作用

决策在管理活动中占据着非常重要的地位。美国卡内基梅隆大学教授、1978年度诺贝尔经济学奖得主西蒙认为"管理就是决策"这一论断使决策在管理中的地位和作用跃然而出,尽管我们不能就此从字面上把管理和决策两个概念等同起来,但是,很显然,西蒙之所以声称"管理就是决策",其目的和本意仍然是强调决策是管理的核心内容,决策贯穿于管理活动的全过程。

美国管理学教授斯蒂·罗宾斯指出:"决策对管理者每一方面工作的重要性是怎么强调也不过分的,因为决策几乎渗透于所有主要的管理职能中。"在管理的计划职能中,管理者要做出关于组织的长远目标和战略方面的决策,也要确定组织的中短期目标,以及实现这些目标的实施方案方面的决策;在管理的组织职能中,管理者要设计和选择合适的组织结构,确定恰当的管理跨度,并决定如何在集权与分权之间取得平衡;在人力资源管理中,管理者要制定出恰当的人力资源政策和计划,并就如何引人、用人和育人做出一系列的科学安排;在领导与激励职能中,管理者要决定在特定环境下采取什么样的领导方式更加有效,怎样的激励措施能够更好地调动人员积极性;在控制职能中,管理者要明确组织的哪些活动需要控制,控制的标准有哪些,以及如何才能实施有效的控制。

最后,从管理的实践来看,决策对于管理的重要性也是确定无疑的,许多正面的和反面的例子都已经证实,决策正确与否是管理成败的关键。对于实际管理者而言,一旦决策失误,尤其是一些重大战略性决策的失误,往往会导致全盘皆输的结局。国内外众多企业由盛到衰的过程,很大程度上从反面印证了科学决策在企业发展过程中的地位和作用。

【经典案例4-1】

"野马之父"

进入20世纪60年代后,以年轻人为代表的社会革新力量正式形成,它对美国社会、经济产生了难以估量的影响。李·艾柯卡认为,设计新车型时,应该把青年的需求放在第一位。而这一代人对车的要求与其父母大相径庭,他们想张扬自己的个性。在李·艾柯卡精心组织下,经过多次改进,1962年年底新车最后定型。它看起来像一部运动车,鼻子长、尾部短,满足了青年喜欢运动和刺激的心理。更重要的是,这种车的售价相当便宜,只有2500美元左右,一般青年都能买得起。他亲自出马,夜以继日地研制出一款专为年轻人设计的新车,并定名为"野马"(Mustang)。

第一年销售量竟高达41.9万辆,创下了全美汽车制造业的最高纪录。最开始的2年"野马"型新车为公司创纯利11亿美元,李·艾柯卡成了闻名遐迩的"野马之父"。后来"侯爵""美洲豹"和"马克3型"高级轿车型的推出,更是大获成功。

"野马"的问世和巨大成功显示了李·艾柯卡杰出的经营决策才能。

二、决策理论

(一) 古典决策理论

古典决策理论是基于"经济人"假设提出的,又称为经典决策模型(classical

decision-making model），主要流行于 20 世纪 50 年代以前。古典决策理论认为，决策者应该从经济的角度理性地看待决策问题，即决策的目的在于谋求组织利益的最大化。

古典决策理论（见图 4.1）的主要假设是，管理者一旦认识到他们的决策需要，他们能够做到如下方面内容。

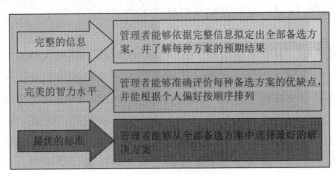

图 4.1　古典决策理论模型

（1）全面了解和掌握有关决策环境的情报信息。
（2）形成有关决策的全部备选方案。
（3）全面评价各种备选方案的优劣。
（4）依据评价结果及个人偏好程度对各种被选方案进行排序，从而做出最优决策。

古典决策理论假设，决策者能够掌握有关决策的全部信息，决策者是完全理性的，而且具备完全的智力水平，能够将全部的备选方案列举出来并有能力对各种备选方案进行有效处理，最终可以做出组织利益最大化的最优决策。

（二）行为决策理论

20 世纪 50 年代开始，古典决策理论由于其自身假设的不完善而受到激烈的挑战。詹姆斯·马奇（James March）和赫伯特·西蒙（Herbert Simon）不认同古典决策理论的基本假设，相反，他们认为，现实中的决策者通常并不拥有与决策有关的全部信息，即使可以得到全部信息，多数管理人员仍然缺乏足够的智力和心理技能来进行正确的吸收和评估。因此，马奇和西蒙发展出了行政管理决策模型（administrative model），用来解释为什么说决策是一种具有内在不确定性的、充满风险的过程，以及为什么管理者极少依据古典决策理论所描述的方式进行实际决策。其他学者对决策者行为做了进一步研究，他们发现，影响决策的不仅有经济因素，还有决策者的智力、心理以及行为特征，如态度、情感、经验和动机等。

行为决策理论的主要内容建立在以下关键概念上。

1．有限理性

人的理性是介于完全理性和非理性之间的，即人是有限理性的，也就是说，人类的决策能力受到认知的制约。人们在对信息进行理解、处理以及采取行动的过程中，是存在局限的。尤其是管理者身处高度不确定和极其复杂的决策环境中，其知识、能力和经验的局限难以使其对所谓的最佳决策进行确定。

2. 信息不充分

即使决策者拥有对信息进行评估的无限能力，他们仍然不能做出最优化的决策，因为他们拥有的是不充分的信息。信息之所以不充分，是因为在绝大多数情况下，决策的备选方案是不可尽知的，且已知方案的结果也是不确定的。换言之，信息不充分的原因在于风险与不确定性、模糊性信息、时间限制及信息成本的制约。

3. 满意原则

由于存在有限理性、未来不确定性、难以评估的风险、模糊性信息、时间限制、高信息成本等制约因素，行为决策理论认为，管理者通常不会试图寻找所有可能的方案。实际上，管理者通常采用一种被称为满意（satisfying）的标准，即仅从部分备选方案中进行选择。管理者寻找、选择的是可以接受的、令人满意的解决问题的方案，而不是力图做出所谓最佳决策。例如，一位公司的采购经理只向具有代表性的数目有限的供应商进行询问，并最后从中进行选择。这种做法虽然不能保证没有忽略掉最佳供应者，但这种行为对于那位采购经理来说仍然是合理的。相反，如果采购经理试图从所有可能的供应商中寻找最好的解决方案，即使能力可及，势必要花费大量的时间和金钱，最后可能得不偿失。

行为决策理论批评了把决策完全定量化和程式化的机械做法的片面性，主张把决策视为一种文化现象。例如，日裔美国学者威廉·大内（William Ouchi）在对美日两国企业在决策方面存在的差异进行比较的研究中发现，东西方文化的差异是导致这种决策差异的一个重要原因，从而开创了对决策的跨文化比较研究。马奇和西蒙也指出，决策更多体现为一门艺术而不是一门科学。在现实世界中，面对不确定性和模糊性，管理者有时必须依靠他们的直觉、行业经验以及自己的判断来做出看起来是最好的决策，以达到可以接受的、令人满意的结果。

除了马奇和西蒙的"有限理性"模式，林德布洛姆的"渐进决策"模式也对"完全理性"模式的古典决策理论提出了挑战。林德布洛姆认为，决策过程应该是一个渐进的过程，而不是跳跃式地表现为大起大落，否则会危及社会组织的稳定，引起组织结构、心理倾向和习惯等方面的震荡。因此，"按部就班、修修补补的渐进主义决策者，似乎不是一位叱咤风云的英雄人物，而实际上是一位能够清醒地认识到自己是在无边无际的宇宙进行搏斗的足智多谋的解决问题的决策者"。这说明，决策不能只遵守一种固定的程序，而应该具有较大的灵活性和变通性。

【专题拓展 4-1】

关于决策的标准

什么是有效的和正确的决策？其判断标准是什么？对于这个问题，有三种颇具代表性的观点。

第一种代表性观点由被誉为"科学管理之父"的泰勒提出，并被一些运筹学家和管理科学学派的人士们推崇为"最优标准"。在泰勒看来，任何一种管理工作都存在一种最佳工作方式。他认为，管理这门学问注定会具有更富于技术的性质。同时，他对技术的定义是："确切地知道别人干什么，并注意他们是否用最好、最经济的方法去干。"应该肯定，追求最佳决策是管理者一项非常优秀的心理品质，但由于主客观条件的限制，并不总是能达到这样的结果。管理既是科学，又是艺术，决策工作亦如此。

第二种代表性的观点是西蒙提出的"满意标准"。他对运筹学家们的"最优标准"提出了尖锐的批评，他指出："热衷于运筹学的人很容易低估这种方法的适用条件的严格性。这可能导致一种名为数学家失语症的病。病人将原始问题加以抽象直到数学难点和计算难点被抽象掉为止（即失去了全部真实的外观），并将这一简化了的新问题求解，然后假装认为这就是他一直想要解决的问题。"因此，西蒙提出了他的"满意标准"。

第三种代表性的观点是美国管理学家哈罗德·孔茨提出的"合理性标准"。所谓合理，他认为，首先，他们必须力图达到如无积极行动就不可能达到的某些目标。其次，他们必须对现有环境和限定条件下依据什么方针去达到目标有清楚的了解。再次，他们必须有情报资料的依据，并有能力根据所要达到的目标去分析和评价决策方案。最后，他们必须有以最好的办法解决问题的强烈愿望，并选出能最满意地达到目标的方案。孔茨认为，由于未来环境的不确定性，要做到完全合理是困难的，因此，主管人员必须确定的是有一定限度的合理性，是"有界合理性"。

第二节　决策的原则与程序

一、决策的原则

（一）决策的依据

如同其他管理活动一样，管理者进行决策活动也离不开信息的支持。就某种程度而言，管理者所拥有的信息的数量和质量，直接影响管理者的决策水平。管理者在决策之前以及在整个决策过程中，应该尽可能广泛地、多渠道地搜集相关信息作为决策的依据。

任何一个高明的管理者在做决策时，都会对信息搜集给予高度的重视，并且在决策之前努力搜集到足够的信息，否则就不进行任何决策。闻名世界的日本丰田公司就是这样决策的。在丰田公司，任何一项决策都不是在匆忙之中做出的，花费足够的时间和精力以求做出正确的决策是他们的一贯原则，而他们大多的时间和精力都花费在信息搜集和决策分析上，往往在经过冗长而彻底的信息搜集与决策分析之后，才最终做出决策。他们认为，决策的首要任务是发现并考虑所有的事实，这可以使决策的正确性得到最大程度的保障，因为一旦有较为重要的事实未被考虑到，很可能会在未来造成极大的麻烦，甚至不得不重新回到原点。

信息对于决策的重要性是毋庸置疑的，但这并不是说，管理者必须要等到所有信息都无一遗漏地搜集齐全了才能着手制定决策，事实上也没有人能够做到这一点。受时间、成本等各方面条件的限制，管理者不可能也没有必要试图去掌握所有的信息。因此，管理者应该紧紧围绕决策问题，决定搜集什么样的信息、搜集多少信息以及从何处搜集信息等，同时考虑信息的成本和收益，这实际上也是一个决策的过程。

总体而言，我们认为，适量的信息是决策的依据。缺乏信息或信息量不足，会导致管理者无法决策或者决策难以达到应有的效果。从这个意义上说,信息量大有助于决策质量的提高。相反,我们也可以看到,过量的信息对组织而言可能是不经济的,同时,受个人处理信息能力的局限,过量信息对管理者来说也是有害无益的。

(二) 决策的原则

决策所依据的是满意原则,而不是所谓的最优原则。对管理者而言,要使决策达到最优,需要同时具备以下条件:能够获得有关决策的所有信息;能够判断所有信息的价值所在,并据此拟定出所有可能的备选方案;能够准确预测每一种方案在未来的执行结果。

但是,现实的情形通常是上述条件不可能完全得到满足。首先,由于组织所处环境的复杂性和变动性,管理者很难搜集到反映这些情况及其变化的全部信息。其次,对于搜集到的有限信息,受管理者自身处理和利用信息的能力的局限,他们往往也只能拟定出数量有限的方案而不是全部可能的方案。最后,由于任何方案在未来实施的过程中,都要受到各种不确定因素的影响和干扰,其实施结果并非完全可以控制。因此,现实中的管理者在有限理性的前提下,通常难以做出最优决策,只能遵循满意原则做出相对满意的决策。

二、决策的程序

(一) 识别问题或机会

制定决策的第一步是认识决策的需要,因此,决策过程开始于一个存在的问题,或者是为了利用一个潜在的机会。由于问题的存在或者机会的出现,导致目标与现实之间产生差异,或者产生差异的潜在风险,由此需要管理者采取特定的行动。比如,一家公司的销售经理发现销售额有所下降,或者采购经理发现采购成本正在上升,都有可能迫使他们去分析问题产生的原因,并有可能导致他们采取进一步的行动。

识别问题的困难在于,很多现实管理中的问题并不是显而易见的,有时候问题本身并不明显,导致问题产生的原因也可能是错综复杂的。由于问题的识别通常带有很强的主观性,同一种状态下,有的经理人员可能认为是个"问题",而另一个经理人员则可能认为是一种"满意状态"。美国管理学家斯蒂芬·P. 罗宾斯(Stephen P. Robbins)认为,那些不正确地、完美地解决了错误问题的管理者,与那些不能识别正确问题而没有采取行动的管理者做得一样差。所以,我们认为,识别问题或者发现机会,对于管理者做出有效决策而言,既非常重要也相当困难。

一些因素通常会激发管理者对于决策需求的认识。比如,当组织外部环境发生变化而导致机会或威胁产生时,或者当组织内部拥有大量的技术、能力和资源时,为了积极有效地利用这些能力和资源,管理者往往会创造出决策的需求。管理者在认识决策需求的过程中,识别问题或发现机会可能是主动的也可能是被动的,但最重要的是,他们必须能够认识到决策的需要,并及时、正确地采取恰当的行动。

(二) 拟定备选方案

一旦问题或机会被正确地识别出来,管理者必须着手拟订出有针对性的备选行动方案,为了更好地达到解决问题或充分利用机会的目的，需要设计出尽可能多的备选方案以供评价和筛选。如果备选方案只有一个便谈不上选择，也就无所谓决策了。管理专家们认为，没有推出不同的备选方案并对它们进行比较分析，是管理者做出错误决策的重要原因之一。值得一提的是，受到时间、信息成本以及管理者自身信息处理能力的限制，备选方案的数量也并非越多越好。

备选方案既可以是标准化和常规性的，也可以是独特的和富有创造性的。那些标准化的和常规性的方案可以借助于过去的做法或者管理者自己的经验。主要的问题是，由于管理者自身经验、经历以及个人固有的心智模式的局限性，往往很难对特定问题提出具有创造性的解决方案。要形成具有创造性的解决问题或利用机会的方案，要求管理者彻底放弃固有的思想观念，转而使用一种全新的思维方式，这对于管理者而言无疑是一项巨大的挑战。美国学者彼得·圣吉（Peter Senge）在其著作《第五项修炼——学习组织的艺术与实践》中提出了许多建设性的忠告和意见，以及对激发管理者创造性解决问题的思维开发出了很多深受欢迎的技术。此外，管理者在试图设计出具有创造性方案的过程中，要善于听取他人的建议和意见，利用群体的智慧，通过头脑风暴法、名义群体技术和德尔菲技术等也可以得到独特的富有创造性的方案。相关内容我们将在本书的其他章节中予以讨论。

（三）评价备选方案

管理者获得了一组可行的备选方案后，必须对每一个备选方案的优点和缺点进行比较评价。因此，管理者必须具备评价各种备选方案的价值，也就是识别每一种备选方案的优点和缺点的能力。一些较差的管理决策产生的原因，可以追溯到对备选方案不良的和错误的评价。

要保证对备选方案进行正确的评价，最重要的是要能够确定出与决策相关的关键标准或标准组合。确定这样一个用来评价备选方案的标准或标准组合并非一件容易的工作。西方学者认为，通常有四个基本标准可以用来对备选方案进行正反两个方面的评价，它们是合法性、合乎伦理道德、经济可行性和实用性。当然，很多时候，管理者需要搜集更多补充信息，以保证评价的正确性。

（四）选择方案

在完成了对备选方案的全面评价之后，接下来的一项任务是对各个备选方案进行排序，并从中做出选择。选择一个方案看起来并不复杂，但实际上并非如此。要做出正确的选择，管理者必须确保将所有可能得到的信息都纳入考虑的范围，特别是要避免对已经掌握的关键信息的忽视。

（五）实施方案

在选择出相对最佳方案后，就需要将方案予以实施，如果一项好的方案得不到恰当的实施，仍可能导致决策失败。作为管理者，必须清醒地认识到，方案的有效实施需要足够数量和种类的资源作为保障。这些资源或者是组织内部所拥有的，管理者必须设法将这些资源调动起来并加以合理利用；或者是从组织外部可以获取的，管理者必须考虑获取这些外部资源的途径以及经济性。

由于决策的实施过程实际上就是将决策传递给相关人员,并得到他们行动的承诺,因此,赢得相关人员的支持是一项决策能够成功实施的关键。在决策实施过程中,如何协调和处理各方面的责、权、利关系,是保障决策顺利实施以及调动每一个参与实施的人员积极性的基础。此外,如果决策的实施者参与了决策的制定过程,那么他们更有可能为决策的有效实施做出积极的贡献。

(六) 评价与反馈

决策制定过程的最后一个步骤是评价决策效果,主要是看决策是否真正有效地解决了问题,或者实现了预先的期望。评价的问题主要包括:有没有正确地识别问题或机会;备选方案设计是否合理;方案评价是否失当;方案选择和实施是否正确。对问题的挖掘可能驱使管理者追溯到决策前面的任何一个步骤,甚至可能需要重新开始整个决策过程。

评价决策效果实际上是从反馈中进行学习。高效的管理者总是会对以前的经验和教训进行回顾和反思,通过对决策结果进行分析总结,能够帮助管理者不断提高决策能力;相反,则会停滞不前。为了避免发生这种情况,管理者需要建立一种从过去决策结果中进行学习的正式程序。

【☆思政专栏4-1】

决策视角的中国改革开放政策

改革开放是1978年12月十一届三中全会提出并开始实行的重大决策。改革,即对内改革,是在坚持社会主义制度的前提下,自觉地调整和改革生产关系同生产力、上层建筑同经济基础之间不相适应的方面和环节,促进生产力的发展和各项事业的全面进步,更好地实现广大人民群众的根本利益。开放,主要指对外开放,在广泛意义上还包括对内开放,是加快我国现代化建设的必然选择,符合当今时代的特征和世界发展的大趋势,是必须长期坚持的一项基本国策。

对内改革决策先导:先从中国农村开始,1978年11月,安徽省凤阳县小岗村实行"分田到户,自负盈亏"的家庭联产承包责任制(大包干),拉开了中国对内改革的大幕。在城市,国有企业的自主经营权得到了明显改善。

对外开放决策先导:1979年7月15日,中央正式批准广东、福建两省在对外经济活动中实行特殊政策、灵活措施,迈开了改革开放的历史性脚步,对外开放成为中国的一项基本国策和强国之路,也是社会主义事业发展的强大动力。

在改革开放的决策引导下,1979年设立经济特区,1982年确立家庭联产承包责任制,1984年提出有计划的商品经济,1986年启动全民所有制企业改革,1987年提出"一个中心、两个基本点"基本路线,1988年提出"科学技术是第一生产力",1992年确立社会主义市场经济体制改革目标,1993年建立现代企业制度与进行财税体制改革,1994年进行外贸体制综合配套改革,1992年与1994年相继施行医疗与住房市场化改革,1995年提出"两个根本性转变"目标(一是经济体制从传统的计划经济体制向社会主义市场经济体制转变,二是经济增长方式从粗放型向集约型转变),1996年外汇管理体制改革取得重大进展(实行人民币经常项目下的可兑换），1997年十五大提出党在社会主义初级阶段的基本纲领，1999年明确非公有制经济是社会主义市场经济的重要组成部分和提出西部大开发战略，2001年中国正式成为世贸组织成员，2002年十六大确定全面建设小康社会的奋斗目标，2003年提出振兴东北地区等老工业基地战略，2004年颁布推进资本市场发展的"国九条"，2005年废止农业税条例，等等，成就斐然。

通过改革开放，中国实现了三个伟大的转折：一是从高度集中的计划经济体制向充满生机和活力的社会主义市场经济体制转变；二是从封闭半封闭的社会向全面开放的社会转变；三是人民的生活从温饱转向基本小康的转变。如果没有改革开放就不可能实现三个伟大转变，因此，改革开放是当代中国命运的关键抉择。

在中国特色社会主义现代化进程中，改革有两个明显的特点。一是在党领导下实行，目的是完善社会主义。每次重大改革的决策，都是中央通过决定做出的，说明党是主动地推进改革。二是改革开放的决策是一个渐进过程，面临许多不确定性和风险，经过逐步地调整完善，不断深化。

改革开放的实质是解放和发展社会生产力，提高综合国力，进一步解放人民思想，建设有中国特色的社会主义。其决策意义体现为：是中国共产党在社会主义初级阶段基本路线的两个基本点之一，是强国之路，是党和国家发展进步的活力源泉；实践证明改革开放决策使中国发生了巨大的变化，是中国走向富强的必经之路。

改革开放大格局中的各个分支决策类型多样、方法不一，需要管理者具备较高的素养与智慧，科学决策。

资料来源：改革开放[EB/OL]. https://baike.baidu.com/item/%E6%94%B9%E9%9D%A9%E5%BC%80%E6%94%BE/886098.

第三节　决策的类型与方法

一、决策类型

决策活动所涉及的问题千差万别，但是我们可以依据特定的标准，将决策分为不同的类型。了解各种不同类型的决策可能具有的共同点，有助于管理者把握决策活动的规律性，从而提高决策的效率和效果。

（一）*程序化决策与非程序化决策*

一种观点认为，不论管理者所做出的具体决策是什么，决策过程要么是程序化的，要么是非程序化的。

1. 程序化决策

在管理者所面对的诸多问题中，有一类问题是直观的，也就是说，这类问题对管理者而言是熟悉的，与问题相关的信息是易确定和相对较完整的。比如，公司里一位适龄妇女需要休产假，一位顾客想向零售商店退货，或者办公室管理人员需要采购日常的办公用品等，这些情况通常被称为结构良好问题（well-structured problems）。与这类问题相关的决策通常称为程序化决策（programmed decision），即一种能够运用例行方法解决的重复性决策。

程序化决策由于是例行性的和重复性的，并且在某种程度上存在解决问题的确定方法，因此，管理者不需要设法去建立一个复杂的决策过程。在多数情况下，程序化决策变成了一种依据先例的、自动的决策过程。由于管理者经常要做这类决策，因此，他们可以通过制定相应的政策、程序或规则来指导所有的程序化决策行为。

政策（policy）可以使管理者沿着一定的方向考虑问题，虽然政策本身并没有告诉管理者具体要做什么和怎么做，但它为管理者设立了处理问题的相应参数及范围。例如，公司的用人政策规定要聘用的人员的基本标准，这样就把那些不符合标准的人员排除在管理者考虑的范围之外。

程序（procedure）是管理者可以用来处理结构良好问题的一系列相互关联的步骤。一旦问题确定，决策仅仅是执行事先拟定好的简单的步骤。

规则（rule）是一种清晰的陈述，它告诉管理者什么是可以做的，什么是不可以做的。管理者在面对常规性的问题时，经常使用规则，因为它易于遵循而且能够做到前后一致。例如，关于劳动纪律的相关规则，能够使纪律监督人员迅速而准确地做出相关惩罚决定。

2. 非程序化决策

管理者，尤其是高层管理者面临的许多问题都是结构不良问题（ill-structured problems），这类问题对管理者而言，通常是新的、不常发生的一些重大的问题，与问题有关的信息是模糊的和不完整的。如投资一个新的领域，开发一种全新的产品或技术。管理者在处理这些结构不良问题时，必须做出非程序化决策。

非程序化决策（non-programmed decisions）通常指那种独一无二的、不重复发生且无先例可循的决策。在现实中，管理者面对新的问题或机会需要采取行动时，他们对某一行动是否会带来预期的结果并不确定，甚至在更模糊的情况下，管理者对于其希望实现的目标也不甚明了，在此情形下，不可能形成处理相关问题的程序和规则。在无规则可遵循的非程序化决策过程中，管理者必须尽可能搜集相关信息，并借助个人的直觉和判断从各种备选方案中做出选择。与程序化决策相比，非程序化决策对于管理者而言是一项更大的挑战，发生错误的概率也要大得多。

研究显示，问题类型、组织层次与决策类型三者之间存在一定的关联性（见图 4.2）。结构良好问题与程序化决策相对应，结构不良问题与非程序化决策相对应。基层管理者主要处理熟悉的、重复发生的问题，因此，他们主要进行程序化决策。而越是高层管理者，他们所面临的问题越可能是结构不良问题，他们所做的决策也大多属于非程序化决策。

图 4.2　问题类型、组织层次与决策类型的关系

需要说明的是，在现实的管理活动中，完全程序化或完全非程序化决策是极少出现的两个极端，绝大多数决策介于两者之间。因此，比较客观的做法是将决策视作做程序化为主还是非程序化为主。最后需要指出，如果可能，管理决策都应该程序化，因为程序化决策使管理者需要斟酌决定的范围减至最小，这有利于降低决策失误的可能性，并可以降低决策的成本支出，从而大大提高组织的决策效率。

（二）确定型决策、风险型决策与非确定型决策

决策过程中非常具有挑战性的任务之一，是要求管理者通过各种备选方案及其可能导致的结果进行评价分析，最后从中选择一个满意的方案。依据决策方案、自然状态及结果的不同，决策可以分为确定型决策、风险型决策和非确定型决策。

1. 确定型决策

制定决策最理想的状态是具有确定性，即无论这个决策存在多少种备选方案，每一种备选方案都只有一种确定无疑的结果，这种具有确定性结果的决策就称为确定型决策。这类决策相对比较容易，只需推算出各种备选方案的结果并加以比较，就可以判断方案的优劣，从而做出正确的选择。然而，这是一种理想化的情形，现实中这种情形很少出现。

2. 风险型决策

风险型决策更接近现实的情况。所谓风险型决策，是指每一个决策方案有若干种可能的结果，每一种结果出现的概率可以预先做出估计。概率的估计可能基于个人的经验与判断，也可能基于拥有指导估计不同方案概率的历史数据。

3. 非确定型决策

如果决策问题所涉及的条件中有些是未知的，每一种方案可能的自然状态以及概率也无法估计，那么这类决策通常称为非确定型决策。非确定型决策中的管理者面对的是一种高度不稳定的决策环境，决策者对各种备选方案的结果也难以确切估计，因此，除了尽可能多地搜集相关信息，管理者通常需要借助自己的直觉、经验和判断能力。决策的选择受管理者心理导向的影响也较明显。

（三）经验决策与科学决策

1. 经验决策

经验决策是指管理者主要依靠过去的经验和对未来的直觉进行决策。这种情形下，管理者的主观判断和个人价值观及心理因素对决策质量的影响较大。因此，经验决策中感性的成分较多，理性的成分相对较少。随着管理环境及管理者所面对的问题越来越复杂和多变，经验决策的局限性也越来越大，决策失误的风险也越来越高，因此，科学决策日益受到人们的重视。但在许多时候，由于无法获得足够的信息，经验决策仍然起着重要作用。

2. 科学决策

科学决策是指决策者依据科学的理论，运用科学的方法和程序进行决策。科学决策是在调查分析的基础上，经过识别问题或机会、拟定备选方案、评价备选方案、选择方案、实施方案并进行反馈调整等各个阶段的完整过程。在整个决策过程中，决策者使用现代决策技术，如运筹学、结构分析等，有时还借助现代决策工具，如电子数据处理系统、管理

信息系统、决策支持系统、人工智能等。

【专题拓展 4-2】

决策：直觉的作用

当订书机制造商 Swingline I 的管理者看到公司的市场份额在减少时，使用了逻辑科学方法来解决这个问题。他们在决定开发何种新产品之前，用三年时间彻底研究了订书机使用者。然而，Accentra 公司的创始人托德·摩西（Todd Moses）用了一个更具直觉性的决策方法带来了独特的 PerperPro 订书机生产线。

像托德·摩西一样，管理者常常使用他们的直觉帮助决策。直觉决策（intuitive decision making）是什么？直觉决策是基于经验、感受和积累的判断力做出决策。研究管理者使用直觉决策的学者确认了直觉的五个不同方面：基于经验、情绪触发、基于认知、潜意识心理过程以及基于价值观和伦理。直觉决策有多普遍？一项调查发现，几乎半数受访的总经理"相比正式的分析，更常使用直觉来经营公司"。

直觉决策可以补充理性决策和有限理性决策。首先，对同种问题或情况有经验的管理者常常可以在过去经验的帮助下，对有限的信息做出快速的反应。同时，最近的一项研究发现，在决策时体验到强烈感受和情绪的人实际上会获得更高的决策绩效，尤其当他理解自己做出决策时的感受时。管理者应该在决策时忽略情绪的古老说法可能不是最佳的建议。

资料来源：罗宾斯，库尔特. 管理学（第 13 版）[M]. 刘刚，程熙镕，梁晗，等译. 北京：中国人民大学出版社，2017：43.

（四）个人决策与群体决策

组织中决策的制定者可能是单独的个人，也可能是组成群体的某个组织机构，如各种形式的小组或委员会。决策过程中一些主要环节的工作既可以由一个人单独完成，也可以由各种形式的工作小组集体完成。前一种情形称为个人决策，后一种情形称为群体决策。个人决策和群体决策各有优点，同时也都具有一定的局限性，几乎没有任何一个组织的所有决策都是由个人或者群体做出的。

现代组织中的大多数决策通常由群体而不是个人单独做出。在正式组织中，由一个人独自完成决策制定的全部过程的情况更非常罕见。研究表明，群体决策在一些方面要优于个人决策。这也许可以解释为什么管理者 40%甚至更多的时间花费在各种会议上。毫无疑问，大部分的会议时间都是用于确定问题、寻找解决问题的方案以及如何实施方案等与决策相关的问题。当管理者们组成相关团队进行群体决策时，可以获得更多数量和种类的信息，他们可以利用群体成员各自拥有的技术、知识和能力，设计出比个人制定决策时更多的具有创造性的多样化的方案。当决策是由群体而非个人做出的时候，决策成功实施的可能性将会明显增加。因为更多的人参与了决策的讨论和制定过程，这些参与决策制定过程的人更容易接受，并有可能鼓励更多的人接受这个决策，从而降低了决策失败的风险。此外，随着民主意识的不断增强，群体决策往往被认为更具合法性，因为它更像是通过民主协商的结果。

【决策故事 4-1】

林肯的"独断"

美国总统林肯在上任后不久,有一次将六个幕僚召集在一起开会。林肯提出了一个重要法案,而幕僚们的看法并不统一,于是七个人便热烈地争论起来。林肯在仔细听取其他六个人的意见后,仍感到自己是正确的。在最后决策的时候,六个幕僚一致反对林肯的意见,但林肯仍固执己见,他说:"虽然只有我一个人赞成但我仍要宣布,这个法案通过了。"

表面上看,林肯这种忽视多数人意见的做法似乎过于独断专行。其实,林肯已经仔细地了解了其他六个人的看法并经过深思熟虑,认定自己的方案最为合理。而其他六个人持反对意见只是一个条件反射,有的人甚至是人云亦云,根本就没有认真考虑过这个方案。既然如此,自然应该力排众议、坚持己见。因为所谓讨论,无非就是从各种不同的意见中选择一个最合理的。既然自己是对的,那还有什么可犹豫的呢?

在企业中经常会遇到这种情况:新的意见和想法一经提出,必定会有反对者。其中,有对新意见不甚了解的人,也有为反对而反对的人。一片反对声中,领导者陷于孤立之境。这种时候,领导者不要害怕孤立。对于不了解的人,要怀着热忱,耐心地向他说明道理,使反对者变成赞成者;对于为反对而反对的人,任你怎么说,恐怕他们也不会接受,那么,就干脆不要寄希望于他们的赞同。

重要的是你的提议和决策是对的,只要真理在握,就应坚决地贯彻下去。

决断,是不能由多数人来做出的。多数人的意见是要听的,但做出决断的只能是一个人。

群体决策虽然被普遍认为具有上述优点,但它并非是完美无缺的。群体决策几乎毫无例外的要比个人决策消耗更多的时间,因为让具有不同利益和偏好的人对一个问题达成一致是非常困难的,因此,群体决策的效率通常低于个人决策。由于群体决策中的成员往往要屈从于社会压力,这会导致所谓的群体思维(groupthink)。群体思维是一种屈从的形式,它通过对不同的观点、少数派以及标新立异的思想的抑制来达到表面一致的目的。群体思维会严重削弱群体中的批判和创造精神,最终可能是通过折中的方式做出决策,从而大大降低决策的质量。最后,群体决策还可能出现少数人控制和责任不清等问题。

【专题拓展 4-3】

群体思维的危险

群体思维是指集体成员为了达成一致,以对决策相关信息不做准确评价为代价,从而导致决策有缺陷的现象。当管理者们陷于群体思维的时候,他们会绕过适当标准对备选方案进行评估,从而形成不适当的行动方案。通常情况下,群体成员会围绕着像 CEO 这样一个权威人物,形成一个权威人物所倾向的决策方案。群体成员对方案的盲从是出于对该方案感性的而不是理性的评价。

克服群体思维的两种常用的方法是魔鬼的争辩和辨证的质询。所谓魔鬼的争辩(devil's advocacy),是对选择出的决策方案进行的一种关键分析,目的是在实施之前明确其优点和不足。通常由群体中的一员扮演魔鬼争辩的角色,目的是确定所有可能导致决策方案最终不可接受的理由，从而使管理者能够认识到所选择的方案可能存在的危险之处。

辨证的质询（dialectical inquiry）则更进一步，它针对一个决策问题安排两组管理者，每一组都要对决策的备选方案进行评价，并从中选择一个方案。高层决策者听取每一组成员对其选择的方案进行说明，同时对另一组成员选择的方案进行批评。在这样一个争论的过程中，高层管理者对每个小组的观点提出质疑，发现潜在问题和风险，以达到寻找更好方案之目的。

二、决策方法

伴随着现代决策技术的不断发展，决策方法也日趋多样化，特别是计算机的广泛应用为决策的精确化提供了强大的技术支持，在传统的决策方法基础上，发展出了与计算机和网络技术相联系的一系列现代决策技术和方法。下面我们将分类介绍几种常用的决策方法。

（一）定性决策方法

定性决策是一种较早出现的决策方法，这种决策方法更多地依靠决策者的直觉、经验和主观判断。随着现代决策技术和手段的不断完善，强调精确性的定量决策方法越来越受到人们的推崇，但传统的定性决策方法并没有像人们设想的那样退出决策领域。由于受到决策环境的复杂性和信息非完全性等因素的综合影响，仍然存在大量的决策难以模型化和定量化的困难，因此，管理者不得不经常采用定性的方法做出决策。

1. 头脑风暴法

头脑风暴法（brainstorming）是一种集体决策方法，其特点是针对需要解决的问题，相关专家聚集在一起，在一种宽松的氛围中敞开思路、畅所欲言，以利于形成多样化的决策思路和方案。

头脑风暴法的创始人是英国心理学家亚历克斯·奥斯本（A. F. Osborn）。该决策方法强调以下四个基本原则。

（1）各自发表自己的意见，任何人不得对他人的建议发表评论或提出批评。

（2）建议越多越好，而各种建议不必是深思熟虑的。

（3）鼓励独立思考和奇思妙想。

（4）所有的建议都当场记录下来，留待稍后通过进一步讨论和分析加以补充和完善。

研究者认为，由于运用这种方法可以促使参与决策的每一个个体受到来自于其他人提出的意见的刺激和启发，激起发散性思维，结果可以用同样的时间创造出两倍于个人独立思考时的意见数量。特别是当这种方法运用在拟订备选方案这一决策阶段时，可以获得大量新颖的方案和设想。

另一些研究者所做的心理实验不支持这样的结论。例如，美国心理学家邓尼特（M. D. Dunnette）于1963年以科研人员和设计师为对象，分别让他们在独立思考和以四人为一组采用头脑风暴法的两种情形下，对两个问题提供解决办法。结果发现，独立思考较群体思考提出的意见更多、更有创造性。究其原因，研究者认为，在群体中采用头脑风暴法时，个人常常因为关注他人的意见，或者自己发表意见的机会被剥夺，思维经常因受到干扰而中断，由此限制了新思想的产生。

还有一些研究者根据各自的实验结果认为，在群体中采用头脑风暴法具有预热效应（warm-up effect），即由于受交流氛围及相互启发的影响，会使个体对本来不太关注的问题产生兴趣，并把群体的创造行为视作一种社会规范迫使自己主动思考，从而起到创造性思维的准备作用。一般认为，在解决问题的初期使用这一方法，而后再引导人们深入地独立思考，就会使社会助长作用发挥出远期的效果。

总之，头脑风暴法至今仍然是一种被广泛运用于群体决策中的有效方法。其潜在效益能够发挥到什么程度，以及最终的效果如何，一项非常重要的条件是，群体决策的领导人应该具有较强的领导水平。作为群体决策的领导者，应该具有创造一种鼓励群体成员做出充分贡献的环境的才能。一方面，领导人应该鼓励和引导群体成员充分讨论，以利于形成高质量的、具有创造性的方案；另一方面，他还必须勇于承担决策的责任和风险，而不是滥用民主，把责任推卸给大家。

由此我们可以看出，头脑风暴法实际上仅是一个产生思想的过程，其最大的特点在于鼓励创新思维。接下来的两种方法则进一步提供了获得期望决策的途径。

2．名义群体法

名义群体法（nominal group technique）又称名义群体技术，是一种"限制性"讨论的群体决策方法。在群体决策的过程中，如果群体成员对问题的性质了解程度存在较大差异，或彼此的意见有较大分歧，直接用小组会议的方式进行面对面的讨论，可能争执不下，也可能会附和权威人士的意见，难以形成高质量的决策。在这种情况下，可以采取名义群体法进行决策。名义群体法要求参与决策的所有小组成员都必须参加会议，但他们的思考是独立的。具体来说，应遵循以下步骤。

（1）针对特定的问题，将对此问题有研究或有经验的人员组成一个决策小组，并事先向他们提供与决策问题有关的信息资料。

（2）小组成员在各自独立思考的基础上提出决策建议，并将自己的建议或方案写成文字材料。

（3）每个成员在小组会议上宣读自己的建议或方案，在所有成员的想法都表达完并被记录下来之前，不进行任何形式的讨论。

（4）接下来群体成员开始进行讨论，以便将每一种想法或方案都搞清楚，并做出评价。

（5）每个成员独立地对所有意见或方案进行排序，最终方案的选择依据综合排序最高的结果。

这种决策方法的优点是，在不限制小组成员独立思考的前提下进行会议交流，克服了传统会议的某些缺陷和弊端。

3．德尔菲法

德尔菲法（Delphi technique）是一种更耗时、更复杂的群体决策方法。它最初是由兰德公司提出的，用于听取专家对某一问题的意见。除了不需要群体成员出席集体会议以外，它非常类似于名义群体法。其基本步骤如下。

（1）根据特定的问题，选择并确定一组具有相关经验的专家名单。

（2）针对问题仔细设计调查问卷，将问卷分发给所有专家，并要求每一个专家独立地、以匿名的方式完成问卷。

（3）收回问卷并对问卷的结果进行编辑和汇总，将第一轮问卷的结果反馈给所有专家，以激发他们的创意或促使他们调整和改变原有的看法。

（4）再次请求专家提出新一轮的意见或方案，并重复前面的步骤直至第三轮、第四轮甚至更多，直到获得相对一致的意见。

除非特殊情况，德尔菲法不进行专家会议讨论，这样做的目的是通过专家背对背方式防止成员之间过度的相互影响，而且在一定程度上节省召集会议的成本。当然，这种方法的缺陷是过于消耗时间，而且能否设计出高质量的问卷也是取得良好决策效果的重要条件。

4．在线会议法

在线会议法（online meeting method）属于一种群体决策方法，它是将群体法与信息技术结合起来的一种方法。在线会议也称为网络会议或远程协同办公，用户利用互联网实现不同地点多个用户的数据共享，通过在线会议来实现在线销售、远程客户支持、IT技术支持、远程培训、在线市场活动等多项用途。

参与会议的所有人拥有一个终端，通过终端显示给所有参会者，每一个成员平等发表意见，个人意见和评论以及票数统计结果都可以适时显示。在线会议法为参会人员提供了极大的方便，提高了工作效率，并有助于降低成本。参会者无须舟车劳顿，在自己的办公地即可远程办公。同时，根据决策问题的难易程度确定会议的时间，给决策参与者较大的时空便利。在线会议法的缺点是不利于棘手的需要面对面多次交换意见的决策问题。

腾讯会议、钉钉会议是现在用得比较多的办公会议软件。可以预见，随着信息技术的日新月异，以及各种外在环境的变化，在线会议法在管理决策中将得到越来越广泛的运用。

（二）定量决策方法

随着信息技术的发展和计算机应用的普及，特别是各种定量分析软件和工具的使用和推广，定量决策方法逐步从专业咨询机构扩展到企业、政府和其他实际应用部门。详细介绍这些方法超出了本课程的承载范围，它们是应用统计学和运筹学等课程的任务。下面我们将对一些典型的定量决策方法做简要介绍。

1．确定型决策方法

正如前文所述，确定型决策是一种最理想决策状态，即无论这个决策存在多少种备选方案，每一种备选方案都只有一种确定无疑的结果。确定型决策所涉及问题的相关因素是确定的，决策模型所设定的各种参数也是确定的，因此，确定型决策的求解相对比较容易。虽然完全确定的决策在实际中是不存在的，但如果主要因素或者关键因素是确定的，我们可以暂时忽略那些次要的或非关键性因素的不确定的方面，将问题简化成确定型决策问题加以解决。

确定型决策的具体方法繁多，比如，量、本、利分析法，内部投资回收率法，价值分析法等。以下我们主要介绍比较常用的量、本、利分析法。

量、本、利分析也叫保本分析或盈亏平衡分析，是通过分析生产成本、销售利润和产品数量三者之间的关系，掌握盈亏变化的规律，从而指导企业能够以最小的成本生产出最多的产品，并获得利润最大化的经营方案。

企业利润是销售收入扣除生产成本后的剩余。其中，销售收入是销售数量及其销售价格的函数，生产成本可以分为固定成本和变动成本两大类。固定成本在一定的时期、一定的范围内不随产量的变化而变化，而变动成本则随产量的变化而上升或下降。当然，固定成本和变动成本的划分是相对而非绝对的。

图 4.3 描述了一定时期企业利润、销售收入（价格乘以销售数量）以及生产成本（固定成本和变动成本之和）之间的关系。

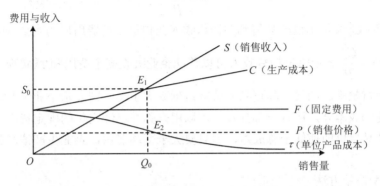

图 4.3　量、本、利关系图

企业获得利润的前提条件是，生产过程中的各种消耗均能够得到补偿，即销售所得至少等于生产成本。为此，必须确定企业的保本产量和保本收入：在价格、固定成本和变动成本已经确定的条件下，企业至少应该生产多少数量的产品，才能使总收入与总成本持平；或在产量、价格、费用已经确定的情况下，企业至少需要获得多少销售收入才能补偿生产过程中的所有消耗。

确定保本收入与保本产量可以运用图上作业或公式计算两种方法。

（1）图上作业法是根据已知的成本和价格资料，作出图 4.3 所示的量、本、利关系图，图中总收入曲线 S 与总成本曲线 C 的相交点 E_1 或单位成本曲线 τ 与单位价格曲线 P 的交点 E_2 表示企业经营的盈亏平衡点，与 E_1、E_2 相对应的产量 Q_0 即保本产量，与 E_1 相对应的销售收入 S_0 即保本收入。

（2）公式计算法是利用公式来计算保本产量和保本收入。

根据上面分析的量、本、利之间的关系：

销售收入 = 产量 × 单价

生产成本 = 固定费用 + 变动费用

　　　　 = 固定费用 + 产量 × 单位变动费用

用相应的符号来表示，盈亏平衡时可得如下公式：

$$Q_0 P = F + Q_0 C_v \tag{3.1}$$

整理上式，可得到：

$$Q_0 = \frac{F}{P - C_v} \tag{3.2}$$

即保本产量的基本公式。由于保本收入等于保本产量乘以销售价格，因此，式 3.2 两

边同时乘以 P，即得到计算保本收入的基本公式：

$$Q_0 P = \frac{F}{P - C_v} P \tag{3.3}$$

整理上式，可得到：

$$S_0 = \frac{F}{1 - \frac{C_v}{P}} \tag{3.4}$$

式 3.2 中的 $P - C_v$ 表示单位产品得到的销售收入在扣除变动费用后的剩余，叫作边际贡献；式 3.4 中的 $1 - \frac{C_v}{P}$ 表示单位销售收入可以帮助企业吸收固定费用和/或实现企业利润的系数，叫作边际贡献率。如果边际贡献或边际贡献率大于零，则表示企业生产这种产品，除了可以收回变动成本外，还有一部分收入可以用来弥补已经支付的固定费用。因此，在这种情况下，产品单价即使低于总成本，但只要大于变动费用，企业生产该产品就仍然具有一定的意义。

2．风险型决策方法

风险型决策是指在不确定的状态下进行决策。工商企业中大量的生产经营决策属于此类决策，如建设新工厂的投资决策、新产品开发决策等。风险型决策的目标大多是经济性的，可以用货币来计量；决策存在多个方案，每种方案在未来环境中可能出现多种自然状态；每一种自然状态下的收益或损失可以根据相关数据和信息资料比较准确地加以估算，而且，每一种自然状态出现的概率也可以根据历史资料或经验加以判断；决策依据的标准是使净收益达到最大化，或者使净损失减至最小。

风险型决策的评价方法也有很多种，如收益表法、边际分析法、决策树法和效用理论法等，其中，决策树法是最常用和效果最显著的一种方法。

决策树法是一种用图形的方式把可行方案、可能的结果以及决策所冒的风险等直观地表示出来的方法。决策树的基本形状如图4.4所示。

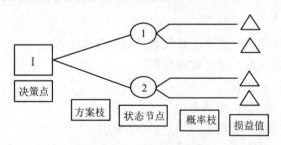

图 4.4 决策树图形

图中，矩形结点 1 为决策点，由此引出的若干条直线叫作方案枝，表示决策可采用的方案的种类；圆形结点①和②称为状态节点，由状态节点引出的若干条直线叫作概率枝或状态枝，表示各种方案在未来可能出现的不同的自然状态。决策树法的基本步骤如下。

第一步：根据已知条件绘制决策树，如可替换方案的数量、每种方案未来的自然状态及其概率、损益值等。

第二步：计算各种方案的期望值。

第三步：比较不同方案的期望值大小，减去期望值较小的方案，保留期望值最大的方案作为被选的实施方案。

如果是多阶段或多级决策，则需要重复其中某些步骤的工作，基本原理和方法与单级决策相同。下面我们看一个多级决策的例子。

某公司为满足市场对某种新产品的需求，拟投资建设新厂，根据未来几年市场对这种新产品的需求预测，销路好的可能性较大，估计概率为70%，但也有可能销路差，估计概率为30%。经过研究论证，公司可能面临以下三种选择。

第一，建一座大厂，如果销路好则产品能很快占领市场，不仅能获得很大的收益，而且能有效阻止竞争对手的进入；但如果销路差，工厂则会面临亏损。

第二，建一座小厂，无论销路好还是销路差，公司都有一定的收益，但如果销路好，则有可能给竞争对手留下更多的机会，公司不仅会失去获得高收益的机会，而且由于竞争者的进入，还可能造成公司未来收益大幅度降低。

第三，先建一座小厂，若试销期销路好则进行扩建，这种方案看似稳妥一些，但也存在一些问题，首先是两次投资之和要大于一次性投资，其次，也可能因为未能及时全面占领市场，最终失去一部分收益。

为叙述方便，我们对上述问题进行适当简化，但这不是说决策树不能针对复杂问题进行决策。简化后的问题如表 4.1 所示。

表 4.1 各方案的基本资料

| 方　案 | 投资/万元 | 预计损益/万元 | | 服务年限/年 |
		销路好（0.7）	销路差（0.3）	
新建大厂	600	200	-60	10
新建小厂	280	80	60	10
先建小厂，3 年后销路好再扩建	追加投资 400	180（概率为 1.0）	—	7

下面我们用决策树法进行最佳方案的选择。

第一步，根据表中所列情况绘制决策树图（见图 4.5），并将已知的数据填在图中相应的位置。

第二步，计算各方案的期望收益值（或损失值），具体如下。

状态节点①：$[0.7 \times 200 + 0.3 \times (-60)] \times 10 - 600 = 620$（万元）

状态节点②：$(0.7 \times 80 + 0.3 \times 60) \times 10 - 280 = 460$（万元）

状态节点④：$180 \times 1.0 \times 7 - 400 = 860$（万元）

状态节点⑤：$80 \times 1.0 \times 7 = 560$（万元）

因为 560 < 860，所以：

状态节点③：$(0.7 \times 80 \times 3 + 0.7 \times 860 + 0.3 \times 60 \times 10) - 280 = 670$（万元）

第三步，选择期望收益值最大（或损失值最小）的方案作为拟实施决策方案。本例题中方案三的期望收益值最大，故选择第三种方案，即先建小厂，3 年后销路好再扩建。

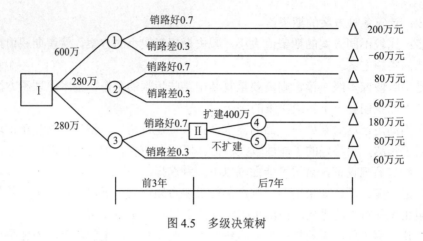

图 4.5　多级决策树

3．非确定型决策方法

当决策中涉及一些未知的条件，对于一些随机变量，甚至对它们的概率分布也无从知晓，这类决策就属于非确定型决策，在处理非确定型决策问题时，管理人员的主观心理等因素对决策方案的选择影响较大。常用的解决非确定型决策问题的方法有以下 4 种。

（1）小中取大法。决策者对未来持一种悲观的态度，认为未来可能会出现最差的结果。因此，他们倾向于从各种方案可能带来的最大收益出发，然后从各种方案的最低收益中选择出收益最大的方案，简称小中取大法。

（2）大中取大法。决策者对未来持有非常乐观的态度，认为未来会出现最好的状况，前景一片光明。在决策时，倾向于从各种方案可能带来的最大收益出发，最终从各种方案的最大收益值的比较中，选择收益值最高的方案作为拟实施的决策方案，简称大中取大法。

（3）最小最大后悔值法。决策者假设在选择了某种方案以后，发现客观情况并未向自己预想的那样发展，他们会为自己的决策而感到后悔，那些希望最小化其最大"后悔值"的决策者，将采用最小最大后悔值法进行决策。

（4）折中准则法。决策时，既不将结果想得极度悲观，也不将结果看得过于乐观，而是采取一种折中准则，在悲观与乐观之间寻求一种平衡。方法：根据决策者的估计，给最好的自然状态赋予一个乐观系数（α），给最差的自然状态赋予一个悲观系数（β），使两者之和等于 1，然后再将各个方案在最好自然状态下的收益值和乐观系数相乘，得到一个积，用这个积与各方案在最差自然状态下的收益值和悲观系数的乘积相加，由此得到各方案的期望收益值，最后经过比较，从中选出期望收益值最大的方案。简要表示如下。

乐观系数：$0 < \alpha < 1$

悲观系数：$\beta = (1-\alpha)$

通常情况下，偏乐观时，乐观系数（α）的主观概率取 0.6，此时悲观系数（β）为 0.4；偏悲观时，悲观系数（β）的主观概率取 0.6，此时乐观系数（α）为 0.4。

期望收益值 = α × 最高收益 + β × 最低收益

下面我们通过举例进一步说明非确定型决策的基本方法。

某公司决定生产某种新产品，通过市场预测分析，新产品未来销售情况将出现三种可能性：销路好、销路一般和销路差。生产新产品的可行性方案也有三种：对公司现有生产线进行改进、投资建设全新的生产线、与其他公司合作采取生产外包的方式进行生产。三种方案在不同市场条件下的收益值估算如表 4.2 所示。

表 4.2 各方案不同自然状态下的收益值

方　案	自 然 状 态		
	销路好/万元	销路一般/万元	销路差/万元
改进生产线	220	140	60
新建生产线	260	120	50
生产外包	120	80	70

针对上表列出的决策问题，我们无法简单地做出选择，因为三种方案都面临三种不同的结果，三种情况出现的概率，即可能性也无从知晓。现在，我们根据前面给出的三种方法对这一问题进行决策。

（1）小中取大法。三种方案的最小收益值分别为 60 万元、50 万元和 70 万元，其中第三个方案对应的最小收益值 70 万元最大，根据悲观原则，应选择第三种方案，该公司将通过生产外包的方式生产新产品。

（2）大中取大法。三种方案的最大收益值依次为 220 万元、260 万元和 120 万元，其中第二种方案对应的数值最大，根据乐观原则，应该选择第二种方案，即新建生产线生产新产品。

（3）最小最大后悔值法。与前面两种方法比较，最小最大后悔值法相对复杂一些，因为我们无法从表中直接看到各种方案的后悔值数据，所以要预先进行计算。具体步骤：首先，计算每种方案在不同状态下的后悔值，并将计算结果填入表中，计算方法是用该状态下各方案的最大收益值减去该方案在此状态下的收益，结果即为该方案在相应状态下的后悔值；其次，找出每种方案在不同状态下的最大后悔值；最后，对每种方案的最大后悔值进行比较，选择其中最小后悔值所对应的方案，即拟实施的决策方案。依据如上步骤，我们对上面的决策问题进行选择。

第一步：计算后悔值并将计算结果填入下表（见表 4.3）。

表 4.3 各方案的后悔值

方　案	自 然 状 态			最大后悔值
	销路好/万元	销路一般/万元	销路差/万元	
改进生产线	40	0	10	40
新建生产线	0	20	20	20
生产外包	140	60	0	140

第二步：找出各方案的最大后悔值，三种方案在不同状态下的最大后悔值分别是 40、20 和 140（如表 4.3 中最后一列所示）。

第三步：在最大后悔值中选择出最小的数值，最小后悔值 20 所对应的方案即拟实施的决策方案，因此，公司应该选择新建生产线的方式生产新产品。

（4）折中准则法。假设本例中的决策者偏乐观，$\alpha=0.6$；$\beta=0.4$，则各方案下的预期收益分别为 220×0.6+60×0.4=156、260×0.6+50×0.4=176、120×0.6+70×0.4=100。可见，第二种

方案即新建生产线为该决策者应该选取的决策方案。

本 章 小 结

本章介绍了决策的概念和决策的相关理论，详细探讨了科学决策所包含的基本步骤，分析了不同决策类型的基本特点，并着重介绍了常用的决策方法。现将本章涉及的一些重点概念和问题做简要回顾。

有关决策的定义繁多，一般观点认为，所谓决策是管理者为实现一定的目标，在两个以上的备选方案中选择一个方案的分析判断过程。决策贯穿于管理活动的全过程，对管理者和组织而言，有着极其重要的作用。

古典决策理论假设信息是完全的，管理者也是完全理性的，他们的信息处理能力不受限制，能够从全部的备选方案中选出符合组织利益最大化的最优方案。

行为决策理论认为，古典决策理论的假设前提与现实的决策环境很难吻合，他们强调决策遵循的是满意化的标准，基于信息、时间成本以及管理者自身的能力和有限理性的局限，决策实际上是在有限的方案中，结合管理者自身的利益和偏好，选择一个相对满意的方案的过程。

适量的信息是决策的基本前提和有效依据，信息不足和信息过量都是有害无益的。决策依据的是满意原则而不是所谓的最优原则。

决策过程包含以下六个步骤：① 识别问题或机会；② 拟订备选方案；③ 评价备选方案；④ 选择方案；⑤ 实施方案；⑥ 评价与反馈。

管理者总是面对两类问题：结构良好问题和结构不良问题。结构良好问题指那些直观的、经常出现的、易处理的问题，可采用程序化决策加以解决，这类决策通常由中层和基层管理人员做出；结构不良问题是新的、不常发生和难处理的问题，只适用于非程序化决策方法，高层管理者面对的大多是结构不良问题，因此，进行非程序化决策是他们的主要任务。任何组织只要有可能，都应该使决策程序化，由此提高决策效率。

群体决策与个人决策相比，体现出较多的优势，具体表现在信息更加完整、方案更多、对方案的接受度更高以及看起来更合法等，这也许是现代组织中普遍采用群体决策的原因所在。但另一方面，群体决策总是比个人决策更耗费时间，而且容易受少数人控制，也会出现从众压力和导致责任不清等问题。

改善群体决策的有效方法通常包括头脑风暴法、名义群体法、德尔菲法和在线会议法，但这些方法本身并非无懈可击。

随着决策技术和手段的不断发展，特别是信息技术和计算机的广泛应用，强调决策精确性的许多定量决策方法得到越来越普遍的运用，盈亏平衡分析、决策树法、乐观法、悲观法等是本章介绍的有关定量决策的基本方法。

复习思考题

1. 如何理解决策的概念？
2. 决策有哪些主要的理论观点？你是如何理解和评价这些观点的？
3. 决策应遵循的原则是什么？
4. 决策应遵循的基本程序包含哪些主要的步骤？其中需要注意哪些问题？
5. 什么是程序化决策和非程序化决策？为什么高层管理者经常面对的是一些非程序化决策，而中、基层管理者正好相反？
6. 群体决策总是优于个人决策吗？为什么？
7. 头脑风暴法有哪些优点和不足？
8. 非确定型决策有哪几种具体方法？其基本依据是什么？
9. 请用具体事例说明"管理就是决策"的合理性。

自测练习题

案例分析题

第五章 计　　划

本章导读

计划是管理过程中的首要职能，处在各种组织中的各级管理者之所以要制订计划，是因为计划可以给出方向，减少变化的冲击，使浪费和冗余降至最低，以及设立标准以方便控制。计划的类型多种多样，可以按照不同的分类标准对它们进行区分。随着环境的剧烈变化和竞争的日趋激烈，战略管理的重要性显得更加突出。战略分析是整个战略管理的基础，主要包括对企业的外部环境、内部条件以及竞争对手进行分析和评价，其目的是了解企业发展面临的机会和威胁、长处和短处，为企业的战略选择提供依据。战略管理是分层次的，企业战略也相应地分为公司层战略、业务层战略和职能层战略。在管理实践中，人们开发出了一系列的方法和技术帮助管理者更加有效地制订和实施计划，目标管理法、滚动计划法、运筹学方法、PERT 网络分析法是几种常用的计划方法。

学习目标

知识目标：掌握计划的概念，理解计划在管理过程中的地位和作用；学习计划的类型、计划的目的、影响计划类型的权变因素；熟悉目标的设定、MBO 的典型步骤、滚动计划方法、甘特图；理解战略管理的概念和过程；掌握战略环境的分析框架。

能力目标：能运用所学的理论编写日常生活、学习计划，编写企业工作计划；应用波士顿矩阵和波特的竞争战略做项目分析；了解如何确定自身优势和劣势并加以利用，开发战略计划技能。

素质目标：培养学生的战略素养、战略分析能力、战略控制能力以及战略逻辑思维。

思政目标：通过课程学习，学生在掌握公司战略计划相关理论知识的同时，学习中国传统文化精华，进一步深入理解并认识国家大政方针，树立制度自信、文化自信；强化社会主义核心价值教育，强化爱国、敬业、诚信、友善等方面价值取向的教育，培养有崇高理想、善于思考、勇于担当、有社会责任感的新一代大学生。

关键概念

计划（plan）　　　　　　　　　　　目标（objective）
战略计划（strategic plan）　　　　　　行业竞争力（industry competitive power）
波士顿矩阵法（boston matrix technique）　公司层战略（corporate-level strategy）
事业层战略（business-level strategy）　　职能层战略（functional-level strategy）

目标管理（management by objectives，MBO）
PERT 网络分析法（program evaluation and review technology）

第一节　计 划 概 述

一、计划的定义

拆解开"计划"的两个汉字来看，"计"的表意是计算，"划"的表意是分割，"计划"从属于目标达成而存在，"计划"的表意定义：计划是分析计算如何达成目标并将目标分解成子目标的过程及结论。

在管理学中，计划（plan）具有两重含义：其一是计划工作，是指根据对组织外部环境与内部条件的分析，提出在未来一定时期内要达到的组织目标以及实现目标的方案途径；其二是计划形式，是指用文字和指标等形式所表述的组织以及组织内不同部门和不同成员，在未来一定时期内关于行动方向、内容和方式安排的管理文件。

所谓计划，是确定组织的目标，制定全局战略以实现这些目标，并开发一个全面的分层计划体系以综合和协调各种活动的过程（罗宾斯，1998）。其中涉及两个问题：做什么——确立目标；怎么做——确立实现目标的方法。

【经典案例 5-1】

Joye 杂乱无章的一天

清晨，Joye 第一个来到办公室，她的桌子上乱七八糟，被各式文件填得满满的。她随手抽出一本，开始忙碌起来。做了十分钟，有同事陆续进门，她和对方打招呼，聊了一会儿之后，打断的工作被捡起来，但 Joye 转换了内容，去做另外一份报表。上午，陆续收到各式邮件，来一封 Joye 就停下手上的工作看一封……中途发呆、聊天、打电话和浏览网页若干次。下午临下班前，主管询问 Joye 上周安排的一项工作进度如何，她才意识到这项工作只起了一个头，就被其他工作及聊天、发呆和浏览网页耽搁了。主管追问，她不知如何回答，因为她根本没有考虑过"做什么、怎么做"……当然主管很生气，后果也很严重。

资料来源：http://www.unjs.com/mingrenmingyan/lizhi/960612.html。

计划的主要内容可以概括地归纳为以下六个方面，也就是说，任何一项完整的计划都必须包含以下六个方面的内容，这六个方面的内容可以简称为"5W1H"。

what——做什么：需要明确计划工作的具体任务和要求，以此确定一定时期的工作任务和工作重点。

why——为什么做：明确组织的宗旨、目标和战略，充分论证计划工作的必要性和可行性。

who——谁去做：计划所涉及的各项工作都由哪些部门负责，必要的时候要落实到具体的人。

when——何时做：规定计划中各项工作的开始和完成的时间以及进度。

where——在何地做：合理安排计划实施的空间布局，明确规定计划的实施地点和场所。

how——怎样做：明确计划实施的方式方法，制订实现计划目标的措施，包括相应的政策、规则和程序。

事实上，完整的计划还应该包括控制标准和考核指标的制定，它可以帮助计划实施的部门和人员清楚地了解做到什么程度、达到什么标准才算是真正完成了计划。

二、制订计划的目的

为什么组织中各部门、各层次的管理者都需要做计划工作？计划工作的目的何在？总的来说，是因为计划可以给出方向，防御未来变化的冲击，减少浪费和冗余，以及设立标准以利于控制。

（1）为组织成员指明方向，协调组织活动。计划是一个协调的过程，良好的计划能够为组织中的所有成员指明行动方向。计划工作通过明确组织的宗旨、目标和战略，并且通过开发出一套全面的、分层次的计划体系，将组织成员的力量凝聚起来，朝着同一目标努力，从而形成团队合力，减少内耗，降低成本，提高实现目标的效率。

（2）预见未来变化，减少因变化给组织造成的冲击。计划始终是面向未来的，而未来最大的特点就是充满变化和不确定性。计划工作可以促使管理者通过预测，主动预见未来的变化，思考这些变化可能给组织发展带来怎样的冲击，并通过拟定相应的对策和方案，充分利用因变化所带来的机会，减少和避免变化给组织造成的冲击和损失。

（3）减少重复性和浪费性活动，提高组织运行效率。组织中的各项活动如果缺乏计划性，即预先没有细致周到的安排，就会出现前后不一、相互脱节等现象。良好的计划可以通过协调一致、有条不紊的工作流程，减少组织中的重复性和浪费性活动，提高组织的整体运行效率。

【管理故事 5-1】

"磨刀不误砍柴工"

樵夫甲和樵夫乙同时受雇于一个林场主，林场主和他们约定以实际砍伐树木的数量多少作为给付薪酬的依据。为了获得更多的薪水，两个樵夫都用尽力气以砍伐更多的树木。第一天过去了，两个樵夫砍的树木数量都是30棵。到了晚上，樵夫甲想：看来我们两人的技术和力气不相上下，不过明天我应该再用一点力，要是被他超过就不太好了。而晚上回到家的樵夫乙则抓紧时间磨自己的砍刀，而且他还准备了一块磨刀石，准备第二天砍树的时候用。第二天一大早，他们两人都来到了林场，林场主让他们一起到后山去砍树。来到后山以后，他们两人就开始用力砍，樵夫甲看到樵夫乙砍树的速度比他快一些，他心里十分着急，于是一刻也不敢歇息，使尽浑身力气工作。中午到了，樵夫乙停了下来，他让樵夫甲也停下来磨磨刀再砍，但是樵夫甲可不想浪费一丝时间，他还想趁着对方休息的时候抓紧时间多砍几棵树呢。樵夫乙则不紧不慢地开始认真磨刀。太阳渐渐地落山了，林场主又来检查两人的工作情况，樵夫甲砍了23棵，而樵夫乙仍然砍了30棵。晚上回到各自家中，樵夫甲百思不得其解，他想不通为什么自己技术过硬又努力工作，但是却没有对方砍的树多。

第三天两位樵夫又来到了林场里，林场主让他们继续到后山砍树。上午的时候樵夫甲一边用力砍树，一边观察樵夫乙怎样工作，他看樵夫乙也没用什么秘诀，但他砍得就是快。中午又到了，樵夫甲此刻再也忍不住好奇，他问樵夫乙："你砍得为什么比我快，要知道，我砍树的技术可是好得很，而且我也舍得用力气呀？"樵夫乙看着他笑道："可是你为什么不磨磨刀呢，同样的技术、同样的力气，如果砍刀不一样，那我们的工作效率肯定会不同，我的砍刀经常磨，足够锋利，所以我的工作效率就高；而你从来都不磨刀，费的力气可能比我还要多，但是你的刀却越来越钝，所以你工作效率就低，正所谓磨刀不误砍柴工。"

（4）设立控制标准，对组织活动实施有效控制。组织目标的实现离不开有效的控制，而计划是控制的基础。在管理过程中，计划职能为组织活动设立目标以及相应的计划指标，控制职能将组织活动所取得的实际绩效与原定目标或计划指标进行比较，发现可能的偏差并采取必要的校正措施，以保证目标或计划指标的实现。由此不难看出，计划为控制提供了明确的标准，计划是控制的基础和前提，没有计划，控制工作便无法进行。

【知识拓展 5-1】

关于计划的误解

关于计划存在不少误解，斯蒂芬·P. 罗宾斯在他的《管理学》著作中列举了一些常见的误解并给予了澄清。

误解一：不准确的计划是在浪费管理当局的时间——其实，最终结果只是计划的目的之一，计划过程本身就很有价值，即使最终结果没有完全达到预期的目标。计划迫使管理者认真思考要做什么和怎么做这两个极具管理价值的问题。

误解二：计划可以消除变化——计划永远不能消除变化，无论管理者如何进行周密的计划，变化还是会发生。管理者指定计划的目的是预测变化并制订最有效的应对变化的措施。

误解三：计划降低灵活性——计划意味着承诺，它之所以成为一种约束，仅仅因为管理者在制订出计划以后就不再做任何修正了。计划应当是一项持续进行的活动。事实上，正是由于计划是被推敲过的和清楚地衔接在一起的，因此它比只存在于高级经理人员脑子里的那套模糊的假设更易于修改。而且，很多计划本身可以做得更加灵活。

资料来源：罗宾斯. 管理学（第 4 版）. [M]. 黄卫伟，孙建敏，闻洁，译. 北京：中国人民大学出版社，1997.

三、计划的类型

计划的种类很多，可以按不同的标准进行分类，主要分类标准有：计划的重要性、时间界限、明确性和抽象性等。但是依据这些分类标准进行划分，所得到的计划类型并不是相互独立的，而是密切联系的，如短期计划和长期计划、战略计划和作业计划等。

（一）按计划的重要性划分

从计划的重要性程度上来看，可以将计划分为战略计划和作业计划。

应用于整体组织的，为组织设立总体目标和寻求组织在环境中的地位的计划，称为战略计划。规定总体目标如何实现的细节的计划称为作业计划。战略计划与作业计划在时间框架上、在范围上和在是否包含已知的一套组织目标方面是不同的。战略计划趋向于包含持久的时间间隔，通常为5年甚至更长，它们覆盖较宽的领域，不规定具体的细节。此外，战略计划的一个重要任务是设立目标；而作业计划假定目标已经存在，只是提供实现目标的方法。

【知识拓展5-2】

布利斯定理

美国的几个心理学家曾做过这样一个实验：把学生分成三组进行不同方式的投篮技巧训练。第一组学生在20天内每天练习实际投篮，把第一天和最后一天的成绩记录下来。第二组学生也记录下第一天和最后一天的成绩，但在此期间不做任何练习。第三组学生记录下第一天的成绩，然后每天花20分钟做想象中的投篮；如果投篮不中，他们便在想象中做出相应的纠正。实验结果表明：第二组没有丝毫长进；第一组进球增加了24%；第三组进球增加了26%。由此，他们得出结论：行动前进行头脑热身，构想要做之事的每个细节，梳理心路，然后把它深深铭刻在脑海中，当行动的时候就会得心应手。

这个实验告诉了我们计划的重要性。做事没有计划，行动起来就必然会是一盘散沙。只有事前拟订好了行动的计划，梳理通了做事的步骤，做起事来才会应付自如。好的规划是成功的开始。

布利斯定律告诉我们：事前想得清，事中不折腾。花费较多时间为一次重要的工作做一个事前计划，那么做这项工作所用的总时间就会减少。

（二）按计划的时间长短划分

财务人员习惯于将投资回收期分为长期、中期和短期。长期通常指5年以上，短期一般指1年以内，中期则介于两者之间。管理人员也采用长期、中期和短期来描述计划。长期计划描述了组织在较长时期（通常5年以上）的发展方向和方针，规定了组织的各个部门在较长时期内从事某种活动应达到的目标和要求，绘制了组织长期发展的蓝图。短期计划具体地规定了组织的各个部门在未来的各个较短的时期阶段，特别是最近的时段中，应该从事何种活动，从事该种活动应达到何种要求，因而为各组织成员的行动提供了依据。

（三）按计划内容的明确性划分

根据计划内容的明确性指标，可以将计划分为具体计划和指导性计划。

具体计划具有明确规定的目标，不存在模棱两可。比如，企业销售部经理打算使企业销售额在未来6个月内增长15%，他会制定明确的程序、预算方案以及日程进度表，这便是具体性计划。指导性计划只规定某些一般的方针和行动原则，给予行动者较大自由处置权，它指出重点但不把行动者限定在具体的目标上或特定的行动方案上。比如，一个增加销售额的具体计划可能规定未来6个月内销售额要增加15%，而指导性计划则可能只规定未来6个月内销售额要增加12%~16%。相对于指导性计划而言，具体性计划虽然更易于执行、考核及控制，但缺少灵活性，它要求的明确性和可预见性条件往往很难满足。

四、影响计划的权变因素

计划要根据组织自身以及环境特点来制订,组织及其所处环境特点不同,计划工作的重点也不相同。影响计划工作重点的权变因素有如下几方面。

(一)组织层次

在通常情况下,高层管理者主要制订具有全局性、方向性、长期性的计划,计划工作的重点是战略计划,基层管理者主要制订局部的、具体的、短期的计划,其计划工作的重点在可操作性上。中层管理者制订的计划内容介于高层与基层管理者制订的计划之间。如图 5.1 所示。

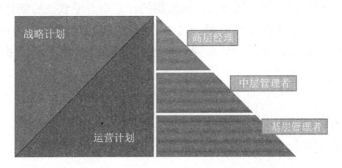

图 5.1　组织层次与计划类型之间的关系

(二)组织的生命周期

任何组织都要经历一个从形成、成长、成熟到衰退的生命周期。在组织生命周期的各个阶段,计划工作的重点也不一样,如图 5.2 所示。组织处于形成期时,各类不确定因素很多,目标是尝试性的,要求组织具有很高的灵活性,要求计划也能随时按需要进行调整。所以,计划工作的重点应放在其方向性、指导性上,计划的期限宜短。在成长阶段,随着目标更确定,不确定因素也相应减少(如资源更容易获取、顾客忠诚度提高),因此,计划的重点可放在具体的操作性上。当组织进入成熟期,这时组织面临的不确定性和波动性最少,计划工作的重点可放在长期、具体的可操作性上。当组织进入衰退期时,目标要重新考虑,资源要重新分配,计划工作的重点又重新放在短期的、指导性的内容上。

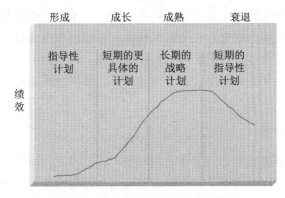

图 5.2　计划类型和组织生命周期

(三)组织文化

组织文化有强弱之分,员工对组织的基本价值观念的接受程度和承诺越大,文化就越强,而且并非所有的文化都对员工有同等程度的影响,强文化(强烈拥有并广泛共享基本价值观的组织)比弱文化对员工的影响更大。在强文化背景下,组织成员所共有的价值体系也会对计划工作的重点产生影响。在手段倾向型的组织文化中,组织的计划更侧重于具体的操作性内容;而在结果倾向型的组织文化中,组织的计划则倾向于目标性和指导性内容。

(四)环境的波动性

若环境波动的频率高,即变化较多,则组织的计划重点应放在短期计划内容上,反之,计划的重点则可偏向于长远的规划;另一方面,若环境变化的幅度大,计划的重点则应放在指导性的内容上,反之,组织的计划则可侧重于操作性的具体内容方面。

五、计划的程序

任何计划工作都要遵循一定的程序或步骤。虽然小型计划比较简单,大型计划复杂些,但是,管理人员在编制计划时,其工作步骤都是相似的,依次包括以下内容。

(一)认识机会

认识机会先于实际的计划工作,严格来讲,它不是计划的一个组成部分,但却是计划工作的一个真正起点。因为它可以使我们预测到未来可能出现的变化,清晰而完整地认识到组织发展的机会,搞清组织的优势、弱点及所处的地位,认识到组织利用机会的能力,意识到不确定因素对组织可能发生的影响程度,等等。

认识机会,对做好计划工作十分关键。一位经营专家说过:"认识机会是战胜风险求得生存与发展的诀窍。"诸葛亮"草船借箭"的故事流传百世,其高明之处就在于他看到了三天后江上会起雾而曹军又不习水性、不敢迎战的机会,神奇般地实现了自己的战略目标。企业经营中也不乏这样的例子。

(二)确定目标

制订计划的第二个步骤是在认识机会的基础上,为整个组织及其所属的下级单位确定目标,目标是指期望达到的成果,它为组织整体、各部门和各成员指明了方向,描绘了组织未来的状况,并且作为标准可用来衡量实际的绩效。计划的主要任务就是将组织目标进行层层分解,以便落实到各个部门、各个活动环节,形成组织的目标结构,包括目标的时间结构和空间结构。

(三)确定前提条件

计划工作的前提条件就是计划工作的假设条件,简言之,即计划实施时的预期环境。负责计划工作的人员对计划前提了解得越细越透彻,并能始终如一地运用它,则计划工作也将做得越协调。

按照组织的内外环境,可以将计划工作的前提条件分为外部前提条件和内部前提条件;还可以按可控程度,将计划工作前提条件分为不可控的、部分可控的和可控的三种。外部前提条件大多为不可控的和部分可控的,而内部前提条件大多数是可控的。不可控的前提条件越多,不确定性越大,就越需要通过预测工作确定其发生的概率和影响程度的大小。

(四)拟订可供选择的可行方案

编制计划的第四个步骤是寻求、拟定、选择可行的行动方案。"条条道路通罗马"描述了实现某一目标的方案有多种。通常,最显眼的方案不一定就是最好的方案,对过去方案稍加修改和略加推演也不会得到最好的方案,一个不引人注目的方案或通常人们想不到的方案,效果却往往是最佳的,这体现了方案创新的重要性。此外,方案也不是越多越好。编制计划时没有可供选择的合理方案的情况是不多见的,更加常见的不是寻找更多的可供选择的方案,而是减少可供选择方案的数量,以便可以分析最有希望的方案。即使用数学方法和计算机,对可供选择方案的数量加以限制,以便把主要精力集中在对少数最有希望的方案的分析方面。

(五)评价可供选择的方案

在找出了各种可供选择的方案和检查了它们的优缺点后,下一步就是根据前提条件和目标,权衡它们的轻重优劣,对可供选择的方案进行评估。评估实质上是一种价值判断,它一方面取决于评价者所采用的评价标准;另一方面取决于评价者对各个标准所赋予的权重。一个方案看起来可能是最有利可图的,但是需要投入大量现金,而回收资金很慢;另一个方案看起来可能获利较少,但是风险也较小;第三个方案目前看没有多大的利益,但可能更适合公司的长远目标。应该用运筹学中较为成熟的矩阵评价法、层次分析法、多目标评价法等进行评价和比较。

如果唯一的目标是要在某项业务里取得最大限度的当前利润,如果将来是确定的,如果无须为现金和资本可用性焦虑,如果大多数因素可以分解成确定数据,这样条件下的评估将是相对容易的。但是,由于计划工作者通常要面对很多不确定因素,如资本短缺问题以及各种各样的无形因素,评估工作通常很困难,甚至比较简单的问题也是这样。例如,一家公司为了提高声誉想生产一种新产品,而预测结果表明,这样做可能造成财务损失,但声誉的收获是否能抵消这种损失,仍然是一个没有解决的问题。因为在多数情况下,存在很多可供选择的方案,而且有很多应考虑的可变因素和限制条件,评估会极其困难。

评估可供选择的方案时要注意考虑以下几点:第一,认真考察每一个计划的制约因素和隐患;第二,要用总体的效益观点来衡量计划;第三,既要考虑到每一个计划有形的可以用数量表示出来的因素,又要考虑到无形的、不能用数量表示出来的因素;第四,要动态地考察计划的效果,不仅要考虑计划执行所带来的利益,还要考虑计划执行所带来的损失,特别是要注意那些潜在的、间接的损失。

(六)选择方案

计划工作的第六步是选定方案。这是在前五步工作的基础上做出的关键一步,也是决策的实质性阶段——抉择阶段。可能遇到的情况是，有时会发现同时有两个以上可取方案。在这种情况下，必须确定首先采取哪个方案，而将其他方案也进行细化和完善，以作为后备方案。

（七）制订派生计划

基本计划还需要派生计划的支持。比如，一家公司年初制订了"当年销售额比上年增长15%"的销售计划，与这一计划相连的有许多计划，如生产计划、促销计划等。再比如，当一家公司决定开拓一项新的业务时，这个决策需要制订很多派生计划作为支撑，如雇用和培训各种人员的计划、筹集资金计划、广告计划等。

（八）编制预算

在做出决策和确定计划后，计划工作的最后一步就是把计划转变成预算，使计划数字化。编制预算，一方面是为了计划的指标体系更加明确，另一方面是使企业更易于对计划执行进行控制。定性的计划往往可比性、可控性不足，奖惩困难，而定量的计划具有较硬的约束。

第二节 战略计划

一、战略计划的概念

（一）战略的含义

战略（strategy）一词是希腊语中的军事术语，指的是一场战争和争斗背后所隐含的宏伟构想。战略是一种计划，是一种有意识、有计划、有组织的行动程序，目的是解决一个企业如何从现在的状态达到将来位置的问题，主要为企业提供发展方向和途径。战略包括一系列处理某种特定情况的方针政策，属于企业"行动之前的概念"。

（二）战略计划的含义

战略计划是为长期生存和发展而进行的正式战略的制定过程。该过程通常包括确定公司的宗旨，并为战略计划、长期计划和年度计划制订目标。有的公司没有正式计划，还有很多公司不善于利用计划。然而，正式计划的确可以提供很多便利，它鼓励管理层提前系统地考虑和制订更切实的目标和政策，更好地协调工作，提供更明确的行为准则。

战略计划也称为长期计划，是为实现组织的长期目标而制订的有广泛意义的计划，它是一组管理决策和行动，决定了组织的长期绩效。

战略计划很少能够预见到所有在以后的岁月中出现的，在战略上具有重要意义的事件。未预见到的事件、未预见到的机会和威胁以及不断出现的各种有益的建议往往会促使公司的管理者改变计划好的行动而做出一些在计划中没有的反应。将战略的再制定工作推迟到下一个战略计划年度，不但是愚蠢的，而且是完全没有必要的。如果公司的管理者将公司的战略工作狭隘地定义为有着固定日程安排的周期性的计划，那么，他们对公司管理者的战略制定责任就会产生误解。"不得不"做情形下的一年一度的战略制定工作并不能保证取得管理上的成功。

(三) 军事上的战略计划

军事上，战略计划是一个多层次、多类型的综合计划体系。从层次上分，有国家的全面战略计划，武装力量的联合战略计划，以及各战略方向、各战略区和各战略集团的战略计划；有指导军事斗争准备与实施全过程的总计划，各战略阶段或各战略行动的计划；战略行动计划又可分为战争动员、战略展开、战略作战、战略指挥、战略协同、战略保障等相关计划。从类型上分，有全面战争计划和局部战争计划；核战争计划和常规战争计划；正规战计划、游击战计划和特种战计划；进攻性战略计划和防御性战略计划；等等。早期战略计划的内容比较简单。随着战争规模的不断扩大、军队武器装备的不断发展，组织指挥越来越复杂，需要有周密、详细的专门计划。

如第二次世界大战期间出现了著名的美国"彩虹计划"等战略计划。随着战略形势的发展和战略相关条件的变化，战略计划的种类和内容逐渐增多，日趋复杂。战略计划一般包括战略判断、战略意图、战略任务、战略部署及战略保障措施和战略后方工作等方面。这些都是为贯彻落实战略决策的重要事项而采取的一些具体措施和办法，如规定战略行动的顺序、时限和方式，完成一定战略任务的力量、时限和方法，战略协同的力量、时机、地域和任务，各种战略保障和后方工作的时限、内容和方法等，并集中反映在各种图表、文书或电子文件中。

(四) 战略计划的制订过程

战略计划的制订过程如图 5.3 所示。

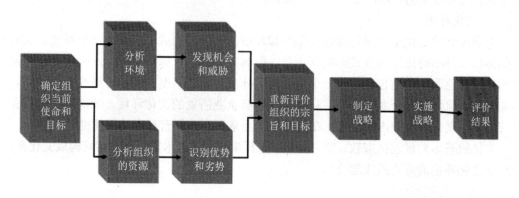

图 5.3 战略计划的制订过程

二、战略环境分析

(一) 外部环境分析

1. 宏观环境分析

构成企业宏观环境的要素是指对企业经营与企业前途具有战略性影响的变量，是各类企业生存发展的共同空间，它是企业环境因素中一个比较广泛的方面。决定企业胜负的很多因素都存在于宏观环境之中，这些因素不只是通过影响企业所在的行业而改变着企业的生存与发展条件，有的还会对企业产生直接的影响。因此，对企业宏观环境进行分析是制定战略时必须进行的一项基础性工作。宏观环境分析的意义，就在于如何确认和评价政治法律、经济、科技、文化、社会与物质等宏观环境因素对企业战略目标和战略选择的影响。

1）政治法律环境

政治法律因素是指对企业经营活动具有现存的和潜在的作用与影响的政治力量和对企业经营活动加以约束和要求的法律和法规条文等，主要包括企业所在国家或地区的政治稳定状况、政治经济制度与体制、执政党所要推行的基础政策和这些政策的稳定性与连续性，以及企业所在国家或地区的法律、法规条文等。

2）经济环境

经济环境是指一个国家宏观经济的总体状况，指国民经济发展的总概况，是构成企业生存和发展的社会经济状况及国家经济政策。社会经济状况包括经济要素的性质、水平结构、变动趋势等多方面内容，涉及国家、社会、市场及自然等多个领域。国家经济政策是国家履行经济管理职能，调控宏观经济水平结构，实施国家经济发展战略的指导方针，对企业经济环境有重要的影响。

3）科技环境

科技环境要素是指目前社会技术总水平及其变化趋势，不但指那些引起时代革命性变化的发明，而且包括与企业生产有关的新技术、新工艺、新材料的出现，以及未发展趋势和应用前景。它具有变化快、变化大、影响面广（跨越国界）等特点。技术的发明和进步不仅影响行业的生存和发展，还影响多数企业具体的生产和销售活动。因此，世界上的成功企业都对新技术的利用给予了极大的重视。

4）文化环境

中华民族的文化是我国企业赖以生存和发展的基础，构成了企业的文化环境。文化环境始终以一种不可违逆的方式影响着企业，影响着企业的目标和宗旨，影响着企业内部文化的底蕴和色彩，进而也会影响一个企业对于社会责任的态度。因此，研究企业战略，决不能忽视文化环境对企业的影响，只有全面了解企业所处的文化环境，才能真正把握企业经营战略与文化环境的内在联系，在更深层次上掌握企业经营行为的规律性。

文化的基本要素包括宗教、语言与文字、哲学、文学艺术等，它们共同构成文化系统，是企业文化环境的重要组成部分。

5）社会与物质环境

人口是企业管理人员最感兴趣的社会环境因素之一，正是它构成了大多数产品的消费市场，为企业提供了巨大的市场空间。人口统计特征是描述人口现状的重要指标，它包括人口数量、人口密度、年龄结构的分布与增长、地区分布、职业构成、民族构成、宗教信仰构成、家庭规模、家庭寿命周期的构成，以及其发展趋势、收入水平和教育程度等。由于我国实行计划生育政策，在21世纪初，人口结构发生了明显的变化。人口结构更趋于老龄化，青壮年劳动力供应则相对紧张，从而影响企业劳动力的补充。另一方面，人口结构的老龄化又导致出现了一个老年人的市场，这为生产老年人用品和提供老年人服务的企业提供了一个发展机会。总而言之，我国庞大的总人口数量再加上稳步提高的购买能力，就会形成一个巨大的市场空间。

【经典案例 5-2】

阿里巴巴的外部环境分析

从公司战略角度分析企业的外部环境，是要把握环境的现状及变化趋势，利用有利于企业发展的机会，避开环境可能带来的威胁。阿里巴巴是目前全球最大的网上贸易市场，已成为全球首家拥有210万商人的电子商务网站，被商人们评为"最受欢迎的B2B网站"。

阿里巴巴外部宏观环境分析如下。

外部宏观环境包括四个方面，即政治环境、经济环境、社会文化环境和技术环境。下面将从这四个方面分析阿里巴巴是如何成功的。

（1）政治环境。中国加入WTO后，政府在力推"电子商务进企业"方面也下了功夫，这将使包括阿里巴巴在内的很多电子商务企业积极响应，以获得更大的发展。例如，杭州政府对电子商务及互联网行业发展的政策支持。

（2）经济环境。中国市场形成后，在江浙地区有大批的中小企业，甚至是个体企业经营陆续出现，它们有很多产品需要开辟市场，信息不对称是它们遇到的最大问题，阿里巴巴发现并充分利用了这个机会。

（3）社会文化环境。随着人们对精神生活的追求，其网络联系将不断扩大，网民的数量将不断增加。企业间的网络市场交易也将逐渐发展壮大。同时，占尽天时、地利、人和的阿里巴巴，依然在中国的消费市场上有很大的市场竞争力。

（4）技术环境。阿里巴巴构建B2B、B2C、C2C等围绕电子商务贸易平台，与各银行合作建立起支付宝作为在线支付平台，同时为企业提供搜索引擎、在线软件服务等增值服务，形成一个集商流、物流、资金流、信息流为一体的庞大商业服务帝国。同时，阿里巴巴也要紧跟科学技术的高速发展，避免形成落后被动的局面。

资料来源：阿里巴巴外部环境分析[EB/OL]．（2018-04-03）．https://www.docin.com/p-2097972106.html．

2．行业竞争性分析

行业竞争性分析属于外部环境分析中的微观环境分析，它的内容主要是分析本行业中的企业竞争格局以及本行业和其他行业的关系。行业的结构及竞争性决定着行业的竞争原则和企业可能采取的战略，因此，行业竞争性分析是企业制定战略最主要的基础。

按照波特（M. E. Porter）的观点，一个行业中的竞争远不止在原有竞争对手中进行，而是存在着五种基本的竞争力量，它们是潜在的行业新进入者、替代品的威胁、购买商讨价还价的能力、供应商讨价还价的能力以及现有竞争者之间的竞争。如图5.4所示。

这五种基本竞争力量的状况及综合强度决定着行业的竞争激烈程度，从而决定着行业中获利的最终潜力。在竞争激烈的行业中，不会有一家企业能获得惊人的收益。在竞争相对缓和的行业中，各企业普遍获得较高的收益。现将五种竞争力量分述如下。

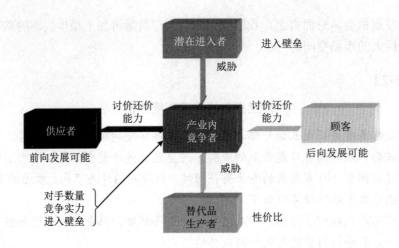

图 5.4 波特的五种竞争力模型

1) 行业新加入者的威胁

这种威胁主要是由于新进入者加入该行业（如钢铁行业），会带来生产能力的扩大和对市场占有率的需求，这必然引起与现有企业进行激烈竞争，使产品价格下跌；另一方面，新加入者要获得资源（如钢铁生产中的矿石和焦炭）进行生产，从而可能使行业生产成本升高。这两方面都会导致行业的获利能力下降。

2) 行业内现有竞争者之间的竞争

现有竞争者之间采用的竞争手段主要有价格战、广告战、引进产品以及增加对消费者的服务和保修等。竞争的产生是由于一个或多个竞争者感受到了竞争的压力，或看到了改善其地位的机会。如果一个企业的竞争行动对其对手有显著影响，就会招致报复或抵制。如果竞争行动和反击行动逐步升级，则行业中所有企业都可能遭受损失，使处境更糟，现有企业之间的竞争会变得很激烈。

【知识拓展 5-3】

行业和产业的区别

所谓行业，是反映以生产要素组合为特征的各类经济活动。由该定义可以看出，行业是根据人类经济活动的技术特点划分的，即按反映生产力三要素（劳动者、劳动对象、劳动资料）不同排列组合的各类经济活动的特点划分的，如铁匠与木工、律师与医生。我们从他们各自的劳动对象、劳动资料中很容易就能看出他们各自的技术特征，从而区分四种行业。

所谓产业，是指对各类行业在社会生产力布局中发挥不同作用的称谓。行业划分的着眼点是生产力的技术特点这一微观领域，产业划分的着眼点是生产力布局的宏观领域。如上述铁匠、木工、律师、医生四个行业按它们在生产力发展总链条中所发挥的不同作用归类就会发现，铁匠与木工同属于加工制造业，律师与医生都属于服务业。加工制造业与服务业又分别被人称为第二产业和第三产业。

在概括人类生产行为发展演变的理论研究中存在着多种研究思路。目前在国际普遍流行的是三次产业划分思路,即按照人类生产发展的历史顺序:第一农业、第二加工制造业、第三服务业来划分,并用来反映国民经济中各类活动的不同特征。

1985年,我国国家统计局明确把我国产业划分为三大产业,把农业(包括林业、牧业、渔业等)定为第一产业,把工业(包括采掘业、制造业、自来水、电力、蒸汽、煤气)和建筑业定为第二产业,把第一、第二产业以外的各行业定为第三产业。这是我国政府关于经济结构改革的一项重大决策与举措。

3)替代产品的威胁

替代产品是指那些与本行业的产品有同样功能的其他产品。替代产品的价格如果比较低,它投入市场就会使本行业产品的价格上限处在较低的水平,这就限制了本行业的收益。替代产品的价格越是有吸引力,这种限制作用也就越牢固,对本行业构成的压力也就越大。正因为如此,本行业与生产替代产品的其他行业进行的竞争,常常需要本行业所有企业采取共同措施和集体行动。下述的替代产品应引起该行业的注意:替代产品在价格和性能上优于该行业的产品;替代产品产自高收益率的行业。在后一种情况中,如果替代产业中某些发展变化加剧了该行业的竞争,从而引起价格下跌或其经营活动的改善,则会使替代产品立即崭露头角。

4)购买商讨价还价的能力

购买商可能要求降低产品的价格,要求高质量的产品和更多的优质服务,其结果是使得行业的竞争者们互相竞争残杀,导致行业利润下降。购买商们有较强的讨价还价能力。

5)供应商讨价还价的能力

供应商的威胁手段,一是提高供应价格,二是降低供应产品或服务的质量,从而使下游行业利润下降。

【经典案例5-3】

蒙牛乳业竞争力分析——基于波特的五力模型

(1)供应商议价能力。现有卖方能力的分析中,我国乳制品市场竞争非常激烈,行业寡头们利用价格联盟来占领较大的市场份额,使用多种手段使价格一降再降,使得乳制品企业的利润空间大大缩小,再次验证我国乳制品行业中卖方的议价能力是比较低的。

(2)购买者的议价能力。蒙牛在常温奶上可以做到成本领先,为了抢占市场份额、扩大销售量,蒙牛想方设法从国外筹资、境外上市并将筹来的钱投到终端促销上。蒙牛现在的产品全部出自自己的奶源基地,完全是放心奶。作为世界五大草原之一的内蒙古草原,因为其适中的纬度位置、充足的日照、巨大的昼夜温差,拥有着丰富且优质的牧草,是世界公认的高品质牛奶产地。

(3)潜在竞争者进入的能力。

第一,乳制品行业的进入壁垒较低。在我国,国家对乳制品行业的干预比较低,中国乳制品行业的生产、技术、经济、资本投入等门槛低,进入壁垒总体而言较低。

第二,乳制品品牌壁垒较高。品牌效应是我国各个乳制品企业争夺的焦点,也是以质量、信誉、服务为核心的品牌战略。

以蒙牛、伊利为代表的国内几个大型乳制品企业已在消费者心中树立了较好的品牌形象，乳制品市场开始形成消费者品牌忠诚度。

第三，乳制品行业的技术壁垒在增强。随着食品安全意识在消费者心中的加强，公众对乳制品的营养需求逐步提高，加之国家对食品安全的宣传及媒体的消费引导，消费者对乳制品的质量、包装等的要求均日益提高。

（4）替代品威胁。牛乳制品成本高，较高的成本使得便宜的豆制品拥有明显的市场竞争优势。我国的豆制品产量高、质量好且成本相对较低，且豆制品的蛋白互补作用使其营养较高，没有胆固醇，对动脉硬化可以起到较好的预防作用，正适合逐渐发胖的中国人。

（5）行业内现有竞争者的竞争能力。内蒙古蒙牛乳业股份有限公司、上海光明乳业股份有限公司、北京三元食品有限公司、内蒙古伊利实业集团股份有限公司、黑龙江完达山乳业股份有限公司、青岛圣元乳业有限公司等均为有实力的乳制品企业。目前我国乳制品行业市场上"光明""伊利""蒙牛"三个品牌销量最大，明显已形成光明、蒙牛、伊利三巨头主导争霸乳制品市场的格局。

资料来源：何天梅. 蒙牛乳业的竞争力优势分析：基于波特五力模型[J]. 时代金融，2015(1)：192-193，195.

（二）内部环境分析

1. 企业资源

企业资源指的是企业在向社会提供产品或服务的过程中所拥有或者控制的，能够实现企业战略目标的各种要素的集合。从财务角度讲，资源是那些可供企业利用，并且在使用过程中能创造出比自身使用成本更高价值的要素。一般我们主要把企业中的资源分为三种：有形资源、无形资源和人力资源。

1）有形资源

有形资源是指可用的能量化的资产，包括企业的财务资源和实物资源，它们可以较容易地被识别，而且也容易估计出它们的价值，如厂房、设备、资金等。许多有形资源的价值可以通过财务报表予以反映，当然，这些数据有时并不能完全表达战略意义上的企业有形资源的价值。例如，财务报表上的某些资产的价值，相对于技术进步和市场演进可能被高估了，但财务数据依然对有形资源的分析起到参考和借鉴作用。在此基础上，我们可以进一步评估这些资源的价值与战略意义以及它们和企业竞争优势的关系。

2）无形资源

第一类重要的无形资源是技术资源，它应具有先进性、独创性和独占性等特征。如果企业拥有了某种专利、版权、专有知识和商业秘密等资源，企业就可以依靠这些无形资源建立自己的竞争优势。第二类无形资源是商誉，主要包括品牌知名度、美誉度、品牌重购率、企业形象等内容。一般来说，企业的信誉和知名度往往与公司联系在一起，有时也与特定的品牌有关。例如，在快餐行业，肯德基和麦当劳是世界上信誉和知名度很高的两家公司，这种巨大的无形资源已成为它们最重要的竞争优势。

3）人力资源

企业人力资源是一种特殊形态的有形资源，是一个组织最重要的资源。人力资源指的是企业中所有能够体现在企业员工身上的才能，包括企业员工的专业技能、创造力、解决问题的能力、管理者的管理能力等。因此，企业人力资源的水平决定着企业的知识结构、技能结构和决策能力，因此，许多经济学家又把这些能力称为"人力资本"。

2．核心能力分析

1）核心能力的概念

核心能力又称核心竞争力，是指能使企业长期或持续拥有某种竞争优势的能力，它通常表现为企业经营中的累积性学识，尤其是关于如何协调不同生产技能和有机结合多种技术流的学识。综观世界 500 强企业，几乎无一不在技术诀窍、市场网络、创新能力、品牌形象、管理模式、顾客服务等方面具有持续的独特能力。如果把一个公司比喻成一棵大树，树干和大树枝是核心产品，小树枝是业务单位，叶、花和果实是最终产品，那么，提供养分、营养和保持稳定成长的根系就是核心能力。它们是企业持续拥有某种竞争优势之源，是市场竞争中的"战斗机"，更是新事业或业务发展的能力来源。

2）核心能力的识别和特征

核心能力在形成某种持续的竞争优势后，才能为企业获取超额利润提供保证。但是，并不是企业所有的资源、知识和能力在经过整合后都能形成持续的竞争优势，都能发展成核心能力。

要成为核心能力必须具备如下特点：有价值，难以模仿，不可替代，有独特性，有延展性。

（三）SWOT 分析

为了综合评价企业内外部环境要素对于企业战略的影响情况，以实现企业内外部环境要素的最佳配合，企业常常采用优势、劣势、机会、威胁分析，即对企业的内外部环境进行 SWOT 分析。SWOT 指的是优势（strengths）、劣势（weaknesses）、机会（opportunities）、威胁（threats）。SWOT 分析法是一种用于检测公司运营与公司环境的工具，它能够帮助企业管理人员将精力集中在关键问题上。优势和劣势是企业的内部要素，机会与威胁则是企业的外部要素。

1．机会和威胁

（1）是否可以进入新的市场或开拓潜在市场？

（2）是否可以开发具有潜在优势的新产品系列或更新老产品？

（3）是否可以延伸开发一些新产品或开发一些互补型的新产品？

（4）是否可以进行纵向和横向联合？

（5）外部环境中是否发生了有利于本企业的重要事件？

（6）市场增长势头如何？

（7）主要竞争对手是否做出一些重要决策而导致发生有利于本企业的变化？

（8）有无新的较强大的竞争对手出现的迹象？

（9）是否存在替代产品？如果有的话其发展前景如何？

（10）政府是否制定了有利或不利于本企业的政策或法规？本行业的竞争强度是否增加？顾客的需求变化朝着什么方向发展？顾客和供应商的讨价还价能力有何变化？

2. 优势与劣势

SWOT 分析可以作为企业战略制定的一种方法，因为它为企业提供了四种可以选择的战略类型：SO 战略、WO 战略、ST 战略和 WT 战略，如图 5.5 所示。

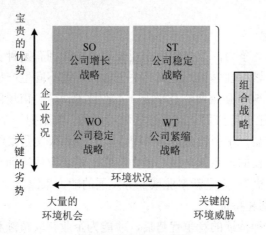

图 5.5　SWOT 分析图

1）优势—机会（SO）战略

该战略就是利用企业内部优势去抓住外部机会的战略。这是一种最理想的组合，任何企业都希望利用自身的长处和资源最大限度地利用外部环境所提供的各种发展机会。例如，奔驰汽车公司就利用其技术先进和质量上乘的声誉去扩大生产，以抓住市场上对豪华型汽车需求增长的机会。一般来说，在企业使用 SO 战略之前可能先使用 WO、WT 或 ST 战略，从而为成功实施 SO 战略创造条件。当企业有一个重要弱点的时候应努力将其克服并变成长处；当企业面对重大威胁时，应努力避免它，以便把精力放在利用机会上。

2）劣势—机会（WO）战略

该战略就是利用外部机会来改进内部劣势的战略。有时企业外部有机会，但其内部的某一弱点使企业不能利用这个机会。在这种情况下，企业应遵循的策略原则是通过外在的方式来弥补企业的弱点，以最大限度地利用外部环境中的机会。如果不采取任何行动，实际是将机会让给了竞争对手。

3）优势—威胁（ST）战略

该战略就是利用企业的内部优势去避免或减轻外在威胁的打击。在这种情况下，企业应巧妙地利用自身的长处来对付外部环境中的威胁。当然，这并不是说实力强大的企业必须以其自身的实力来正面回击外部环境中的威胁，合适的策略应当是慎重而有限度地利用企业的优势，这样才可以免遭威胁的打击。

4）劣势—威胁（WT）战略

该战略是直接克服内部劣势和避免外部威胁的战略，其目的是将劣势和威胁弱化。企业应避免处于这种状态。然而一旦企业处于这样的位置，在制定战略时就要减小威胁和弱点对企业的影响。WT 战略是防御性战略，如果一个企业面对许多外部威胁和内部劣势，那么它可能真的处在危险境地。因此，它不得不寻找一个求生存的合并或收缩的战略，或者在宣布破产和被迫清算之间做出选择。

三、战略计划的选择

1987年,管理学大师波特在《从竞争优势到公司战略》一文中对多角化经营的公司战略层次做出了划分:公司层面的战略是进行多角化经营的企业的总体层面规划,它所包含的内容是企业应当进军哪些业务领域以及公司的高管应该怎样对这些业务单元进行管理;竞争战略是关注每一个业务单元如何在其市场竞争领域中创造竞争优势。企业战略划分成三个层次,即公司层战略、事业层战略和职能层战略。需要说明的是,这也只是一种大致的区分,各种战略类型与战略层次之间并非完全的一一对应关系。职能层战略本书将不做过多的讨论。

(一) 公司层战略

公司层战略是关于组织为了实现其使命和目标,对应该从事什么业务或者业务组合所做的行动规划。在制定公司层战略的时候,管理人员需要思考如何对公司的长远成长或发展进行有效的管理,以提高公司为顾客创造价值的能力。同时,管理人员还必须帮助其组织对由于任务和环境变化而导致的威胁做出反应。

1. 增长战略

增长战略(growth strategy)又称为成长战略或发展战略,是一种强调通过充分发挥企业内部资源和能力优势和利用外部环境中的机会促进企业不断发展的战略。增长战略包含了一些通用的衡量标准,如更大的资产规模、更高的销售额、更多的雇员和更大的市场份额等。很显然,增长战略是一种促使企业走向更高层次和更大规模的具有进攻性的战略态势。

企业选择采用增长战略的主要原因包括:外部机会的吸引,竞争的压力,企业家和员工的期望,由规模扩大、产销量增加而带来的更多的利润,扩大产品品种和实行多种经营可以分散风险,等等。增长战略按照企业扩张的途径可以通过自我扩张、合并和合资合作的方式来实现;根据企业所涉及的业务范围,可以通过一体化、多元化和密集增长等方式来实现。

2. 稳定战略

稳定战略(stability strategy)的基本特征是很少或者不发生重大变化,企业持续地向同类顾客提供同样的产品和服务,维持现有规模和市场占有率,稳定和巩固现有竞争地位和优势,保持组织一贯的投资报酬率。当组织的绩效令人满意而且环境看上去也将保持稳定的时候,管理者可能会选择稳定战略。有时候,管理者采取稳定战略还可能有另外两个目的:一是通过暂时稳定谋求更进一步的发展;二是通过暂时稳定逐步紧缩企业。

3. 收缩战略

收缩战略(retrenchment strategy)主要指减小企业经营规模或者缩小企业多元化的范围。实际上是如何管理衰退的问题。虽然"衰退"一词听起来会让所有人感到不愉快,过去也很少有人愿意承认他是在追求收缩战略,但近年来,如何管理衰退已经成为管理领域里较活跃的问题之一。

企业采取收缩战略的主要原因是企业内外部环境和条件的变化对企业十分不利，企业只有紧缩和撤退才能抵御对手的攻击，避免或减小威胁，在求得生存的基础上，通过积蓄能量或者实行战略转移实现将来的继续发展，或者在企业破产清算的过程中尽量减少损失。全球化的激烈竞争、行业性的衰退、新技术的发展以及全球兼并浪潮的影响，使得越来越多的企业开始采取紧缩战略，以应对来自各方面的威胁和挑战。

4．组合战略

组合战略（combination strategy）是指企业选择上面三种战略中的两种或两种以上的战略，把它们同时用在企业不同的业务领域。比如，在同一个时期，公司某种事业可能实行增长战略而另一种事业可能实行紧缩战略。一种非常流行的组合战略制定方法是公司业务组合矩阵。

（二）BCG矩阵（公司业务组合矩阵）

公司业务组合矩阵是波士顿咨询集团（Boston Consulting Group，BCG）于20世纪70年代初开发的，因此，又称为波士顿矩阵（BCG 矩阵）。这种方法将组织的每一个战略事业单位标在二维的矩阵图上，从而能够直观地显示出哪个战略事业单位能够提供高额的潜在收益，哪个战略事业单位是组织资源的漏斗。图5.6是BCG矩阵的示意图。图中的横轴代表市场份额，纵轴表示预计的市场增长率。市场份额高代表该项业务在市场上具有竞争优势，属于所在行业的领导者；高市场增长率则意味着该业务具有广阔的市场发展空间。BCG矩阵区分出四种业务组合。

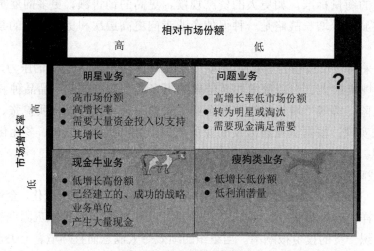

图5.6　公司业务组合矩阵

公司业务组合矩阵为管理者提供了一种工具，帮助人们厘清企业的各种业务，为管理者进行资源分配提供一个先后次序。

（三）事业层战略

著名经济学家迈克尔·A. 希特（Michael A. Hitt）在《战略管理》中指出，事业层战略也称竞争战略，就是用最具竞争力的优势，实现和竞争对手之间的产品、服务差异化，并给各自的顾客带来更大的价值。"最具竞争力的优势"、"差异化"和"顾客最大的价值"，这三个关键点一个都不能少。同时，一般在总体战略指导下，经营管理某一个特定的战略经营企业的战略计划，是总体战略之下的子战略。它的重点是如何在市场上实现可持续的竞争优势或者某一特定的细分市场中所提供的产品与服务的竞争地位。

"现代营销学之父"菲利普·科特勒曾指出，市场是根据战略目标而定的，一个明确的有效的战略目标可使企业内部资源和外部资源整合，从而使愿景和行动更加合理化，采取任何一种战略的基本目标都是获得竞争优势及赚取超额利润。这表明事业层战略强调了企业应该发挥自己的竞争优势，整合市场、产品、组织架构、营销等手段来满足客户的需求，用创新的思路在自己的领域生存和发展。

迈克尔·波特（M. E. Porter）在《竞争战略》（1980）一书中指出，企业竞争战略主要包括成本领先战略、差异化战略和集中化战略（也称聚焦战略或专一化战略），如图 5.7 所示。

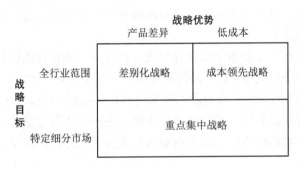

图 5.7　三种基本竞争战略

1．成本领先战略

成本领先战略（cost-leadership strategy）是企业在较长时期内，通过加强成本控制和以低廉的价格来扩大市场占有率，从而在竞争激烈的市场中取得竞争优势的战略。成本领先战略要求企业成为行业成本的领导者，而不仅仅是行业里众多低成本的竞争者之一，同时，企业所提供的产品或服务必须能与同类产品或服务竞争，或者至少能够被消费者接受。选择成本领先战略的先决条件是产品或服务的市场容量足够大和消费者需求差异不明显，其次，企业在生产运作过程中有很强的成本管理和控制能力。

1）实现的关键因素

波特认为，成本领先战略使自身的产品价格低于竞争对手的产品价格，但这个低价格并不是无底线的价格战，也并不意味着降低产品的质量，或者单纯获得短期成本优势，而是"可控制成本领先"的概念。也就是说，成本领先战略是在保证产品质量、满足消费者用户体验和功能要求的前提下，实现相对于竞争对手的可持续性的成本优势。要成功实现成本领先战略的关键因素是如何持续性地保持成本优势，这样才能给模仿者形成一种难以逾越的障碍，这种低成本优势才能够长久。

2）实施途径

成本领先优势的来源是个十分重要的因素，历来是各国学者们研究的重点。一般来说，对成本领先优势来源的分析应围绕企业的内外部因素全面展开，要分析企业所处的不同发展阶段、整合企业价值链能力的高低、内外部资源条件的差异等不同，从而制定出针对不同的企业个体的成本领先战略，充分利用上述分析结果中的有利资源，创造成本竞争优势。

杰伊·巴尼和威廉·赫斯特里（2005）认为成本领先战略一般有如下几种实施途径。

第一，规模经济效应产生的成本优势。

第二，采用新技术、新工艺降低成本。

第三，利用较低的劳动力成本形成成本领先优势。

第四，利用丰富的经验提高效率和产品良品率形成成本领先优势。

2. 差异化战略

差异化战略（differentiation strategy）又叫作特色优势战略，是指企业努力在行业寻求别具一格和与众不同的特色，使其产品或服务具有独特性。差异化战略强调高超的质量、高品质的服务、创新的设计、技术性专长，或者强有力的品牌形象。选择差异化战略的关键是特色的选择必须有别于竞争对手，并且能够利用差别化带来的较高的边际收益补偿因追求差别化而增加的成本。

基本内容包括：在产品品质上实现优异化，使自身具备特有的优势，从而用较少的市场份额获取较高的投资回报率；让产品的可靠度高于其他企业，使可靠标准化具有稳定性；在产品的专利方面实现优异化，用专利为技术创新提供保障，从而在市场中隔离其他企业；在产品的创新方面寻求优异化，重视技术的作用；在产品的周边服务方面实现优异化，发挥产品附属性以及特性的作用；追求售前和售后服务的优异化；追求品牌的优异化，强调产品的品牌诉求。

【知识拓展 5-4】

企业竞争战略的划分

一个企业所实施的竞争战略，其目的是更好地为顾客提供所需要的产品和服务，以利于公司赢得某种竞争优势，从而战胜竞争对手，取得卓越的业绩。可是，从严格意义上来讲，一个行业中有若干个竞争厂家或公司，就有若干种竞争战略。如果这样看待企业的竞争战略，很显然是不利于正确理解企业竞争战略的，更不利于企业竞争战略计划的实施，因此，迈克尔·波特提出了基于产品经济性的战略类型划分方式，认为可以从两个维度对企业实施的竞争战略进行区分。

第一个维度：企业竞争优势的来源。波特认为，企业在竞争中获取优势的方式有两种：比竞争对手更低的成本或差异化，即有能力收取一种较高的价格以超过为产生差异化所付出的额外成本。也就是说，有些企业是以低价取胜，而有些企业是以差异化的产品或服务取胜。

第二个维度：企业展开竞争的领域。波特认为，企业有两种类型的竞争领域可供选择：宽泛的目标市场或狭窄的目标市场。这样利用竞争优势的来源和实施竞争的领域这两个维度，就可以把企业竞争战略划分为五种类型：成本领先战略、差异化战略、成本领先聚焦战略、差异化聚焦战略及成本领先与差异化整合战略。其中，成本领先聚焦战略和差异化聚焦战略的区分只是竞争优势来源不同，因此统称为聚焦战略。

3．集中化战略

集中化战略（focus strategy）有时又称为专一化或聚焦战略，是指企业集中资源选择和主攻某个特殊的细分市场或某一种特殊的产品，并通过制定专门的战略向细分市场提供与众不同的服务，进而达到独占这个市场的目标。专一化战略可以通过寻求成本领先优势或差别化优势在特定的细分市场中取得成功。当然，专一化战略最终能否取得成功，很大程度上取决于细分市场的规模，以及该细分市场能否足以支撑专一化战略的附加成本。近年来，理论方面的研究和企业实践似乎都表明，专一化战略对于小型企业来说通常是一种更加有效的选择，部分原因是小企业一般不具有规模经济性或足够的内部资源，难以在较广泛的领域同大企业进行竞争。

1）定义

集中化战略是指主攻某个特殊的顾客群、某产品线的一个细分区段或某一地区市场的战略。正如差别化战略一样，集中化战略可以具有许多形式。虽然低成本与差别化战略都要在全产业圈内实现其目标，集中化战略的整体却是围绕着很好地为某一特殊目标服务这一中心建立的，它所开发推行的每一项职能化方针都要考虑这一中心思想。

2）前提思想

集中化战略依靠的前提思想：公司业务的专一化能够以更高的效率、更好的效果为某一狭窄的战略对象服务，从而超过在较广范围内竞争的对手。波特认为，这样做的结果是公司或者通过满足特殊对象的需要而实现了差别化，或者在为这一对象服务时实现了低成本，或者二者兼得。这样的公司可以使其盈利的潜力超过产业的普遍水平。这些优势可使公司抵御各种竞争力量的威胁。

但集中化战略常常意味着限制了可以获取的整体市场份额。集中化战略必然包含着利润率与销售额之间互以对方为代价的关系。

3）实施方法

集中化战略的实施方法包括单纯集中化、成本集中化、差别集中化和业务集中化等。

单纯集中化是指企业在不过多地考虑成本差异化的情况下，选择或创造一种产品、技术和服务为某一特定顾客群体创造价值，并使企业获得稳定可观的收入。

成本集中化是指企业采用低成本的方法为某一特定顾客群提供服务。通过低成本集中化战略可以在细分市场上获得比较领先的更强的竞争优势。实际上，绝大部分小企业都从集中化战略开始起步，只是并不一定都能意识到它的战略意义，并采取更具有战略导向的行动。对我国的中小物流企业而言，面对世界经济一体化的趋势，提高对集中化战略的认识和运用能力具有重要的现实意义。

差别集中化是指企业在集中化的基础上突出自己的产品、技术和服务的特色。企业如果选择差别集中化，那么差别集中化战略的主要措施都应该用集中化战略来体现。但不同的是，集中化战略只服务狭窄的细分市场，而差别化战略要同时服务于较多的细分市场。同时，由于集中化战略的服务范围较小，可以较之差别化战略对所服务的细分市场的变化做出更为迅速的反应。

业务集中化是指企业在不过多考虑成本的情况下，按照某一特定客户群的要求，集中较好企业物流中的某一项业务，如准时制配送、流通加工、仓储等。对于一些非专业性的物流企业如制造企业，如果将物流竞争战略定为物流业务集中化，那么企业物流的其他业务可能会相对弱化，从而不能满足企业需求。而为保证企业发展战略的顺利实施，企业可能会考虑物流外包。当然，对于专业化的物流企业如第三、第四、第五方物流企业，业务集中化不失为一种不错的选择，因为企业的竞争力可能会因此加强。

波特还用"徘徊其间"（stuck in the middle）来表示那些不能明确选择并坚持某一种基本战略获取竞争优势的组织。从长期来看，这样的组织很难获得成功，之所以目前还没有完全失败，是因为其暂时处于一个非常好的行业，或者是其竞争对手也同样正徘徊其间。波特还指出，一些原本选择了一种基本的竞争战略并取得成功的组织，一旦超出其竞争优势的范围，就会使自己处于徘徊其间的境地而最终走向失败。

最后，不论选择了上述三种竞争战略中的哪一种，要使企业取得长期的成功，一旦建立了竞争优势，必须设法将这种优势保持下去，以阻止来自竞争对手的侵蚀。管理者需要建立一些难以让竞争对手跨越的障碍，防止竞争对手模仿，或是减少竞争对手的可乘之机。这是一项长期而艰巨的任务。

【经典案例5-4】

格力空调集中化战略

波特曾经指出"有效地贯彻任何一种战略，通常都需要全力以赴"的战略原则，也指出了"如果企业的基本目标不止一个，则这些方面的资源将被分散"的战略后果。正因为如此，许多企业在商战中选择和确定了自己的专一化发展战略，并且运用这种发展战略取得了明显的经济效益。格力就是一个这样的企业。

格力的专一化战略并不是"一篮子鸡蛋"的战略。把专一化战略当成"一篮子鸡蛋"的战略完全是一种理论上的糊涂、逻辑上的混乱。截至2013年，当不少厂家都在为产品的出路犯难，甚至为吸引消费者的眼球不惜祭起降价大旗的时候，格力向北京、广州、上海、重庆等大中城市投放了一款高档豪华的空调新品——数码2000，它以智能化的人体感应功能、安全环保的一氧化碳监测功能和独具匠心的外观设计，受到了各地消费者特别是中高收入阶层的空前欢迎。

缘何在众多空调降价之时，价格昂贵的格力"数码2000"却能在淡季热销？就因为格力"数码2000"已经不再是"一篮子普通的鸡蛋"。它的过人之处在于采用了世界独创的人体感应和一氧化碳感应两项新技术，使空调步入了感性化时代，具有了智能化和环保两大优势。当我们推开家门，不用动手，空调就会自动开启，徐徐凉风或阵阵温暖随之而来；当我们忘记关空调或房间里没有人活动时，空调会自动关机；空调还能感知室内有毒气体——一氧化碳的含量，当一氧化碳含量即将达到危害人体健康的浓度时，空调会自动连续不断地发出阵阵蜂鸣般的警报声，提醒我们注意打开门窗通风换气，以避免"煤气中毒"现象的发生。不仅如此，该产品还运用了"彩色背光液晶显示技术"、"塑料外观电镀镍件技术"以及"直流变频技术"等国际领先技术，这是这几项技术在世界上的首次运用。

如果说格力在经营上取得了骄人成绩,那么首先是格力在发展战略上取得了成绩。这种成绩突出表现在它对专一化战略认识上的深刻、贯彻中的坚定和实践中的准确把握。

第三节　计划的方法

一、目标管理法

【管理故事 5-2】

游泳的故事

1952 年 7 月 4 日清晨,加利福尼亚海岸下起了浓雾。在海岸以西 21 英里①的卡塔林纳岛上,一个 43 岁的女人准备从太平洋游向加州海岸。她叫费罗伦丝·查德威克。那天早晨,雾很大,海水冻得她身体发麻,她几乎看不到护送他的船。时间一个小时一个小时地过去,千千万万人在电视上看着。有几次鲨鱼靠近她了,被人开枪吓跑了。

15 个小时之后,她又累又冻得发麻。她知道自己不能再游了,就叫人拉她上船。她的母亲和教练在另一条船上。他们都告诉她海岸很近了,叫她不要放弃。但她朝加州海岸望去,除了浓雾什么也没看不到……

人们拉她上船的地点,离加州海岸只有半英里!后来她说,令她半途而废的不是疲劳,也不是寒冷,而是因为她在浓雾中看不到目标。查德威克一生中只有这一次没有坚持到底。

彼得·德鲁克(Peter F. Drucker)于 1954 年在其名著《管理的实践》中最先提出了"目标管理"的概念,其后,他又提出"目标管理和自我控制"的主张。德鲁克认为,并不是有了工作才有目标,而是相反,有了目标才能确定每个人的工作。目标管理提出以后,便在美国迅速流传。时值第二次世界大战后西方经济由恢复转向迅速发展,企业急需采用新的方法调动员工积极性以提高竞争能力,目标管理的出现可谓应运而生,遂被广泛应用,并很快为日本、西欧国家的企业所仿效,在世界管理界大行其道。目标管理被誉为具有划时代意义的管理工具,可以与之相提并论的只有企业流程再造(BPR)和学习型组织这两个 20 世纪伟大的管理思想。

（一）目标和目标管理的概念

1. 目标

目标是目的或宗旨的具体化,是一个组织或个体在一定时期内期望达到预期成果,为组织活动或个体活动提供方向,包括如何制订公司总体目标,以及将目标从最高管理层、职能部门管理者、基层管理者到员工自上而下层层分解。

2. 目标管理

目标管理指组织中的上级和下级通过协商的方式,共同参与目标的制订,在目标实施

---

① 1 英里=1.61 千米。

过程中鼓励实行"自我控制"并努力完成工作目标的一种管理制度或方法，是一种面向成果的管理。

【☆思政专栏5-1】

"十四五"规划的六大"新"目标

经济发展取得新成效，在质量效益明显提升的基础上实现经济持续健康发展，增长潜力充分发挥，国内市场更加强大，经济结构更加优化，创新能力显著提升，产业基础高级化、产业链现代化水平明显提高，农业基础更加稳固，城乡区域发展协调性明显增强，现代化经济体系建设取得重大进展。

改革开放迈出新步伐，社会主义市场经济体制更加完善，高标准市场体系基本建成，市场主体更加充满活力，产权制度改革和要素市场化配置改革取得重大进展，公平竞争制度更加健全，更高水平开放型经济新体制基本形成。

社会文明程度得到新提高，社会主义核心价值观深入人心，人民思想道德素质、科学文化素质和身心健康素质明显提高，公共文化服务体系和文化产业体系更加健全，人民精神文化生活日益丰富，中华文化影响力进一步提升，中华民族凝聚力进一步增强。

生态文明建设实现新进步，国土空间开发保护格局得到优化，生产生活方式绿色转型成效显著，能源资源配置更加合理、利用效率大幅提高，主要污染物排放总量持续减少，生态环境持续改善，生态安全屏障更加牢固，城乡人居环境明显改善。

民生福祉达到新水平，实现更加充分更高质量就业，居民收入增长和经济增长基本同步，分配结构明显改善，基本公共服务均等化水平明显提高，全民受教育程度不断提升，多层次社会保障体系更加健全，卫生健康体系更加完善，脱贫攻坚成果巩固拓展，乡村振兴战略全面推进。

国家治理效能得到新提升，社会主义民主法治更加健全，社会公平正义进一步彰显，国家行政体系更加完善，政府作用更好发挥，行政效率和公信力显著提升，社会治理特别是基层治理水平明显提高，防范化解重大风险体制机制不断健全，突发公共事件应急能力显著增强，自然灾害防御水平明显提升，发展安全保障更加有力，国防和军队现代化迈出重大步伐。

（二）目标管理的"四要素"

目标管理以人为本，通俗来讲就是：一个组织的组织目标是由管理者和员工通过自上而下以及自下而上的方式共同制订的，然后组织中的每个人和部门都承担着由组织目标分解出来的若干项任务所带来的职权，通过一系列的方式方法对每个人完成的结果和贡献进行管理和评估，并在事后根据结果和贡献实施奖惩的管理方式。

目标管理的"四要素"：① 确定目标；② 参与决策；③ 明确期限；④ 绩效反馈。如图5.8所示。

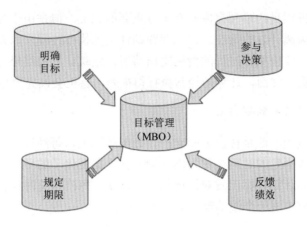

图 5.8　目标管理"四要素"

(三) 目标管理的基本内容

目标管理的基本内容是动员全体员工参加目标制订并保证目标实现,即由组织中的上级与下级一起商定组织的共同目标,并把其具体展开至组织各个部门、各个层次、各个成员。一个管理人员的职责的确定应该以达到公司目标所要完成的工作为依据。如果没有方向一致的分目标来指导每个人的工作,那么企业的规模越大、人员越多,发生冲突和浪费的可能性就越大。每个企业管理人员或工人的分目标就是企业总目标对他的要求,同时也是这个企业管理人员或工人对企业总目标的贡献。

(四) 相关的应用

目标管理应用最广泛的领域是企业管理。企业目标可分为战略性目标、策略性目标以及方案、任务等。一般来说,经营战略目标和高级策略目标由高级管理者制订;中级目标由中层管理者制订;初级目标由基层管理者制订;方案和任务由职工制订,并同每一个成员的应有成果相联系。自上而下目标分解和自下而上目标期望相结合,使经营计划的贯彻执行建立在职工的主动性、积极性基础上,把企业职工吸引到企业经营活动中来。

目标管理方法提出以后,美国通用电气公司最先采用,并取得了明显效果。其后,在美国、西欧、日本等许多国家和地区得到迅速推广,被公认为一种加强计划管理的先进科学管理方法。20 世纪 80 年代初,中国开始在企业中推广,采取的是干部任期目标制、企业层层承包等。

二、滚动计划法

滚动计划法是一种定期修订未来计划的方法。

(一) 滚动计划法的定义

滚动计划(也称滑动计划)是一种动态编制计划的方法,它不像静态分析那样,等一项计划全部执行完再重新编制下一时期的计划,而是在每次编制或调整计划时,均将计划按时间顺序向前推进一个计划期,即向前滚动一次,按照制订的项目计划进行施工,这种计划编制方法对保证项目的顺利完成具有十分重要的意义。但是由于各种原因，项目在进行过程中经常出现偏离计划的情况，因此要跟踪计划的执行过程，以发现存在的问题。另外，跟踪计划还可以监督执行过程的费用支出情况，跟踪计划的结果通常还可以作为向承包商部分支付的依据。然而，计划却经常执行得很差，甚至会被完全抛弃。

（二）滚动计划法的编制方法

滚动计划法的编制方法是在已编制出的计划的基础上，每经过一段固定的时期（如一年或一个季度，这段固定的时期被称为滚动期）便根据变化了的环境条件和计划的实际执行情况，从确保实现计划目标出发对原计划进行调整。每次调整时保持原计划期限不变，而将计划期顺序向前推进一个滚动期。如图5.9所示。

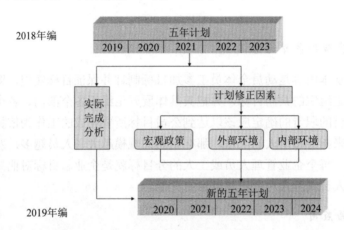

图5.9　滚动计划法示意图

（三）滚动计划法的制定流程

滚动计划法是根据一定时期计划的执行情况，根据企业内外环境条件的变化对计划进行调整和修订，并相应地将计划期顺延一个时期，把短期计划和长期计划结合起来的一种编制计划的方法。在计划编制过程中，尤其是编制长期计划时，为了能准确地预测影响计划执行的各种因素，可以采取近细远粗的办法，近期计划订得较细、较具体，远期计划订得较粗、较概略。在一个计划期终了时，根据上期计划执行的结果和产生条件、市场需求的变化，对原有计划进行必要的调整和修订，并将计划期顺序向前推进一期，如此不断滚动、不断延伸。例如，某企业在2010年年底制订了2011—2015年的五年计划，如采用滚动计划法，到2011年年底，根据当年计划完成的实际情况和客观条件的变化，对原订的五年计划进行必要的调整，在此基础上再编制2012—2016年的五年计划，依次类推。

可见，滚动式计划法能够根据变化了的组织环境及时调整和修正组织计划，体现了计划的动态适应性。而且，它可使中长期计划与年度计划紧紧地衔接起来。

滚动计划法既可用于编制长期计划，也可用于编制年度、季度生产计划和月度生产作业计划。不同计划的滚动期不一样，一般长期计划按年滚动，年度计划按季滚动，月度计划按旬滚动，等等。

三、运筹学方法

运筹学方法的核心是运用数学模型,力求将计划涉及的相关因素转化为各种变量并将其反映在相关模型里,然后通过数学和统计学的方法,在一定的条件范围内求得问题的最佳解决办法。

(一) 运筹学方法的基本步骤

(1) 根据问题的性质建立数学模型,同时界定主要的变量和问题的范围。为了简化问题和突出重点影响因素,还需要做出各种假定。

(2) 根据模型中变量和结果的关系,建立目标函数作为比较结果的工具。

(3) 确定目标函数中各参数的具体数值。

(4) 求解,即找出目标函数的最大或最小值,以此得到模型的最优解,也就是问题的最佳解决方案。

(二) 运筹学方法的评价

对于那些如何合理利用有限的资源实现既定目标的问题,运筹学方法显示出比较强的优势,在实践中也取得了很好的成效。但是,也有一些管理学家质疑此方法,这些质疑主要集中在两个方面:一是针对模型的假设条件,为了方便建立模型和降低计算的复杂程度,运筹学方法通常要对原始的实际问题进行抽象和简化,而且通常会提出一些假设条件以适应数理计算,这种做法难免有"削足适履"之嫌,过多的假设可能会使结果高度失真,从而失去解决实际问题的意义;二是关于目标函数的结果问题,运筹学方法的目的是最终求得问题的最优解,而在管理实践中往往同时存在多个决策目标,最终方案可能是多个目标的折中。在现实的管理实践中,管理者追求的是从多角度来看均令人满意的解,而不是附加了各种限定条件的最优解。正如在本书上一章有关决策理论当中提到的,由于受到各种主客观因素的制约,所谓最优方案实际上是不存在的,即便存在,有时候寻求最优方案也是不经济的。

值得一提的是,随着计算技术的不断发展,特别是计算机的广泛应用,数学模型允许的复杂程度不断提高,以上的质疑部分得到了解决。虽然运筹学方法至今仍然远远不是解决实际问题的一种完美方法,但它无疑是对个人经验判断等定性的决策方法的一个很好的补充,在某些领域中,运筹学方法甚至是一种无可替代的计划方法和技术。

四、PERT 网络分析法

PERT 网络分析法(program evaluation and review technology)是管理者在计划大型的复杂项目时比较常用的一种方法或技术。比如,企业重组或新产品开发等活动,它们要求协调成百上千的活动,各项活动之间存在紧密的时间序列关系,其中一些活动必须同时进行,而另外一些活动必须待前一项活动完成以后才能开始。这时,管理者可以利用网络分析法解决这一问题。

（一）产生背景

1958 年，美国海军武器计划处在制订"北极星"导弹研制计划时，为了对这项错综复杂的科研试制课题实现严格有效的科学控制和管理，提出了一种新的计划管理方法，称为"计划评审技术"，该技术的使用使得"北极星"的预计工期缩短了 2 年。后来的阿波罗登月计划也因采用了该技术而缩短了工期。1961 年美国国防部规定，凡承包有关工程的单位都需要采用这种方法来制订计划。

（二）基本步骤

PERT 网络是一种类似流程图的箭线图，它描述了各项活动的先后顺序以及完成每一项活动所需要的时间，从而帮助管理者从中找出完成计划目标活动的关键线路，以便用最少的资源和最快的速度完成工作。其基本步骤如下。

（1）确定实现计划目标所需要进行的每一项有意义的活动。
（2）确定各项活动的先后顺序关系。
（3）按照活动的先后顺序绘制整个活动从起点到终点的流程图。
（4）估算每项活动的完成时间。
（5）寻找关键线路，关键线路的长度决定了完成整个计划目标所需要的时间。

（三）网络图

网络图是网络分析法的基本工具，它将计划任务分解成各项活动，根据这些活动在时间上的衔接关系，用箭线表示它们的先后顺序，绘制出一个各项活动相互联系并标明所需时间的箭线图形，这个箭线图形就称为网络图。图 5.10 就是一个简单的网络图。

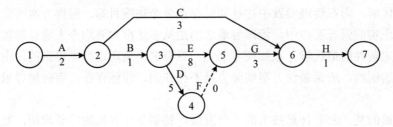

图 5.10　PERT 网络图

从图 5.10 可以看出，网络图由以下部分组成。

（1）"→"表示活动，是从一个事件到另一个事件的过程，需要消耗人力、物力和时间。图中箭线下方的数字表示该活动所需花费的时间。此外，用虚箭线表示的活动不消耗资源和时间，仅仅用来说明活动之间的逻辑关系。

（2）"〇"表示事件，事件是两个活动之间的连接点，事件本身不消耗资源和时间，只表示前一项活动结束和后一项活动开始的那一个瞬间，一个网络图中只有一个始点事件和一个终点事件。

（3）线路和关键线路。线路是指网络图中从始点事件出发，沿箭线方向连续不断到达终点事件所经过的路径。关键线路是指网络图中花费时间最长的一条或几条线路。关键线路上所包含的活动是关键活动，关键线路的长度决定了完成计划所需要的最短时间，也就是说，关键线路上不存在机动时间，沿关键线路的各项活动的延迟将直接导致整个计划无法按期完成。因此，确定关键线路，以此合理安排各种资源，对关键线路上的每一项活动进行严格的进度控制，确保计划如期完成，是利用 PERT 网络分析法的主要目的。

从图 5.10 中可以看出，此计划所包含的线路总共有 3 条。

线路一：① → ② → ⑥ → ⑦

线路二：① → ② → ③ → ⑤ → ⑥ → ⑦

线路三：① → ② → ③ → ④ → ⑤ → ⑥ → ⑦

其中，线路二消耗的时间最长（15 周），是关键线路，如果要优化此方案，应该重点关注线路二上的活动 A、B、E、G 和 H。

（四）PERT 网络分析法的评价

虽然 PERT 网络分析法涉及大量烦琐的计算，但在计算机广泛运用的今天，许多计算工作基本上已经程序化了，因此，该方法因显示出一系列的优点而得到广泛应用。首先，该方法能够清楚地表明整个计划中各项活动之间的先后顺序和逻辑关系，并指出完成计划的关键路径，使管理者在制订和执行计划的过程中，可以全面权衡、统筹安排，同时又能进行重点管理；其次，该方法中的关键线路的作用可以提示管理者哪些活动是整个计划工作的重点，以便于围绕重点活动进行资源优化和时间进度管理，对关键线路上的各项活动可以在时间和资源上予以优先安排和重点监控，对可能影响关键活动的各种风险也能提前制定应急预案，从而降低计划执行的风险；再次，当管理者想要缩短计划完成时间和节省资源消耗时，可以把考虑的重点放在关键线路上，在资源分配上出现矛盾时，也可以适当调动非关键线路上相关活动的资源去支持关键线路上的活动，以加快计划实施进度；最后，由于该方法易于操作，因此应用范围相当广泛，而且效果显著。例如，1958 年，美国海军武器计划处开发出该项技术并将之运用到"北极星"导弹研制计划中，该项目需要协调 3000 多家供应商和研究机构的几万种活动，结果，由于该计划方法成功运用，整个项目提前两年完成了。

五、甘特图法

甘特图（Gantt chart）又叫横道图、条状图（bar chart），是以图示的方式通过活动列表和时间刻度形象地表示出任何特定项目的活动顺序与持续时间。20 世纪初，被认为是计划和控制技术之父的亨利·甘特发明了表示项目进度的横道线条图，并在第一次世界大战中运用该技术极大地缩短了建造货轮的时间。后人为了纪念甘特的成就，就把这种计划图表命名为甘特图。

甘特图内在思想简单，基本是一条线条图，横轴表示时间，甘特图的横坐标为时间，纵坐标为活动内容，每一项活动由一条水平横条表示，横条的长度即完成活动所需的时间。它能直观地表明任务计划在什么时候进行，以及实际进展与计划要求的对比。甘特图不仅能够使得项目中各阶段的任务之间的关系容易被识别，而且能够方便不同干系成员之间的沟通。在项目管理中采用甘特图可体现项目完成的进度。由于甘特图直观、简洁地反映了任务的进度关系，因此成为项目进度管理的有力工具。

本 章 小 结

本章介绍了计划和战略计划的相关概念和理论，详细探讨了计划工作和战略管理所包含的基本步骤，分析了不同层次的计划和战略的基本类型和特点，并着重介绍了企业战略的基本类型以及常用的计划方法。现将本章涉及的一些重点概念和问题做简要回顾。

计划是为组织确定、选择适当的目标和行动的过程。计划指明了组织方向，减少变化的冲击，减少浪费和冗余，设立标准以利于控制。

计划的类型很多，从纵向看，计划是一个从抽象到具体的自上而下的层次体系；从横向看，计划包含了企业各项活动的职能计划序列；从时间跨度看，计划包含了由长期、中期和短期计划组成的相互衔接的计划序列。

计划工作需要遵循一定的程序，这个程序包含了从估量机会、确定计划目标一直到拟订派生性计划和编制预算等主要环节的工作。计划工作的成效取决于各环节工作的质量。

与一般的作业计划相比，战略计划一般涉及较长的时间期限和较广泛的问题，是对企业全局性、长期性重大问题的一种纲领性的谋划和决策，其目的是为企业在充满挑战的环境中寻求并保持持久的竞争优势。

战略管理具有层次性，公司层战略和业务层战略作为企业基本的框架性战略，越来越受到人们的重视，职能层战略主要是为上面两个层次提出的目标提供支撑和服务的。

企业战略的选择必须建立在科学而全面的战略分析的基础上，外部环境分析的目的是发现机会和威胁，内部条件的分析是为了识别或建立企业的优势，克服企业的短处或劣势。成功的战略选择能够帮助企业充分做到趋利避害、扬长避短。

公司层战略存在着四种基本的选择，即增长战略、维持战略、收缩战略和组合战略。BCG矩阵区分出四种业务组合：明星、现金牛、问题和瘦狗，以帮助企业进行合理的业务决策。

目标管理法是一种有别于传统的目标制订方法，是强调员工参与的新的管理制度和方法。目标管理过程包括目标体系的建立、目标实施和目标评价及奖惩三个基本步骤。目标管理提高了组织各级人员的"承诺意识"，有很强的激励作用，并且可以通过一系列的方法将员工行为的引导、激励和控制有机统一起来，提高管理的效率。

复习思考题

1. 如何理解计划的概念？
2. 计划有哪些基本类型？
3. 什么是战略？企业战略有哪几种基本观点？你是怎样理解企业战略的含义的？

4. 战略管理的层次有哪些？
5. 公司层战略和事业层战略有哪些主要的形式？
6. 目标管理法的含义、步骤和优点、缺陷是什么？
7. 简述 PERT 网络分析法。
8. 简述波特竞争力模型的内容。
9. 理论联系实际，分析某一企业外部环境中的机会与威胁。

自测练习题

案例分析题

第三篇　组织篇

第六章　组织
第七章　组织文化

第六章 组 织

 **本章导读**

通过计划活动我们明确了组织目标以及目标实现的途径及措施。但要使计划转化为实际行动，还需要动员组织中的人、财、物资源，具体包括为组织设计合理的组织结构、为组织配备合适的人员、实施发动组织变革。这个时代唯一不变的就是变，我们可以看到两个极端都在发生，就像英国作家查尔斯·狄更斯的小说《双城记》里所描写的那样："It was the best of times, it was the worst of times."（这是最美妙的时代，也是最糟糕的时代）这些背后的原理是什么？我们原来所奉为真理的一些东西，在今天的环境里行不通了。今天新兴的一些东西，在往日成功企业的眼里却是不正确的，它们看不惯、看不懂、看不上。人们说，没有成功的企业，只有时代的企业，所谓成功就要踩准时代的节拍。企业踩准节拍不像一个人走路那样，踩准步点儿就行，而是企业的组织必须脱胎换骨。

现代社会，任何追求卓越的组织都要踩准时代的节拍，根据其发展需要实施组织变革战略和人员配备战略，重视组织设计与组织变革。

学习目标

知识目标：了解组织的性质、类型，组织设计的基本概念，组织人员配备的意义；理解组织在管理过程中的地位和作用、组织设计的基本原则、影响组织设计的权变因素、组织变革的动因、组织人员配备的基本原理、人员配备形式、组织变革的方式；掌握组织的概念、管理幅度与管理跨度的关系、各种组织结构类型的特点和设计、人员配备程序和任务、如何实施组织变革、当代组织变革的新举措。

能力目标：提高概念理解能力、综合分析能力；根据组织设计的一般规律和方法对组织进行设计；对各种不同类型组织结构的运行特点进行分析并提出这些结构形式的适用条件；能应用所学理论分析不同组织变革的主要动因、目标和过程。

素质目标：培养学生具有较强的组织设计能力与探索精神、改革与创新精神、判断分析能力，以适应社会主义市场经济体制建设的需求。

思政目标：引导学生了解我国企业的组织变革与发展，深入理解企业的社会责任，培养学生的科学精神、务实态度、文化自信、敬业爱国精神。

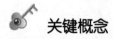 **关键概念**

组织（organization） 正式组织（formal organization）

非正式组织（informal organization）　　　组织设计（organizations designing）
组织结构（organizational structure）　　　统一指挥原则（unity of command）
管理幅度（span of control）　　　　　　　集权（centralization）
分权（decentralization）　　　　　　　　　劳动分工原则（work specialization）
部门化（departmentalization）
职能部门化（functions departmentalization）
产品部门化（product departmentalization）
过程部门化（process departmentalization）
区域部门化（geographic departmentalization）
顾客部门化（customer departmentalization）
职能型结构（functional structure）　　　　矩阵制结构（matrix structure）
事业部结构（divisional structure）
流程型组织（process-oriented organization）
网络型结构（network structure）　　　　　控股型组织（group holding structure）
机械式组织（mechanistic organization）　　有机式组织（organic organization）
人员配备（staffing）　　　　　　　　　　 组织变革（organizational change）

第一节 组织概述

一、组织的概念

（一）组织的含义

组织的含义可以从不同角度去理解，古今中外的管理学家对此也有不同的解释。社会系统学派的代表人物巴纳德将组织定义为"两个或两个以上的人，有意识地加以协调的活动或力量系统"；管理学家曼尼给组织的定义是"组织就是为了达到共同目的的所有人员协力合作的形态"；罗宾斯将组织视为由一群具有正式关系的人组成的群体。

从管理学的角度来看，组织是指这样一个社会实体——它具有明确的目标导向和精心设计的结构与有意识协调的活动系统，同时又同外部环境保持密切的联系。

从广义上说，组织是指由诸多要素按照一定方式相互联系起来的系统。系统论、控制论、信息论、耗散结构论和协同论等，都是从不同的侧面研究有组织的系统的。从这个角度来看，组织和系统是同等程度的概念。从广义的角度看，组织包含生物学中有机体的组织，在西方原义来源于器官（organ），因为器官是自成系统的，如皮下组织、肌肉组织等出自细胞组成的活组织；动物的群体组织，如一窝蜜蜂就是一个以蜂王为核心、秩序井然、纪律严明的群体；还有人的组织；等等。

从狭义上说，组织就是指人们为实现一定的目标，互相协作结合而成的集体或团体，如党团组织、工会组织、企业、军事组织等。狭义的组织专门就人群而言，运用于社会管理之中。在现代社会生活中，人们已普遍认识到组织是人们按照一定的目的、任务和形式编制起来的社会集团，组织不仅是社会的细胞、社会的基本单元，还可以说是社会的基础。本书所要研究的组织是指狭义的组织。

（二）组织的类型

1. 按组织的规模程度分类

按规模程度分类，组织可分为小型的组织、中型的组织和大型的组织。

比如，同是企业组织，就有小型企业、中型企业和大型企业；同是医院组织，就有个人诊所、小型医院和大型医院；同是行政组织，就有小单位、中等单位和大单位。按这个标准进行分类是具有普遍性的，不论何种组织都可以这样划分。以组织规模划分组织类型，充分表现了对组织现象的表面的认识。

2. 按组织的社会职能分类

按组织的社会职能分类，组织可分为文化性组织、经济性组织和政治性组织。

文化性组织是一种人们之间相互沟通思想、联络感情、传递知识和文化的社会组织，各类学校、研究机关、艺术团体、图书馆、艺术馆、博物馆、展览馆、纪念馆、报刊出版单位、影视电台机关等都属于文化性组织。文化性组织一般不追求经济效益，属于非营利性组织。而经济性组织是一种专门追求社会物质财富的社会组织，它存在于生产、交换、分配、消费等不同领域，工厂、工商企业、银行、财团、保险公司等社会组织属于经济性组织。政治性组织是一种为某个阶级的政治利益而服务的社会组织，国家的立法机关、司法机关、行政机关、政党、监狱、军队等都属于政治性组织。

3. 按组织内部是否有正式分工关系分类

按组织内部是否有正式分工关系分类，组织可分为正式组织和非正式组织。

如果一个社会组织内部存在着正式的组织任务分工、组织人员分工和正式的组织制度，那么它就属于正式组织。政府机关、军队、学校、工商企业等都属于正式组织。正式组织是社会中主要的组织形式，是人们研究和关注的重点。而如果一个社会组织的内部既没有确定的机构分工和任务分工，没有固定的成员，也没有正式的组织制度等，这种组织就属于非正式组织。非正式组织可以是一个独立的团体，如学术沙龙、文化沙龙、业余俱乐部等，也可以是一种存在于正式组织之中的无名而有实的团体。这是一种事实上存在的社会组织，这种组织现在正日益受到重视。在一个正式组织的管理活动中，应特别注意非正式组织的影响作用。对这种组织现象的处理，将会影响组织任务的完成和组织运行效率。

二、组织的分类

（一）正式组织

1. 正式组织的概念

正式组织是指人们按照一定的规则，为完成某一共同的目标，正式组织起来的人群集合体，是具有一定结构、共同目标和特定功能的行为系统。任何正式组织都是由许多要素、部分、成员，按照一定的联结形式排列组合而成的。它有明确的目标、任务、结构和相应的机构、职能和成员的权责关系以及成员活动的规范。

2. 正式组织的特点

正式组织是组织设计任务的结果,是经由管理者通过正式的筹划,并借助组织图和职务说明书等文件予以明确规定的。它具有严密的组织结构、共同的奋斗目标、明确的信息沟通系统,成员有固定的编制,并有明确的职责分工。正式组织具有如下三个基本特征。

1) 目的性

为了实现共同的组织目标而有意识地建立了正式组织,因此,正式组织要采取什么样的组织结构形式,从根本上说应该服从于有利于实现组织目标、落实战略计划的需要。这种目的性决定了组织工作通常是在计划工作之后进行的。

2) 正规性

在正式组织中,都会有书面文件对所有成员的职责范围和相互关系进行明确的、正式的规定,为的是确保每个成员行为的合法性和可靠性。

3) 稳定性

正式组织一经建立,通常会维持一段时间相对不变,只有在组织的内外环境条件发生了较大变化,导致原有组织形式与内外环境不适应时,才会对组织进行重组和变革。

(二) 非正式组织

1. 非正式组织概念的提出

人类对非正式组织行为的考察已有数百年的历史,美国心理学家梅奥在经过历时一年的霍桑实验后,在其所著的《工业文明中人的问题》中第一次提出了非正式组织的概念,随后又对非正式组织做了较为详细而又系统的研究。梅奥认为,非正式组织存在于正式组织中。人们由于无法从正式组织中得到安全、社交等精神需求,便会积极主动地去寻找在价值观、兴趣爱好、性格等方面较为相近的人进行交流,并形成较为紧密的群体,由此产生以情感逻辑为行为规范的非正式组织。通过霍桑实验,梅奥得出了著名的人际关系理论,他认为人具有社会性,工作中的人际关系是影响生产效率最重要的因素。由此可知,非正式组织产生的根本原因是人具有社会性,这也决定了非正式组织存在的价值与必要性。非正式组织是伴随着正式组织而出现的一种必然的组织形式。

2. 非正式组织的概念

巴纳德在 20 世纪 30 年代末出版的《经理人员的职能》一书中表明,非正式组织与正式组织是相互依存的,有正式组织的地方一定会有非正式组织,并定义非正式组织为一种密度与形态变化无常的集合体,与正式组织相伴而生、互相影响。著名组织学家罗宾斯(2008)则认为,非正式组织只是满足社交需要而在工作场所中自然而然形成的一种无正式网络的联盟。组织学家戴维斯(2000)对非正式组织进行了一个较为完整的概括:非正式组织是自主形成的一个社会关系网,以方便人们日常的互相联系,并不是因为正式组织需要而产生。戴维斯认为,非正式组织并不是由正式组织建立的,它是由人们互相联系而自发形成的个人和社会关系的网络。由于非正式组织是自发形成的,所以也称为自发性组织。由于这种非正式组织的规模比较小,因此也称为小团体。

非正式组织是存在于正式组织内部的,由成员的个人喜好、经历等因素自然形成的以情感为联结的一类社会群体。例如，日常的亲朋好友群体、公司同事群体以及社区群体都是非正式组织。非正式组织成员之间存在着不言而喻的习惯或者某些默认的规则，这些都影响着成员的行为举止，这对实现企业目标和满足成员心理需求起着非常重要的作用，它所折射的是一种普遍存在于正式组织成员间的特殊人际关系。

【☆思政专栏6-1】

非正式组织与正式组织的价值融合

价值在组织中处于核心地位，决定着组织的其他层面。美国学者菲利普·塞尔兹尼克认为，组织的生存，其实就是价值观的维系，以及大家对价值观的认同。马克思说："价值是从人们与满足他们需要的外界物的关系中产生的。"在管理实践中，一方面要针对非正式组织的非理性特性，积极主动地因势利导，利用非正式组织的积极价值作用，化被动为积极主动，增强管理的效力。在管理中经常看到很多管理者试图消除非正式组织，这样就使正式组织和非正式组织对立了起来。忽略了非正式组织在组织活动中的价值，实际上就是忽略了二者的对立统一的关系。另一方面，我们应该充分看到非正式组织在管理实践中的价值，弱化非理性因素在组织中的消极作用。

1. 建立普遍认同的良好的企业文化

良好的企业文化可以融合非正式组织的价值，使不同的情绪、灵感融合在一起，增强组织的凝聚力。良好的企业文化可以引导和培育非正式组织的认同感，成为组织目标实现的动力。很多国内外的优秀企业在企业文化方面做得很成功。价值对正式组织和非正式组织的行为有导向和规范作用，克服了正式组织和非正式组织的对立，可以使正式组织和非正式组织的价值趋于一致，这就实现了正式组织和非正式组织的价值融合的效果。

2. 充分理解非正式组织的价值

有什么样的价值观就有什么样的组织目标，组织目标是组织存在的基础，没有目标也就没有组织存在的意义，很显然，组织目标又受到组织存在价值的影响。非正式组织的价值可能和正式组织的价值一致，也可能不一致。这就要求我们在建立正式组织目标的同时也要考虑到非正式组织的目标，在不影响正式组织总目标的同时尽量使双方的目标一致，在考虑到正式组织规章制度的同时也要考虑到非正式组织中的人情因素，充分发挥组织中每个人的主观能动性和创造性。

资料来源：王俊峰. 浅议非正式组织和正式组织的价值融合[J]. 信阳农业高等专科学校学报，2011，21（2）：12.

3. 非正式组织的特征

非正式组织具有以下特征。

（1）非正式组织是通过组织成员之间的相互作用而自发形成的，因此具有自发性。

（2）非正式组织的内部没有明确规定的规章制度，但组织成员具有较高的行为一致性。

（3）非正式组织的规模较小，但具有紧密的人际关系。

（4）非正式组织具有自己独立而又奇特的规范，并通过这些规范强有力地约束着组织内部成员。

（5）非正式组织的核心人物是自然而然产生的，不是被组织任命的，但是对非正式组织具有很深的影响力。

（6）非正式组织结构松散，组织成员不固定。

4. 非正式组织的影响

1）积极影响

一是非正式组织的存在可以帮助企业发现其在人员管理方面的缺陷。非正式组织的产生是正式组织管理上的不完善导致的，作为企业的管理者，可以根据非正式组织的行动方向来改良企业人员管理制度。二是非正式组织能对企业中的正式组织沟通起补充作用，在一定程度上加强了信息的沟通，增强了企业的扁平化程度，进一步提高了员工绩效。很多时候，正式组织的沟通存在多方面的限制，从上至下的管理层次过多、信息传递链过长都会直接导致信息传递效率低且易失真。非正式组织的沟通较灵活，可以提高正式组织沟通的效率，帮助企业员工更加全面地理解企业做出的重大决策，进一步提高员工绩效。三是非正式组织可以反映员工心理诉求。对于企业来说，管理者再怎么努力也很难了解员工多层次、全方位的需求，但员工在非正式组织中能够畅所欲言，企业管理者可以从中对员工进行整体了解，然后有针对性地实施相对应的政策来维护工作人员和企业之间良性的心理契约。

2）消极影响

非正式组织的消极作用主要体现在以下几个方面。一是不利于企业和谐文化的创建。由于非正式组织具有无规范性的特点，它可以对自身所掌握的信息进行单方面的判断，这种判断有时是非理性的，并且非正式组织不需要为这种非理性判断付出任何承诺和代价，这就会形成一种恶性循环的传播模式。若得不到及时的澄清便会对企业和谐文化产生重创，不利于组织的稳定。二是存在压制创新的风险。从字面上理解，非正式组织是没有成文规定的团体，但是成员间却有着不言而喻的规范，如果有谁违反了这种规范，组织便会对其进行施压，让其跟组织趋于一致。对于现在这个时刻在更新换代的社会，这种非正式组织的存在会压制员工的创新动力，员工之间长期处于一种没有竞争的状态下会影响员工绩效，甚至导致企业发展落后。

【知识拓展6-1】

霍曼斯的小团体结构理论

运行机理：霍曼斯的小团体结构理论将非正式组织的结构由内向外划分为三层人群，即核心群、边缘群和外层群。核心群，顾名思义是组织最重要的部分，这部分人群组织的凝聚力最强，组织成员之间的联系也最为紧密，人员的组成相对来说最为稳定，而这三层人群越往外凝聚力越弱、联系越少，人员的组成也就越不稳定。非正式组织的规范一般是非正式的、不成文的。非正式组织的权力则取决于组织内部核心人物的个人魅力和成员自发的认同程度，是一种隐性权力。

资料来源：许婧. 酒店企业非正式组织功能的实证研究[D]. 重庆：西南大学, 2011.

第二节 组 织 设 计

组织设计是一个动态的工作过程,包含了众多的工作内容。科学地进行组织设计,需要根据组织设计的内在规律有步骤地进行。

一、组织设计的含义

科学而高效的组织结构不是一成不变和一蹴而就的,应随机制宜和因地、因时、因人而异,因而需要组织设计这个动态的工作过程。

组织设计(organizations designing)是指管理者将组织内各要素进行合理组合,建立和实施一种特定组织结构的过程。

组织设计的实质是对管理人员的管理劳动进行横向和纵向的分工;是有效管理的必备手段之一。组织设计通常在以下情况下进行。

(1)新建企业。

(2)企业战略发生巨大变化,组织结构已经难以适应。

(3)企业所处发展阶段发生变化,组织结构成为发展的制约。

(4)组织人事或管理模式发生变化,亟须对组织结构做出调整。

(5)外部市场发生变化,竞争对手的网络发生变化,亟须调整组织结构。

(6)组织结构臃肿、协调困难、沟通不畅、决策缓慢,亟须优化组织结构。

(7)组织人浮于事,官僚作风严重。

(8)信息不畅,决策执行走样。

组织设计也可以理解为以企业组织结构为核心的组织系统的整体设计工作。组织结构(organizational structure)是用来描述组织的基本框架,是指组织内关于规章、职务及权利关系的一套形式化系统,它说明组织内各项工作如何分配、谁向谁负责及内部协调机制如何。它是组织内部各要素及其相互关系的总和。如同人类由骨骼确定体型一样,组织也由结构决定其形状。组织结构可以通过其复杂化程度、规范化程度和集权化程度来描述。

尽管组织结构日益复杂、类型演化越来越多,但任何一个组织结构都存在三个相互联系的问题,即职权如何划分、部门如何确立、管理层次如何划分。由于组织内外环境的变化影响着这三个相互关联的问题,使得组织结构的形式始终围绕这三个问题发展变化。因此,要进行组织结构的设计,首先要正确处理这三个问题。

职权是管理者所拥有的制定决策、发布命令、分配资源以完成组织目标的正式的、合法的权力。组织职权来自于职位,具有多种行使方式,具有不同的类型和动力意义。根据罗宾斯的理解,组织职权从层次上可以划分为三种:直线职权、参谋职权、职能职权。

直线职权是上下级之间的指挥、命令关系,也就是我们通常说的"指挥链"。参谋职权是指那些向直线管理者提供建议和服务的个人或团体所拥有的职权,是某个职位或部门所拥有的辅助性权力,包括提供咨询、建议等。该职权源于直线人员对专业知识的需要,如财务、质量、人事、公关等。职能职权是参谋部门或参谋人员拥有的原属直线人员的一部分权力。该职权是直线人员由于专业知识不足而将部分指挥权授予参谋人员，使他们在某一职能范围内行使指挥权。职能职权只有在其职能范围内才有效，是一种有限指挥权。

组织结构设计的成果表现为组织结构图、职位说明书和组织手册。

组织结构图把企业组织分成若干部分，并且标明各部分之间可能存在的各种关系。组织结构图不是简单的组织机构表，在描述组织结构图时注意不能只简单地表示各部门之间的隶属关系，而应使各人清楚自己组织内的工作，增强其参与工作的欲望，增强组织的协调性。

职位说明书是对岗位的任职条件、岗位目的、指挥关系、沟通关系、职责范围、负责程度和考核评价内容给予的定义性说明；其通过职位描述的工作把直接的实践经验归纳总结并上升为理论形式，使之成为指导性的管理文件。职位说明书主要包括职位描述和职位任职资格要求两个部分：职位描述主要对职位的工作内容进行概括，包括职位设置的目的、基本职责、组织图、业绩标准、工作权限等内容；职位任职资格要求主要对该职位的标准和规范进行概括，包括该职位的行为标准，胜任该职位的人员所需的知识、技能、能力、个性特征以及对人员的培训需求等内容。这两个部分并非简单的罗列，而是通过客观的内在逻辑形成一个完整的系统。

组织手册用于说明组织机构目标、权责关系和职务说明等。它有助于促进员工对其职责及与其他岗位员工相互关系的了解并为进一步研究组织问题提供依据。

【☆思政专栏6-2】

中国政府的组织结构

党和政府为建立和完善结构合理、人员精干、灵活高效的党政机关进行了多次组织机构设计与改革，目前的政府组织结构框架遵循2018年的政府机构改革方案。

我国的行政组织体系的纵向结构划分为五级，自上而下依次是：①国务院，即中央人民政府，是最高国家权力机关的执行机关，是最高国家行政机关；②省级以上共有34个行政单位，即23个省、5个自治区、4个直辖市、香港与澳门两个特别行政区；③省级以下为地级，地级政府有省会市政府、副省级市政府、地级市政府；④地级以下为县级，县级政府是指县、自治县、县级市、市辖区、旗、自治旗政府；⑤县级以下为乡级政府，乡级政府是指乡、民族乡、镇的政府。

在各级政府机关内部又分为若干层次，如国务院组成部门和办事机构内部分为三个层级：部委办、司（局）、处（室）；直属机构内部一般也分为三个层级：局、司（局）、处（室）；省（自治区、直辖市）政府的内部层级也分为三个层级：厅局委、处、科。

行政组织的上下层级之间存在着领导与被领导、命令与服从的关系。

行政组织结构的合理、精简有利于优化职能配置，深化转职能、转方式、转作风，提高效率效能，为决胜全面建成小康社会、开启全面建设社会主义现代化国家新征程、实现中华民族伟大复兴的中国梦提供有力制度保障。

二、组织设计的基本原则

在长期的企业组织理论研究和实践活动中,管理学家曾提出过一些组织设计基本原则,如英国管理学家林德尔·福恩斯·厄威克曾比较系统地归纳了古典管理学派泰勒、法约尔、韦伯等人的观点,提出了适用于一切组织的 8 项原则:目标原则、相符原则、职责原则、组织阶层原则、控制幅度原则、专业化原则、协调原则和明确性原则;美国管理学家孔茨等人,在继承古典管理学派的基础上,提出了健全组织工作的 15 条基本原则:目标一致原则、效率原则、管理幅度原则、分级原则、授权原则、职责的绝对性原则、职权和职责对等原则、统一指挥原则、职权等级原则、分工原则、职能明确性原则、检查职务与业务部门分设原则、平衡原则、灵活性原则和便于领导原则。这些研究成果为不断变化的组织发展提供理论借鉴与指导。从纵向和横向两个角度进行分析有助于更好地理解组织设计的基本原则。

(一)纵向组织设计的原则

1. 统一指挥原则(unity of command)

所谓统一指挥原则,是指组织的各级机构及个人必须服从一个上级的命令和指挥,只有这样才能保证政令统一、行动一致。如果两个领导人同时对同一个人或同一件事行使他们的权力,就会出现混乱。

统一指挥原则是最经典的也是最基本的原则,优点表现在:有利于形成政策与行动的一致性;使缺乏信息和技能的下属少犯错误,以减少损失;充分综合利用有特殊技能的专家;有利于加强控制。

统一指挥原则是建立在明确的权力系统上的,权力系统则要依靠上下级之间严明的指挥链形成。如果下属面对来自多个主管的冲突要求或优先处理要求会无所适从,因此需要防止多头领导,遵循统一指挥原则设计组织。当然,从辩证的角度衡量,严格遵循统一指挥原则行事也许会造成某种程度的不适应,妨碍组织取得良好的绩效,这时就需要打破统一指挥原则。

2. 层幅适当原则

"层"指的是管理层次;"幅"指的是管理幅度。这是制约组织结构的两个相互联系的主要因素,组织设计要根据自身发展需要选择适当的管理层次与管理幅度。

管理层次指组织纵向划分的管理层级的数目,即组织的最高主管到基层工作人员之间所设置的管理职位层级数。当组织规模相当有限时,一个管理者可以直接管理每一位工作人员的活动,这时组织就只存在一个管理层次;而当规模的扩大导致管理工作量超出一个人所能承担的范围时,为了保证组织的正常运转,管理者就必须委托他人分担自己的一部分管理工作,这使管理层次增加到两个;随着组织规模的进一步扩大,受托者又不得不委托其他的人分担自己的工作,依次类推,形成了组织的等级制或层次性管理结构。管理层次具有副作用:层次多意味着费用也多;沟通的难度和复杂性加大;随着层次和管理者人数的增多,控制活动会更加困难,也更为重要。

通常情况下，管理层次可分为高层、中层和基层。高层从企业整体利益出发制订企业的战略目标和大致方针，对企业实施统一指挥和综合管理，具有最高权威。中层根据总目标制订本部门的分目标，拟订实施计划的方案、程序和步骤，并评价绩效，纠正偏差。基层员工按制订的计划和程序完成各项任务。

管理幅度（span of control）又称管理跨度或者管理宽度，是指管理者直接有效管理的下属人员或机构的数目。任何管理人员，受其知识、经验、精力等条件的影响，能够有效地领导下级的人数是有限的，超过一定限度就不能做到具体、有效的管理。普遍的观点认为，管理3～20名直接下属比较合适，其中，高层管理者管理3～10名下属；中层管理者管理6～15名下属，基层管理者管理15～20名下属。以下因素也会影响管理幅度。

（1）管理者和下属的素质和能力。
（2）工作任务的内容和性质。
（3）下级人员职权合理与明确的程度。
（4）沟通的有效性。
（5）计划与控制的明确性及其难易程度。
（6）监管手段。
（7）业务部门、参谋人员的重视及利用程度。
（8）人员的空间分布。

管理层次与管理幅度的关系：管理层次受组织规模和管理幅度的影响。它与组织规模成正比：组织规模越大，包括的成员越多，则层次越多。当组织规模一定时，管理层次和管理幅度之间存在反比例的关系：管理幅度越大，管理层次就越少；反之，管理幅度越小，则管理层次就越多。

在保证管理层次与管理幅度适当的同时还要求尽量减少层次和幅度，这样可以避免政出多门，还可以简化办事程序，从而提高管理效能。

古典管理学者、法国管理顾问格拉丘纳斯（V. A. Graicunas）在1933年首次发表的一篇论文中，分析了上下级之间可能存在的关系，并提出了一个用来计算在任何管理宽度下都可能存在的人际关系数的数学模型。他的理论把上下级关系分为三种类型。

一是直接的单一关系，指上级直接地、个别地与其直属下级发生联系。
二是直接的组合关系，指上级与其下属人员的各种可能组合之间的联系。
三是交叉关系，指下属彼此打交道的联系。

如果A有三个下属B、C、D，那么他们之间存在的这三种关系如表6.1所示。

表6.1 上下级关系的三种类型

直接的单一关系	直接的组合关系	交 叉 关 系
A→B	A→B 和 C	B→C
A→C	A→B 和 D	B→D
A→D	A→C 和 D	C→B
	A→C 和 B	C→D
	A→D 和 B	D→B

续表

直接的单一关系	直接的组合关系	交 叉 关 系
	A→D 和 C	D→C
	A→B 和 C 及 D	
	A→C 和 B 及 D	
	A→D 和 C 及 B	

可能有人会认为类似 A→B 和 C 与 A→C 和 B 这样的关系是一样的，但格拉丘纳斯认为是不同的。因为其中有一个由"以谁为主"的问题所造成的心理状态。

通过这三种上下级关系的分析，格拉丘纳斯认为，在管理宽度的算术级数增加时，主管人员和下属间可能存在的互相交往的人际关系数几乎将以几何级数增加。据此，他提出了一个可以用在任何管理宽度下计算上下级人际关系数目的经验公式：

$$N = n(2^{n-1} + n - 1)$$

式中：N 表示管理者与其下属之间相互交叉作用的最大可能数；n 表示一个管理者直接控制的下属人数，即管理幅度。

当 $n=1$ 时，$N=1$；当 $n=2$ 时，$N=6$；$n=3$ 时，$N=18$；$n=10$ 时，$N=5210$。

根据这一公式，不同下属人数的可能关系数如表 6.2 所示。

表 6.2　不同下属人数的可能关系数

n（下属人数）	N（关系数）	n（下属人数）	N（关系数）
1	1	8	1 080
2	6	9	2 376
3	18	10	5 210
4	44	11	11 374
5	100	12	24 708
6	222	13	2 359 602
7	490		

由此可见，随着管理宽度的增加，上下级之间的相互关系数量也在急剧上升。这说明了管理较多下属的复杂性，因此，管理人员在增加下属人数前一定要三思而行。

需要指出的是，格拉丘纳斯的这个公式没有涉及上下级关系发生的频次和密度，因而它的实用性受到了一定的限制。对于一个主管人员来说，相互关系和所发生的频次和密度（可用所需时间来计算）也应是在确定下属人数时所需考虑的重要因素。

总之，管理幅度受多方面因素的影响，这也决定了管理幅度具有很大的弹性。

【知识拓展 6-2】

扁平型组织结构与高耸型组织结构的比较

传统的企业结构倾向于窄小（通常不超过 6 人）高耸型，偏重于控制和效率，比较僵硬。扁平型结构则被认为比较灵活，容易适应环境，组织成员的参与程度也相对比较高。因此，企业组织结构出现了一种由高耸向扁平发展的趋势，以宽的管理幅度设计组织结构。如图 6.1 所示。

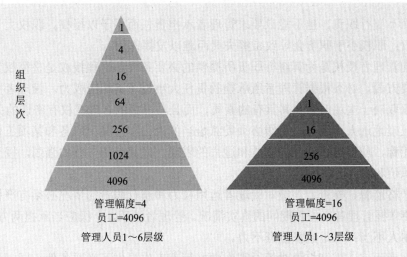

图 6.1　扁平型组织结构与高耸型组织结构

扁平型组织结构的特点如下。

优点：①信息传递快，失真可能性小；②管理效率高；③对下属的控制较少，利于发挥下属积极性。

缺点：①上级主管负担较重，容易出现失控现象；②组建要求较高。

高耸型组织结构的特点如下。

优点：①可以进行严密的控制和监督；②使上下级之间联络迅速。

缺点：①容易造成上级过多地插手下级的工作；②管理层次多，引起管理费用增加；③最高层与最低层距离拉长，信息的传递缓慢，容易失真。

二者的对比如表 6.3 所示。

表 6.3　扁平型结构与高耸型结构的比较

比较要素	扁平结构	高耸结构
上下级距离	相对短	相对长
信息纵向沟通速度	相对快	相对慢
信息传递失真度	相对小	相对大
上下级协调	相对难	相对易
控制程度	较松散	较严密
被管理者	积极主动	消极被动
管理费用	较低	较高

任何组织都需要解决主管人员直接指挥与监督的下属数量问题，但在同样获得成功的组织中，每位主管直接管辖的下属数量往往不同。

3. 权责对等原则

职权与职责要对等是指组织中的每个部门和部门中的每个人员都有责任按照工作目标的要求保质保量地完成工作任务，同时，组织也必须委之以自主完成任务所必须的权力，具体包括以下几方面。

（1）管理者拥有的权力与其承担的责任应该对等。所谓"对等"就是相互一致。不能拥有权力而不履行职责，也不能只要求管理者承担责任而不予以授权。职权大于职责会导致滥用职权；职权小于职责会导致指挥失灵而难以发挥作用。

（2）向管理者授权是为其履行职责所提供的必要条件。合理授权是贯彻权责对等原则的一个重要方面，必须根据管理者所承担的责任大小授予其相应权力。管理者完成任务的好坏，不仅取决于主观努力和其具有的素质，而且与上级的合理授权有密切的关系。

（3）正确地选人、用人。上级必须委派恰当的人去担任某个职务和某项工作。人和职位一定要相称，应根据管理者的素质和过去的表现，尤其是责任感的强弱，授予他适合的某个管理职位和权力。

（4）严格监督、检查。上级对管理者运用权力和履行职责的情况必须有严格的监督、检查，以便掌握管理者在任职期间的真实情况。管理者渎职，上级应当承担两方面的责任：一是选人用人不当；二是监督检查不力。

对管理者而言，贯彻权责对等原则为做好管理工作提供了必要条件，同时也对管理者从两个方面进行约束：一是不能滥用权力；二是强调了管理者的责任，在其位要担其责。但是，这类约束是自我约束，要靠管理者高度的自觉性才能起作用。

4. 集权与分权相结合原则

集权（centralization）是指决策权力和行动决定在组织系统中较高层次上的集中。

集权的优势在于：政令统一，标准一致，便于统筹全局；指挥方便，命令容易贯彻执行；有利于形成统一的企业形象；容易形成排山倒海的气势；有利于集中力量应付危局。集权的弊端在于：不利于发展个性，顾及不到事物的特殊性；缺少弹性和灵活性；适应外部环境的应变能力差；下级容易产生依赖思想；下级不愿承担责任。

分权（decentralization）是在多层次、多机构的决策系统中权力合理分派的规定和制度。分权是与集权相对应的概念，指组织的权力不是集中于某个成员，而是分散在组织内部。

在组织管理中，应该集权与分权相结合，绝对的集权或绝对的分权都是不现实的。

衡量一个组织的集权或分权的程度，主要有下列几项标准。

（1）决策的数量。组织中较低管理层次做出的决策数目越多，则分权的程度就越高；反之，上层决策数目越多，则集权程度越高。

（2）决策的范围。组织中较低层次决策的范围越广，涉及的职能越多，则分权程度越高；反之，上层决策的范围越广，涉及的职能越多，则集权程度越高。

（3）决策的重要性。如果组织中较低层次做出的决策越重要，影响面越广，则分权的程度越高；相反，如果下级做出的决策越次要，影响面越小，则集权程度越高。

（4）对决策控制的程度。组织中较低层次做出的决策，上级要求审核的程度越低，分权程度越高；如果上级对下级的决策根本不要求审核，分权的程度最大；如果做出决策之后必须立即向上级报告，分权的程度就小一些；如果必须请示上级之后才能做出决策，分权的程度就更小。下级在做决策时需要请示或照会的人越少，其分权程度就越大。

（二）横向组织设计的原则

1. 劳动分工原则

劳动分工（work specialization）是指将整体功能划分为若干类别的功能单位，分别由相应的人专门从事一项或少数几项功能，使个人专项技能得以强化和组织绩效得以提高。

亚当·斯密在1776年3月出版的《国民财富的性质和原因的研究》（简称《国富论》）中第一次提出了劳动分工的观点，他系统全面地阐述了劳动分工对提高劳动生产率和增进国民财富的巨大作用。劳动分工是技术进步和生产社会化的产物，由生产资料和劳动者的技术发展水平，特别是生产工具的性质和状态所决定。"劳动的组织和划分视其所拥有的工具而各有不同。手推磨所决定的分工不同于蒸汽磨所决定的分工。""工具积聚发展了，分工也随之发展"，"机械方面的每一次重大发展都使分工加剧"。20世纪初，亨利·福特就把生产一辆车分成了8772个工时。分工论成为统治企业管理的主要理论。

企业内部劳动分工一般有职能分工、专业分工、技术分工等形式。职能分工是劳动组织中最基本的分工，是研究企业人员结构，合理配备各类人员的社会分工基础；专业分工是职能分工下面第二个层次的分工，是根据企业各类人员的工作性质的特点所进行的分工；技术分工是每一专业和工种内部按业务能力和技术水平高低进行的分工。

劳动分工的优势在于可以提高劳动熟练程度，节约劳动转换时间，节约培训成本，减少劳动监督成本；但也存在恶化工作环境、增加劳动成本、降低工人和企业应变能力等劣势。因此，决定一个企业分工程度的因素如下。

一是产品市场条件。如果企业产品市场没有太多的竞争，年复一年地使用同样的技术，生产同样的产品，生产过程规范；企业产品市场受政府规范和管制，新企业很难进入；企业处于垄断寡头地位，外部环境相对稳定。那么，在这些企业中工人技术熟练比创造性、积极性和合作精神更加重要，企业内部分工和专业化程度就可以高一些。反之，如果面临技术和市场复杂，情况多变，生产效率主要取决于"动脑"而不是"动手"，那么培养职工劳动热情、调动职工劳动积极性就十分重要。在这些企业里，分工和专业化的程度就应低一些。

二是劳动力市场条件。劳动力市场有以下特征，分工程度应高一些：①劳动力流动性较大，职工队伍不稳定；②劳动者教育水平低，素质差；③管理人员素质比较高。反之，分工程度就应该低一些。原因如下。①易替代。流动性大，队伍不稳定，提高分工程度，可简化劳动内容，职工离职后能尽快有人替代。②降低培训费用。从培训费用出发，职工流动性大，素质低，会使培训费上升。这时提高分工程度，可降低培训费用。③必须拥有高素质管理人员。分工程度高，自我协调和应变能力下降，劳动协调责任落在管理人员肩上。如管理人员素质低，不能很好地协调工人和部门之间的劳动内容，则分工程度提高会使企业内部显得更加混乱。若管理人员素质高，问题就不会存在。

2. 部门化原则

部门化（departmentalization）就是将组织中的工作活动按一定的逻辑安排，归并为若干个管理单位或部门。划分部门的一般规则：相似的职能应组合在一起，有联系的相关职能可归并一处，合并不同的职能以利于协作，有利害冲突的职能应分开，尊重传统的习惯及工作守则，有利于工作量满负荷。常见的部门划分有以下几种。

1) 职能部门化

职能部门化（functions departmentalization）。以工作或任务的性质为基础划分部门，并按这些工作或任务在组织中的重要程度分为主要职能部门和次要职能部门。如图6.2所示。

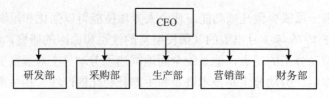

图 6.2　按职能划分的部门化组织图

优点：遵循分工和专业化原则，进而有利于充分发挥专业职能，使主管人员的注意力集中在组织的基本任务上，有利于目标的实现。同时，它可以简化训练工作，为上层主管部门提供进行严格控制的手段。

缺点：这种划分容易使各职能部门的专业人员产生"隧道视野"，即除了自身领域外，其他什么也看不见，从而给各部门之间的横向协调带来一定的困难。

2）产品部门化

产品部门化（product departmentalization）是按组织向社会提供的产品划分部门的方式。如图 6.3 所示。

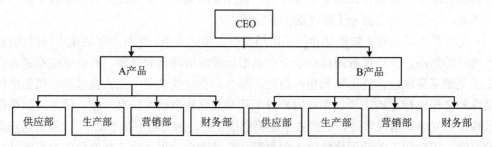

图 6.3　按产品或服务划分的部门化组织图

优点：可以使设备和技能以产品为中心实现专业化，有利于生产的增长和发展，也有利于产品部门内各项职能的协调。

缺点：要求组织中有更多的全局型管理人才，每个部门的经理都需独当一面，产品部门独立性强、整体性差，增加了最高层对各产品部门的协调与控制难度；产品部门某些职能管理机构与企业总部的重叠会导致管理费用的增加，从而提高待摊成本，影响组织竞争能力。

3）过程部门化

过程部门化（process departmentalization）是按组织活动的阶段，按生产活动的不同工艺过程或设备划分部门。如图 6.4 所示。

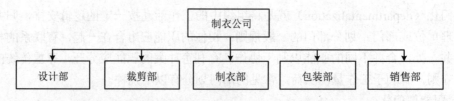

图 6.4　按过程划分的部门化组织图

优点：能取得经济优势；充分利用专业技术和技能；简化培训，容易形成学习氛围。

缺点：部门间的协作较困难；只有最高层对企业获利负责；不利于培养综合的高级管理人员。

4）区域部门化

区域部门化（geographic departmentalization）是指当组织分布于不同地区，把某个地区或区域内的业务工作集中起来，委派一位经理主管其事。如图6.5所示。

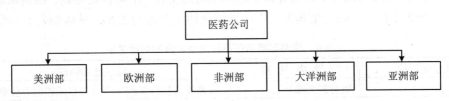

图6.5　按区域划分的部门化组织图

优点：按地区划分部门的方法，责任下放到基层，有利于改善地区内部的协调，降低重复设置的成本，取得地区经营的经济效益，同时也有利于主管人员的培养和训练。

缺点：需要更多的具有全面管理能力的人员，增加了最高主管部门控制的困难，而且地区之间往往不易协调，集中的经济服务工作也不容易进行，等等。

5）顾客部门化

顾客部门化（customer departmentalization）是根据服务对象或顾客的需要，在分类的基础上划分各个部门。该方法多用于最高主管部门以下的一级管理层次部门划分。如图6.6所示。

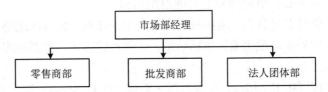

图6.6　按顾客划分的部门化组织图

优点：能满足各类对象的要求，社会效益比较好。

缺点：有可能使专业人员和设备利用不充分，顾客群规模较小时不经济。按这种方法组织起来的部门，主管人员常常要求给予特殊的照顾，从而使这些部门和按照其他方法组织的各部门之间的协调发生困难。

三、组织设计的权变因素

由于组织的各种活动总是受到组织内外部各种因素的影响，因此，不同的组织具有不同的结构形式，即组织结构的确定和变化都受到许多因素的影响，随着这些因素的变化而变化，这些因素称为"权变"因素。权变学派的组织理论认为，影响组织结构的因素有企业战略、企业环境、人员素质、企业技术。在综合各方观点的基础上，我们认为影响组织结构的权变因素主要有组织战略、组织环境、组织规模和组织技术。

（一）组织战略因素

企业的组织结构是其实现经营战略的主要工具，不同的战略要求不同的结构。美国著名管理学权威、哈佛大学商学院著名教授、美国企业史权威艾尔弗雷德·D.钱德勒（Alfred D. Chandler）对美国100家大公司进行追踪考察，通过分析它们50年的发展历史资料，得出以下结论：战略变化先行于并且导致了组织结构的变化；战略决定结构，结构跟随战略。钱德勒于1962年在《战略与结构》一书中详细阐述了二者的关系，具体如表6.4所示。

表6.4 战略与结构在不同发展阶段的对应关系

工业化阶段	发展战略	组织结构特征
发展初期	数量扩大战略	只需设立执行单纯生产或销售职能的办公室
发展增长期	地区扩散战略	具有相同职能的总部与地区分部/部门
增长阶段后期	纵向一体化战略	总部中心办公室机构和多部门的组织结构
成熟期	多元化经营战略	总公司本部与事业部相结合的组织结构格局

企业发展阶段不同，其应采取的发展战略不相同，组织结构也要相应地进行调整。如果行业处于发展阶段，通常实施增长数量战略，此时多采用简单的结构形式；随着行业进一步发展，要求企业将产品或服务扩展到其他地区，为了协调这些产品和服务，形成标准化和专业化，实施扩大地区战略，企业组织要求建立职能部门结构；在行业增长阶段后期，竞争更加激烈，为了减少竞争的压力，企业会采取纵向整合战略，此时组织应采取矩阵结构；在行业成熟期，企业往往选择多元化经营战略，这时企业应根据规模和市场的具体情况，分别采用总公司本部与事业部相结合的组织结构。

日本战略学家伊丹敬之认为：组织战略应适应组织结构。优秀的战略是一种适应战略，它要求战略既要适应外部环境因素，包括技术、竞争和顾客等，也要适应企业的内部资源，如企业的资产、人才等。

雷蒙德·迈尔斯（R. E. Miles）和查尔斯·斯诺（C. C. Snow）进一步考虑到外部环境中不确定因素对决策的影响，在1978年出版的《组织战略、结构和方法》（Organization Strategy, Structure, and Process）一书中总结了四种战略类型以及相关的组织结构类型，如表6.5所示。

表6.5 四种战略类型以及相关组织结构类型

战略类型	组织环境	组织目标	组织结构特征
探索型战略	动荡而复杂	追求快速、灵活反应	松散型结构，劳动分工（专业化）程度低，规范程度低，分权化
防御型战略	相对稳定	追求稳定和效益	严格控制，专业化与规范化程度高，规章制度多，集权程度高
分析型战略	环境动荡	追求稳定效益和灵活性相结合	适当集权控制，对部分部门采取分权或相对独立自主的方式，有机式与机械式组织结构相结合
反应型战略	环境动荡	追求稳定、被动反应	缺乏适应外部竞争的能力与有效的内部控制机能；没有系统化的战略设计与组织规划

没有哪一种战略是最好的,迈尔斯和斯诺认为,决定企业成功的并不在于哪一种特定的战略模式,只要所采取的战略与企业所处的环境、技术、结构相吻合,都能够取得成功。

当企业的战略发生变化时,组织结构必然要调整。企业只有结构与战略相匹配,才能成功实现目标。组织结构抑制着战略,与战略不相适应的组织结构将会成为战略发挥其应有作用的巨大障碍。一个企业如果在组织结构上没有重大的改变,则很难在实质上改变当前的战略。企业越大所需调整的频次越高。阿里巴巴每年都会调整管理层,目的在于更好地激活员工的潜力。

(二) 组织环境因素

组织环境指所处行业特征、市场特点、经济形势、行政管理、原材料供应和人力资源条件等。环境因素可以从环境复杂性和环境稳定性两个方面影响组织结构的设计,如图6.7所示。

环境的稳定性	简单	复杂
稳定	简单+稳定=低不确定性 ①机械式结构:正式、集中 ②部门少,对外联系少 ③高层管理者承担整合功能 ④以现有业务为导向	复杂+稳定=中低度不确定 ①机械式结构:正式、集中 ②部门多,对外联系多 ③中间层承担部门整合功能 ④有一些计划
不稳定	简单+不稳定=中高度不确定性 ①有机式结构:团队工作、参与性强,结构分散 ②部门少,对外联系少 ③中间层承担部门整合功能 ④计划导向	复杂+不稳定=高不确定性 ①有机式结构:团队工作、参与性强,结构分散 ②部门多,专业化程度高,对外联系多 ③整合工作多 ④强化计划和预测

环境的复杂性

图6.7 企业环境与组织结构设计关系图

企业面临的环境特点对组织结构中职权的划分和组织结构的稳定有较大的影响。如果企业面临的环境复杂多变,有较大的不确定性,就要求在划分权力时给中下层管理人员较多的经营决策权和随机处理权,以增强企业对环境变动的适应能力。如果企业面临的环境是稳定的、可把握的,对生产经营的影响不太显著,则可以把管理权较多地集中在企业领导手里,设计比较稳定的组织结构,实行程序化、规模化管理。总体而言,机械式组织在稳定的环境中运作更为有效;有机式组织则与动态的、不确定的环境相匹配。

(三) 组织规模因素

组织规模是指一个组织所拥有的人员数量以及这些人员之间的相互作用关系。组织规模影响着组织的结构,在组织发展的不同阶段,组织规模的影响又有所不同。

不同规模的企业在组织结构方面的差别体现在规范化程度、集权化程度、复杂化程度和人员结构比例等方面。

在规范化程度方面。大型组织可以通过制定和实施严格的规章制度，并按照一定的工作程序来控制和实现标准化作业，员工和部门的业绩也容易考核，因此组织规模化程度较高；小型组织通过管理者的能力来控制组织，组织显得比较松散、富有活力，因此规范程度比较低。

在集权化程度方面。组织规模越大，就越需要分权化，在分权程度较高的组织中决策更多在较低层次上做出，因此决策速度越快，信息反馈就越及时；小型组织中决策往往由那些具有完全控制权的高层主管做出，因而组织的集权化程度较高。

在复杂化程度方面。随着组织规模的扩大，企业的组织结构日趋复杂，主要表现在横向复杂性和纵向复杂性；而小型组织复杂化程度较低。

在人员结构比例方面。在迅速成长的组织中，管理人员比其他人员增幅较大；在组织衰退过程中，管理人员的减幅要比其他人员减幅小得多。

美国组织学家彼得·布劳在分析总结组织规模对组织结构的影响时明确指出，规模是影响组织结构最重要的因素，在组织创建初期，组织规模对组织结构的影响要大于当组织规模达到一定程度后再扩大时对组织结构的影响程度。

企业人员素质包括各类员工的价值观念、思想道德、工作作风、业务知识水平、管理技能、工作经验以及年龄结构等。如果企业员工的专业素养很高，而且也具有良好的企业文化，具有共同的价值观，那么，通过分权可以调动员工的生产经营积极性，达到改善企业生产经营管理的目的。

（四）组织技术因素

组织技术是指在将投入转化为产出的过程中所使用的技术、工具、装备、方法、工艺、设施。任何组织的生存和发展都需要技术支持，组织结构需要因技术的变化而变化，特别是技术范式的重大转变，往往要求组织结构做出相应的改变和调整。

英国管理学家琼·伍德沃德在这方面的研究具有开创性价值。20世纪60年代初期，琼·伍德沃德对英国南部埃塞克斯郡的近100家小型制造企业进行调查，得出技术类型和相应的公司结构之间存在着明显的相关性的结论，即"结构因技术而变化"；组织的绩效与技术和结构之间的"适应度"密切相关。

伍德沃德等人根据制造业技术的复杂程度将生产技术分为三类：小批量和单位生产、大批量生产、连续生产。

小批量和单位生产技术。企业通常根据顾客的要求提供一件或几件产品，为顾客提供的产品都是不同的小批量制造的产品，如定制服装或特定设备等。

大批量生产技术。企业以标准化的生产过程为特点，制造大量同质的产品，所有顾客得到的产品相同，与小批量生产相比机器利用比较充分，如冰箱和汽车之类的产品。

连续生产技术。企业在生产中产品制造的各道工序紧密相连，整个工作流程能够实现机械化，如冶金、纺织、化工等的生产。有些连续生产在时间上不宜中断，如发电、炼铁、炼钢、玻璃制品生产等，假日、节日一般也不停止生产。

根据伍德沃德的研究结论可以得出：每一类型企业有其相关的特定结构形式，成功的企业能够根据技术要求设计合适的结构。

查尔斯·佩罗打破了制造业内研究技术与组织之间的局限性，把注意力从生产技术转向知识技术。佩罗使用任务的多变性和问题的可分析性这两个变量，构建了一个2×2矩阵，如图6.8所示。

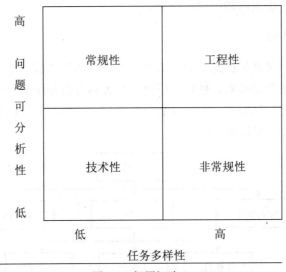

图6.8 佩罗矩阵

佩罗从任务可变性（即技术在工作中遇到例外的数量）和问题可分析性（技术在工作过程中可被分析的难易程度）两个维度标准进行考察，将技术划分为常规性技术、工程性技术、技术性技术和非常规性技术四种不同的类型，指出控制和协调方法必须因技术类型而异。

常规性技术（象限Ⅰ）：只有少量的例外，问题易于分析；高度正规化和集权化的结构，如生产钢铁和汽车或提炼石油的大量生产过程。

工程性技术（象限Ⅱ）：有大量的例外，但可以用一种理性的、系统的分析方法进行处理；适当分散决策权，以低正规化来保持组织的灵活性，如桥梁建造。

技术性技术（象限Ⅲ）：例外较少，且可分析性也较小，工作必须依靠直觉、经验判断灵活处理的技术；相对常规技术需要分权化，如服装设计、烹饪等技术。

非常规性技术（象限Ⅳ）：以诸多例外和问题难以分析为特征；分权化，低程度的正规化，如航天飞机的开发就采用了这类技术。

佩罗认为，组织的协调和控制方法应该视技术类型的不同而有所区分。技术越常规化，组织规范化、集权化程度就越高，采用机械式组织结构的效率就越高；反之，技术越非常规化，组织规范化、集权化程度就越低，这时，采用柔性有机式组织结构的效率也就越高。通常的做法是将一种机械式结构与常规技术相配合，非常规技术应与有机式的组织结构配合。

四、组织设计的类型选择

纵观企业组织发展的历史,企业组织结构先后出现了直线制、职能制、直线—职能制、矩阵制、事业部制等传统组织结构形式。随着社会的发展,网络型、控股型等一些新型的组织类型因顺应时代需求而获得广泛应用。

(一)直线制结构

直线制结构是一种最早也是最简单的组织形式,其形式犹如一个金字塔,处于最顶端的是一名有绝对权威的领导者,他将组织的总任务拆分后分配给下一级负责,而这些下一级负责人员又将自己的任务进一步细分后分配给更下一级,这样沿着一根不间断的链条一直延伸到每一位雇员,如图6.9所示。

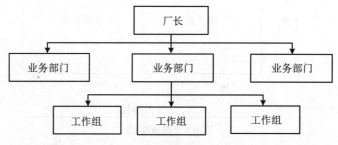

图6.9 直线制组织结构图

特点:一条指挥的等级链(即从上到下实行垂直领导,下属部门只接受一个上级的指令)、职能的专业化分工、权利和责任一贯性政策(即各级主管负责人对所属单位的一切问题负责)。如表6.6所示。

表6.6 直线制组织优缺点及适用企业

类 型	优 点	缺 点	适 用 企 业
直线制	● 结构比较简单 ● 命令统一 ● 权责分明	● 缺乏横向联系 ● 权力过于集中 ● 对变化反应较慢	● 小型组织 ● 生产技术和经营管理比较简单

(二)职能制结构

在职能制组织结构中,除主管负责人外,企业从上到下按照相同的职能将各种活动组织起来设立一些职能机构,如所有的营销人员都被安排在营销部,所有的生产人员都被安排在生产部,等等,这种结构要求主管负责人把相应的管理职责和权力交给相关的职能机构,各职能机构就有权在自己的业务范围内向下级行政单位发号施令。因此,下级行政负责人除了接受上级行政主管人指挥外,还必须接受上级各职能机构的领导。其结构形式如图6.10所示。

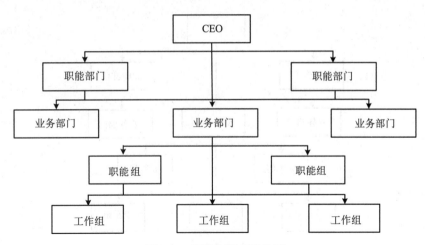

图 6.10　职能制组织结构图

职能制组织的特点如表 6.7 所示。企业组织的外部环境相对稳定，而且组织内部不需要进行太多的跨越职能部门的协调时，或对于只生产一种或少数几种产品的中小企业组织而言，职能制组织结构不失为一种最有效的组织形式。但由于环境趋向于不确定，组织结构逐渐向扁平化、横向结构的方向发展，几乎没有企业能够保持严格意义上的职能式结构，企业必须建立横向联系以弥补纵向职能层级的不足，如建立各种综合委员会、内部跨部门的信息系统、各种会议制度、专职整合人员（如项目经理、客户经理等），以协调各方面工作，起到沟通作用。

表 6.7　职能制组织优缺点及适用企业

类　型	优　点	缺　点	适用企业
职能制	● 高专业化管理 ● 促进深层次技能提高 ● 促进实现职能目标 ● 只有一种或少数几种产品时效果最优	● 部门间缺乏横向联系 ● 对外界变化反应较慢 ● 可能引起高层决策堆积、超负荷 ● 易形成多头领导	● 中小型组织 ● 专业化组织

（三）直线—职能制结构

这种组织结构形式把企业管理机构和人员分为两类：一类是直线领导机构和人员，按统一指挥原则对各级组织行使指挥权，其在自己的职责范围内有一定的决定权和对所属下级的指挥权，并对自己部门的工作负全部责任；另一类是职能机构和人员，按专业化原则，从事组织的各项职能管理工作，其只是直线指挥人员的参谋，不能对直接部门发号施令，只能进行业务指导。目前，直线—职能制仍被我国绝大多数企业采用，其组织结构如图 6.11 所示。

直线—职能制是在直线制和职能制的基础上取长补短，吸取这两种形式的优点而建立起来的，特点如表 6.8 所示。

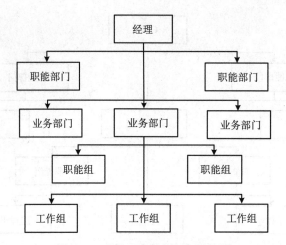

图 6.11 直线—职能制组织结构图

表 6.8 直线—职能制组织优缺点及适用企业

类 型	优 点	缺 点	适用企业
直线—职能制	<ul><li>命令统一</li><li>发挥职能部门优势</li><li>分工清晰、职责明确</li><li>稳定性高</li></ul>	<ul><li>部门间缺乏横向联系</li><li>可能引起高层决策堆积、超负荷</li><li>易形成多头领导</li><li>系统缺乏灵敏性</li></ul>	大中型组织

直线—职能制结构存在着职能制结构缺乏横向联系的弊病,也需要通过建立横向联系弥补纵向的不足。为了克服这些缺点,可以设立各种综合委员会,或建立各种会议制度,以协调各方面的工作,起到沟通作用,帮助高层领导出谋划策。

(四) 矩阵制结构

矩阵制结构（matrix structure）打破了"一人一个老板"的命令统一原则,产品经理和职能经理在组织中拥有同样的职权,雇员负责向二者报告：在执行日常工作任务方面,接受原职能部门的垂直领导；在完成特定任务（即这一矩阵制组织的目标）过程中,要接受项目负责人的横向指挥。任务一旦完成,组织成员仍回原部门工作。此时,这一组织形式可能因任务的完成而消失,也可能继续维持下去,但要重新挑选组织成员,执行另一个特定目标。因此,这种组织结构非常适用于横向协作和攻关项目,其组织结构如图 6.12 所示。

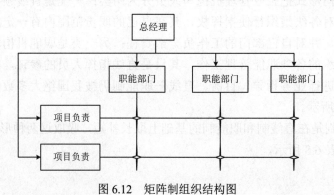

图 6.12 矩阵制组织结构图

矩阵制结构是由纵横两套管理系统交错而成的组织结构，其独特之处在于同时实现事业部制结构对产出的关注和职能制结构对职责的关注，特点如表6.9所示。

表6.9 矩阵制组织优缺点及适用企业

类型	优点	缺点	适用企业
矩阵制	● 加强横向联系 ● 跨产品人力资源灵活共享 ● 反应灵敏 ● 高效工作	● 受双重领导 ● 对于参与者的素质要求较高 ● 组织不稳定	创新任务较多、生产经营复杂多变的企业，如项目管理企业、研发型企业、软件公司、工程企业等

（五）事业部制结构

事业部制结构（divisional structure）最早是由美国通用汽车公司总裁斯隆于1924年提出的，故有"斯隆模型"之称，也叫"联邦分权化"，是一种高度（层）集权下的分权管理体制。它是按地区、产品、市场或客户划分的二级经营单位，独立经营、独立核算、自负盈亏，既有利润生产和管理职能，又是产品或市场责任单位。组织结构如图6.13所示。

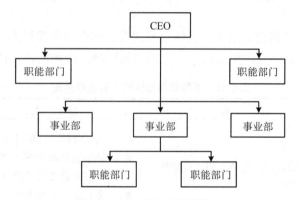

图6.13 事业部制组织结构图

国外较大的联合公司大多采用事业部组织结构，近几年我国一些大型企业集团或公司也引进了这种组织结构形式，其特点如表6.10所示。

表6.10 事业部制组织优缺点及适用企业

类型	优点	缺点	适用企业
事业部制	● 有利于控制风险 ● 有利于内部竞争 ● 有利于专业管理 ● 有利于培养人才	● 公司与事业部职能机构重叠，资源利用率低 ● 独立核算，缺乏协作性 ● 需要大量的管理人才	规模庞大、品种繁多、技术复杂的大型企业

（六）流程型结构

流程型组织（process-oriented organization）是以系统、整合理论为指导，为了提高对顾客需求的反应速度与效率，降低对顾客的产品或服务供应成本建立的以业务流程为中心的组织。流程型组织结构以客户为导向，通过业务流程搭建企业的运行秩序。组织结构如

图 6.14 所示。

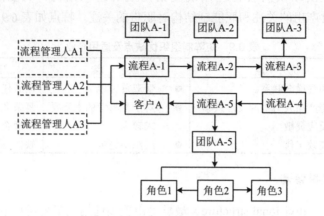

图 6.14　流程型组织结构图

流程型组织结构从矩阵型结构演变而来,企业采取的是一种完全水平式的管理模式。流程型组织结构使企业形态发生了改变,形如八边形。客户价值形态的企业多采取流程型组织结构。

流程型组织企业价值创造活动以及价值形式都体现在业务流程上,相对直线型、职能型等传统组织结构形式而言,更加适应多变的市场环境,特点如表 6.11 所示。

表 6.11　流程型组织优缺点及适用企业

类　型	优　点	缺　点	适用企业
流程型组织	● 工作程序明确 ● 授权机制明确,决策成功率较高 ● 打破以部门为中心的工作壁垒,效率高 ● 以满足客户需求为工作准则 ● 减少管理层次,压缩管理成本	● 决策分散,决策速度慢 ● 基于团队而非基于个人,对员工素质要求较高 ● 多元化的文化氛围,公司内部管理较难统一	客户价值形态的企业

【知识拓展 6-3】

职能组织和流程组织在设计过程中的差异

分析流程型组织内部各单位的职责和权限,可以看出职能组织和流程组织在设计过程中的差异。以企业集团为例的基于流程的一般组织形态如图 6.15 所示。

董事会是公司的高层管理机构和最高决策层,负责公司重大事项的决策。

总经理全面负责公司的生产经营管理工作,组织实施并执行董事会决议。

流程管理委员会是基于流程组织的关键部门,起着承接总经理与下属事业部的作用,是将企业的发展战略转化为具体战术的专业技术部门,是推动企业流程的执行部门。流程管理委员会以其专业的视角审视企业各个事业部的生产运作流程,对事业部原有的流程进行重新梳理与优化,根据战略发展委员会的发展战略设计流程并推广到企业的生产线。

产品或地区事业部可以是一个独立的法人机构,按传统的划分是具有各个职能部门的一个完整的企业形态，是具有自己产品的制造型组织。然而，基于流程的组织形态要求各个事业部的组织做相应的调整，有些职能部门可能会因需适应流程管理而不断地弱化甚至取消，而有些则要不断地增加其权限。这也是基于流程的组织变革的关键。

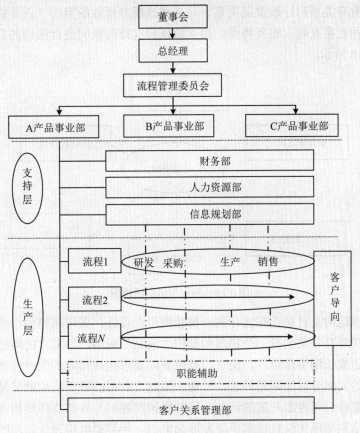

图6.15　基于流程的一般组织形态

支持层包括财务部、人力资源部、信息规划部。这三个部门并不是高于流程，而是为流程服务，支持流程的运转，各个部门都以保证流程的高效运转为己任，提供财力、人力及硬件的支持。

生产层是生产的第一线，是完全按照流程建立的流程小组，是流程管理变革中调整最大的部分。流程小组将流程所涉及的各个职能部门的人员整合起来，改变人员对原来的部门经理负责的形态，而转为对流程负责。每一个流程都面向客户，以客户为导向，根据客户的需求建立。

客户关系管理部是一个特殊的部门，基于流程的组织形态要以客户为导向，所以事业部必须做好客户关系管理，提供市场的第一手资料。将客户信息传递给战略发展委员会，制定企业的发展战略，进行下一轮的发展。

在流程型组织结构中，固定的经营管理团队被流动的流程管理者所取代，相同的业务流程可以有不同的流程管理者，使流程管理者与价值创造活动结合更加紧密，灵活性更加明显。

(七)网络型结构

网络型组织结构是一种以契约关系的建立和维持为基础,依靠外部机构进行制造、销售或其他重要业务经营活动的组织结构形式。被联结在这一结构中的各经营单位之间并没有正式的资本所有关系和行政隶属关系,只是通过相对松散的契约(正式的协议契约书)纽带,透过一种互惠互利、相互协作、相互信任和支持的机制进行密切的合作。网络型组织结构如图6.16所示。

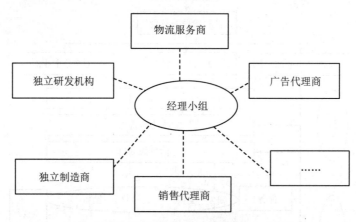

图6.16 网络型组织结构图

网络型组织结构是目前正在流行的一种新型组织设计,采用网络型结构的组织通过公司内联网和公司外互联网创设一个物理和契约"关系"网络,与独立的制造商、销售代理商及其他机构达成长期协作协议,使它们按照契约要求执行相应的生产经营功能。由于网络型企业组织的大部分活动都是外包、外协,因此,公司的管理机构就只是一个精干的经理班子,负责监管公司内部开展的活动,同时协调和控制与外部协作机构之间的关系。网络型组织结构是利用现代信息技术手段发展起来的一种新型组织设计。在网络型组织结构中,组织的大部分职能从组织外"购买",这使管理当局能进行灵活管理,并能使组织集中精力做其最擅长之事。网络型组织特点如表6.12所示。

表6.12 网络型组织的优缺点及适用企业

类 型	优 点	缺 点	适用企业
网络型组织	● 提升全球竞争力 ● 具有灵活性 ● 具有工作挑战性 ● 降低管理成本	● 缺乏可控性 ● 不确定性高 ● 员工忠诚度低	制造活动需要低廉劳动力的企业,如玩具和服装制造企业

【经典案例6-1】

思科公司的网络结构

思科公司的 CEO 约翰·钱伯斯将公司现在的网络结构系统分为三层:第一层是电子商务、员工自服务和客户服务支持,能实现的网络效应是产品、服务多样性、定制个性化服务，提高客户的满意度；第二层是虚拟生产和结账；第三层是电子学习。思科庞大的生产关系管理系统（PRM）和客户关系管理系统（CRM）就建立在这三层网络结构系统之上。思科的第一级组装商有40个，下面有1000多个零配件供应商，但其中真正属于思科的工厂却只有两个，其他所有供应商、合作伙伴的内联网都通过互联网与思科的内联网相连，无数的客户通过各种方式接入互联网，再与思科的网站挂接，组成了一个实时动态的系统。客户的订单下达到思科网站，思科的网络会自动把订单传送到相应的组装商手中。在订单下达的当天，设备差不多就组装完毕，贴上思科的标签，直接由组装商或供应商发货，思科的人连包装箱子都不会碰一下。

思科公司提供完备的网上订货系统、网上技术支持系统和客户关系管理系统。客户可以在网上查到交易规则、即时报价、产品规格、型号、配置等各种完备、准确的信息，可以通过互联网进行各种技术服务在线支持。基于这种生产方式，思科的库存减少了45%，产品的上市时间提前了25%，总体利润率比其竞争对手高15%！互联网应用给思科公司每年节约的交易成本是6亿美元，这比其竞争对手的研发预算还要多。

更重要的是，由于思科充分应用互联网，传统的企业管理幅度和管理层次的矛盾在这里将不存在，全球范围内每个竞争领域的成本和盈利数据都通过公司内联网变得公开和透明，最高层的决策思路通过公司内联网准确无误地传达给最基层的一线员工，从而公司能够充分授权，员工能够快速决策。

（八）控股型结构

控股型（group holding structure）是在非相关领域开展多种经营的企业所常用的一种组织结构形式，组织关系如图6.17所示。

控股型结构是一些大公司超越企业内部边界的范围，在非相关领域开展多种经营，对各业务经营单位不进行直接管理和控制，只在资本参与的基础上进行持股控制和具有产权管理关系的结构形式。控股型组织是通过企业之间控股、参股，形成由母公司、子公司和关联公司组成的企业集团；各个分部具有独立的法人资格，是总部下属的子公司，也是公司分权的一种组织形式，特点如表6.13所示。

图6.17 控股型组织关系图

表6.13 控股型组织结构的优缺点及适用企业

类 型	优 点	缺 点	适用企业
控股型组织	● 总公司对子公司具有有限的责任，风险得到控制 ● 企业之间联合和参与竞争的实力增加	● 战略协调、控制、监督困难 ● 资源配置较难 ● 间接管理，缺乏协调	超越企业内部边界，在非相关领域开展多种经营的大企业

【知识拓展6-4】
机械式组织与有机式组织——按形成机理划分的组织类型

按形成机理不同，组织可分为机械式组织（mechanistic organization）和有机式组织（organic organization），如表6.14所示。

表 6.14　机械式结构与有机式结构的比较

组织类型	有机式结构	机械式结构
比较内容	雇员服务于部门的共同任务	工作被分成分离的、专门化的部分
	工作通过雇员的团队重新调整和划分，不断调整职责	工作被严格限定，职责固定
	较少的权力和控制等级，规章较少	有严格的权力和控制等级，有许多规章
	分权化	集权化
	横向沟通	纵向沟通

机械式结构又称官僚式结构，是综合使用传统的组织设计原则的产物。其严格坚持统一指挥原则，有一条正式的职权层级链，遵循劳动分工的原则，工作被严格限定。每个职位都有固定的职责，每个人只受一个上级的领导。机械式结构一种典型的、规范化的结构，其成员之间按照正式的渠道进行沟通，组织的权力最后集中在组织的金字塔顶端。

有机式结构又称适应式结构，是综合使用现代的组织设计原则的产物，是一种低度复杂化、低度正规化和分权化的松散、灵活的具有高度适应性的结构。它强调的是灵活、适应和变化。在这种组织中，雇员服务于部门的共同任务，员工工作不断调整，多是职业化的、多技能的，并且在经过训练之后能处理多种多样的问题。

"兵无常法，水无常形"，企业的组织结构从来就没有固定不变或适用于一切的"放之四海而皆准"的最佳模式，无论是简单的企业内组织结构，如直线制、职能制、直线—职能制等中央集权式结构，还是复杂的企业组织结构，如事业部制、矩阵制、项目团队等集权和分权有机结合的结构，或者是新型组织结构形态，如流程型、网络型、控股型等打破边界的有机式组织，都要根据环境的变化和自身的发展不断地调整、改革与创新，"量身定做"，选择适合自身的组织结构类型。

五、组织人员配备

管理者要时刻铭记，企业靠人在做事，组织结构的背后其实是利益分配，是人性的问题。公司战略一定要依靠合适的组织结构来实现，科学的人员配备至关重要。

人员配备是指通过人员规划、招募、选拔、录用、考评、调配和培训等多种手段和措施，将满足企业发展需要的各类员工适时适量地安排到合适的岗位上，使之与其他经济资源实现有效的合理配置，做到人尽其才、适才适所，不断增强企业的核心竞争力，最大限度地为企业创造更高的社会和经济效益的过程。

广义的人员配备（staffing）是指对组织中全体人员的配备，既包括主管人员的配备，也包括非主管人员的配备。狭义的人员配备是指对主管人员进行恰当而有效的选拔、培训和考评，其目的是配备合适的人员去担任组织机构中所规定的各项职务，以保证组织活动的正常进行，进而实现组织的既定目标。

人员配备工作必须按照系统的方法来进行，依据现有和预期的组织结构配置人员的数目和种类。

（一）人员配备的意义

人员配备主要涉及的问题是人，在整个管理过程中占有极为重要的地位，其重要性表现在如下方面。

1. 人员配备是组织有效活动的保证

组织目标的确定为组织明确了工作方向，组织结构的建立为组织提供了实现目标的条件。但是，要真正实现组织目标，还要靠组织中最主要的因素——人，没有人的组织是没有任何活力、任何功能的静态结构，也就无从谈起指导与领导以及进行有效的控制。人是组织中蕴藏着极大潜在能力的重要资源。

在组织的所有人员中，最重要的是那些主管人员。主管人员的基本任务是设计和维持一种环境，使身处其间的人们能在组织内一起工作，以完成预定的使命和目标。由此可见，主管人员在整个管理过程中起着举足轻重的作用，主管人员是组织活动取得成效的关键人物。因此，有效地为组织机构配备各级主管人员是组织活动取得成效的保证之一。大到国家一级组织，小到一个具体的企事业单位，主管人员配备的恰当与否，都与组织的兴衰存亡密切相关。

2. 人员配备是组织有机发展的保障

由于未来情况的不确定性，主管人员必须很好地应对变化，适应由于先进技术的应用而产生的不断增大的外部环境变化的影响及其对组织内部活动造成的复杂变化。因此，同其他管理职能一样，人员配备应有一个开放的系统方法，要着眼于未来，必须根据具体情况采取随机制宜的方法，对主管人员进行恰当而有效的选拔、培训和考评，以满足组织未来对主管人员的需要。

（二）人员配备的基本原理

1. 要素有用原理

在人员配置过程中，首先要遵循的宗旨是任何要素都有用，没有无用之人，只有没用好之人。而配置的根本目的是为任何人员找到和创造其发挥作用的条件。

这一原理说明，对于那些没有用好之人，一方面在于没有深入全面地识别员工，发现他们的可用之处，因为人的素质往往表现为矛盾的特征，或者呈现非常复杂的双向性，优点和缺点共生，失误往往掩盖着成功的因素，这为我们发现人才、识别人才、任用人才、用其所长增加了许多困难。因此，正确识别员工是合理配置人员的前提。另一方面在于没有为员工发展创造有利的条件，只有条件和环境适当，员工的能力才能得到充分发挥。

组织应重视良好的政策环境的创造，建立动态的"赛马"用人机制，让更多的员工能够在这一机制下脱颖而出，化被动为主动，从根本上摆脱单纯依赖伯乐的局面。

2. 能位对应原理

能位对应原理是指人与人之间不仅存在能力特点的不同，而且在能力水平上也不相同，有不同能力特点和水平的人应安排在要求相应能力特点和层次的职位上，并赋予该职位应有的权利和责任，使个人能力水平与岗位要求相适应。

要合理使用人员，就要对人员的构成和特点有详细的了解。各个员工的工作能力受到身体、受教育程度、实践经验等因素的影响而各不相同，从而形成个体差异。就个体能力而言，这种差异包括两个方面。一是能力性质、特点的差异，即能力的特殊性。个人能力的特殊性形成其专长、特长，即能干什么、最适合干什么。二是能力水平的差异，不同的人能力才干不同。世界上不存在两个能力水平完全相等的人，承认人与人之间能力的差异，目的是在配备人员时能坚持能级层次原则，大才大用，小才小用，各尽所能，人尽其才。

一个组织的工作一般可分为四个层级，即决策层、管理层、执行层、操作层。决策层工作属于全局性工作，决策正确与否关系到事业的成败。因此，决策层的能级最高。管理层工作是将决策层的决策付诸实施的一整套计划、监督、协调和控制的过程，能级仅次于决策层，是比较高的能级。执行层工作是将管理层拟订的方针、计划、方案、措施等变成具体工作标准、工作定额、工作方法，以及各种督促、检查手段的实施过程，能级低于管理层。操作层工作就是通过实际操作来完成执行层制定的工作标准、工作定额，并接受各种监督检查，是组织中能级最低的层次。组织人员配备工作要考虑这四个层次，应该配备具有相应能力等级的人来承担，只有这样，才能形成合理的能级对应，提高管理效率。

3. 互补增值原理

互补增值原理强调人各有所长，也各有所短，以己之长补他人之短，从而使每个人的长处得到充分发挥，避免短处对工作的影响，通过个体之间取长补短而形成整体优势，实现组织目标的最优化。当个体与个体之间、个体与群体之间具有相辅相成作用的时候，互补产生的合力要比单个人的能力简单相加而形成的合力大得多，群体的整体功能就会正向放大；反之，整体功能就会反向缩小，个人优势的发挥也受到人为的限制。因此，按照现代管理的要求，一个群体内部各成员之间应该是密切配合的互补关系，其中，选择互补的组织必须有共同的理想价值、事业追求，以达到"互补"又"增值"的效果。

4. 动态适应原理

动态适应原理是指人与事的不适应是客观存在的，适应只是相对状态，从不适应到适应是在不断变化的。随着组织的发展，适应又会变为不适应，只有不断调整人与事的关系，才能达到重新适应。

处在动态环境中的组织不断变革和发展，组织对其成员的要求也在不断变化，工作中人的能力和知识也在不断地提高和丰富。因此，人与事的配合需要进行不断的协调平衡。无论是由于岗位对人的能力要求提高，还是人的能力提高要求岗位变动，都要求管理者及时了解人与岗位的适应程度，从而进行调整，以实现人适其事、位得其人。

5. 弹性冗余原理

弹性冗余原理要求在人与事的配置过程中，既要达到工作的满负荷，又要符合人的生理、心理要求，不能超越身心极限，保证对人对事的安排留有一定的余地，既给员工一定的压力和紧迫感，又要保证所有员工的身心健康。这要求既要避免工作量不饱满的状况，也要避免过劳的现象发生，因此，体力劳动的强度要适度，不能超过员工体质的限度；脑力劳动也要适度，以使员工保持旺盛的精力；劳动时间也要适度，保持员工身体健康和心理健康；工作目标的设置也要适度。总之，根据具体情况，岗位、类别、行业不同，以及环境、气候不同，弹性冗余度也应有所不同。

（三）人员配备形式

人员配备形式主要有以下五种。

1. 人岗关系型

通过人员管理过程中的各个环节保证组织内各部门、各岗位的人员质量。它是根据员工与岗位的对应关系进行配备的一种形式。就组织内部来说，这种类型的员工配备方式大体有如下几种：招聘、轮换、试用、竞争上岗、末位淘汰、双向选择。

2. 移动配备型

从员工相对岗位移动进行配备的类型。它通过人员相对上下左右岗位的移动保证组织内的每个岗位人员的质量。这种配备的具体表现形式大致有三种：晋升、降职和调动。

3. 流动配备型

从员工相对组织岗位的流动进行配备的类型。它通过人员相对组织的内外流动保证组织内每个部门与岗位人员的质量。这种配备的具体形式有三种：安置、调整和辞退。

4. 个人—岗位动态匹配型

结合以上人员配备的三种形式，合理地进行组织内部人员配备，应以个人—岗位关系为基础，对组织人员进行动态的优化与配置，形成"个人—岗位动态匹配型"。

5. 个人与组织发展的匹配型

个人与组织发展相匹配包括两层含义：一是指个人的价值观与组织所奉行的价值观相一致，而不是偏差过大甚至相悖；二是个人与同事要易于形成强有力的工作团队，而不是一群个人与岗位相匹配的人简单地共同工作。

（四）人员配备程序

（1）制订用人计划，使用人计划的数量、层次和结构符合组织的目标任务和组织结构设置的要求。

（2）确定人员的来源，即确定是从外部招聘还是从内部重新调配人员。

（3）对应聘人员根据岗位标准要求进行考察，确定备选人员。

（4）确定人选，必要时进行上岗前培训，以确保能适用于组织需要。

（5）将所定人选配置到合适的岗位上。

（6）对员工的业绩进行考评，并据此决定员工的续聘、调动、升迁、降职或辞退。

（五）人员配备任务

1. 物色岗位所需合适人选

组织各部门是在任务分工基础上设置的，因而不同的部门有不同的任务和不同的工作性质，也必然要求具有不同的知识结构和水平、不同的能力结构和水平的人与之相匹配。人员配备的首要任务就是根据岗位工作需要，经过严格的考察和科学的论证，找出或培训为己所需的各类人员。

2. 有效发挥组织结构功能

要使职务安排和设计的目标得以实现，让组织结构真正成为凝聚各方面力量、保证组织管理系统正常运行的有力手段，必须把具备不同素质、能力和特长的人员分别安排在适当的岗位上。只有使人员配备尽量适应各类职务的性质要求，使各职务应承担的职责得到充分履行，组织设计的要求才能实现，组织结构的功能才能发挥出来。

3. 充分开发人力资源潜能

现代市场经济条件下，组织之间竞争的成败取决于人力资源的开发程度。在管理过程中，通过适当选拔、配备和使用、培训人员，可以充分挖掘每个成员的内在潜力，实现人员与工作任务的协调匹配，做到人尽其才、才尽其用，从而使人力资源得到高度开发。

第三节 组织变革

组织变革（organizational change）是指组织根据内外环境变化及时对组织中的要素（如管理理念、工作方式、组织结构、人员配备、组织文化及技术等）进行调整、改进和革新，以更有效地实现组织目标的过程。企业的发展离不开组织变革，内外部环境的变化，企业资源的不断整合与变动，都给企业带来了机遇与挑战，这就要求企业关注组织变革。在当今信息技术时代，唯一不变的是变化本身，许多成功的企业都顺应环境变化积极进行组织变革，如阿里巴巴集团在"拥抱变化"的企业文化引导下进行多次组织变革，以适应快速发展的内外部环境，保持长期可持续发展。

一、组织变革的动因分析

组织变革的动因是指组织中驱动、引发并努力实施变革的因素，这些因素既有宏观的外部因素，也有微观的内部因素。

（一）组织变革的外部动因

1. 全球化的影响

全球化（globalization）是一个概念，也是一种人类社会发展的现象过程。通常意义上，全球化是指全球联系不断增强，人类生活在全球规模的基础上发展及全球意识的崛起；国与国之间在政治、经济贸易上互相依存。它由经济、技术、信息的全球化发力，成为波及政治、文化、生活方式的全方位社会变革。全球化肇始于资本主义的建立和对外殖民掠夺，后来主要依托跨国资本和技术进步向世界各地扩散，在21世纪呈现加速度发展态势。全球化首先是经济全球化，跨国公司将资本、技术、交易和管理合为一体，拓展到世界各地，形成全球性的生产、交换、分配和消费格局，跨国经营和全球市场竞争成为企业必需的战略选择，企业间的竞争也日益全球化。其次是文化的全球化，世界各民族、区域文化在全球范围内碰撞、交流和融合，人们的生活方式、价值观念呈现出普遍化与特殊化交织的局面，跨文化管理也成为组织面临的普遍问题。最后是公共政策、国家治理的全球化，伴随经济、贸易的全球化进程，各国的全球治理、市场治理方面的公共政策、治理机制日益全球化、规范化，使得企业竞争的全球环境日益统一。企业经营管理和组织结构必须为适应这种全球治理体系而不断变革，只有这样才能赢得全球竞争的机会。

2. 知识化的影响

20 世纪 90 年代以来，人类从工业经济快速迈向知识经济。这是一个建立在知识和信息的生产、分配、交换和使用基础之上的新型经济，是一个以智力资源的占有、投入和配置，知识产品的生产、分配、消费为发展动力的经济形态。在知识经济社会中，传统工业社会的物质资源已经被智力资源、知识资源所取代，知识及其应用、创新已成为创造财富的第一要素，知识的共享、扩散和创新成为组织管理的重要内容。越来越多的组织成为知识型组织。组织成员成为知识型员工或知识工作者，而这些新型组织成员的高素质以及平等、参与、民主等观念更为强烈，对组织的人性化管理要求也在不断提高，要求组织做出结构上的调整。

3. 网络化、信息化的影响

网络化、信息化是计算机、通信、网络等多种技术的总称，特别是网络的快速发展和广泛影响塑造了当今的网络社会。网络所具有的全球性、平等性、创新性、虚拟性、交互性等显著特征，正在重塑当今时代的社会结构，传统等级性、官僚制为主的单一中心社会结构正在向人本化、平行性的多中心社会结构转变。特别是网络的便捷交互性、海量数据对当代社会及其各类组织的变革产生了直接的影响，成为影响当代组织变革的关键性技术力量。现代企业独立竞争的时代已经过去，随着信息技术的渗透与网络的普及，网络协作时代开启。以往的价格战或是资源掠夺式的恶性竞争会逐步退出舞台，取而代之的将是企业之间共赢式的协同合作。企业个体间的竞争，将会演化成不同企业组成的产业生态圈之间的竞争，外部协作能力成为企业核心竞争力。最为理想的商业环境是每个个体企业都可以与生态圈中的各个合作企业实现最高效、最低成本的实时业务协作。在"互联网+"的强力推动下，当代组织结构呈现出不同于以往的新形态。

4. 资源变化的影响

组织发展所依赖的环境资源对组织具有重要的支持作用，如原材料、资金、能源、人力资源、专利使用权等。组织必须克服对环境资源的过度依赖，同时要及时根据资源的变化而顺势变革组织。

【管理故事 6-1】

不拉马的士兵

英国一位年轻有为的炮兵军官上任伊始，看到几个部队操炮训练中有一个相同情况：在每门火炮的操练中，总有一名士兵自始至终站在火炮的炮管下面纹丝不动。经过了解，原来这是炮兵操练条例的规定。该军官回去后反复查阅军事文献，终于发现，炮兵现行的操练条例是马车牵引时代制定的。在那个时代，火炮由马车运载到前线，站在炮管下的士兵的任务是负责拉住马的缰绳，以便在火炮发射后调整由于后坐力产生的距离偏差，减少再次瞄准所需时间。而现在火炮的自动化和机械化程度已然很高，根本不再需要这样一个角色，可操练条例却没有及时修订更改，结果就出现了"不拉马的士兵"。于是该军官建议裁掉"不拉马的士兵"，并因此获得了英国国防部嘉奖。

当组织所处的外部环境发生较大变化，组织内部的工作流程、工作方式以及人员结构应该做出相应的调整，以适应外部环境的变化。如果组织（或者领导者）自身没有意识到这一点，仍固守原有模式，就会出现"不拉马的士兵"的现象。

管理者只有充分认识所处的外部环境，把握外部环境的变化趋势，及时进行组织变革，才能真正做到与时俱进，持续发展。

在某些组织或者组织的某些部门中，"不拉马的士兵"仍然存在，甚至我们的身边就有……

资料来源：袁群宝. 找出"不拉马的士兵"[N]. 中国国防报，2007-11-05（003）.

（二）组织变革的内部动因

1. 组织机构适时调整的影响

组织机构的设置必须与组织的阶段性战略目标相一致，组织一旦需要根据环境的变化调整机构，新的组织职能必须得到充分的保障和体现。

2. 组织技术变革的要求

为了应付环境的挑战，任何组织都必须考虑从社会中引进新技术。在新技术和新事业的发展中，组织的结构和运作过程必受其影响，从而实现变革。一个组织拥有什么样的技术，便会不得不采用适应于此技术的组织形式，从而生成组织的基本模式。

3. 保障信息畅通的要求

随着外部不确定性因素的增多，组织决策对信息的依赖性增强，为了提高决策的效率，必须通过变革保障信息沟通渠道的畅通。

4. 克服组织低效率的要求

组织长期一贯运行极可能会出现某些低效率现象，其原因既可能是机构重叠、权责不明，也有可能是人浮于事、目标分歧。组织只有及时变革才能进一步制止组织效率的下降。

5. 保持快速决策的要求

决策的形成如果过于缓慢，组织常常会因决策的滞后或执行中的偏差而错失良机。为了提高决策效率，组织必须通过变革对决策过程中的各个环节进行梳理，以保证决策信息的真实、完整和迅速。

6. 提高整体管理水平的要求

组织整体管理水平的高低是竞争力的重要体现。组织在成长的每一个阶段都会出现新的矛盾，为了达到新的战略目标，组织必须在人员素质、技术水平、价值观念、人际关系等各个方面做出进一步的改善和提高。

二、组织变革的方式

组织变革是一个系统工程，涉及方方面面的关系，因此必须讲究一定的方式方法。

（一）激进式变革

激进式变革力求在短时间内对企业组织进行大幅度的全面调整，以求彻底打破初态组织模式并迅速建立目的态组织模式。激进式变革的目的在于提升组织面对环境的生存与发展机会，根源在于寻找经验间差异的创造性思维。

特点是幅度大，全面性调量大；在较短的时间内和在较大的空间范围内实现理想的改革目的。

优点是快速，成果具有彻底性，有利于摧毁改革中可能出现的可逆转性，避免改革过程中出现逆转和反复。

缺点是平稳性差，严重的时候会导致组织崩溃，忽视了既得利益集团对改革的阻挠，以及为此付出的经济代价——改革风险较大。

激进式变革的关键是建立新的吸引点，如新的经营目标、新的市场定位、新的激励约束机制等。成功的激进式变革有几个重要特点：鼓励创新、自下而上；领导支持、无处不在；深入沟通、持续交流；提高技能、改变行为；订立标准、评估进展。激进式变革的一个典型实践是"全员下岗、竞争上岗"。为了克服组织保守，某公司在组织实践中采取全员下岗，继而再竞争上岗的变革方式。首先，通过全员下岗，粉碎长期形成的关系网和利益格局，摆脱原有的吸引点，彻底打破初态的稳定性。进一步通过竞争上岗，激发企业员工的工作热情和对企业的关心，只要竞争是公平、公正、公开的，就有助于形成新的吸引力，把企业组织引向新的稳定态。这类变革如果能成功，其成果具有彻底性。

（二）渐进式变革

渐进式变革是对组织进行小幅度的局部的修补和调整，力求通过一个渐进的过程实现初态组织模式向目的态组织模式的转变。

这种观点的倡导者把变革看作一个过程，通过这个过程，组织的组成部分在某一时间以一种渐进和独立的方式应对一个问题或达到一个目标，管理者用这种方式对其内在和外在的环境压力做出反应，随着时间的流逝，他们的组织就会慢慢被变革。渐进式变革的学术观点起源于林德布洛姆（Lindblom）和西尔特（Cyert）以及马奇（March）的著作，由赫德伯格（Hedberg）等人特别是奎因加以发展，奎因强调，最好把战略变革看作通过使用一种持续的、不断进展的和人们一致认同的方法，有目的地促使组织发展。

渐进式变革的特点是最终改革目标的达成在时间上"分布到位"，在空间上"由点及面"；持续性幅度小，稳定性好。

渐进式变革的优点是不确定性较低，时间、任务压力较小，对资源要求较少，对组织产生的震动较小，而且可以经常进行局部调整，直到达到目的。

渐进式变革的缺点是导致企业组织长期不能摆脱旧机制的束缚。

在企业内外部环境发生重大变化时，企业有必要采取激进式组织变革以适应环境的变化，但是激进式变革不宜过于频繁，否则会影响企业组织的稳定性，甚至导致组织的毁灭；因而在两次激进式变革之间，在更长的时间里，组织应当进行渐进式变革。与之相反，渐进式变革依靠持续的小幅度变革来达到目的态，即超调量小，但波动次数多，变革持续的时间长，这样有利于维持组织的稳定性。两种模式各有利弊，也都有着丰富的实践，企业应当根据组织的承受能力选择企业组织变革模式。

【经典案例6-2】

海尔集团的两次转型危中求机

2016年，海尔并购美国通用家电后，将"人单合一"模式复制了过去，2017年通用家电业绩增幅是行业增幅的1.5倍;2018年1—8月,通用家电在美国家电市场疲软的情况下,收入逆势增长了11%,这使得通用家电成为美国大企业里面唯一打破科层制的企业,同时证明了这套体系可移植。

从2006年开始,海尔的组织架构经过了两次重大转型:第一次转型是从传统的正三角结构转向倒三角结构;第二次转型则是从倒三角结构转向节点闭环的网状组织。

在正三角组织中,靠近塔尖的高阶管理者掌握着决策的权力,垄断着公司的资源,却离顾客最远。信息失真使其难以快速应对市场的变化。而离顾客最近的一线员工,面对客户的抱怨,他们唯一能做的就是用"向领导汇报一下"这种说辞安抚顾客。为了解决这个问题,海尔将传统正三角结构转型为倒三角结构。

倒金字塔由三级经营体组成,其中一级经营体直接面对顾客,而二级经营体为一级经营体提供资源和支持,三级经营体为二级经营体提供资源和支持。过去金字塔结构中那些发号施令的领导,现在都变成了资源的提供者和支持者。

"节点闭环网状组织",用"节点"代替了传统的部门或职位。在海尔,节点存在的基础是"单",这个节点既可能是一个自主经营体,也有可能是一个单独的个体。各个节点类似于一个"微型创业公司",每一个节点都要明确自己的顾客,并把顾客的需求转化为自己的"单"。这些节点拥有自主用人权、决策权和利润分配权。这种组织架构彻底使组织"去官僚化",各个节点都是一种平等关系,它们是相互服务和增值的。与此同时,海尔还试图打破外部边界,使每一个节点都可以与外部的资源网进行合作,而且这些节点都是动态的,能够迅速将员工汇集到一起,解决客户的某个问题。最终海尔变成了一个网络化组织的创业平台。每个员工都是一名创客,员工可以自由组合,在内部抢单竞聘成为小微主。一切围绕客户的需求,人人都是CEO,卖什么产品自己说了算,并通过满足客户的需求,让用户付薪。

新三板游戏生态第一股雷神科技公司是由海尔集团孵化的一个小微团队。在海尔集团网络化战略的推动之下,雷神从创业到成功挂牌新三板,仅仅3年时间成为新三板游戏生态第一股。

海尔集团通过组织变革,将偌大的科层组织拆分为几千个自主决策、自主开拓市场、与用户零距离交互的创业小微,让航母变成舰队,大大地解决了制造业最棘手的库存问题。

资料来源:曹仰锋. 海尔转型:人人都是CEO[M]. 北京:中信出版社,2014.

三、组织变革的实施

组织变革的实施可分为组织变革的过程和组织变革的内容两方面。组织变革过程的观点认为,组织变革是一个连续的、有计划的,基于预先定义的组织变革目标,寻求组织变革最佳方案并实施的过程。典型的代表是勒温"三阶段"变革过程模型。组织变革的内容是指组织内一个或多个要素的改变,变革方法因要素不同而不同,莱维特(Leavitt, 1983)的变革内容模型最具代表性。

(一)勒温(Lewin)变革模型

勒温(1951)提出一个包含解冻、变革、再冻结三个步骤的有计划组织变革模型,用以解释和指导如何发动、管理和稳定变革过程,如图 6.18 所示。

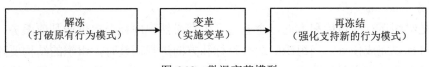

图 6.18 勒温变革模型

1. 解冻

这一步骤的焦点在于创设变革的动机。鼓励员工改变原有的行为模式和工作态度,采取新的适应组织战略发展的行为与态度。为做到这一点,一方面需要对旧的行为与态度加以否定;另一方面要使干部员工认识到变革的紧迫性。可以采用比较评估的办法,把本单位的总体情况、经营指标和业绩水平与其他优秀单位或竞争对手加以比较,找出差距和解冻的依据,帮助干部员工"解冻"现有态度和行为,迫切要求变革,愿意接受新的工作模式。此外,应注意创造一种开放的氛围和心理上的安全感,减少变革的心理障碍,提高变革成功的信心。

2. 变革

变革是一个学习过程,需要给干部员工提供新信息、新行为模式和新的视角,指明变革方向,实施变革,进而形成新的行为和态度。这一步骤中,应该注意为新的工作态度和行为树立榜样,采用角色模范、导师指导、专家演讲、群体培训等多种途径。勒温认为,变革是个认知的过程,它建立在获得新的概念和信息的基础上。

3. 再冻结

在再冻结阶段,利用必要的强化手段使新的态度与行为固定下来,使组织变革处于稳定状态。为了确保组织变革的稳定性,需要注意使干部员工有机会尝试和检验新的态度与行为,并及时给予正面的强化;同时,加强群体变革行为的稳定性,促使组织形成稳定持久的群体行为规范。

勒温的经典"三步骤"变革模型为后来许多学者在研究组织变革活动的过程方面奠定了理论基础。从实践的角度来看,组织的变革活动展开过程要远比"三步骤"的内容复杂,因此,后来许多学者继承了"三步骤"变革模型并且进一步将之深化和拓展。

沙因(Schein,1987)把"三步骤"模型根据实际的应用场景做了延伸和补充。后来,利皮特(Lippitt,1988)等学者认为把"步骤"改为"阶段"更能体现变革活动的复杂性,并且对每一"步骤"进行了细分和完善,进而提出了多阶段理论。尽管学者们提出了各种各样的阶段变革过程模型,但勒温的变革模型仍然是基础,核心内容基本一致,本质上都是对勒温三阶段模型的细化和拓展。

(二)Leavitt 变革模型

组织变革活动的内容理论关注应该变什么,其本质就是变革涉及哪些要素,集中研究组织变革活动的实质内容。美国的哈罗德·莱维特(Harold Leavitt,1983)是最早从要素角度研究组织变革活动的学者之一,他认为,组织变革是一个系统事件,每一个要素的改变或多或少都会影响其他要素的存在方式,组织变革活动的内容包含任务、人员、技术和结构变革四个方面。

1. 任务

任务是组织运行的目标和方向，企业为了生存必然要向社会提供产品或服务，制定战略并设定目标以完成任务。当组织的运行目标和方向进行调整时，组织的结构要随之进行变革；相应的变革内容包括改造现有产品、研发新产品、提供个性化服务等，这些都属于组织变革的重要内容。

2. 人员

组织的人员是指组织成员的态度、动机、行为、技术文化素养、职业道德水准、人际关系、受激励的程度、组织文化与成员的价值观念等。人的因素变化也许是引起组织变革最复杂、最深刻也最难把握的因素之一。变革内容包括通过激励、培训等方式朝有利于企业发展的方向，改变人员的行为、态度等，属于行为—社会关系方面的组织变革。

3. 技术

组织中的技术因素包括生产设备、工作原理、工艺流程、新技术、新材料、新的质量标准等。技术因素的变革可以间接地促进组织任务的改变，或直接促进组织技术条件与制造方法的改进，从而影响组织人员与组织结果。变革内容包括调整或重新设计现有工艺流程，获取新材料、新的硬件设备等。

4. 结构变革

组织结构包括组织的职权系统、工作流程系统、协作系统、意见交流与信息反馈系统、人力资源管理等专业职能系统，以及集权的程度；等等。结构变革是企业根据环境的变化调整目标，进而对组织中权利和责任的重新分配、组织框架的再设置、协作方式的调整等，以增加企业的灵活性、柔性。

按照 Leavitt 的观点，四个方面的内容紧密地联系在一起，其中任何一个变量的变化都会导致其他变量的改变，如技术的进步要求人的素质提高，而人的素质的提高又反过来推动技术的进步、管理的改善、结构的优化和运行方式乃至运行方向的改变，从而对组织的目标做出调整。Leavitt 在开放系统均衡观念的基础上创造了著名的钻石模型，如图 6.19 所示。

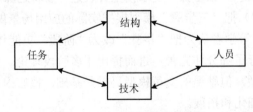

图 6.19 Leavitt 组织变革模型

Leavitt 模型为从变革活动的内容角度研究组织变革奠定了思想和理论基础。可以看出，组织变革可能有很多种原因，如有时可能主要针对其中的一个变量，有时借助其中一个变量的变革影响其他变量，有时还可能对组织系统中的几个变量同时进行变革。因此，组织变革是一项复杂的系统工程，它要求不能孤立地、简单地、片面地看待组织的变革，而应该有计划、有步骤、系统地进行。

【知识拓展 6-5】

其他组织变革模型

1. Kotter 的组织变革模型

科特（John P. Kotter）提出了指导组织变革规范发展的八个步骤：建立急迫感、创设指导联盟、开发愿景与战略、沟通变革愿景、实施授权行动、巩固短期得益、推动组织变革、定位文化途径。Kotter 的研究表明，成功的组织变革有 70%～90%是变革领导的成效，还有 10%～30%得益于管理部门的努力。

2. Bass 的观点和 Bennis 的模型

管理心理学家巴斯（Frank M. Bass）认为，评价一个组织应该有三方面的要求：①生产效益、所获利润和自我维持的程度；②对于组织成员有价值的程度；③组织及其成员对社会有价值的程度。沃伦·本尼斯（Warren G. Bennis）提出，有关组织效能判断的标准，应该是组织对变革的适应能力，并提出有效与健康组织的标准：环境适应能力、自我识别能力、现实检验能力、协调整合能力。

3. Kast 的组织变革过程模型

卡斯特（Fremont E. Kast）在更大范围里解释组织变革过程中各种变量之间的相互联系和相互影响关系。这个模型包括输入、变革元素和输出三个部分。

（1）输入。输入部分包括内部的强点和弱项、外部的机会和威胁，其基本构架则是组织的使命、愿景和相应的战略规划。企业组织用使命表示其存在的理由；愿景是描述组织所追求的长远目标；战略规划则是为实现长远目标而制订的有计划变革的行动方案。

（2）变革元素。变革元素包括目标、人员、社会因素、方法和组织体制等元素。这些元素相互制约和相互影响，组织需要根据战略规划组合相应的变革元素，实现变革的目标。

（3）输出。输出部分包括变革的结果。根据组织战略规划，从组织、部门群体、个体三个层面，增强组织整体效能。

针对这个模型，卡斯特提出了组织变革过程的六个步骤：审视状态、觉察问题、辨明差距、设计方法、实行变革、反馈效果。

资料来源：组织变革. https://baike.baidu.com/item/%E7%BB%84%E7%BB%87%E5%8F%98%E9%9D%A9/10375278?fr=aladdin.

四、当代组织变革的新举措

KISS 法则：保持—改善—结束—开始，紧盯协同调整架构。

"KISS 法则"由 keep（保持）、improve（改善）、stop（结束）、start（开始）这四个单词的首字母缩写组合而来。K（保持）是指经营者要研究、分析哪些部分架构做得对，对的部分要保持不变；I（改善）是指如果经营者发现有些部分协同性不好、沟通效率低，要按照高效的原则进行改善；S（结束）是指当经营者根据新的战略去梳理组织架构时，会发现一些多余的层级，此时可以把多余的部分去掉；S（开始）是指当企业对战略或业务进行调整时，经营者要充分考虑这些变化，把它增加到企业的组织架构中去，如把一些关键的新业务独立出来。

KISS 法则的使用从层级和幅度两个维度进行考量。

在层级维度：企业的组织架构一般以三个层级为最优：CEO—管理层—执行层。一旦组织架构超过了三个层级，超出的层级应该独立出来，或者和其他层级合并在一起。有时候很多企业明明制定的战略很好，市场机遇也不错，但公司层级太多，消息每经过一层都会打折，到最终执行人那里时，他领到的任务和 CEO 指派的任务已然是千差万别。

在幅度维度：通常，一个管理者最佳的管理幅度是 6~8 人，能力再强也不能超过 20 人。譬如，像京东这样的大企业，从刘强东到最下面的执行层，每一层级 15 个人，一旦超过 15 个人，就会分拆或者合并。

本 章 小 结

本章介绍了组织概述、组织设计与组织变革的相关理论及内容。

从实体角度看，组织是为了达到某些特定的目标经由分工与合作及不同层次的权力和责任制度而构成的人的集合。从过程角度看，组织是指在特定的环境条件下为了有效地实现共同目标和任务，确定组织成员、任务及各项活动之间的关系，对组织资源进行合理配置的过程。组织按照不同的标志可分为不同的类型，按照组织形成方式的不同可分为正式组织和非正式组织。

组织设计是指管理者将组织内各要素进行合理组合，建立和实施一种特定组织结构的过程。组织设计的任务是设计清晰的组织结构，规划和设计组织中各部门的职能和职权，确定组织中职能职权、参谋职权、直线职权的活动范围并编制职务说明书。从纵向和横向两个角度进行分析有助于更好地理解组织设计的基本原则。纵向组织设计的原则有统一指挥、层幅适当、权责对等、集权与分权相结合原则；横向组织设计的原则有劳动分工原则和部门化原则。组织结构的确定和变化受到许多因素的影响，如组织战略、组织环境、组织规模和组织技术。纵观企业组织发展的历史，企业组织结构先后出现了直线制、职能制、直线—职能制、矩阵制、事业部制等传统组织结构形式。随着社会的发展，流程型、网络型、控股型等一些新型的组织类型顺应时代需求被广泛应用。组织战略一定要依靠合适的组织结构实现，科学的人员配备至关重要。人员配备是指通过人员规划、招募、选拔、录用、考评、调配和培训等多种手段和措施，将符合企业发展需要的各类员工适时适量地安排到合适的岗位上，使之与其他经济资源实现有效的合理配置，做到人尽其才、适才适所，不断增强企业的核心竞争力，最大限度地为企业创造更高的社会和经济效益的过程。

组织变革是指组织根据内外环境变化及时对组织中的要素（如管理理念、工作方式、组织结构、人员配备、组织文化及技术等）进行调整、改进和革新，以更有效地实现组织目标的过程。组织变革的动因既有宏观的外部因素也有微观的内部因素：外部动因有全球化的影响、知识化的影响、网络化和信息化的影响、资源变化的影响；内部动因有组织机构适时调整的影响、组织技术变革的要求、保障信息畅通的要求、克服组织低效率的要求、保持快速决策的要求、提高整体管理水平的要求。组织变革是一个系统工程，必须讲究一定的方式方法，激进式变革与渐进式组织变革各有特点。组织变革的实施可分为组织变革的过程和组织变革的内容两方面。组织变革过程的观点认为，组织变革是一个连续的、有计划的，基于预先定义的组织变革目标，寻求组织变革最佳方案并实施的过程。典型的代表是勒温"三阶段"变革过程模型。组织变革的内容是指组织内一个或多个要素的改变，变革方法因要素不同而不同，莱维特的变革内容模型最具有代表性。当代组织变革的新举措遵循 KISS 法则，紧盯协同调整架构。

复习思考题

1. 简述组织的概念和组织工作的基本原则。
2. 组织设计的任务、原则有哪些？
3. 管理幅度和层次有什么关系？影响和制约管理幅度的因素有哪些？
4. 部门化的形式有哪些？各自的优缺点是什么？
5. 比较各种组织结构形式的特点和优缺点。
6. 事业部制组织结构的特点与适用企业是什么？
7. 网络组织出现的根本原因是什么？
8. 简述人员配备的基本原理。
9. 人员配备的形式有哪些？
10. 组织变革的动因有哪些？
11. 组织变革的模型有哪些？
12. 当代组织变革的新举措有哪些？

自测练习题

案例分析题

第七章 组织文化

本章导读

组织文化是组织发展的灵魂，优秀的文化造就企业的腾飞，注重建设优秀的企业文化是事关企业改革发展的系统工程。组织文化的培育与创新需要在理解组织文化的含义、结构和类型的基础上结合组织发展的生命周期、文化积淀因势利导、循序渐进。

学习目标

知识目标：了解组织文化的一般功能、类型，理解组织文化的定义、特征与结构层次，熟悉组织文化的内容、培育路径和方法。

能力目标：能应用所学理论分析不同的组织文化；塑造组织文化。

素质目标：培养具有开创精神的现代管理人才，以适应现代组织发展的需求。

思政目标：引导学生深入了解我国传统文化的精髓，培养其文化自信、敬业爱国精神。

关键概念

文化（culture）　　　　　　　组织文化（organizational culture）
宗旨（mission）　　　　　　　价值观（value）
目标（goal）　　　　　　　　文化塑造（culture modeling）

第一节　组织文化概述

人类社会建构于文化之上，人类社会发展所形成的一切精神财富和物质财富归根结底是文化的产物，文化的影响无时无刻不在，组织文化建设是组织发展的重大课题。厘清组织文化的内涵、结构和类型是塑造组织文化的理论基础。

一、组织文化的内涵

《辞海》对"文化"一词释义为：①广义上是指人类社会历史实践中所创造的物质财富和精神财富的总和，狭义上是指社会的意识形态以及与这些意识形态相适应的组织机构和各类制度体系；②泛指文字能力和一般知识。组织文化是对"文化"的第一种释义的深拓与延展。

（一）组织文化的概念

"组织文化"也称为"企业文化"（organizational culture/corporate culture）。这一概念自20世纪80年代初从日本发起。美国管理学者通过比较，分析了日本企业与美国企业管理上存在的差异，总结并提出了"组织文化"这一概念。自20世纪80年代以来，学术界从不同视角界定组织文化的概念，众说纷纭，莫衷一是。这里将国外学者和国内学者对组织文化的界定进行简要梳理，尝试给出一个综合视角下的组织文化的定义。

1. 国外学者对企业文化的定义

1）从企业文化构成的角度进行界定

威廉·大内认为，一个公司的传统和风气共同构成其企业文化。此外文化还包括一个公司的价值观。这些价值观成为企业员工活动、建议和行为的规范。管理人员以身作则，把这些规范灌输给员工，再一代一代地传下去。

特伦斯·迪尔和艾伦·肯尼迪认为，企业文化由价值观、神话、英雄和象征凝聚而成，这些价值观、神话、英雄和象征对公司的员工具有重大的意义。

赫尔雷格尔等学者认为哲学、价值观、意识形态、假定、信仰、期望、态度和道德规范八个要素共同构成了企业文化。

托马斯·彼得斯与罗伯特·沃特曼指出，企业文化应由一系列硬性的基本原则组成，是一种信念或价值观，这种信念或价值观由企业领导者积极倡导，由企业领导者和职工共同恪守。

埃德加·沙因指出，组织文化是组织在适应内部融合和外部环境过程中独创、发现和发展而来的，被证明是行之有效的假设，这种假设被认为是正确的，进而传输给组织新的成员，使其在处理问题时按照这种假设去观察、思考、感受。

2）从价值观与行为方式的关系角度进行界定

德国慕尼黑大学教授E. 海能指出，企业文化是一种有关企业的、通过象征传播的价值观念和行为准则，它们是组织成员共同的思想体系。

赫夫斯塔德指出，作为根植于内心深处的价值观或共享准则的文化，是用于指导行动的伦理道德规范。

丹尼森认为，企业文化是一种组织管理体系的准则，这种准则涉及基本价值观、信仰和行为，并通过一整套实践与行为来得到示范与强化。

查尔斯·希尔则认为，企业文化是一种价值观和行为准则的聚合，这种价值观和行为准则是企业中人们共同拥有的，构成企业内部之间以及企业与外部的交往的方式。

罗纳德·哈里·科斯（Ronald H. Coase）认为，企业工作群体可以通过塑造明确的价值取向、共同的理想信念、高尚的道德境界来减少产权界定、监督、遵从的费用，降低管理成本。

2. 国内学者对企业文化的定义

企业文化是组织全体成员所共同具有的习惯、风格、价值观念和心理的总和（王方华）。

企业文化是在企业长期的生产经营中积淀而成，并对企业员工产生影响的价值观念及思维方式的集合体，以及由此产生的物质（刘光明）。

企业文化是企业全体员工所共同追寻的价值观，以及由此产生的行为（丁志达）。

企业文化是指全体员工在企业创业和发展过程中培育形成并共同遵循的最高目标、价值标准、基本信念及行为规范。它是组织观念形态、制度与行为，以及符号系统的复合体（张德）。

企业文化是企业在实践中创建和发展的用以解决企业外部适应和内部整合问题的一套共同价值观、与价值观一致的行为方式，以及由这些行为所产生的结果与表现形式（陈春花）。

过宽、过窄地界定组织文化都不科学，这里主张采取一种适中的定位：组织文化是指组织在长期实践中发展形成的独特的且为组织成员普遍认可和共同遵循的组织愿景、价值观念、基本信念和行为规范等，及其在组织活动中反映的总和。

（二）组织文化的特征

组织文化伴随组织的发展变化而与时俱进，也会受领导者的性格、感情、思想、能力、品德等因素的影响，良好的企业文化通常具有以下特征。

1. 独特性

组织文化具有鲜明的个性和特色，具有相对独立性。每个组织都有独特的文化淀积、企业人员构成及领导风格差异，这是由组织的生产经营管理特色、组织传统、组织目标、组织员工素质以及内外环境不同所决定的。

2. 继承性

组织在一定的时空条件下产生、生存和发展，组织文化是历史的产物。组织文化的继承性体现在三个方面：一是继承优秀的民族文化精华；二是继承组织的文化传统；三是继承外来的组织文化实践和研究成果。

【☆思政专栏7-1】

"厚德载物"精神在现代企业文化建设中的应用

中华优秀传统文化素来强调"厚德载物"的包容精神，重视人格塑造，倡导用虚怀若谷的胸怀看待人与事。"地势坤，君子以厚德载物""君子和而不同，小人同而不和""大足以容众，德足以怀远""万物并育而不相害，道并行而不相悖"等等。这些观点反映了中华优秀传统文化所提倡的以广阔的心胸接受他人和外在事物的厚德载物的包容精神。

海尔集团的组织文化建设实行"三心"原则，用实际行动践行厚德载物的包容精神。

一是热心。成立解忧小组，每位员工获得一份解忧卡，在卡上填写相关信息或拨打电话给解忧小组，解忧小组会派人帮助员工解决实际问题。

二是诚心。一方面，在批评教育员工错误之处时要诚心，认真分析发生错误的原因、危害等，让员工深切了解由于个人的失误将会导致的后果；另一方面，在奖励员工时要诚心，让员工深刻体会自身创造的价值和对企业做出的贡献，提升员工满足感和荣誉感。

三是知心。举办各种形式的座谈会以了解员工的想法和需要。管理层倾听员工的想法和需求，做到件件有答复、有改进办法，细致入微地关心员工。

在价值观多元化的大环境下，企业家传承中华民族的优秀文化精髓，以"厚德载物"

的品行、管理理念影响员工、处理内外部关系，有利于营造和谐的组织生态。

资料来源：张娟. 中华优秀传统文化在现代企业文化建设中的应用研究：以海尔和华为企业文化为例[D]. 芜湖：安徽工程大学，2018.

3．融合性

组织文化的融合性体现在它与组织环境的协调和适应性方面。组织文化反映了时代精神，它必然要与组织的经济环境、政治环境、文化环境以及社会环境相融合。在社会经济背景下，处于从属地位的组织文化不能脱离社会文化独自存在和发展。

4．人本性

组织内外一切活动都以人为中心，因此组织文化具备人文性。就内部而言，组织是员工实现事业追求、发挥聪明才智、舒畅生活的地方；就外部而言，组织经营的最终目的是满足广大人民需求，促进人类社会发展。组织文化强调以人为中心，本质内容是强调人的理想、道德、价值观、行为规范在组织管理中的核心作用，强调在组织管理中要理解人、尊重人、关心人，注重人的全面发展，用愿景鼓舞人，用精神凝聚人，用机制激励人，用环境培育人。

5．系统性

企业文化是一个有机整体，这个有机整体由相互作用、相互依赖的部分和层次构成。作为一个开放的系统，企业文化内外部资源是相互作用、相互交流的；作为一个复杂的系统，企业文化包含着各个不同层次的子系统；作为一个自组织系统，企业文化不断创造和利用知识，其发展是自创生、自适应、自生长、自复制的，是自发形成、维持和演化成一种有序的结构的过程。此外，企业文化的子系统数目巨大，各子系统之间相互作用，又形成了数目更加巨大的子系统。企业文化因具备衡量复杂、巨大系统的指标而具有系统性特征。

6．可塑性

组织在发展过程中会从整体和长远的利益出发，积极倡导新的价值观念、道德观念、行为规范，使其不断更新自身的组织文化，这就决定了组织文化的可塑性。组织领导人的个性及价值观的变化会不断改变组织文化，并且受外部形式和内部管理的影响，组织文化可以通过组织人员的努力被重新建设。

7．创新性

创新既是时代的呼唤，又是企业文化自身的内在要求。优秀的企业文化往往在继承中创新，随着企业环境和国内外市场的变化而改革发展，引导员工追求卓越、追求成效、追求创新。

（三）组织文化的内容

组织文化是组织的灵魂，是推动组织发展的不竭动力，它包含着非常丰富的内容，其核心是组织的精神和价值观。

1．经营哲学

经营哲学是企业为其经营活动确立的价值观、基本信念和行为准则，是企业文化的高度概括。经营哲学是一个企业特有的从事生产经营和管理活动的方法论原则，它是指导企业行为的基础。在激烈的市场竞争环境中，企业面临各种矛盾和多种选择，需要科学的方法论、逻辑严密的程序来指导行为。例如，腾讯公司的"一切以用户价值为依归"；海尔集团的"以人为本、系统协调、日清日高"；华为公司的"构建万物互联的智能世界"。任何企业无论是否已经认识到、自觉或不自觉，客观上都存在着自己的经营哲学。

2. 价值观念

所谓价值观念，是人们基于某种功利性或道义性的追求而对人（个人、组织）本身的存在、行为和行为结果进行评价的基本观点。价值观不是人们在一时一事上的体现，而是人们在长期实践活动中形成的关于价值的观念体系。企业的价值观是指企业职工对企业存在的意义、经营目的、经营宗旨的价值评价和为之追求的整体化、差异化的群体意识，是企业全体职工共同的价值准则。价值观是企业文化的核心，统一的价值观使企业内成员在判断自己的行为时具有统一的标准，并以此来选择自己的行为。只有在共同的价值准则基础上才能产生企业正确的价值目标。有了正确的价值目标才会有奋力追求价值目标的行为，企业才会走得远。因此，企业价值观决定着组织成员的行为取向，关系企业的生死存亡。华为公司在全球化运营的发展时期确立了"成就客户、艰苦奋斗、自我批判、开放进取、至诚守信、团队合作"的核心价值观；腾讯公司确立了"正直、进取、协作、创造"的价值观。正直的价值观约束组织成员坚守底线，以德为先，坦诚公正不唯上；进取的价值观提醒组织成员无功便是过，勇于突破有担当；协作的价值观引导组织成员开放协同，持续进化；创造的价值观激励组织成员超越创新，探索未来。

【经典案例7-1】

阿里巴巴的六大价值观

（1）客户第一，员工第二，股东第三。这就是我们的选择，是我们的优先级。只有持续为客户创造价值，员工才能成长，股东才能获得长远利益。

（2）因为信任，所以简单。世界上最宝贵的是信任，最脆弱的也是信任。阿里巴巴成长的历史是建立信任、珍惜信任的历史。你复杂，世界便复杂；你简单，世界也简单。阿里人真实不装，互相信任，没那么多顾虑猜忌，问题就简单了，做事也因此高效。

（3）唯一不变的是变化。无论你变不变化，世界在变，客户在变，竞争环境在变。我们要心怀敬畏和谦卑，避免"看不见、看不起、看不懂、追不上"。改变自己，创造变化，都是最好的变化。拥抱变化是我们最独特的DNA。

（4）今天最好的表现是明天最低的要求。在阿里最困难的时候，正是这样的精神，帮助我们度过难关，活了下来。逆境时，我们懂得自我激励；顺境时，我们敢于设定具有超越性的目标。面向未来，不进则退，我们仍要敢想敢拼，自我挑战，自我超越。

（5）此时此刻，非我莫属。这是阿里第一个招聘广告，也是阿里第一句土话，是阿里人对使命的坚守和"舍我其谁"的担当。

（6）认真生活，快乐工作。工作只是一阵子，生活才是一辈子。工作属于你，而你属于生活，属于家人。像享受生活一样快乐工作，像对待工作一样认真生活。只有认真对待生活，生活才会公平地对待你。我们每个人都有自己的工作和生活态度，我们尊重每个阿里人的选择。这条价值观的考核，留给生活本身。

资料来源：阿里巴巴集团官网。

3．企业精神

企业精神是指企业基于自身特定的性质、任务、宗旨、时代要求和发展方向，并经过精心培养而形成的企业成员群体的精神风貌。企业精神通过企业全体职工有意识的实践活动体现出来，是企业职工观念意识和进取心理的外化。

企业精神是企业文化的核心，在整个企业文化中起着支配作用。企业精神以价值观念为基础，以价值目标为动力，对企业经营哲学、管理制度、道德风尚、团体意识和企业形象起着决定性的作用。可以说，企业精神是企业的灵魂。

企业精神通常用一些既富于哲理又简洁明快的语言予以表达，便于职工铭记在心，时刻用于激励自己；也便于对外宣传，容易在人们脑海里形成印象，从而在社会上形成个性鲜明的企业形象。

4．企业道德

企业道德是指调整该企业与其他企业之间、企业与顾客之间、企业内部职工之间关系的行为规范的总和。它是从伦理关系的角度，以善与恶、公与私、荣与辱、诚实与虚伪等道德范畴为标准来评价和规范企业。

企业道德具有积极的示范效应和强烈的感染力，当被人们认可和接受后具有自我约束的力量。因此，它具有更广泛的适应性，是约束企业和职工行为的重要手段。中国老字号同仁堂药店之所以三百多年长盛不衰，在于它把中华民族优秀的传统美德融于企业的生产经营过程之中，形成了具有行业特色的职业道德，即"济世养身、精益求精、童叟无欺、一视同仁"。

5．团体意识

团体即组织，团体意识是指组织成员的集体观念。团体意识是企业内部凝聚力形成的重要心理因素。企业团体意识的形成使企业的每个职工把自己的工作和行为都看成是实现企业目标的一个组成部分，使他们对自己作为企业的成员而感到自豪，对企业的成就产生荣誉感，从而把企业看成是自己利益的共同体和归属。因此，他们就会为实现企业的目标而努力奋斗，自觉地克服与实现企业目标不一致的行为。例如，作为最重要的团队精神之一，华为的企业文化可以用这样几个词语来概括：学习、创新、获益、团结。学习和创新代表敏锐的嗅觉，获益代表进攻精神，而团结就代表群体奋斗精神。

6．企业形象

企业形象是企业通过外部特征和经营实力表现出来的、被消费者和公众所认同的企业总体印象。由外部特征表现出来的企业的形象称为表层形象，如招牌、门面、徽标、广告、商标、服饰、营业环境等，给人以直观的感觉，容易形成印象；通过经营实力表现出来的形象称为深层形象，是企业内部要素的集中体现，如人员素质、生产经营能力、管理水平、资本实力、产品质量等。表层形象以深层形象为基础，没有深层形象这个基础，表层形象就是虚假的，也不能长久地保持。以腾讯公司为例，登录其公司官网，黑底白字的界面赫然入目，"连接你我 共生未来"的居中字幕中的"你我"可以滑动转换为"企业""科技"

"公益"；下拉界面文字显示：腾讯是一家以互联网为基础的平台公司，通过技术丰富互联网用户的生活，助力企业数字化升级。如此简洁明快、静中有动、科技感十足的网站界面很好地体现了互联网公司的企业形象，如图 7.1 所示。

图 7.1　腾讯公司官网界面

7．企业制度

企业制度是在生产经营实践活动中所形成的、保障企业员工权利且对其行为带有强制性的各种规定。从企业文化的层次结构看，企业制度属中间层次，它是精神文化的表现形式，是物质文化实现的保证。企业制度作为职工行为规范的模式，使个人的活动得以合理进行，内外人际关系得以协调，员工的共同利益受到保护，从而使企业有序地组织起来为实现企业目标而努力。

【经典案例 7-2】

华为公司的价值评价体系和价值分配制度

华为本着实事求是的原则，从自身的实践中认识到：知识、企业家的管理、风险与劳动共同创造了公司的全部价值，公司是用转化为资本的方式使劳动、知识、企业家的管理和风险的积累贡献得到合理的体现和报偿。职工只要为企业做出长期贡献，他的资本就有积累；另外，不但创业者的资本有积累，新加入者只要为企业做出特殊贡献，他们的利益也会通过转化为资本的方式得到体现和报偿，使劳动、知识、管理成为一体，使分配更加合理。

华为公司从以下四个方面力图使价值分配制度尽量合理。

（1）遵循价值规律，按外部人才市场的竞争规律决定公司的价值分配政策。
（2）引入内部公平竞争机制，确保机会均等，而在分配上充分拉开差距。
（3）树立共同的价值观，使员工认同公司的价值评价标准。
（4）以公司的成就和员工的贡献作为衡量价值分配合理性的最终标准。

在对待报酬的态度上，华为人的传统是不打听别人的报酬是多少，不要与别人比，想要得到高回报，把注意力集中在搞好自己的工作上，如果觉得不公平，不闹不吵、好合好散，到外面单位折腾一段时间，觉得还是华为好，再回来，欢迎！

华为公司的价值评价体系和价值分配制度是华为成功的关键，是华为公司管理中最具特点之处。

资料来源：吴大有. 读懂华为30年：执念是一种信仰[M]. 北京：中国商业出版社，2018.

8. 企业使命

企业使命是指企业在社会经济发展中所应担当的角色和责任。它是指企业的根本性质和存在的理由，说明企业的经营领域、经营思想，为企业目标的确立与战略的制定提供依据。企业使命要说明企业在全社会经济领域中的经营活动范围和层次，具体地表述企业在社会经济活动中的身份或角色。它包括的内容有企业的经营哲学、企业的宗旨和企业的形象。阿里巴巴的企业使命是"让天下没有难做的生意"；华为的使命是"聚焦客户关注的挑战和压力，提供有竞争力的通信解决方案和服务，持续为客户创造最大价值"。腾讯的使命是"用户为本，科技向善"，进一步阐释为：一切以用户价值为依归，将社会责任融入产品及服务之中；推动科技创新与文化传承，助力各行各业升级，促进社会的可持续发展。微软公司的使命是"计算机进入家庭，放在每一张桌子上，使用微软的软件"。中国移动通信公司的使命是"创无限通信世界，做信息社会栋梁"。

（四）组织文化功能

一个组织的组织文化是在长久的经营过程中逐步建立、沉淀、发展、优化并固化的结果，其他组织短时间内很难学到。例如，海底捞精准到位的服务令众多餐饮企业学习效仿，却始终没有一家企业能够超越其地位；华为从名不见经传的小企业发展到进入"世界500强"的行列，靠的不是资源，而是文化和品牌，"资源终会枯竭，唯有文化生生不息"充分代表了华为竞争力的根本来源是文化。组织文化具有以下功能。

1. 导向功能

导向功能是指通过它对组织的领导者和员工起引导作用，主要体现在以下两个方面。

一是经营哲学和价值观念的指导。经营哲学决定了企业经营的思维方式和处理问题的法则，这些方式和法则指导经营者进行正确的决策，指导员工采用科学的方法从事生产经营活动。企业共同的价值观念规定了企业的价值取向，使员工对事物的评判形成共识，有着共同的价值目标，企业的领导和员工为着他们所认定的价值目标去行动。美国学者托马斯·彼得斯和小罗伯特·沃特曼在《追求卓越——美国成功公司的经验》一书中指出："我们研究的所有优秀公司都很清楚它们的主张是什么，并认真建立和形成了公司的价值准则。事实上，如果一个公司缺乏明确的价值准则或价值观念不正确，我们会怀疑它是否能获得经营上的成功。"

二是企业目标的指引。企业目标代表着企业发展的方向，没有正确的目标就等于迷失了方向。卓越的企业文化会从实际出发，以科学的态度制订企业的发展目标，这种目标一定具有可行性和科学性。企业员工在这一目标的指导下从事生产经营活动。

2．约束功能

组织文化的约束功能主要通过完善管理制度和道德规范实现。

1）管理制度的约束

企业制度是企业文化的内容之一。企业制度是企业内部的法规，企业领导者和企业职工必须遵守和执行，从而形成约束力，如华为公司的"华为基本法"、联想集团"子女不得在公司任职"的"天条"、阿里巴巴的合伙人制度。

2）道德规范的约束

道德规范从伦理关系的角度约束企业领导者和职工的行为。如果人们违背了道德规范的要求，就会受到舆论的谴责，心理上会感到内疚。同仁堂药店"济世养生、精益求精、童叟无欺、一视同仁"的道德规范约束全体员工必须严格按工艺规程操作，严格进行质量管理，严格执行纪律规定。

3．凝聚功能

组织文化以人为本，尊重人的感情，从而在组织中形成了一种团结友爱、相互信任的和睦气氛，强化了团体意识，使组织成员之间形成强大的凝聚力和向心力。共同的价值观念形成了共同的目标和理想。成员把组织看作一个命运共同体，把本职工作看作实现共同目标的重要组成部分，整个组织步调一致，形成统一的整体。

具有优秀文化的组织可以凝聚优秀的人才，有利于针对性地选人和吸引志同道合之人，而人才是企业生存和发展的根本。例如，华为除了用高薪高酬吸引人才，更是用艰苦奋斗、以客户为中心等文化标准来凝聚一批愿意奋斗的人才，而愿意艰苦奋斗的人反过来能够进一步提升企业的文化氛围。

4．激励功能

共同的价值观念使每个组织成员都可以感到自己的存在和行为的价值，自我价值的实现是人的最高精神需求的一种满足，这种满足必将形成强大的激励。在以人为本的企业文化氛围中，领导与员工、员工与员工之间互相关心、互相支持。特别是领导对员工的关心，会使员工感到受人尊重，自然会振奋精神，努力工作。另外，企业精神和企业形象对组织成员有着极大的鼓舞作用，特别是组织文化建设取得成功，在社会上产生影响时，会使组织成员产生强烈的荣誉感和自豪感，他们会加倍努力和珍惜，并用自己的实际行动维护组织的荣誉和形象。

5．调适功能

调适是指调整和适应。组织各部门之间、成员之间由于各种原因难免会产生一些矛盾，解决这些矛盾需要各自进行自我调节；组织与环境、与客户、与国家、与社会之间都会存在不协调、不适应之处，这也需要进行调整和适应。企业哲学和企业道德规范使经营者和普通员工能科学地处理这些矛盾，自觉地约束自己。卓越完美的企业形象就是进行这些调节的结果。调适功能实际也是企业能动作用的一种表现。

6. 辐射功能

组织文化关系到组织的公众形象、公众态度、公众舆论和品牌美誉度。组织文化不仅在组织内部发挥作用，对组织成员产生影响，它也能通过媒体、公共关系活动等各种渠道对社会产生影响，向社会辐射。组织文化的传播对树立组织在公众中的形象有很大帮助，优秀的组织文化对社会文化的发展有很大的影响。

【管理故事 7-1】

星巴克的秘密

作为星巴克的常客，我经常观察他们的日常运营。先问问题，看你是否知道答案。

（1）为什么你什么都不买，干坐在星巴克，工作人员也不会赶你？

（2）为什么星巴克的工作人员没那么热情？

经营如做人

我和几个朋友谈事，就近找了家星巴克，但我们几个都是一喝咖啡便睡不着的主，所以什么都没点，只是干坐着。一名工作人员走了过来，我以为她是要撵我们走，连忙站了起来。谁知，她笑了笑说："没关系，你们坐。我只是看到桌子上有点污渍，来擦一下。"这让我感觉挺不好意思，于是点了几杯咖啡含量极低的摩卡。那是我第一次喝星巴克的饮品，却对这家企业顿生好感，日后成为其忠实拥趸。

我经常在深圳书城里的星巴克写文章，而且有个固定座位，那里安静、景色佳，可最近那个座位一直被一名流浪汉占据着。一连两个月，他都占据着我的座位，而且什么东西都不点，只是坐在那里看手机里的动画片，一待一上午。但是，工作人员对他置之不理，甚至在店内分发免费饮品时，也给他分一小杯。我问一名工作人员："这人什么都不点，一坐两个月，你们也不赶他走，为什么？"她说："这是公司规定，只要坐在店里的人，都是顾客。"这句话颠覆了我对经营的认知。

恰到好处的"人性文化"

去年过年期间，我在欢乐海岸的星巴克休息，旁边来了一个中年妇女，带着两个孩子。她衣着华丽、穿金戴银，一直大声斥责孩子，引得很多人侧目。没一会儿，其中一个孩子把饮料打翻了，那名妇女又尖叫起来，给了孩子两巴掌，孩子哇哇大哭。妇女气急败坏地对着柜台大声喊："服务员！服务员！快拿抹布过来啊！"结果，柜台内的几个工作人员没一个理她。于是，她走向柜台，对着最近的工作人员喊道："服务员！我叫你呢，你装没听见吗？"那个女孩回答："我不知道你在叫谁。我们这儿没有服务员，只有咖啡师。"妇女威胁道："你怎么这种服务态度，不想让别人再来了吗？"女孩微微一笑，说："请便。"

平日里你也会发现，星巴克的服务员，不，咖啡师，并不十分热情，当然也不是冷冰冰，而是和你平起平坐。他们不会因为你是顾客就刻意讨好你。这其实就是企业文化的体现。星巴克中国区人力资源副总裁余华曾说，企业内部从来不称呼"店员"或"员工"，而是称"伙伴"，就是想让每个人都彼此尊重。这种重视人性的文化，也许就是咖啡师们不太热情却又让你觉得服务恰到好处的原因。

资料来源：徐大维. 星巴克四问[J]. 读者，2019（10）：20-21.

二、组织文化结构

组织文化结构是指组织文化系统内各要素之间的时空顺序、主次地位与结合方式。它表明各个要素如何连接,形成组织文化的整体模式。组织文化结构可以分为四层:第一层是表层的物质文化;第二层是浅层的行为文化;第三层是中层的制度文化;第四层是核心层的精神文化。

(一)物质层

组织文化的物质层也叫组织的物质文化,它是组织成员创造的产品和各种物质设施等构成的器物文化,是一种以物质形态为主要研究对象的表层组织文化,又称组织的"硬文化"。组织物质文化的首要内容是组织生产的产品和提供的服务;次要内容是组织创造的生产环境、建筑物、机械设备、广告、产品造型、产品质量等,如希尔顿酒店、米其林餐厅、肯德基餐厅。

(二)行为层

组织文化的行为层又称组织行为文化。如果说组织物质文化是组织文化的最外层,那么组织行为文化可称为组织文化的幔层,或称为第二层,即浅层的行为文化。它是组织成员在生产经营、学习娱乐中产生的活动文化,包括企业经营、教育宣传、人际关系活动、文娱体育活动中产生的文化现象;是企业经营作风、精神面貌、人际关系的动态体现,也是企业精神、企业价值观的折射。组织文化的行为主要分为领导者行为、组织模范人物行为、组织成员行为。

(三)制度层

组织文化的制度层又叫组织的制度文化,主要包括组织领导体制、组织机构和管理制度三个方面。组织领导体制的产生、发展、变化是组织发展的必然结果,也是文化进步的产物。组织机构是组织文化的载体,包括正式组织机构和非正式组织机构。管理制度是组织在进行生产经营管理时所制定的,起规范、保证作用的各项规定或条例,如工作制度、责任制度、特殊制度、特殊风俗等。

(四)精神层

精神层是组织文化最核心的层面,称为"企业软文化",包括各种行为规范、价值观念、组织的群体意识、员工素质和优良传统等。精神层是组织文化的核心和灵魂,是组织文化的最深层次,具有隐形的内核,决定了组织制度和物质文化,是物质层面和精神层面的基础和原则,主要包括组织愿景、组织哲学、组织精神、组织风气、组织道德、组织宗旨等内容。

【经典案例7-3】

阿里巴巴的愿景

阿里巴巴作为电子商务企业,构建了具有自身特色和与组织发展相融合的企业文化,以"构建未来的商业基础设施"为愿景，进一步描述为：让客户相会、工作和生活在阿里巴巴，并持续发展最少102年。

（1）相会在阿里巴巴。赋能数以亿计的用户之间、消费者与商家之间、各企业之间的日常商业和社交互动。

（2）工作在阿里巴巴。向客户提供商业基础设施和新技术，让他们建立业务、创造价值，并与我们数字经济体的参与者共享收益。

（3）生活在阿里巴巴。致力于拓展产品和服务范畴，让阿里巴巴成为我们客户日常生活的重要组成部分。随着业务不断扩展，从商业拓展至云计算、数字媒体及娱乐等众多其他领域，阿里巴巴已进化为一个独特的、充满活力与创新的数字经济体。我们的阶段性目标是，截至2036年，能够服务全世界20亿名消费者，帮助1000万家中小企业赢利以及创造1亿个就业机会。

（4）"活102年"。阿里巴巴集团创立于1999年，持续发展最少102年就意味着我们将跨越三个世纪，取得少有企业能获得的成就。我们的文化、商业模式和系统的建立都要经得起时间考验。

资料来源：阿里巴巴集团官网。

企业文化可将价值观融入员工的思想和行为，是一个企业的无形资产。

三、组织文化的类型

尽管组织文化理论的建立与研究时间不长，但关于组织文化类型的论题是组织文化理论研究的主要内容之一。组织文化类型论题的提法不一，这里简要介绍三种观点。

（一）迪尔和肯尼迪的四种企业文化类型

美国管理学家迪尔和肯尼迪在《企业文化——现代企业的精神支柱》一书中提出了关于企业文化类型特征的一种学说。该学说认为，企业文化的类型"取决于市场的两种因素：一种是企业经营活动的风险程度；另一种是企业及其雇员工作绩效的反馈速度"。由此，企业文化分为四种类型。

1. 强人型文化

这类组织面对高风险需要快速做出决策反馈。鼓励内部竞争和创新，鼓励冒险；竞争性较强，产品更新快。例如，影视、出版企业拍一部电影或出版一套丛书，要冒耗资数千万美元的风险，是否卖座或畅销在一年内就一目了然。强人型文化对人的要求：必须坚强、乐观，保持强烈的进取心，树立"寻找山峰并征服它"的牢固信念。强人型文化的优点是能够适应高风险、快反馈的环境，以承担风险为美德，勇于竞争，对过失不追究并承认其价值，从而不断推动企业前进；缺点是短期行为压倒一切，宣扬个人主义，容易把仪式变成迷信，培养向错误学习的倾向，容忍暴躁易怒行为，导致不成熟。

2. "猛干猛玩"型文化

这类组织风险极小，需要反馈极快。员工关心客户的需求并积极满足他们。友好、外向、懂人情世故、能适应纷纷扰扰的环境是这类组织员工的成功法则。例如，房地产经纪公司，绩效的结果一段时间就能知道。在这种文化里如鱼得水的人通常都有社会责任感并容易让人产生好感，这使他们可以轻松胜出。公司高层也常常加入"猛玩"的庆功会上，并与员工称兄道弟，为他们在紧张的工作后减压。大家就自己喜欢的话题畅所欲言，建立良好的员工情谊。

"猛干猛玩"型文化的优点是行动迅速，适于完成所需工作量极大的任务；缺点是缺少坚实的管理基础，思考与敏感不足，成果难以长久保持。在这类组织里，需要建立一种良好的战略、财务和控制成本的结构，以避免因企业快速发展而导致局面失控。

3. 攻坚型文化

这类组织风险源源不断，但反馈却很慢。在周密分析基础上孤注一掷，投资大、见效慢是企业具有的特点。这类公司里通常有经历过多年起起落落的"老手"，他们渐渐地形成核心圈，新来的人难以融入其中。强有力的分析能力、技术能力加上对过去成功项目和产品的总结，会让这类公司的领导者成长起来。尊重权威和公司的组织结构对这类公司的成功大有裨益。另外，可以适当地安排一些督导人员，向员工传授成功的秘诀。例如航空航天企业，一个项目就得投资几千万甚至几亿美元，却需要几年的时间去研究和试验，才能判断是否可行。攻坚文化对人的要求：仔细权衡，深思熟虑，一旦下了决心就不要轻易改变初衷，即使在得不到任何信息反馈的情况下也要有远大志向，要有韧性。攻坚型文化的优点是完全适应于高风险、慢反馈的环境，可促进高质量的发明和重大的科学突破，从而推动经济迅速发展；缺点是发展迟缓，需要有足够的耐心。

4. 按部就班型文化

这类组织风险小、反馈慢，着眼于如何做，员工难以衡量自己所做工作的具体价值。例如银行之类的企业，其所进行的任何一笔交易都不太可能使公司破产，企业的员工也往往得不到任何反馈。按部就班型文化对人的要求：遵纪守时，谨慎周到。在这里顺风顺水的人一般都严格按规则和程序办事，不标新立异，恪守时间准则，注重细节，严格执行命令，懂得"办公室政治"。按部就班型文化的优点是有利于稳定，缺点是过于保守。

以上四种文化类型的划分是理论上进行规范的结果，实际运营中企业并不仅仅突出单一的组织文化特点，而是四种类型的融合：市场营销部门通常是强人型文化，销售与生产部门通常是"猛干猛玩"型文化，产品研发部门通常是攻坚型文化，财务部门通常是按部就班型文化。一个具有强文化的成功企业，往往善于将这四种文化类型中的最优因素艺术地融为一体。

（二）杰弗里·索南菲尔德的四种企业文化类型

耶鲁大学的管理学教授杰弗里·索南菲尔德（Jeffrey Sonnenfeld）将企业文化划分成了四类，即"棒球队型""俱乐部型""学院型""要塞型"。每一种文化都有可能使得公司取得成功，而且每一种文化对员工的满足感和创业精神都有不同的影响。

1. "棒球队型"文化

"棒球队型"文化存在于需要对环境做出快速反应、决策风险较大的情况。决策者们很快就会了解到自己的抉择是否正确。天赋、创新能力和高绩效受到人们的尊重和赏识，业绩优异者自视为"自由中介者"，公司常常会趋之若鹜地聘用他们。业绩较差的则很快被淘汰出局。"棒球队型"文化常见于发展快、风险大的行业，如电影业、广告业和软件业，在这些行业中，公司的兴衰常常取决于一个新的产品或新的项目。

2. "俱乐部型"文化

"俱乐部型"文化具有忠诚、奉献和凝聚力强的特点。相对稳定和安全的环境使年龄和经验显得非常重要，老资格也受到尊重。像在职业军旅生涯中，你必须从年轻干起，逐层晋升。"俱乐部型"文化通常从内部选拔人才，只要你证明自己有能力，那么你就有希望得到提升，虽然这个过程也许非常缓慢。成员们倾向于成为全才，具有多个部门的工作经验。例如，在商业银行中，高层管理人员通常都是从出纳干起。虽然"俱乐部型"文化具有一定的适应性，但局限在企业内部，而且存在很大的变革阻力。

3. "学院型"文化

"学院型"文化与"俱乐部型"文化有相似之处，但也有不同之处，如员工很少在部门之间调动。每个人都有自己特定的工作，并且会成为这项工作的专家，业务和技术的熟练程度是获得奖励和提升的重要依据。很多历史悠久的组织，如大学、可口可乐、福特和通用汽车等都具有这种文化的特征。专业化为员工提供了工作的安全保障，同时，它有可能限制更广泛的个人发展和不同部门间的协作。在相对稳定的环境中，这种文化还是相当有效的。

4. "要塞型"文化

"要塞型"文化存在于一些环境相当艰难的行业中。纺织行业和借贷银行曾经是一个国家的主导产业，现在却不得不为生存而奋斗。处于"要塞型"文化背景下的员工工作没有安全保障，也没有提高专业技能的机会，因为公司一直处于重组和缩减以适应环境的过程之中。在这类行业中工作是一种冒险，但对于那些充满自信和喜欢挑战的员工来说，同样充满了无限的机会。像在各自行业中为人们所认可和尊重的李·艾柯卡和威廉·克劳斯（William Crouse）（Ortho Diagnostic 系统公司的 CEO）都属于此类人物。

（三）奎因和卡梅隆的四种企业文化类型

密歇根大学安娜堡分校的奎因（Robert E. Quinn）和卡梅隆（Kim S. Cameron）曾经对各种推动企业效率提升的品质进行了全面研究，在分析了由多达 39 种要素构成的清单之后，两位研究者发现了两组关键的两极关系，即内向型与一体化 vs. 外向型与差异化，灵活性与自由裁量 vs. 稳定性和控制。以这两组关系为横轴和纵轴建立坐标系，可以看到，四种主要的企业文化类型各具特色。

1. 团队型文化

优先点：导师制与团队协作。

典型品质：灵活性与自由裁量；内向型与一体化。

座右铭：兄弟同心，其利断金。

团队型文化又称家族型文化，整家公司像一个快乐的大家族一样，高度专注于人。这里有高度协同的工作环境，每个人的价值都能得到珍视，大家将沟通置于高度优先地位。团队型文化往往伴随着水平型结构，高管和普通员工之间并没有不可逾越的界线，彼此学习受到鼓励。这样的企业是行动导向的，乐于拥抱变革，具有高度的灵活性。

优势：团队型文化之下的组织成员投入度高，心情愉悦，而员工的愉悦自然会传递给客户。这是一种适应性极强的环境，因此拥有团队型文化的企业，市场成长的前景很光明。

劣势：伴随公司规模不断扩大，团队型文化往往都很难保持下去。同时，水平型领导架构之下，公司的日常运转可能会显得凌乱，缺乏方向感。

适应情形：团队型文化比较适合小公司，或者初创阶段的公司。刚刚起步的组织当然需要强调团结合作、充分沟通，领导者经常与员工互动，寻求反馈，而企业的首要任务之一就是团队建设。

如何建立：要在公司内部建起团队型文化，第一步就是领导者对员工要张开臂膀。对于成功的团队型文化而言，沟通是至关重要的，领导者必须让团队知道企业乐于倾听反馈。领导者必须找出每个人的价值所在，了解他们对变革的态度，征求他们关于帮助公司进步的想法。第二步，领导者需要认真对待员工的意见，将其转化为公司的实际行动。

2. 灵活型文化

优先点：冒险与创新。

典型品质：灵活性与自由裁量；外向型与差异化。

座右铭：不入虎穴，焉得虎子。

灵活型文化植根于创新。这些公司总是走在自己行业的最前沿，因为它们总想率先发现可以改变世界面貌的下一颗"重磅炸弹"。要达到这一目标，它们必须去冒险。灵活型文化看重个性，企业鼓励员工展开创造性的思考，大胆提出自己的理念。因为这种企业文化具有外向型与差异化的特质，各种新的理念必须与市场成长和企业成功紧密联系。

优势：灵活型文化会带来更高的利润率和更响亮的名头。员工以打破常规为目标，自然干劲十足。同时，既然企业强调创造性和新理念，那么专业发展自然是顺理成章的事情。

劣势：风险总归是风险，这就意味着新的项目也可能无法开花结果，反而会给企业造成损害。灵活型文化下，企业员工都背负着拿出新理念的压力而彼此激烈竞争，有时候便不免走向反面。

适应情形：谷歌、脸书、苹果等这些大名鼎鼎的硅谷公司的文化其实都是典型的灵活型文化，它们高度外向，敢于冒险。它们似乎总是涌动着创造的激情，总是能够做到其他公司未曾做到的事情。归根结底，科技行业天生就是一个不断创造新产品，同时自身常变常新的行业，这里会成为灵活型文化的天堂也就不足为奇了。

如何建立：灵活型文化天然内含高风险经营策略，因此，在有些行业当中，想要建立这样的文化其实非常困难。只不过，对于这些行业来说，灵活型文化有很高的借鉴价值——开动头脑风暴，让员工有机会提出自己的想法，帮助企业更好地进步。当那些真正成功的理念获得奖励时，整个团队就会在激励之下学会跳出窠臼来思考。

3. 市场型文化

优先点：竞争与成长。

典型品质：稳定与控制；外向型与差异化。

座右铭：有志者，事竟成。

市场型文化将盈利能力置于首位。利润是评估一切的终极标准；公司里的每一个岗位设置都需要服从于更大的目标，只是不同的员工和部门有着各自不同的切入点。这些企业都是结果导向型的，专注于外部的成功，而非内部的满意度。市场型文化强调完成定额、达到目标以及获取业绩。

优势：高举市场型文化旗帜的企业往往都利润丰厚，生意成功。企业高度专注于同一目标，员工自然就对努力方向再清楚不过了。

劣势：由于所有决策、项目，乃至公司里的每一个职位都是基于表现数据的，员工想要施展自己的个人抱负，空间极为有限，他们就可能变得消极，做一天和尚撞一天钟。

适应情形：规模较大，拥有一定领先优势的公司。它们想在竞争中再进一步，成为行业最佳。

如何建立：市场型文化的特点是以公司利润为依归。要建立这种文化，需要对公司内部所有的岗位进行评估，计算出每一个角色的投资回报率，为其确立合理的产出基准；在承担类似工作的员工当中，对表现优秀者给予奖励。

4. 层级型文化

优先点：结构与稳定性。

典型品质：稳定与控制；内向型与一体化。

座右铭：不以规矩，不能成方圆。

拥有层级型文化的企业往往都具有传统的架构。这些企业专注于内部结构的完善，命令链条清晰完整，领导者与员工之间隔着多个管理层级。除了这种严格的架构之外，企业对员工往往还有明确的着装要求等。层级型文化有一整套明确的行事规则，这让企业得以表现稳健，远离风险。

优势：因为高度重视企业内部结构，层级型文化的方向非常明确。所有工作流程都设计得非常完善，服务于公司的总体目标。

劣势：层级型文化严格到了几乎刻板的地步，自然就没有多少空间留给创造性了，因此，这些企业往往在市场变革面前应对较为迟缓。同时，层级文化认为组织优先于个人，这肯定不利于员工积极表达自己的意见。

适应情形：层级型文化的企业最集中地分布在两个领域：一个是那些老牌公司；另一个则是那些消费服务行业，如快餐店等。这些企业极度重视日常运转的顺畅，而对改变则兴味索然。

如何建立：要建立层级型文化，首先需要明确和完善工作流程。如果命令链条存在裂隙，那就要立即改进，要保证每一支团队、每一个部门都有明确的长期和短期目标。

【知识拓展 7-1】

里德·哈斯廷斯对企业文化的分类

2009 年，网飞公司 CEO 里德·哈斯廷斯（Reed Hastings）发表了题为《网飞文化：自由与责任》（Netflix Culture: Freedom & Responsibility）的 PPT，一炮而红。在文中，他将企业文化分为五种类型：同志型、精英型、水平型、传统型、流浪型。

（1）同志型组织文化。员工与组织中其他部门的员工都是朋友；团队人员在工作之外经常一起参与其他活动；员工可以便利地反馈意见；员工为其企业感到骄傲。代表公司：网飞公司（Netflix）。这一类组织招聘员工时，可能首要在意的是应聘者与组织文化的契合程度，技巧和经验放在次要位置。组织规模越大，维持这种文化的难度会越大。

（2）精英型组织文化。员工敢于对任何有可能得到改进的问题进行质疑，努力把工作做到极致，为此会保持较长工作时间；优秀员工晋升很快；有众多优秀的应聘者应聘。代表公司是美国太空探索技术公司（SpaceX）。该公司发展速度有目共睹，其员工因从事创造历史的工作而感到兴奋。

（3）水平型组织文化。组织所有人员集体讨论；所有人员对任何事务都有可能参与；组织负责人会亲力亲为。这类组织中头衔没有多少含义。初创组织往往表现为水平型文化，因为初创组织往往基于协作。

（4）传统型组织文化。组织中大部分部门和岗位有严格的规则；不同部门之间的员工往往没有互动；组织的主要决策都由CEO决定。组织中缺乏灵感或探索的空间，往往缺乏激情，员工的消极情绪会被弱化处理。这一类组织存在明显的层级，但随着新技术的影响逐渐明显，这一类组织也尝试进行变革。

（5）流浪型企业文化。这是一种典型的转型文化，员工也不确定将来会发生什么。这种文化往往产生于企业并购或突变。员工会公开讨论企业可能发生的大幅变动；员工流动率高。

资料来源：微信公众号"大营销"（ID为great-marketing），作家为疯子老师。

一个组织在不同时间点会表现出不同的文化类型，有的组织可能同时表现出多种文化类型，只不过会以某一文化类型为主导，其他文化类型辅助。上述关于组织文化类型的介绍，旨在为我们认识、评估一个组织的文化提供不同视角。

第二节 组织文化的塑造

组织文化理论产生于20世纪七八十年代，最早起源于日本，发展并形成于美国。组织文化是社会文化的一个子系统，它把组织的问题放到文化的大背景下来思考，以文化的视角来研究组织管理问题，涉及组织管理的思想层面。

一、组织文化的历史积淀

文化成果经过传播活动而积累、进步，更加适合人类需要，这就是文化积淀过程。文化积淀不是封闭的、代际间简单机械传递的过程，而是创造性的、不断吸收外来优秀文化的过程。组织文化的历史积淀既有国内外专家学者的研究汇集，也有我国传统文化的传承创新。

（一）国外对组织文化的理论研究积淀

20世纪七八十年代，日本经济快速、持续增长，对美国及西欧经济形成挑战。美国管理学界专家学者们高度关注并总结日本企业的成功管理经验，在将其与美国成功企业及失败企业相比较并研究的基础上，先后出版了四本以论述企业文化为核心内容的管理学著作，拉开了美国20世纪80年代对旧的管理模式批判的帷幕，掀起了一股以走向新管理方式为特征的世界性的企业文化浪潮。这四本著作的出版被公认为企业文化理论诞生的标志，其作者及其主要观点如表7.1所示。

表7.1 美国20世纪80年代企业文化理论著作相关信息

作　者	发表年限	著作名称	主要观点
理查德·帕斯卡尔、安东尼·阿索斯	1981年	《战略家的头脑——日本企业的管理艺术》	"7s"管理模式
威廉·大内	1981年	《Z理论——美国企业界怎样迎接日本的挑战》	建设企业文化是日本企业成功的秘密
特伦斯·迪尔、艾伦·肯尼迪	1981年	《企业文化——企业生存的习俗和礼仪》	企业文化的重要意义以及五种文化因素的划分和四种文化类型的划分
托马斯·彼得斯、罗伯特·沃特曼	1982年	《追求卓越——美国成功公司的经验》	优秀公司八种优秀文化品质以及领导者对本企业价值观体系的阐明

《战略家的头脑——日本企业的管理艺术》一书的作者在该书中指出，日美两国的企业管理最基本的差异主要体现在对企业的价值观和对人的看法上。日本人非常注重集体主义的价值观，而美国人则对个人主义的价值观非常赞赏。日本的企业管理者以其实际行动向企业员工展现企业的经营理念，述说企业的愿景，从而得到员工在心理上的认同。而美国的大多数企业家却不能够深入地向企业的员工分享企业的经营理念，并以此来团结企业的员工使其做出贡献。在对待人的看法上，美国的大多数企业管理者往往把企业员工当成达到自己目标的客体，是可以利用的工具，是没有人性的"可互换的生产零件"。而日本的企业管理人员则认为，企业员工不仅仅是供使用的客体，更是应该给予尊重的主体。日本的企业长期以来不仅非常重视员工，而且非常重视其管理人员发展人力资源的技能。该书作者在其结论中明确指出：美国企业的"敌人"，并不是日本企业或德国企业，而是其自身的管理文化。

威廉·大内在《Z理论——美国企业怎样迎接日本的挑战》一书中指出，成功的企业管理应该重视信任与合作的作用，积极营造一种民主文化。威廉·大内经过对美国企业与日本企业近10年的比较研究发现，日本的企业更加重视信任的作用，日本的企业家大都在努力营造一种信任的氛围，培养员工之间的合作精神，充分发挥团队的力量，而这些因子是美国企业所不具备的。威廉·大内鼓励美国的企业应向日本的企业学习，借鉴日本企业的独到之处，再结合自身的一些特点，创造出带有自身特色的管理方式。

《企业文化——企业生存的习俗和礼仪》是美国哈佛大学教育研究院的教授特伦斯·迪尔和麦肯锡咨询公司顾问阿伦·肯尼迪结合长期研究企业管理的丰富资料，集中对80家企业进行详尽调查写成的著作。该书在1981年7月出版后，就成为最畅销的管理学著作，后又被评为20世纪80年代最有影响力的10本管理学专著之一，成为论述企业文化的经典之作。它用丰富的例证指出：杰出而成功的企业都有强有力的企业文化为全体员工共同遵守，但往往是自然约定俗成的而非书面的行为规范；并有各种各样用来宣传、强化这些价值观念的仪式和习俗。在两个其他条件都相差无几的企业中，文化的强弱对企业发展会产生决定性的作用。另外，作者提出企业文化的五个组成部分和四种类型。五个组成部分是企业环境、企业价值观、企业英雄人物、风俗和礼仪以及企业的文化网络；四种类型是强人型文化、"猛干猛玩"型文化、攻坚型文化、按部就班型文化（见本章第一节"组织文化的类型"部分）。

《追求卓越——美国成功公司的经验》一书的作者在该书中指出：通过对美国企业与日本企业的经营管理的比较后发现，美国的企业管理忽略了人的重要性。同时，作者也批判了"人际关系"学派的某些观点，申明建立企业文化理论，运用企业文化管理方式，并不是要回到"人际关系"的观点上去。作者还指出，企业领导者应该以身作则，以实际行动向员工展现企业的经营理念和价值观，认为企业领导者首先应该是倡导和保护价值观方面的专家。企业价值观对企业发展有潜移默化的作用。

此外，美国组织文化的研究和咨询大师——沙因通过"企业文化三层次洋葱模型"（见图 7.2）指出，文化在企业或组织中分别对三个层次形成影响，分别为：表层文化——物质层，是可以观察到的组织结构和组织过程；中间层文化——支持性价值观，包含企业战略、组织目标、质量意识、指导哲学等；核心层文化——基本的潜意识假设，是组织成员潜意识的一些信仰、直觉、思想和感觉等。这三者不可分割，互为表里。

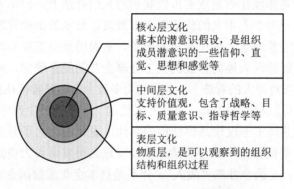

图 7.2　企业文化三层次洋葱模型

如何衡量与诊断一个企业的组织文化建设水平？丹尼森组织文化模型给出了一份答案。该模型通过对 1500 多家企业的研究，发现对了企业经营产生重大影响的四大文化特征，即适应性、使命感、参与性与一致性。在此基础上，丹尼森又将每一种文化特征进行细分，每个特征延伸出三个维度。适应性：分别考察组织学习、顾客至上、创造变革；使命感：分别考察愿景、目标、战略导向与意图；参与性：分别考察授权、团队导向与能力发展。一致性：分别考察核心价值观、配合、协调与整合三个方面。运用这 12 个考察维度，就可以对某一组织的文化类别与显著特征进行认定，比较准确地确定某一组织的文化类型与明显特征。

时至今日，欧美等发达国家已经形成了一套较为完善的组织文化理论体系，为企业可持续发展和相关理论研究提供重要的借鉴与参考。

(二)国内对组织文化的理论研究积淀

一种文化不能完全抛弃内部传播的文化积淀作用而纯粹依靠外来文化。完全抛弃自我文化积淀等于扼杀文化的母体,没有母体的文化无法与其他文化圈进行交往和彼此补偿。中国传统文化对中国封建社会的长期延续具有重要作用,美籍华人成中英教授在著作《C理论:中国管理哲学》中提出:数百年前的中国治国理念,曾使得西方先哲赞不绝口,但是在清代逐渐落败。究其原因,专制制度是根本原因。假如将管理同专制这两种制度分开,源远流长的中华文化及受其滋养的管理理念,还能继续化作促进现代中国社会发展的助力。

1. 国内研究组织文化的时间路径

纵观国内,早在20世纪五六十年代,中国企业经过不断的实践与探索,已经形成了具有中国特色及企业自身特点的组织文化,但上升到理论层面进行研究与探索的则少之又少。有学者认为我国企业组织文化发展经历了四个阶段。

第一阶段:20世纪80年代上半期,组织文化理论引入和学习阶段。

在此期间《战略家的头脑——日本企业的管理艺术》《追求卓越——美国成功公司的经验》《企业文化——企业生存的习俗和礼仪》等一系列西方企业组织文化的著作陆续在我国传播。

第二阶段:20世纪80年代下半期,第一次组织文化浪潮掀起阶段。

自此,我国的部分企业家及理论学者开始对组织文化理论逐渐有所认知。1988年,作为组织文化热潮掀起的关键时期,当年连续在国内组织了几次较大规模的企业组织文化的研讨会,如上海市首届企业文化研讨会、杭州的全国性企业组织文化研讨会等,标志着我国组织文化建设和理论研究正式拉开帷幕。

第三阶段:自1991年至2000年,组织文化发展阶段。

时值我国改革开放的历史新阶段,一些企业家经历了企业的快速发展期,同时也逐渐意识到管理上存在的一些"物"无法解决的问题,因此激发了企业家对组织文化深入研究和实践的意愿。

第四阶段,自2001年至今,第二次组织文化风靡阶段。

2003年,由国务院组织的"中央企业文化建设研究"项目,让中国企业组织文化理论水平和应用价值提升到了一个新高度。该课题经过充分的实践调研,对我国企业组织文化建设现状做出了客观的评价,并将"以人为本"的原则视为企业的灵魂。其对中国企业的组织文化发展具有历史性的意义(魏海波,2012)。

2. 国内研究组织文化的内容路径

一方面,将西方管理理论与中国企业管理相结合,如著名企业管理及企业文化顾问培训师马永强提出的"4E文化构建模型"。该模型由企业的表现面、环境面、角色面及潜力面四个面构成三个立方体,而三个立方体分别代表文化魅力、文化容力及文化潜力。其所体现的正是组织文化从提炼意识阶段到文化塑造阶段,再到最终呈现阶段的完整企业文化落地过程,而三者之和的整体代表着一家公司的组织文化生命力(马永强,2013)。

另一方面,将中国传统文化与现代企业管理相结合。例如,学者刘刚在《中国传统文化与企业管理》一书中,以传统管理思想为基础,构建了集"修身、安人、谋攻、定邦"

于一体的企业组织文化系统框架。修身，主体是管理者本身，强调管理者尤其是创始人的自我修养是企业管理的起点，其核心思想为儒家的"反求诸己"；安人，关注主体是企业员工队伍的管理，其核心为儒家所讲的"上下同欲"；谋攻，关注企业顾客、合作伙伴与竞争对手，采用兵家思想探讨企业战略、市场营销及企业竞争问题；定邦，关注的主体是企业的利益相关方，以"独善其身，兼济天下"的传统文化来研究企业如何对待社会责任的问题。近年来，国内不断掀起弘扬中华优秀传统的浪潮。习近平总书记指出"中华优秀传统文化是中华民族的文化根脉"，他在各种场合反复强调文化的历史意义和重要作用，并强调时代所赋予其新的内涵。由文化对于国家、民族兴衰的重要性不难看出文化对于组织、企业的重要程度，而如何结合中国优秀传统文化、打造适合中国企业的组织文化，更是时代赋予企业的不可推卸的重要责任。

二、组织文化的培育

组织文化是组织的"软实力"，许多组织都特别重视其文化培育，进而提高组织核心竞争力。真正强大而优秀的组织文化如同磁铁一般，能够吸引合适的人才并使其全情投入工作。但要建立富有积极影响力的企业文化，不能一蹴而就，也不能"毕其功于一役"，需要精心而持久地培育。

（一）组织文化培育的过程

从过程角度来看，组织文化培育大致可以分为以下四个相互影响并逐渐提升的螺旋阶段。

1. 无意识的文化创造阶段

企业在创立和发展过程中逐渐形成一套行之有效、组织内部广泛认可的组织运营理念或者思想。这一阶段的基本特点就是具有鲜活的个性特征，且是零散的而非系统的，在组织内部可能是"未经正式发布的或声明的规则"。在这个过程中，企业关注的是发展进程中那些难忘的、重大的事件或者案例背后所体现出的文化气质或者精神价值。这些事件或者案例的背后往往是组织在面临着巨大利益冲突和矛盾的情境下发生的，这种冲突和矛盾下的企业选择正是企业价值观的具体体现。

2. 自觉的文化提炼与总结阶段

企业经过一段时间的发展，在取得一定的市场进步或者成功时，就需要及时地总结和提炼企业市场成功的核心要素有哪些。这些成功要素是组织在一定时期内取得成功的工具和方法，具有可参考或者复制的一般性意义。更加重要的是，企业往往在取得市场成功的同时，吸引了更大范围、更多数量的成员加盟。各种管理理念与工作方法交汇，企业如果缺乏共同的价值共识，往往会发生内部离散效应。这一阶段对企业而言最重要的就是亟待自觉地进行一次文化的梳理与总结，通过集体的系统思考进行价值观的发掘与讨论，并在共同的使命和愿景引领下确定共同的价值共识。

3. 文化落地与冲突管理阶段

日益庞大的组织规模和多元化的员工结构为文化的传播和价值理念的共享提出了新的挑战，前期总结和提炼的价值理念体系如何得到更大范围内组织成员的认同就成了这一阶段最为重要的事情。文化落地与传播的手段和工具不计其数，从实践来看，企业在文化落地阶段应该遵循"从易到难、由内而外、循序渐进"的原则。

4. 文化再造与重塑阶段

文化建设对企业而言是一个没有终点的建设过程，是关乎企业生存与发展的核心命题，需要领导者不断思考、不断总结、不断否定或肯定，任何一个阶段性的总结和提炼并不代表企业的经营者们掌握了全部真相或绝对真理。因此，一个健康的组织一定有一个"活的"文化体系与之相伴相生，这个活的文化体系并不具备自动进化的智能，需要企业持续不断地进行系统思考，并根据组织内外的环境与组织发展的需要进行文化的更新、进化甚至是再造。文化建设进程是企业主动进行的一次从实践到理论，进而用理论指导实践的一个过程，文化落地阶段正是理论（总结提炼了的文化思想体系）指导实践的过程。只有牢牢把握价值观管理这个核心，企业文化的建设才不会出现大的偏差或者失误。

（二）组织文化培育的路径

组织文化培育是组织文化得到公司自上而下的认同和全面实践的过程，如图7.3所示。具体路径：在精神层，通过讨论沟通、开会演讲、宣传培训实现对组织文化的基本认识；在行为层，通过行为领导、标兵示范、岗位实践实现全体人员对企业文化的切身感受和理解感悟，使个人的行为和认知方式与企业文化一致，适应企业文化的发展；在物质层，通过对企业标识、工作环境、网站等的设计和应用，彰显组织的个性文化，烘托美好的组织文化培育氛围；在制度层，通过制定和完善与企业战略相一致的各项制度，尤其是要对人力资源管理中薪酬、考核、奖惩等制度建立行为标准，对全体人员的行为进行规范，对信念进行强化，培育良好的企业作风。

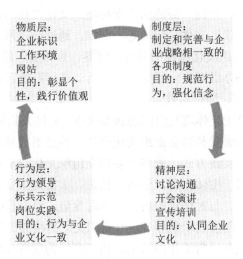

图 7.3　组织文化实施路径示意图

1. 精神层：讨论沟通、演讲宣传

组织宣讲会、研讨会、辩论会等民主管理活动，营造和谐、全员参与的氛围，引导组织成员思考和探索组织文化培育相关内容，鼓励员工结合自己的岗位和责任选择并实施组织文化的内容。公司领导层要虚心听取员工的意见，集思广益，交流沟通，即时反馈。通过公司领导层的引导，组织成员的讨论沟通，大家共同选择的组织文化实施起来更具有主动性和积极性。公司建立全方位的传播网络，采取线上线下媒体融合的多种培训方式，大力宣传组织文化，系统有序地传播组织文化，在公司内部形成良好的学习氛围。经过宣传培训，全体人员达到对组织文化的理解、认同。

2. 制度层：承载文化、执行制度

制度承载文化。制定科学合理的组织结构、领导体制、企业管理制度并且严格地执行，是组织文化在实践中贯彻和实施的保证。严格执行制度是培育和强化企业文化的有效途径。通过制度的执行实现有序管理，使管理有法可依，保证制度的权威性，促进员工对制度的认同、理解并且转化为员工内在的信念和习惯，形成自觉管理的氛围，有利于组织文化的培育实施。例如"华为基本法"，历时两年，八易其稿，于 1998 年 3 月完成。全文共 6 章 103 条，长达 16 000 多个字，包括华为的核心价值观和一般的管理政策，规定了华为的基本组织目标和管理原则，包括企业宗旨、基本经营政策、组织政策、人力资源政策、控制政策等，是公司其他制度的起源。

3. 物质层：精心设计、彰显个性

组织文化物质层内容丰富，体现在形象标识、工作环境、文化传播网络等方面。组织形象标识由标准字、标准色及特殊图形或吉祥物构成，如可口可乐飘逸的红底白字、国际商用电器公司（IBM）蓝色的动感、苹果公司的缺口苹果，主要用于增强对公众的视觉冲击，便于形成统一的、特色鲜明的视觉形象，以区别于其他组织和产品。组织形象标识可以广泛应用于产品外观、产品包装、广告宣传、办公用品、交通工具、员工服饰上。工作环境体现在工作地周围的物理环境，如办公室、工厂、车间、工场等，优秀的组织通常努力营造洁净、清新、开放、便捷、舒适的工作环境。文化传播网络包括公司网站、内部办公网、工作群、刊物、会议、文件、活动等。例如，通过公司网站对外宣传公司的文化；利用印有组织 logo 或者组织文化精髓的名片、便签、宣传册、纪念品等宣传公司的文化；利用特殊节日或者庆典举办组织文化展览或联谊活动进行系统宣传。

4. 行为层：领导垂范、岗位实践

行为层面的文化培育主要体现在组织的领导风格、英雄人物的塑造、日常经营管理中，全体人员在生活和工作中感受和体会组织文化内涵，并且形成感知文化。其中，需要特别注意的是领导垂范和岗位实践方式。领导者要树立组织文化培育的信心和决心，发挥领导者在组织文化培育中的第一主体作用，创新、提炼、丰富组织文化。这要求领导者有高度的文化自觉、宽广的胸怀、与时俱进的精神，审时度势、以身作则、言行一致，身体力行地宣传示范，在全体成员面前展示领导者培育组织文化的决心。

组织文化的精髓体现在日常工作细节上，员工在行为层感知的文化比认识的文化更实际。作为组织成员，每个人都应该从自己的工作出发，使自己的观念和作风与组织文化一致，从小事做起，从身边事做起，让组织文化体现在细节中。

【经典案例7-4】

华为品牌标识与公司核心理念

华为品牌标识由图标和"HUAWEI"文字构成。品牌标识中"HUAWEI"是为华为特别设计的。华为品牌标志有竖版和横版两种版式，如图7.4所示。

 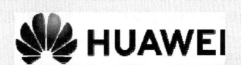

图7.4　华为品牌标志

华为新的企业标识是公司核心理念的延伸。

聚焦：标识在设计上采用了聚散的模式，八瓣花瓣由聚拢到散开，寓意华为事业上的兴盛。新标识更加聚焦底部的核心，体现出华为坚持以客户需求为导向，持续为客户创造长期价值的核心理念。

创新：新标识灵动活泼，更加具有时代感，表明华为将继续以积极进取的心态，持续围绕客户需求进行创新，为客户提供有竞争力的产品与解决方案，共同面对未来的机遇与挑战。

稳健：新标识饱满大方，表达了华为将更稳健地发展，更加国际化、职业化。

和谐：新标识在保持整体对称的同时，加入了光影元素，显得更为和谐，表明华为将坚持开放合作，构建和谐商业环境，实现自身健康成长。

花瓣配上黑色的"HUAWEI"字样，显得独立且吸引人。红色给人一种冲动感，让华为显得更出众。

资料来源：谢地. 中国民营企业品牌建设报告2013[M]. 北京：中国经济出版社，2014.

（三）组织文化培育的方法

组织可以根据自身的实际情况选择合适的组织文化培育方法。常见的方法有以下几种。

1. 舆论导向法

运用公众号、微信、行业网站、行业展会、政府媒体等进行宣传，既传播组织文化的内容，又推广组织的品牌，使员工和公众认识到组织的价值观和行为导向，在组织内部形成良好的学习组织文化氛围和积极态势，在组织外部形成鲜明的组织文化印象和向好趋势。

2. 管理统一法

领导者的重视对组织文化的培育至关重要，需要领导者对人力资源管理、品牌管理、企业战略等各项工作均衡发力，避免顾此失彼、内部动乱。只有组织环境和谐稳定，组织文化才能凝聚力量，维护组织基业长青。如果偏重组织文化，忽视人力资源、品牌战略管理等方面的工作，会成为强势组织文化，在现实中有很多强势组织文化的组织面临破产危机，原因在于忽视了组织文化与人力资源管理、品牌战略管理等管理力量的均衡发展。

3. 全员参与法

组织文化的培育是组织全体成员共同的事业，不是个别成员或者个别岗位成员的事情，只有全体人员参与，组织文化才会培育成功，才会最大限度发挥应有的作用和功能。组织领导发挥第一主体作用，通过多种方式带动组织全体成员适时适当参与。例如，通过激励机制，对与企业文化一致的行为给予奖励，选拔与企业文化相适应的人员到重要岗位。

4. 礼仪规范法

礼仪规范是指组织全体人员在长期的职业活动中形成的交往行为模式和礼仪，是全体人员应该遵守的行为规范。组织需要创立拥有自身特色的组织文化礼仪体系，使员工通过参加礼仪活动受到组织文化的感染和教育，如规范着装，规范用语，规范业务流程、特定仪式等。

5. 氛围渲染法

组织文化氛围是无形的，潜移默化地影响着组织成员乃至社会公众。组织文化氛围如同组织文化的结构一样，由精神氛围、制度氛围、行为氛围、物质氛围构成。在组织文化培育中，组织应该营造良好的精神氛围，进行感情投资，关心爱护组织成员，培育组织成员积极的工作和学习态度；制定科学的管理制度，如薪酬制度、绩效考核制度等，达成公平与效率相结合的目标；利用各种文化活动促进全体人员的参与，使员工行为较好地体现组织文化。

6. 形象重塑法

组织形象与组织文化是表里关系，组织形象是组织文化的外在表现，组织文化是组织形象的内在核心。组织文化的培育过程是由内到外、从理念到行为再到视觉识别重塑企业形象的过程。组织文化培育需要长期、积极地向外界宣传良好的组织形象，获得社会公众的认同，增强组织的竞争力。

党的十九大报告指出："文化是一个国家、一个民族的灵魂。文化兴国运兴，文化强民族强。"对于组织来说，先进的文化是组织持续发展的精神支柱和动力支撑，是组织核心竞争力的重要组成部分，是保持组织持续发展的不竭之源。21世纪，面对新环境、新机遇、新挑战，组织无论大小都需要培育优秀的具有个性特征的组织文化。需要注意的是，考虑到组织发展阶段的不同和组织所在行业及地域的不同，其文化创新和培育的重点和角度也应不同。

本 章 小 结

本章介绍了组织文化的概念、特征、内容、功能，详细探讨了组织文化的结构、类型，分析了组织文化的历史积淀，培育的过程、路径和方法。

组织文化是指组织在长期实践中形成的独特的且为组织成员普遍认可和共同遵循的组织愿景、价值观念、基本信念和行为规范等，以及其在组织活动中反映的总和，具有独特性、继承性、融合性、人本性、创新性、可塑性、系统性等特征。组织文化的内容包括经营哲学、价值观念、企业精神、企业道德、团体意识、企业形象、企业制度、企业使命，具有导向、约束、凝聚、激励、调适和辐射等功能。

组织文化结构是指组织文化系统内各要素之间的时空顺序、主次地位与结合方式。它表明各个要素如何连接，形成组织文化的整体模式。组织文化结构可以分为表层的物质文化、浅层的行为文化、中层的制度文化和核心层的精神文化。

迪尔和肯尼迪将组织文化分为强人型、"猛干猛玩"型、攻坚型、按部就班型四种类型；杰弗里·索南菲尔德将组织文化划分成"棒球队型""俱乐部型""学院型""要塞型"四种类型；奎因和卡梅隆将组织文化划分为团队型、灵活型、市场型、层级型四种类型。

国外对组织文化的理论研究产生了一系列以论述企业文化为核心内容的管理学著作，如理查德·帕斯卡尔、安东尼·阿索斯在《战略家的头脑——日本企业的管理艺术》中提出"7s"管理模式；威廉·大内在《Z理论——美国企业怎样迎接日本的挑战》中提出建设企业文化是日本企业成功的秘密；阿伦·肯尼迪、特伦斯·迪尔在《企业文化——企业生存的习俗和礼仪》中提出企业文化的重要意义以及五种文化因素的划分和四种文化类型的划分；托马斯·J.彼得斯和小罗伯特·H.沃特曼在《追求卓越——美国成功公司的经验》中提出优秀公司八种优秀文化品质以及领导者对本企业价值观体系的阐明；丹尼森的如何衡量与诊断一个企业的组织文化建设水平的组织文化模型；沙因的"企业文化三层次洋葱模型"。国内对组织文化的研究经历了四个阶段：组织文化理论引入和学习阶段、第一次组织文化浪潮掀起阶段、组织文化发展阶段、第二次组织文化风靡阶段。内容上有将西方管理理论与中国企业管理相结合、将中国传统文化与现代企业管理相结合两个路径。

组织文化培育体现为无意识的文化创造、自觉的文化提炼与总结、文化落地与冲突管理、文化再造与重塑四个阶段。培育路径在组织文化的不同层面侧重点不同，精神层讨论沟通、演讲宣传；制度层承载文化、执行制度；物质层精心设计、彰显个性；行为层领导垂范、岗位实践；组织文化培育的方法有舆论导向法、管理统一法、全员参与法、礼仪规范法、氛围渲染法、形象重塑法。

复习思考题

1. 如何理解组织文化的概念？
2. 组织文化的基本特征有哪些？
3. 组织文化的基本内容有哪些？
4. 组织文化的重要功能有哪些？
5. 如何理解组织文化的结构？
6. 关于组织文化的类型有哪些观点？
7. 请联系实际谈谈组织文化应该如何培育。

自测练习题

案例分析题

第四篇 领导篇

第八章 领导
第九章 沟通
第十章 激励

第八章 领　　导

本章导读

"火车跑得快,全靠车头带",这句俗语形象反映了人们对领导者作用的认识,也反映了组织领导者的行为对一个组织发展的重要性。领导者很大程度上能够决定组织的未来,因此,领导活动与领导者本身应该成为科学研究的对象,领导理论和领导艺术是对领导者在领导过程中的活动规律的揭示和总结,对其认识得越清楚,管理工作就越能做得好,从而提高每一个企业组织乃至整个国家的工作效率。

学习目标

知识目标:了解领导者的定义;理解领导的概念、领导与管理的关系;掌握领导特质理论、领导行为理论、领导权变理论、人性假设理论;熟悉领导的提高工作效率、知人善任、冲突管理、提高会议效率等艺术。

能力目标:学会分析组织行为,分清领导者与管理者,实际应用各个领导理论和领导艺术,提升综合分析能力和判断事务优劣的能力。

素质目标:培养学生具备领导特质,为成为有担当、有能力的领导者努力进取。

思政目标:启发学生总结领导者的特质,引导其注重和加强政治素养。

关键概念

领导(leading)　　　　　　　　　　领导者(leader)
权力(authority)　　　　　　　　　　领导特质(leader quality)
管理方格理论(theory of manager square)　　费德勒模式(Fiedler model)
X理论与Y理论(theory X and theory Y)　　领导艺术(leading art)
领导生命周期理论(theory of leading life circle)

著名企业管理学家吉姆·柯林斯在著作《从优秀到卓越》中讨论并分析了企业或企业的领导者是如何从优秀(good)上升到卓越(great)层次的。柯林斯指出,优秀的公司和优秀的领导者很多,许多公司都可以在各自的行业里取得不俗的业绩。但如果以卓越的标准来衡量公司和个人的成绩,那么,能够保持持续健康增长的企业和能够不断取得事业成功的领导者都非常少。本章将介绍领导的内涵、领导理论与领导艺术,为想要成为卓越领导者的志士提供理论指导。

第一节 领导概述

一、领导及领导者

（一）领导

"领导"（leading）一词是英语 leader 的音译，汉语释义为：领者，带路也；导者，指引，启发也。领导既指担任领导的人，又指带领并引导朝一定方向前进。前者侧重于强调静态的领导者，后者侧重于强调动态的行为过程。

关于领导的概念可谓众说纷纭，较具有代表性的看法有以下几种。

1. 行为过程说

领导是影响人们自动地达成群体目标而努力的一种行为。——泰瑞（G. B. Terry）

领导是对一个组织起来的团体为确立目标和实现目标所进行的活动施加影响的过程。——斯托格蒂尔（R. M. Stodill）

领导是指挥群体在相互作用的活动中解决共同问题的过程。——赫姆菲儿（L. K. Hemphil）

2. 影响力说

领导就是在某种情况下，经过意见交流过程所实现出来的一种为了达成某种目标的影响力。——坦南鲍姆（R. Tannenbaum）

领导即有效的影响。为了施加有效的影响，领导者需要对自己的影响进行实地的了解。——阿吉里斯（Argyris）

领导是在领导者和追随者之间有影响力的一种关系。——理查德·L. 达夫特（Richard L. Daft）

3. 权力说

领导是一种统治形式，其下属或多或少地愿意接受另一个人的指挥和控制。——科·杨（K. Young）

领导是一个人所具有并施加于别人的控制力。——弗兰奇（J. French）

领导即行使权威与决定。——杜平（R. Dupin）

4. 艺术说

领导是一门促使其部属充满信心、满怀热情来完成他们任务的艺术。——孔兹（H.Koontz）

借鉴各方观点，我们将领导的概念表述为：领导是在一定条件下，指引和影响个人或组织实现某种目标的行动过程。

其中，实施指引和影响的人称为领导者，接受指引和影响的人称为被领导者，一定的条件是指所处的环境因素。领导是管理的基本职能，它贯穿于管理活动的整个过程，包括以下基本含义。

(1) 领导包含领导者和被领导者两个方面。
(2) 领导是一种活动，是引导人们行为的过程。
(3) 领导的本质是一种影响力。
(4) 领导的目的是充分发挥组织中每一个人的积极性，以更好地实现组织目标。

（二）领导者（leader）

领导者是指居于某一领导职位、拥有一定领导职权、承担一定领导责任、实施一定领导职能的人。

领导者包含两种类型：一种是居于领导职位的人；另一种是并不处于正式的领导职位但对他人有影响力的人。对于正式组织来说，领导者是指具有一名以上下属的各级主管。在企业中，下至班组长，上至厂长、经理都是领导者，分别称为班组领导、车间领导、厂领导等。

在指挥、带领、指导下属为实现组织目标而努力的过程中，领导者必须有指挥、协调、激励三个方面的作用。国外研究结果表明，员工积极性的发挥有40%是由领导者的才能所诱发出来的。组织中的领导者是复数而非单数，是一群人而非一个人。

综上可以看出，在英语语境下，"领导"（leading）与"领导者"（leader）是两个不同的单词；在汉语语境下，"领导"既可作名词又可作动词，通常人们习惯把领导者称为领导，把领导者的行为也称为领导。实际领导者是实施领导行为的人，而领导则是领导者实施领导行为的过程。领导和领导者是从动态和静态两个维度理解的领导概念，有助于全面理解领导的含义与本质。

【管理故事8-1】

曼德拉的"光辉岁月"与领导魅力

南非前总统曼德拉于2013年12月5日晚走完了他极不寻常的人生历程，享年95岁。他的逝世成为全球舆论的大事件，对他的赞扬几乎来自全球每一个地方，既包括非洲黑人国度，也有西方白人世界。曼德拉作为政治人物罕见地获得全球一致赞誉，他的政治生涯曾充满坎坷，他大概是全球国家元首中坐牢时间最长的人，但他的人生最终画上了完满的句号。

国际社会对曼德拉的去世同声哀悼。第一时间内，中国国家主席习近平、国务院总理李克强和外交部三度表示哀悼；美国宣布降半旗志哀；各国政要以及各界人士均表达缅怀之意。

曼德拉的一生就是时代的刻度。曼德拉横跨后殖民时代、南非种族隔离时代、冷战时代和全球化时代，不同的时代赋予他不同的身份，从全球最知名的囚徒到南非首任黑人总统，从革命者到和解宽容的布道者，他身上叠加的政治标签和文化标签，不仅是他个人所独有，也凝聚了与他同期的反抗和推动和解的共同记忆，即中国人熟悉的"光辉岁月"。

曼德拉主导了通过非暴力方式实现南非种族和解的全过程，摧毁了全球最后一个公开的种族隔离堡垒。由于废除种族隔离制度和推动民族和解的巨大贡献，曼德拉当选南非总统后声望如日中天。但是，制度性"囚笼"虽被打破，南非政治、经济、族群之间的积弊非一日可除，如经济不振、犯罪率飙升、潜在种族篱笆难以打破等。他对自己在新南非政治格局过于重要的位置也时时感到怵惕，在任期届满后，曼德拉全身而退。此后，他刻意削弱自己身上的政治符号，对权力毫不留恋。

无论是在总统就职典礼上对当年看守他的狱卒鞠躬致敬，还是听到中国歌曲《光辉岁月》时的潸然泪下，无论是退任后中国情结的尽情释放，还是对体育的持久关注，曼德拉的"个人时刻"，既折射出政治手段运用的纯熟，也折射出个人性格中真实的一面。

资料来源：徐立凡. 今天我们为什么纪念曼德拉[N]. 京华时报，2013-12-07.

二、领导活动的基本要素与基本特征

（一）领导活动的基本要素

领导活动是人类群体活动的产物，是一个完整的动态过程。领导者、被领导者、领导环境、领导目标是共同组成领导活动的基本要素。其中，领导者是领导活动的主导因素，起着决策、组织、指挥、引导、监督等作用；被领导者是实现领导活动的基础，既受领导者的"指挥"和"协调"，又制约领导者的活动，决定活动目标的实现程度；领导环境是领导活动的前提条件和客观依据；领导目标是联系领导者与被领导者的媒介，是领导活动所要达到的目的。

1. 领导者

领导者是领导活动中的主导因素，是社会组织顺利展开组织运作的重要条件。首先，领导者是领导活动的主体，在领导活动中起主导作用，居中心地位。领导者在一定的环境条件制约下，由其职权和素质共同形成对所辖组织和人员活动的影响力，这种影响力的大小与领导者的职权和素质成正比。领导者以其高尚的品德、渊博的知识和高超的艺术，产生巨大的吸引力和凝聚力，为实现领导目标创造条件。其次，领导者在领导活动中起发动作用。它根据特定社会群体的利益和需求进行科学决策，制订目标，发布指示命令，使领导活动处于动态状况。最后，领导者在领导活动中起统帅作用。它根据目标任务需要，设置组织机构，合理选人用人，安排计划实施，并在领导活动过程中视情况的变化协调各种关系，不断修正完善决策。

2. 被领导者

被领导者是相对于领导者而言的，是指在社会共同活动中处于被领导地位的人员。被领导者是领导活动中的基础要素。他们在领导活动中一身兼二任：对领导者来说，他们是客体；对群体目标来说，他们又与领导者共同构成了活动主体。离开了被领导者，领导者就无法实施领导活动。

被领导者并不是单纯意义上的被支配者。一是被领导者与领导者的对应性存在，构成领导者具有实际意义与作用的条件；二是领导者与被领导者从来不是天生的和一成不变的，二者的位置具有调整的可能性；三是在实际的社会活动与组织生活中，一些被领导者因为具有较高的才能与威信，事实上发挥着领导的作用，既接受领导者的领导，又参与领导活动，监督领导工作。被领导者这种被领导的和主体的地位，要求他们必须做到服从领导、支持领导、监督领导，乃至参与领导。被领导者对其所在组织或团体的关心程度，他们自身的素质和能力等条件，以及对本职工作的主动性和积极性等，对于提高领导活动成效具有举足轻重的作用。

3．领导环境

领导环境是指领导者实施领导所面临的周围境况，是领导活动的基本要素之一。领导环境可分为微观环境和宏观环境两种：微观环境是指领导者所处的具体工作环境，诸如群体组织、人际关系、物质条件、人员素质等；宏观环境是指领导者所处的自然状况、时代特征和社会环境，诸如地质地理、天文气象、政治、经济、文化、教育、科技、思想、道德、制度、传统、习俗等。任何领导活动都会同客观存在的物质世界乃至人们的精神世界发生各种各样的联系，并受其影响和制约。环境影响领导者和组织成员的情绪；影响领导方式和方法；影响领导职能的发挥；影响领导者的作风和素养。领导活动正常、高效地运行，离不开对环境的认识、适应、利用和改造。

领导环境具有自身的特点。概括来说，领导环境具有特定场合的规定性、随社会变迁而产生变化的动态性、常量与变量交互作用的复杂性、主观与客观互动的交错性等特点。在对领导环境加以研究与改造的过程中，应当把握这些特点。

4．领导目标

领导目标是指领导活动所要达到的预期结果。领导活动是人类有意识、有目的、能动地改造世界的活动。这一活动的鲜明特征是人类在一切活动中所贯穿的目的性，这决定了领导目标也是领导活动不可缺少的要素。在领导活动中，人们不是选择并实行某种正确的目标，就是选择并实行某种错误的目标；不是自觉地就是盲目地选择并实行某种目标。领导者和被领导者对领导目标的明确程度特别是领导目标的正确程度，对于领导活动的成败关系极大。如果没有明确而又正确的目标，领导活动就难以有效进行。

（二）领导活动的基本特征

领导活动的特性主要表现在以下几个方面。

1．权威性

从领导活动的成败及其效果来说，权威性是领导活动的首要特性。现代意义上的领导权威是一种理性权威，其特征在于它的合法性，在于它在活动过程中表现的规章制度取向。法治赋予了领导权威的合法性，而领导活动在其展开过程中所表现出来的法治精神又维护和巩固了它自身的合法性。因为权力并不等同于权威，一个拥有权力的人不一定拥有足够强大的权威，人们接受领导者的领导，不是基于对其权力的恐惧，而是基于对其权威的肯定性认同。

2．综合性

从领导活动的内容来看，综合性是其重要特性。领导作为"软专家"所进行的指挥、协调活动，首先表现为极强的综合性。社会的劳动分工决定了领导的综合性；在利益多元化的现代社会，领导活动的一个重要内容就是将不同的劳动分工和不同的利益进行综合，从而将综合的结果传递给社会和员工。前者涉及技术性层面，要求领导者进行活动时采用多样化的技术方法和手段；后者涉及政治层面，要求领导者从社会发展的高度、从大多数人利益和需求的视角思考问题。

3. 战略性

领导不是微观管理,而是战略性管理,即领导侧重于大的方针决策和对人与事的统御,面向全局、面向未来,强调通过与下属的沟通,激励其实现组织目标。领导追求组织乃至社会的整体效益。

4. 超然性

领导者需要超脱于各种利益群体,从根本上、宏观上把握领导活动的整个过程。在战略层面规定组织的方向、任务和目标,在整体发展、全局利益等领导理念的驱使下,在组织与环境的互动中处理各种关系,实现领导要素的有机组合以及各种资源的有效配置。

5. 服务性

从领导活动的价值取向和精神归宿来说,服务性是领导活动的重要特性。领导活动的本质是承担公共使命,服务是领导本质所在。西方关于领导的正式理论就认为领导者应该是代理者、议事者和促进者的统一。现代社会把"权力民授说"视为一个普遍法则,尽管短时间内人们看到领导者可以运用强制性权力展示威严,但从根本上看领导者是居于特定职位上的民意代理者,因此,领导的服务性是引发领导者敬畏的法则,更是驾驭领导者行为的信念。

6. 间接性

领导活动与组织目标之间的间接性是所有领导活动共有的特性,也是领导原理和领导艺术具有相通性的决定性力量之一。领导活动是一种依靠动员和激励下属实现组织目标的活动。

三、领导与管理的区别

领导与管理作为两种不同的社会行为和社会活动,有一定区别。概括地说,领导重在决策,做正确的事;管理重在执行,正确地做事。领导带领组织变革,管理需要适应变革。领导能力可为组织发展提供活力和动力,管理能力只能在维持现状的情况下发挥作用。领导更多地关注组织的变革和持续发展的动力发掘,管理只是在固定的流程上按一定的程序进行活动。具体来说,领导与管理有以下 7 个方面的区别。

1. 侧重点不同

管理强调"机械的效率逻辑",而领导强调"有机的情感非逻辑"。虽然管理与领导在理念层次上都追求效率、效益的提高,但管理更多地注重具体生产过程中的工时研究,注重正式的规章制度,强调刚性;而领导注重领导者对人的影响和引导,重视人的需要、情感、兴趣、人际关系的社会属性,强调柔性,注重激励和激发人的内在潜能和积极性。

2. 功能不同

从功能上讲,管理重在维持秩序,而领导重在推动变革。良好的管理很大程度上能在企业的主要领域形成特定的规律与秩序。也就是说,管理文化强调理性、控制。无论其精力是集中于目标、资源、组织结构还是人员,管理者都是一个问题的解决者。领导则截然不同,它不是带来秩序与规律性,而是带来组织的运动。其核心方法和过程包括确定组织战略方向、联合群众、鼓励和鼓舞员工。也就是说,领导者仅仅提出问题,并非完成使命的实践者。

3．行为方式不同

对于决策和制定议程来讲，管理的行为着力于计划、预算过程，而领导的行为则着力于确定长远的方向、战略，实行变革的过程。对于执行过程中的人际关系来讲，管理的行为方式是根据完成计划的职责和权力，制定政策和程序对人们进行引导，并采取某些方式或创建一定系统监督计划的执行；而领导的行为方式则是联合群众，扩大宣传，形成影响力，使相信愿景和战略的人们形成联盟，并得到他们的支持。对于具体的执行过程，管理的行为方式重在控制和解决问题；而领导却重在激励和鼓舞。对于执行结果的评估，管理旨在维持已有的成果，维持既定秩序；而领导则引起变革，打破原有的格局，使组织创新，更加适应环境。

4．对主体素质要求不同

领导与管理已经成为相对独立的系统，其功能、行为方式有很大的区别，因此，领导与管理主体的素质也有很大的区别。管理要求正确地做事情，知道做什么，有对任务的看法，习惯从里向外看世界；领导则要求做正确的事情，知道如何做，有关于任务的愿望，习惯从外向内看事情。

5．价值取向不同

在对待目标的态度上，管理者往往倾向于以一种不带个人情感的方式对待；而领导则为了改变行为模式，应对变换的环境和变革，往往持有大胆的态度。在对工作的看法上，管理者倾向于将工作视为一种授权过程，在限制中进行选择；而领导者则力图开拓新思路，开启人们新的选择空间。在对待人际关系上，管理者乐于和他人一起工作，避免单独行动所带来的不适，乐于共事，看待问题较少情绪化；而领导者则带有极强的自主性、独立性和极强的艺术性。

6．着眼点不同

管理强调维持目前的秩序，价值观建立在现存的制度、法规是至高无上的假设前提上。制度和法规的存在就是为了规范人们的行为，使其按照管理当局的愿望运行，不出问题、不出差错、不折不扣地服从命令，完成组织交给的任务。领导不同于管理，领导强调未来的发展，其价值取向为通过社会经济的持续增长，更好地满足人的需求、完善人格、实现人生价值。管理过度将会导致墨守成规，强调短期利益，侧重回避风险，从而扼杀组织生机；领导积极进取的精神能给组织注入新的活性因素，催发生机，与时俱进。

7．对员工的态度不同

由于管理者追求的目标是秩序，喜欢控制员工，越是无能的管理者，越喜欢老实的员工，喜欢员工听话、少说、少想、多做，但容易控制的员工往往缺乏创新。领导者偏爱有才能、有想法的员工，看重员工本身掌握较多的有价值的资源、创新能力强、潜力大，以便于实现共同的组织目标。

总之，领导活动与一般的社会管理活动不同：领导着眼于全局、战略和长远，侧重于谋划和决断；管理则着眼于局部、策略和眼前，侧重于执行与落实。可见，领导具有管理的一般属性，但又高于管理。

【知识拓展 8-1】

现代领导体制的发展

领导体制是指领导系统上下左右之间的权力划分以及实施领导职能的组织形式和组织制度。领导体制的发展与一定的生产力发展水平相适应，大致经历以下几个阶段。

（1）原始自然式领导体制。通过自然组合和依靠习俗调整来维持的原始自然式领导体制建立在原始公有制经济基础和没有阶级存在的社会基础之上，经历了由母系氏族社会到父系氏族社会的发展过程。氏族议事会、部落议事会、部落联盟议事会构成了原始社会的领导体制，与当时低下的生产力状况相适应。

（2）家长制领导体制。领导凭借自己的地位、权力和经验从事领导和管理，所有权与管理权合一。在西方工业革命之前，企业主要以小规模的手工作坊为主，生产力水平低，社会化程度低，所有者和管理者集于一身，实行的是家长制领导。这种领导体制与当时生产规模小、生产力水平还不发达的状况相适应，现在主要为小型独资（单一制）企业所采用。

（3）"硬专家"式领导体制。工业革命后，由于机器在工业中的广泛应用，劳动生产水平提高，生产规模进一步扩大，生产经营社会化程度日益提高，企业越来越需要专业化的领导，于是出现了专门从事经营管理活动的经理阶层。这些经理人员通常由一些生产技术高超、才能出众、具有专业知识的人担任，形成了以专业经理人员为核心的管理阶层，即"硬专家"式领导体制，又称为"经理制"。

（4）"软专家"式领导体制。相对于"硬专家"而言，"软专家"是指在管理领域具有专门管理知识和管理经验的专家，强调管理的专门化、职业化，其是由专业的管理人士担任领导承担管理任务的领导体制。

（5）专家集团式领导体制。在领导系统中，由各种专家组成的决策组织称作"专家集团"。这种领导体制的主要特征是发挥集体智慧和实行"谋"和"断"分离的领导方式。

（6）多级领导体制。将经营决策与具体管理分开，既增加了决策的及时性、科学性，又提高了管理的效率。例如，一些大企业实行"集中领导、分散管理"的"事业部制"，使经理等公司一级领导摆脱日常管理事务，主要致力于研究和制定各种经营方针、政策；日常生产与销售等具体的管理活动则由各个事业部担任。

领导体制总是随着客观形势变化的需要不断进行相应的调整和变革。只有这样才能更好地发挥领导体制在领导活动中的积极作用，保证取得领导的总体效果。

资料来源：刘永雷，李旭.现代领导体制的变迁与发展[J].世纪桥，2008（2）：15-16.

第二节 领导理论

自20世纪40年代以来，西方组织行为学家、心理学家从不同角度对领导问题进行了大量研究，形成了一系列的领导理论，如领导特质理论、领导行为理论和领导权变理论。

一、领导特质理论（20 世纪 30—40 年代）

领导特质理论又称领导品质理论，是领导理论发展的第一个阶段，也是有关领导的最古老、最普遍的理论。它产生于 20 世纪 30 年代，根据观察到的许多领导者的特质——成功的或不成功的——来预测领导的效率，得出领导特质的清单，着重从领导者个人的特质与特性上分析领导的有效性，企图探明什么样的人做领导最有效。这一理论的创始人是奥尔波特（C. W. Allport），代表人物有斯托格蒂尔、吉伯和鲍莫尔。他们侧重于研究领导者的心理、性格、知识、能力等方面的特征，试图探求一种有效领导者的标准。该理论最早期的研究集中于找出领导者实际具有的特性或个人品质，以期预测具备什么样的人格特征或品质的人最适合充当领导者，有所谓"伟人说"理论，认为领导者的特质主要是由先天性的因素所造就的，也就是说领导者必须具备某些天赋。后期的理论，特别是现代领导特质理论则认为领导者的个性特征和品质是在后天的实践中形成的，并且可以通过培养和训练加以造就。

（一）斯托格蒂尔的领导个人因素论

美国心理学家斯托格蒂尔（R. M. Stogdill）全面研究了有效领导应具备的素质方面的文献，在其论文《与领导者有关的个人因素：文献调查》和著作《领导手册》中总结同领导有关的特质因素，归纳为以下几个方面。

- 5 种身体特征，包括精力、外貌、身高、年龄、体重。
- 2 种社会性特征：社会经济地位、学历。
- 4 种智力特征，包括果断、说话流利、知识渊博、判断分析能力强。
- 16 种先天特性，包括有良心、可靠、勇敢、责任心强、有胆略、力求革新与进步、直率、自律、有理想、良好的人际关系、风度优雅、胜任愉快、身体健康、智力过人、有组织能力、有判断力。
- 6 种与工作有关的特征：责任感、事业心、毅力、首创性、坚持、对人关心。
- 9 种社交特征：能力、合作、声誉、人际关系、熟练程度、正直、诚实、权力需要、与人共事的技巧。

这种理论虽然可以启发人们看到领导者确实有某些独特素质，但其缺陷也是明显的。一是强调素质的先天性，否定了后天环境等因素的作用。二是有些因素互相矛盾或与实际相抵触。例如，许多具有这样素质的人实际上并不是成功的领导者；相反，出色的领导者并非个个英俊潇洒、能言善辩。三是没有区分各种素质的相对重要程度和哪些素质是谋取领导地位所需要的，哪些素质是维护领导地位所必需的。

（二）吉伯的天才领导者特点论

美国心理学家吉伯（C. A. Gibb）在 1969 年的研究报告中指出，天才的领导者应具备以下七项天生的特质：善辞令；外表英俊潇洒；智力过人；具有自信心；心理健康；善于控制和支配他人；外向而敏感。

（三）鲍莫尔的领导品质论

美国普林斯顿大学的鲍莫尔（W. J. Baumol）教授曾对领导者应具备的条件做过研究，他提出一个领导者应具备下面 10 个方面的条件。

（1）合作精神：能赢得人们的合作，愿意与其他人一起工作，对人不是压服，而是感服和说服。

（2）决策能力：依据事实而非想象进行决策，有高瞻远瞩的能力。

（3）组织能力：善于组织人力、物力和财力。

（4）精于授权：能抓住大事，把小事分给部属去完成。

（5）善于应变：机动进取而不抱残守缺、墨守成规。

（6）勇于负责：对上下级以及整个社会抱有高度责任心。

（7）勇于求新：对新事物、新环境、新观念有敏锐的接受能力。

（8）敢担风险：敢于承担改变现状时遇到的风险，并有创造新局面的雄心和信心。

（9）尊重他人：重视并愿意采纳别人的合理化意见。

（10）品德高尚：在品德上为社会和企业员工所敬仰。

（四）吉赛利的领导品质论

美国管理学家吉赛利（Edwin E. Ghiselli）在其《管理才能探索》一书中研究的 8 种个性特征和 5 种激励特征如下。

1. 个性特征

（1）才智：语言与文辞方面的才能。

（2）首创精神：开拓新方向、创新的愿望。

（3）督察能力：指导别人的能力。

（4）自信心：自我评价较高。

（5）适应性：为下属所亲近。

（6）决断能力。

（7）性别（男性或女性）。

（8）成熟程度。

2. 激励特征

（1）对工作稳定的需求。

（2）对金钱奖励的需求。

（3）对指挥别人的权力需求。

（4）对自我实现的需求。

（5）对事业成就的需求。

吉赛利的研究结果表明，一个有效的领导者：① 其督察能力和决断能力十分重要，是决定事业成功与否的关键；② 才智、自我实现以及对事业成就的追求等特征与一个人能否取得事业的成功关系较大，而与对金钱的追求、工作经验等关系不大；③ 性别特征与管理成功与否关系不大。

（五）日本企业界要求领导者具备 10 种品德和 10 项能力

10 种品德如下。

（1）使命感：无论遇到什么困难，都要有完成任务的坚强信念。

（2）信赖感：同事之间、上下级之间保持良好的关系，互相信任与支持。

（3）诚实：在上下级之间和同事关系中，要以诚相待。

（4）忍耐：具有高度的忍耐力，不随意在下属面前发脾气。

（5）热情：对工作认真负责，对同事与下级热情体贴。

（6）责任感：对工作敢负责任。

（7）积极性：以主人翁的态度主动完成工作。

（8）进取心：积极上进，不满足现状。

（9）公平：秉公处理，不徇私情。

（10）勇气：有向困难挑战的勇气。

10 项能力：思维与决策能力、规划能力、判断能力、创造能力、洞察能力、劝说能力、理解能力、解决问题的能力、培养下级的能力、调动员工积极性的能力。

（六）领导特质理论的研究特点

1. 领导特质理论研究的多视角化

领导特质理论之所以能够再次焕发生机，与领导特质理论研究视角的多样化是分不开的。领导特质理论起初研究领导者应具备的领导特质，由于领导者的多样性，无法取得有关领导者的所有特质，研究结论自然无法大规模地应用。而伴随领导内涵的发展，领导发展成为一个包括领导者、追随者、情景的互动过程。领导内涵的扩大为领导特质研究拓宽了视角，领导特质理论研究通过将领导视为领导者、追随者、情景的互动过程，突破了领导者层面的研究，发展为多取向和多层次上的综合性研究，产生了魅力领导理论、内隐领导理论、成就领导与动机型领导理论、领导胜任力理论等。

2. 领导特质理论研究仍具有较大价值

领导力开发实践表明，个体特质与有效领导存在较大的关联，仅靠行为的培养并不能实现有效领导。有关领导特质理论较为一致的观点是：人格特质能够推动或者阻碍领导者影响他人的努力，各种情景、追随者的特性也会对领导者的人格产生影响。有关领导特质研究的新思路认为，领导是一种动态的过程，因而，应该注重以发展的眼光分析领导特质。成功的领导特质不是不可以习得的，而是可以在领导实践中习得、形成和发展的。此外，领导特质理论在实践中的广泛运用也说明了领导特质理论存在的合理性、科学性、价值性。我们有必要重新认识领导特质理论，充分认识领导特质理论的价值，自觉地将其运用到领导力开发实践中。

3. 领导特质理论的实践说明了领导特质可以预测领导的有效性

微软、盖洛普、华为、合益等众多公司的实践活动说明领导特质在领导力开发中的作用和预测绩效的作用。领导特质在大量组织中的运用实际上打破了领导特质不能预测绩效的结论，当然，这种绩效预测是发生在特定的组织中的，加入情景（组织）变量后，领导特质才能够预测绩效。

二、领导行为理论（20世纪40年代末至60年代末）

领导行为理论通过研究领导者在领导过程中的具体行为和不同行为对下属的影响，寻找最佳领导行为。领导行为理论是研究领导有效性的理论，是管理学理论研究的热点之一；集中研究领导的工作作风和行为对领导有效性的影响，主要研究成果包括勒温（K. Lewin）的三种领导方式理论、领导行为连续体理论、领导行为四分图理论、密执安大学的双中心论、管理方格理论、PM领导行为理论等。

（一）勒温的三种领导方式理论

心理学家勒温以权力定位为基本变量，把领导者在领导过程中表现出来的极端的工作作风分为以下三类。

1．独裁式领导——权力定位于领导者个人手中

领导者个人决定一切，下属负责执行；要求下属绝对服从，并认为决策是自己一个人的事情。

2．民主式领导——权力定位于群体

领导者发动下属讨论，共同商量，集思广益，然后决策，要求上下融洽，合作一致地工作。

3．放任式领导——权力定位于每个职工手中

领导者实行放任管理，权力下放，赋予组织成员高度的独立性。领导者的职责仅仅是为下属提供信息并与企业外部进行联系，以利于下属的工作。

（二）领导行为连续体理论

领导行为连续体理论是由坦南鲍姆（R. Tannenbaum）和沃伦·施密特（Warren H. Schmidt）于1958年提出的一种理论。该理论主张按照领导者运用职权程度和下属拥有自主权的程度将领导模式看作一个连续变化的统一体，从左到右集权程度逐渐减弱，民主程度逐渐增强。在高度专制和高度民主的领导风格之间，坦南鲍姆和施密特划分出7种主要的领导模式，如图8.1所示。

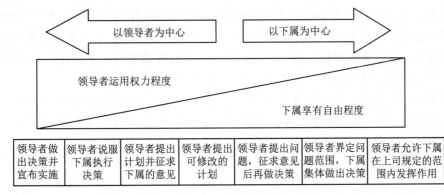

图8.1　领导行为连续体理论图

1. 领导者做出决策并宣布实施

在这种模式中，领导者确定一个问题，并考虑各种可供选择的方案，从中选择一种，然后向下属宣布执行，不给下属直接参与决策的机会。

2. 领导者说服下属执行决策

在这种模式中，同前一种模式一样，领导者承担确认问题和做出决策的责任。但他不是简单地宣布实施这个决策，而是认识到下属中可能会存在反对意见，于是试图通过阐明这个决策可能给下属带来的利益来说服下属接受这个决策，消除下属的反对意见。

3. 领导者提出计划并征求下属的意见

在这种模式中，领导者提出了一个决策，并希望下属接受这个决策，他向下属提出一个有关自己的计划的详细说明，并允许下属提出问题。这样，下属就能更好地理解领导者的计划和意图，领导者和下属能够共同讨论决策的意义和作用。

4. 领导者提出可修改的计划

在这种模式中，下属可以对决策发挥某些影响作用，但确认和分析问题的主动权仍在领导者手中。领导者先对问题进行思考，提出一个暂时的可修改的计划，并把这个暂定的计划交给有关人员以征求意见。

5. 领导者提出问题，征求意见后再做决策

在以上几种模式中，领导者在征求下属意见之前就提出了自己的解决方案，而在这个模式中，下属有机会在决策做出以前就提出自己的建议。领导者的主动作用体现在确定问题，下属的作用在于提出各种解决的方案，最后，领导者从他们自己和下属所提出的解决方案中选择一种他认为最好的解决方案。

6. 领导者界定问题范围，下属集体做出决策

在这种模式中，领导者已经将决策权交给了下属的群体。领导者的工作是弄清所要解决的问题，并为下属提出做决策的条件和要求，下属按照领导者界定的问题范围进行决策。

7. 领导者允许下属在上司规定的范围内发挥作用

这种模式下团体成员高度自由。如果领导者参加了决策的过程，他应力图使自己与团队中的其他成员处于平等的地位，并事先声明遵守团体所做出的任何决策。

在上述各种模式中，坦南鲍姆和施密特认为，不能抽象地认为哪一种模式一定是好的，哪一种模式一定是差的。成功的领导者应该是在一定的具体条件下，善于考虑各种因素的影响，采取最恰当行动的人。当需要果断指挥时，他应善于指挥；当需要员工参与决策时，他能适当放权。领导者应根据具体的情况，如领导者自身的能力、下属及环境状况、工作性质、工作时间等，适当选择连续体中的某种领导风格，以达到领导行为的有效性。

坦南鲍姆与施密特在研究领导作风与领导方式时摆脱了较为绝对的"两极化"倾向，反映出领导模式的多样性与情景因素，研究成果显示出了良好的适应性与生命力，其理论受到了西方管理学界的普遍重视。

（三）领导行为四分图理论

美国俄亥俄州立大学商业研究所自1945年开始对领导行为进行一系列研究，研究人员最初列举出1000多项构成领导行为的因素并设计了领导行为的描述调查表。随着研究活动

的不断深入，一些研究人员对烦琐的领导行为调查表进行项目整合，最终将领导行为的内容归结为两个方面：以人为重和以工作为重。

以人为重是指领导者注重建立与被领导者之间的友谊、尊重和信任的关系，它包括：尊重下属的意见；给下属较多的工作主动权；关注他们的思想感情；注重满足下属的需要；平易近人，平等待人；关心群体，作风民主。

以工作为重是指领导者注重规定他与工作群体的关系，建立明确的组织模式、意见交流渠道和工作程序，它包括：设计组织机构；明确职责、权力、相互关系和沟通方法；确定工作目标和要求；制定工作程序、工作方法和制度。

根据调查，研究者发现，领导行为的这两方面常常是同时存在的，只是可能强调的侧重点不同。

领导者的行为可以是这两个方面的任意组合，用四个象限来表示4种类型的领导行为，即高关心工作高关心人、低关心工作高关心人、低关心工作低关心人、高关心工作低关心人。这就是所谓的领导行为四分图，也称领导行为四象限理论，如图8.2所示。

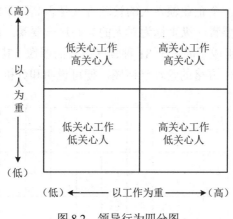

图 8.2 领导行为四分图

（1）高关心工作高关心人型。这种类型的领导者对工作和关系同样重视，既重视维持良好的工作秩序，又注意调动员工的积极性，与他们融洽相处，给员工以可敬可亲的感觉，这是最成功的领导者。

（2）低关心工作高关心人型。这种领导者关心员工，与员工关系融洽，重视关系大于工作，但这同时也有可能导致工作效率不佳。

（3）低关心工作低关心人型。这种领导者是最不合格的，因为他们既不能与下属维持良好的关系，又不能控制员工的工作，效率低下。

（4）高关心工作低关心人型。与第一种领导者恰恰相反，这种领导者重视工作甚于重视与员工之间的关系，较为严厉，重视建立良好的工作秩序和各种责任制，强调对员工的控制，与下属关系不是十分融洽。

领导行为四分图模式的研究者认为：以人为重和以工作为重两种领导方式不是相互矛盾、相互排斥的，而应是相互联系的。一个领导者只有把这两者相互结合起来，才能进行有效的领导。

(四) 密执安大学的双中心论

在领导行为四分图的基础上，密执安大学心理学家利克特（Likert）及其同事的研究提出领导行为的两个维度：面向员工和面向生产。通过研究寻求群体效率与领导者行为之间的关系，即群体效率如何随着领导者行为的变化而变化，研究小组将领导行为划分为两个维度，分别是员工导向和任务导向：员工导向的领导者重视人际关系，工作时经常考虑下属需求，并认识到人的差异性；任务导向的领导者倾向于强调工作的技术或任务事项，主要关心群体任务的完成情况，将员工视为实现生产任务的工具。研究结论表明：员工导向的领导者与高群体生产率、高工作满意度高度相关；而生产导向的领导者则与低群体生产率、低工作满意度高度相关。

(五) 管理方格理论

管理方格图又名管理坐标图，由美国得克萨斯大学管理心理学家罗伯特·布莱克（Robert R. Blake）和简·莫顿（Jane S. Mouton）提出。管理方格图（见图8.3）是一种采用图示和量表方式来衡量一个企业领导人的管理方式是否高效率的方法与手段，图中的横坐标为对工作的关心这一要素，纵坐标为对人的关心这一要素，而且又将这两个坐标轴都划分成9个刻度。这样便组成了能表示81种领导方式的图像，其适用性更强了，准确度更高了。由此，通过9×9=81方格的管理坐标图，便可说明和分析各种形式的管理。

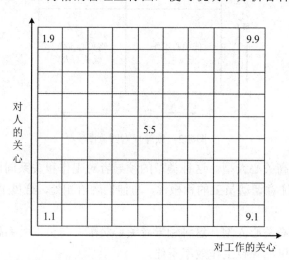

图8.3 管理方格图

布莱克和莫顿在管理方格图基础上，提出了5种管理方式的类型。

（1）1.1型管理方式。这种类型的管理者既不关心生产，也不关心人。持这种管理方式的领导者的特征就是躲避责任，回避个人义务。对1.1定向型领导者的最好描述是它的无定向。这种管理人员既没有要支配工作环境的志向，也不想受到这一环境中的人们的喜爱或好评。这种管理方式必将导致一蹶不振的最低的生产效率。

（2）9.1型管理方式。这种类型的管理者非常关心生产，但不关心人。搞好生产是9.1定向型领导者取得成就的手段，为此，为了克服人们对生产所造成的不利影响，就要行使控制、统治、支配等权力形式。持这种观点的管理者准备随时坚持自己的思想、意见和主张，并努力迫使别人接受，如遇矛盾时的处理方法是压制不同意见。管理者在短期内可能取得较高的生产效率。但是，由于不关心人，不讲究提高职工的士气，它反而会产生在长期内使生产效率下降的消极作用。

（3）1.9型管理方式。这种类型的管理者只强调关心人，而不驱使人生产。管理者高度评估温暖和友好的关系，只要他能得到人们的支持和拥戴，他就永远是安全的。他自然的倾向是预见他人的欲望和要求，并为他们效劳。管理者很少引起冲突，在他看来是要多结友少树敌。在这种管理方式下，生产率不管是从长期或短期看都不可能是高的。在高度竞争性的企业内，很少有可能形成1.9型管理方式。

（4）5.5型管理方式。这种类型的管理者既要完成必要的任务，又要保持必要的士气。管理者的目的在于采取一种适中的"胡萝卜加大棒"的政策，既公平又严厉，并且相信下级完成任务的能力。持5.5型管理方式的领导者推崇对问题的折中处理，追寻一种平衡的解决方式，而不是采纳恰当的方法。这意味着在处理生产与人们需求间的固有矛盾上，两种需求都不容忽视，但是在追求的目标上，它不是去寻求对生产和人都有利的最佳地位，而是去寻求二者可以妥协的地方，如将生产目标降低到人们乐于接受的标准。

（5）9.9型管理方式。这种类型的管理者既十分关心生产，又十分关心人的因素，而且并不认为这两者是水火不相容的。此类领导把人员和生产协调起来，使之一体化。持9.9型管理方式的领导者，努力去发现最好和最有效的解决问题的方法，以实现最高生产目标。对于这个目标，所有有关的人都会尽心尽力，每一个人都会在这个目标中发现自己的成就感。

在上述五种典型的管理方式中，9.9型管理方式为最佳，许多组织正向这一方向努力。而9.1型、5.5型、1.9型、1.1型管理方式都不过是次优选项，长期来看不可取。

（六）PM领导行为理论

日本大阪大学心理学教授三隅二不二在前人有关领导行为理论的基础上，通过大量的调查与测量，于1958年提出了PM领导理论。

PM理论将领导方式分为两类：一类是以绩效为导向（performance directed）的领导方式，简称P型领导；另一类是以维持群体关系为导向（maintenance directed）的领导方式，简称M型领导。

P型领导的行为特征：将组织中每一个成员的注意力引向目标，使问题明确化，拟定工作工序，运用专业的评价来评定工作成果。

M型领导的行为特征：维持和睦的人际关系，调解成员之间的纠纷，为群体成员提供发言的机会，促进成员的自觉性与自主性，增进成员之间的相互了解与交流。

为了测试PM的特征，三隅二不二设计了PM职能问卷，从工作激励、对待遇的满意程度、企业保健、心理卫生、集体工作精神、会议成效、沟通和绩效范围8个方面出发编制问卷，进行了5级评分，将被测人员所得的分数标注在一个二维的直角坐标系中，以此来确定此人的PM类型。为了达到测量的准确性，可以采用自评、互评、下级评价和上级评价的立体调查方法，以校正自我评价的偏差。根据PM两种行为特征的得分分布，把领导行为分为四种类型，即 PM 型、P 型、M 型、pm 型。

三隅二不二教授进一步研究发现，这四种类型领导者的管理效果是不同的。PM 型领导者的效果最好，可导致最高的生产效率，员工对领导者高度信赖，领导者对下属非常有亲和力。P 型领导者和 M 型领导者只能取得中等的生产效率。pm 型的领导者效率最差。

20 世纪 80 年代，徐联仓等人对 PM 理论进行了研究，并根据中国国情对 PM 量表进行标准化。后来凌文铨等还探讨了领导行为评价的中国模式问题，增加了品德维度。也有董燕等人（1996 年）对军队初级指挥官 PM 领导行为类型进行研究，并且表明军队领导行为的类型以及情景因素等方面与企业比较有其不同的特点。

三、领导权变理论（20 世纪 60 年代末至 80 年代初）

领导权变理论亦称"领导情境理论"（situational leadership theory，SLT），于 20 世纪 60 年代至 70 年代初形成。该理论认为，不存在一种绝对的最佳的领导方式，有效的领导取决于领导者、被领导者和环境条件三者的配合关系，而不是取决于领导者不变的品质和行为；领导的有效性是领导者、被领导者及环境三项变数的函数，可用公式表示为

$$领导有效性 = f（领导者、被领导者、环境）$$

领导权变理论将领导看作一个动态过程，认为领导能力可以在实践中培养，领导的有效行为可以随着被领导者的特点和环境的变化而有所不同。在这一指导思想下，管理心理学家从不同角度提出了各自的理论和模式，最具有代表性的是费德勒模式，此外，还包括领导生命周期理论、路径-目标理论等。

（一）费德勒模式

美国当代著名心理学和管理专家费德勒（F. Fiedler）最早对领导权变理论做出理论性评价，他在大量研究的基础上于 1962 年提出了一个"有效领导的权变模式"（contingency model of leadership effeveness），即费德勒模式。他认为不存在一种"普遍适用"的领导方式，任何形态的领导方式都可能有效，其有效性完全取决于领导方式与环境是否适应。换句话说，领导和领导者是某种既定环境的产物。费德勒开发了一种工具，叫作"最难共事者问卷"（LPC），用以确定个体是任务导向型还是关系导向型。此外，他还认为决定领导有效性的环境因素主要有如下三个。

（1）职位权力。这是指领导者所处的职位具有的权力和权威的大小。一个具有明确的并且高的职位权力的领导者比缺乏这种权力的领导者更容易得到他人的追随。

（2）任务结构。这是指工作任务的明确程度和部下对任务的负责程度。任务清楚，工作的质量就比较容易控制，也更容易为组织成员规定明确的工作职责。

（3）上下级关系。这是指领导者受到下级爱戴、尊敬和信任以及下级情愿追随领导者的程度。

根据以上 3 个因素，将领导所处的环境从最有利到最不利分为 8 种类型，如图 8.4 所示。

上下级关系	好				坏			
任务结构	明确		不明确		明确		不明确	
职位权力	强	弱	强	弱	强	弱	强	弱
环境类型	1	2	3	4	5	6	7	8
环境有利性	有利				一般		不利	
高 LPC 型领导方式								
低 LPC 型领导方式								
领导首要目标	工作				人际关系		工作	

图 8.4　不同环境下的有效领导类型

费德勒认为，领导者的行为方式应与环境类型相适应才能获得满意的效果。一般来讲，在最有利和最不利的情境下，工作任务型的领导方式比较有效；在中等状态情境下，人际关系型的领导方式比较有效。

（二）领导生命周期理论

领导生命周期理论是由美国管理学家科曼（A·K. Korman）在 1966 年首先提出，其后由两位管理学家保尔·赫西（Paul Hersey）和布兰查德（K·Blanchard）加以发展而形成的。该理论是以美国俄亥俄州立大学"领导行为四分图理论"为基础建立的，把下属的成熟度作为一种重要的情境变量，从而建立了一种三因素（工作行为、关系行为、成熟程度）权变的领导生命周期理论。他们认为下属的"成熟度"对领导者的领导方式起重要作用。所以，对不同"成熟度"的员工采取的领导方式有所不同。

"成熟度"（readiness）是指人们对自己的行为承担责任的能力和愿望的大小。它取决于两个要素：工作成熟度和心理成熟度。工作成熟度包括一个人的知识和技能，工作成熟度高的人拥有足够的知识、能力和经验来完成他们的工作任务而不需要他人的指导。心理成熟度指的是一个人做某事的意愿和动机。心理成熟度高的个体不需要太多的外部激励，他们靠内部动机激励。

赫西和布兰查德认为，随着下属由不成熟走向成熟（由 M1—M4），领导方式也相应地改变，形成了领导的生命周期，即"高关心工作低关心人—高关心工作高关心人—低关心工作高关心人—低关心工作低关心人"这样一个周期，相应的领导方式就是四个基本形式，即命令型—说服型—参与型—授权型，如图 8.5 所示。

（1）命令型（telling）：即高关心工作低关心人。它适用于成熟度低的下属（M1），需要领导者采用单向沟通的方式，向下属明确规定任务，确定工作规程，告知下属应该在何时、何地、以何种方法做好工作，以使下属较快地学会工作。

（2）说服型（selling）：即高关心工作高关心人。它适用于较不成熟的下属（M2）。随着下属成熟度有所提高，这时领导者以双向沟通信息的方式给下属以直接指导，并从心理上增加他们的意愿和热情，使下属通过加强自我控制来完成任务。

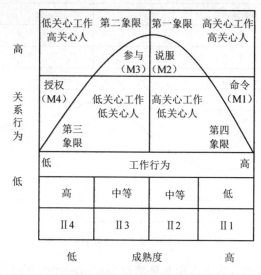

图 8.5　领导生命周期理论

（3）参与型（participating）：即低关心工作高关心人。它适用于比较成熟的下属（M3）。这类下属能胜任工作，但不乐意领导者对他们有过多的指示和约束。这时领导者应通过双向沟通和悉心倾听的方式，与下属互相交流信息、讨论问题，支持下属发挥他们的才能。

（4）授权型（delegating）：即低关心工作低关心人。它适用于高度成熟的下属（M4）。这种下属具有承担工作责任的能力、愿望和自信心，所以，领导者只需起监督作用，赋予下属权力，让他们自行决定如何工作即可。

根据下属成熟度和组织所面临的环境，领导生命周期理论认为随着下属从不成熟走向成熟，领导者不仅要减少对活动的控制，而且要减少对下属的帮助。当下属成熟度不高时，领导者要给予明确的指导和严格的控制；当下属成熟度较高时，领导者要给出明确的目标和工作要求，由下属自我控制和完成。

赫西和布兰查德等人的领导生命周期理论中所提出的领导方式是一种动态的、灵活的领导方式，它更直观，也更容易理解。如果运用恰当，不但能激励下属，而且会促使下属趋向成熟。

（三）路径—目标理论

路径—目标理论是由多伦多大学的组织行为学教授罗伯特·豪斯（Robert House）最先提出，后经华盛顿大学的管理学教授特伦斯·米切尔（Terence R. Mitchell）加以完善和补充的一种领导权变理论，它以期望概率模式和对工作、对人的关心程度模式为依据，认为领导者的工作效率是以能激励下属达到组织目标并且在工作中得到满足的能力来衡量的。

领导者的基本职能在于制定合理的、员工所期待的报酬，同时为下属实现目标扫清障碍、创造条件。根据该理论，领导方式可以分为四种。

（1）指示型领导方式。领导者应该对下属提出要求，指明方向，给下属提供他们应该得到的指导和帮助，使下属能够按照工作程序完成自己的任务，实现自己的目标。

（2）支持型领导方式。领导者对下属友好，平易近人，平等待人，关系融洽，关心下属的生活福利。

（3）参与型领导方式。领导者经常与下属沟通信息，商量工作，虚心听取下属的意见，让下属参与决策、参与管理。

（4）成就指向型领导方式。领导者做的一项重要工作就是树立具有挑战性的组织目标，激励下属想方设法实现目标，迎接挑战。

路径—目标理论告诉我们，领导者可以而且应该根据不同的环境特点调整领导方式和作风，当领导者面临一个新的工作环境时，他可以采用指示型领导方式，指导下属建立明确的任务结构，明确每个人的工作任务；接着可以采用支持型领导方式，有利于与下属形成一种协调和谐的工作气氛；当领导者对组织的情况进一步熟悉后，可以采用参与型领导方式，积极主动地与下属沟通信息，商量工作，让下属参与者决策和管理；在此基础上，就可以采用成就指向型领导方式，领导者与下属一起制订具有挑战性的组织目标，然后为实现组织目标而努力工作，并且运用各种有效的方法激励下属实现目标。

总之，在领导和管理公司或团队时，不能用一成不变的方法，而要随着情况和环境的改变及员工的不同而改变领导和管理的方式。管理的重点在于领导者自身。

【经典案例8-1】

微软公司的"权变领导"

在微软公司，员工工作满 5 年以上才有资格享受"权变领导"培训，与此同时，"权变领导"课程是微软高级经理人升迁的四大必选课程之一，言外之意，没有体验过"权变领导"的人是无法进入微软高层的。微软运用"权变领导"进行员工管理，坚持"员工好，公司就好"的理念，与员工保持了良性循环的关系，微软已经从中获利了数十年。多年来，微软一直是一个极具吸引力的工作场所，对那些才华横溢的人才来说尤其如此，因为任何层次的人才都希望找到适合自己的工作氛围，找到适合自己的发展方向。

资料来源：李智朋. 一看就懂的管理学全图解[M]. 北京：北京理工大学出版社，2012.

四、人性假设理论

人性假设是管理理论的必要前提，古今中外都对管理中的人性假设认识有所建树，相对而言，西方学者对于人性假设的论述更为严密、科学。对于人性假设理论，最具代表性的是 X 理论-Y 理论、超 Y 理论和四种人性假设理论。

（一）X 理论-Y 理论（theory X and theory Y）

麦格雷戈在 1957 年 11 月的美国《管理评论》杂志上发表了《企业中人的方面》一文，提出了 X 理论-Y 理论。

1. X 理论

麦格雷戈将传统的人们对人性的假设称为 X 理论，内容归纳如下。

（1）大多数人生性懒惰，他们尽可能地逃避工作。

(2) 大多数人都没有什么雄心壮志，不喜欢负什么责任，宁可让别人领导。

(3) 大多数人以个人为中心，这会导致个人目标与组织目标相互矛盾，为了达到组织目标必须靠外力严加管制。

(4) 大多数人都是缺乏理智的，不能克制自己，很容易受别人影响。

(5) 大多数人习惯保守，反对变革，安于现状。

(6) 大多数人为了满足基本的生理需要和安全需要，选择在经济上获利最大的事去做。

(7) 只有少数人能克制自己，这部分人应担负起管理的责任。

2. Y 理论

基于 X 理论，麦格雷戈提出了与之完全相反的 Y 理论，观点如下。

(1) 一般人天性并不是不喜欢工作的，工作可能是一种满足，因而自愿去执行，也可能是一种处罚，因而只要有可能就想逃避，到底怎样，要依环境而定。

(2) 外来的控制和惩罚并不是为了促使人们实现组织的目标而努力的唯一方法，它甚至对人是一种威胁和阻碍，并放慢了人成熟的脚步，人们愿意自我管理和自我控制以完成应当完成的目标。

(3) 人的自我实现的要求和组织要求的行为之间是没有矛盾的，如果给人适当的机会，就能将个人的目标和组织目标统一起来。

(4) 一般人在适当条件下，不仅能学会接受职责，还能学会谋求职责，逃避责任、缺乏抱负以及强调安全感通常是经验的结果，而不是人的本性。

(5) 所谓的承诺与达到目标后获得的报酬是直接相关的，它是达到目标的报酬函数。

(6) 大多数人，而不是少数人，在解决组织的困难与问题时，都能发挥较高的想象力、聪明才智和创造性，但是在现代生活条件下，一般人的智慧和潜能只能部分地得到发挥。

(二) 超 Y 理论 (super theory Y)

麦格雷戈认为 Y 理论较 X 理论更为优越。但是后来，约翰·J. 莫尔斯和杰伊·W. 洛希这两位学者经过试验证明麦格雷戈的这一观点是不正确的，他们于 1970 年在《哈佛商业评论》上发表了《超 Y 理论》一文，对麦格雷戈的理论做了进一步的完善，具体观点如下。

(1) 人们是抱着各种各样的愿望和需要加入企业组织的，人们的需要和愿望有不同的类型，有的人愿意在正规化、有严格规章制度的组织中工作，有的人却需要更多的自治和更多的责任。

(2) 组织形式和管理方法要与工作性质和人们的需要相适应，不同的人对管理方式的要求是不一样的。对上述的第一种人应当以 X 理论为指导来进行管理，第二种人则应当以 Y 理论为指导来进行管理。

(3) 组织机构和管理层次的划分、员工的培训和工作的分配、工资报酬控制程度的安排，都要从工作的性质、工作的目标以及员工的素质等方面考虑，不可能完全一样。

(4) 一个目标达到以后，可以激起其员工的胜任感和满足感，使之为达到新的更高的目标而努力。

按照超 Y 理论的观点，领导活动需要根据不同的情况，采取不同的管理方式和方法。

（三）四种人性假设理论

美国行为科学家埃德加·沙因在其 1965 年出版的《组织心理学》一书中把前人对人性假设的研究成果归纳为"经济人假设""社会人假设"和"自我实现人假设"，并在此基础上提出了"复杂人假设"，他将这四种假设称为"四种人性假设"。

1. 经济人（economic man）假设

这种假设相当于麦格雷戈提出的 X 理论，沙因将经济人假设的观点总结为以下几点。

（1）人是由经济诱因引发工作动机的，其目的在于获得最大的经济利益。

（2）经济诱因在组织的控制下，因此人总是被动地在组织的操纵激励和控制之下从事工作。

（3）人以一种合乎理性的精打细算的方式行事，力图用最小的投入获得满意的报酬。

（4）人的情感是非理性的，会干预人对经济利益的合理追求，组织必须设法控制人的感情。

2. 社会人（social man）假设

这种假设是人际关系学派的倡导者梅奥等人提出的，按照社会人假设，管理的重点是营造和谐融洽的人际关系。沙因总结如下。

（1）人类工作的主要动机是社会需要，人们要求有一个良好的工作氛围，要求与同事之间建立良好的人际关系，通过与同事的关系获得基本的认同感。

（2）工业革命和工作合理化的结果，使得工作变得单调而无意义，因此必须能够从工作的社会关系中寻求工作的意义。

（3）非正式组织有利于满足人们的社会需要，因此，非正式组织的社会影响比正式组织的经济诱因对人有更大的影响力。

（4）人们对领导者的最强烈的期望是能够承认他们并满足他们的社会需要。

3. 自我实现人（self-actualizing man）假设

这种假设相当于麦格雷戈提出的 Y 理论，此外，马斯洛的需要层次理论中自我实现的需要和克里斯·阿吉里斯的不成熟—成熟理论中个性的成熟也都属于自我实现人的假设，沙因归结如下。

（1）人的需要有低级和高级之分，从低级到高级可以划分为多个层次，人的最终目的是满足自我实现的需要，寻求工作的意义。

（2）人们力求在工作上有成就，实现自治和独立，发展自己的能力和技术，以便富有弹性，能适应环境。

（3）人们能够自我激励和自我控制，外部的激励和控制会对人产生威胁和不良后果。

（4）个人自我实现的目标和组织的目标并不是冲突的，而是能够达成一致的，在适当的条件下，个人会自动地调整自己的目标使之与组织目标相配合。

4. 复杂人（complex man）假设

这种假设类似于约翰·J. 莫尔斯和杰伊·W. 洛希提出的超 Y 理论。沙因认为上述三种假设并不是绝对的，它们在不同的环境下针对不同的人分别具有一定的合理性。由于人们的需要是复杂的，因此不能简单地相信或使用某一种假设，为此他提出了复杂人假设，观点如下。

（1）每个人都有不同的需要和不同的能力，工作动机不但非常复杂而且变动性也很大，人们的动机安排在各种需求层次上，这种动机阶层的构造不但因人而异，而且对不同的人来说，在不同的时间和地点也是不一样的。

（2）人的很多需要不是与生俱来的，而是在后天环境的影响下形成的，一个人在组织中可以形成新的需求和动机，因此，一个人在组织中表现的动机模式是他原来的动机模式与组织经验交互作用的结果。

（3）人们在不同的组织和不同的部门中可能有不同的动机模式。

（4）一个人在组织中是否感到心满意足、是否肯为组织冒风险，取决于组织的状况与个人的动机结构之间的相互关系。工作的性质、本人的工作能力和技术水平、动机的强弱以及同事之间的关系等都可能对个人的工作态度产生影响。

（5）人们依据自己的动机能力以及工作性质，会对一定的管理方式产生不同的反应。

（四）人性假设与领导方式

领导方式是管理者实施领导行为所采取的各具特色的基本方式与风格；人性假设作为管理思想、管理观念的认识基础，直接决定着管理者的领导方式；有效的管理者应在系统分析的基础上，因人、因事、因时、因地制宜，灵活采取更为适宜的领导方式。

【☆思政专栏8-1】

中国传统人性假设及中西方视角比较

中国传统文化对人性的论述古已有之，主要有性善论、性恶论、人性可塑论。在比较中探索中西方管理人性假设的源流和异同，具有重要意义。

（1）性善论：以孟子为代表。孟子主张人性本善是人之为人的内在规定性，人之所以会"为不善"，除了外在环境的影响之外，更重要的就是由于个人对自身内在应有的善的规定性缺乏主动的内求与反省。《孟子·告子上》："人无有不善，水无有不下。今夫水，搏而跃之，可使过颡；激而行之，可使在山。是岂水之性哉？其势则然也。人之可使为不善，其性亦犹是也。"孟子主张从"不忍人之心"而推出"不忍人之政"，即仁爱之政的国家管理——德治。

（2）性恶论：以荀子为代表。《荀子·荣辱》："尧禹者，非生而具者也，夫起于变故，成乎修为，待尽而后备者也。人之生固小人，无师无法则唯利之见耳。"基于性恶论观点，荀子强调管理者应对人的本能欲求进行严格管理，经过严格管理后的人性才能体现出善，人所谓的善良本性是管理者严格管理的结果。正因为人有恶的本性，所以强调礼制、师法的重要性，管理实践中进行制度管理——法治。

（3）人性可塑论：以孔子、告子为代表。孔子指出："性相近也，习相远也。"希望通过习染后的人性是善的。告子承继这一思想，认为人性是一张纯洁无瑕的白纸，其或善或恶的分化完全取决于人的后天行为，"性犹湍水也，决诸东方则东流，决诸西方则西流"，因此"性无善无不善"。人性可塑理论成为现代柔性管理中发挥教育功能，"存心养性""以善养善"，实施"德治"管理的思想立论依据。

（4）中西方人性假设理论的比较。尽管中西方管理人性论提出的时代背景（封建时代/资本主义时代）、社会背景（农业社会/工业社会）、管理类型（国家管理/企业管理）不同，但就其探索的对象和目标来说，都承认管理原则、模式的确定离不开对人之本性、地位的认识。X理论、"经济人"的观点类似于我国古代的性恶论；Y理论、"自我实现人"的观点类似于我国古代的性善论；超Y理论、"复杂人"的观点类似于我国古代的人性可塑论。

领导者应掌握人性假设与管理理论、模式和方法之间的密切关系，树立正确的人性观念，有针对性地采取管理措施。

资料来源：罗海成. 中西管理人性假设比较[J]. 管理与效益，1996（1）：30-31.

第三节 领 导 艺 术

领导艺术是指领导者在一定知识、经验和辩证思维的基础上，富有创造性地运用领导原则和方法的才能。领导艺术是领导者的一种特殊才能，表现为创造性地灵活运用已经掌握的科学知识和领导方法，是领导者的智慧、学识、胆略、经验、作风、品格、方法、能力的综合体现。一个满足现状、没有上进心和创造性的人不会成为一个成功的领导者。领导艺术属于方法论范畴，强调要从实际出发，具体情况具体分析；领导艺术具有灵活性、经验性、随机性、创造性、综合性和实践性等特点。

一、提高工作效率的艺术

一个组织效率的高低，直接取决于这个组织的领导工作效率和领导水平。

（一）善于授权

通用电气公司前CEO杰克·韦尔奇有一句经典名言："管得少就是管得好。"要想管得少，就要合理地授权，领导者学会授权的艺术对于组织的发展至关重要。

1. 领导者授权的意义

现代社会，领导者的工作千头万绪，即使有三头六臂，如果每件事都事必躬亲，也会应接不暇，甚至有的时候还会事与愿违。所以，各级领导者尤其是较高层次的领导者，必须学会授权。合理授权能够减少领导者的工作负担，使领导者从日常琐事中解脱出来，集中精力处理更重要、更大的事情；能够满足下属的权力需要；能够体现对下属的信任；能够调动下属的积极性、创造性；能够发现人才、锻炼人才、培养人才；能够避免领导专断，降低错误决策风险，减少错误决策的发生，甚至减小错误决策所造成的损失。

2. 领导者授权的阻碍

领导不愿意授权的原因有很多。有的领导对自己的下属不信任，以为自己可以做得比别人好；有的领导基于惯性或惰性不愿将得心应手的工作授权下属，认为"自己做比去教导下属做更省事"；有的领导害怕失去对任务的控制，过于强调自己在组织中的重要性；有的领导担心下属的表现比自己更好，会危及自己的现有职位。

授权是指领导者将自己一定的权力授予下属去行使，使下属在其所承担的职责范围内拥有自主权，并承担相应责任。现代领导者应树立正确的权力观，明确使命，淡化"权欲"，勇于授权，正确授权。

3. 领导者如何有效授权

并非所有的授权都能获得成功，有的授权在中途就失败了，有的授权结果不尽如人意。授权不仅是管理的一项职责，还是一门艺术。

【经典案例8-2】

松下幸之助的授权艺术

1926年，松下幸之助想在日本金泽开设办事处，他把一个19岁的年轻人找来并告诉他说："我们准备在金泽建立办事处，希望你去主持，你立刻就去，找合适的地方，租下房子，资金已为你准备好了，你拿去进行这项工作。"年轻人很吃惊，他不安地把他认为自己年轻而不能胜任这项工作的想法告诉松下，可是松下幸之助却对他很信任，而且很肯定地对他说："你一定能做到，我会支持你的。"这个年轻人一到金泽立即开展工作，并把每天的进展写信告诉松下幸之助。第二年松下幸这助有事经过金泽，年轻人率领全体员工请董事长检查工作。为了表示信任，松下幸之助拍着年轻人的肩膀说："我相信你，你当面给我汇报就可以了。"年轻人非常感动，到后来金泽办事处越办越好，给松下幸之助带来了意想不到的利润。松下幸之助回忆这件事时说："我用这种信任的授权方式办事处还没有一个失败的，对人信赖、用权力激励人是培养优秀员工很重要的条件。"所以，高明的授权是既要下放权力给员工，又要给他们被重视和信任的感觉，既要检查、督促员工的工作，又不能使员工感到有名无权，唯有信任的委托才是授权成功的基础。

资料来源：段俊平. 管得少就是管得好[J]. 企业管理，2012（11）：28-29.

（1）因人、因能力授权。因人授权是指根据员工的个性特征授权：对于性格外向的员工，让其承担协调部门之间的人际关系的工作；对于性格内向的员工，让其承担关于技术等问题的工作；对于多血质、胆汁质的员工，让其承担需迅速、灵活反应的工作；对于黏液质、抑郁质的员工，让其承担要求细致、严谨的工作。对于能力相对较强的人，多授权；否则，少授权。

（2）公开授权。明确各自的权限范围，明晰职责，避免因权力交叉问题造成工作混乱。

（3）授权不卸责。授权以后，如果在工作中出了问题，下级要承担责任，同时领导者也负有责任。"士卒犯罪，过及主帅"就是这个道理。授权不是卸责，更不是撒手不管，领导即便权力下放，也须负主要责任，因此要进行随时指导、考核以及监督，发现偏差，应及时引导和纠正。

（4）授权要完整。管理者在授权前应认真考虑，将授予的任务、权力等做出明确的划分与描述，而不仅仅是告诉授权对象去做某件事情。

（5）授权要有依据。最好是真实可见的书面依据，如手谕、授权书、委托书等。

（6）授权要有层次。针对不同的级别授予不同的权力，避免越级授权。越级授权会导致中层领导的被动，不利于发挥他们的积极性。

（7）授权要有控制。为了保证工作正常开展，在进行授权前，就应明确控制点和方式。

授权后，管理者要通过工作报告制度、考核制度、预算审计制度等措施及时、有效地进行控制。对于差错要及时纠正并加以指导，对于出色的表现要给予表扬和奖励。

（8）授权要避开禁区。比如，企业长远规划的批准权；企业重大技术改进的决定权；企业内部结构设置、变更及撤销的决定权；重要法规制度的决定权；重大人事调整和安排的权力；对企业的重大行动及关键环节执行情况的检查权；对涉及面广或较敏感问题的奖惩处置权；等等。

领导授权是一门艺术，没有人喜欢事无巨细的领导风格，人们更喜欢愿意授权的领导。他们允许员工大胆思考、快速反应、做更多有意思的规划而非遵循条条框框。领导者能否有效地授权是领导的授权意识和领导能力的综合体现，有效授权是现代社会对领导者提出的更高要求。

（二）善于决策

决策是领导职责的主要内容，也是领导者能力体现的重要方面，领导者具有较高的决策能力有助于提高工作效率。

1. 树立决策的新理念

随着社会的发展、时代的变更，领导决策的理念必须与时俱进，适应形势，重成本、重价值、慎决策。决策贯穿于领导活动的全过程。无论是高层领导、中层领导还是基层领导，都有一个决策的问题：领导者要慎重思考为什么做这个决策，做这个决策的价值有多大。不要从自己的愿望和动机出发，而应该从价值出发，从目的出发。比方说，决策的目标是过河，按传统的决策理念，决策者集中精力考虑船和桥的问题；现在按照价值决策的理论，领导者要思考的重点是为什么要过河、值不值得过河。

2. 坚持决策的民主化和科学化

决策过程中要克服长官意识，充分发扬民主，广泛征求专家和群众意见，按照民主程序决策，尤其是要注意防止一些领导者为凸显自己的业绩，追求短期效益，而随意和盲目地乱上项目，造成遗患。决策不能凭一时的兴致，每一项决策的出台都要建立在对客观规律的认识上，要充分征求专家意见，建立决策的专家咨询机制，经过充分和详尽的论证。尤其在涉足陌生的领域时，千万要慎之又慎，尤其是重大项目，必须经过深入调查和充分论证，避免决策的盲目性。

3. 倡导决策的制度化、规范化、程序化

从制度上保障全员能够参与决策，必须建立员工能够参与决策的机制和程序，如征询制度、反馈制度、听证制度等，避免决策的主观性、随意性和任意性，有利于防止决策失误。无论是一个国有企业的生产经营活动，还是一个重大项目的立项、审批、投资，都应该严格按程序走，有制度有规范才能透明，才可以有效地防止决策失误。

4. 提高实施决策的水平

实施决策是将决策方案通过一系列运作转变成现实的过程。一个正确的决断方案如果得不到正确有效的实施，就没有任何意义。首先，组织的领导者必须完整地解释决策、传达决策，把决策的目的、目标、途径、对策清晰地传达给实施者。其次，建立必要的组织实施机构，选配适当的、精明强干的人员，保证决策的顺利实施。最后，制定实施决策的可行性计划,把所需的资金、人力、物力和资源使用以及控制的范围都计划清楚,并让实施者明确,搞好各种资源的配置,需要协调多方面关系,得到有关方面的配合与支持。

5. 敢于面对现实及时修正决策

对原有的某些不符合实际的决策进行修改完善的过程,是提高领导决策能力的一个重要途径。在现实中,有的领导者为了维护自己的"权威"和面子,不敢面对自己所做决策中出现的问题,明知错了也要坚持,这是提高领导决策能力的最大障碍。实践证明,决策者只有敢于面对现实,克服盲目自信、掩饰过失的心理,勇于承担决策中的风险,认真倾听一线实施决策者的意见和建议,及时修正决策,才能不断提高自己的决策能力和决策水平,自然也会树立起领导威信和权威。

(三) 善于运筹时间

现代管理学之父彼得·德鲁克认为,"掌控自己的时间"是领导者管理卓有成效的首要因素。

1. 领导者要树立正确的时间观

"时间就是金钱,效率就是生命",这是现代化组织在改革中的经验、体会。在新技术革命时代,信息瞬时变化,管理者不能抓住时机,就会丧失良机,轻者对组织发展不利,重者使企业破产。组织的改革、开放、创造、革新需要管理者认识到时间的重要性,并能把握好时间。

【经典案例8-3】

30分钟失去良机

1983年7月,美国圣地亚哥市一家设备先进的多层印刷电路板制造厂被迫出售。我国驻旧金山的领事馆从报上得知,该厂设备即使按旧货处理也值600万美元,对方要价仅为一半。我方决定购进,经过与该公司艰苦的"马拉松"式谈判,终于在拍卖前夕的深夜以143.3万美元成交,但对方要求我方于次日10时以前交款。于是我方积极收款,但还是延误了。结果该公司迫于成千人围攻的压力,于我方款到前30分钟开锣拍卖,被人以190万美元的价格买走。仅仅30分钟之差,我方失去了良机。

资料来源:俞文钊. 管理心理学[M]. 3版. 大连:东北财经大学出版社,2008.

2. 领导者如何进行时间管理

时间是一种无形的稀缺资源,据统计:一个人一生的有效工作时间大约一万天。一个领导者的有效当"官"时间就是10～15年。因此,领导者要重视时间管理问题,强化时间意识,系统地、有计划地、有目的地分配利用时间,多做有意义的事。

(1) 做事情讲究"轻重缓急"。美国的史蒂芬·柯维博士将事情划分成了四个象限。第一象限为重要又紧迫的事情,第二象限为重要而不紧迫的事情,第三象限为既不紧迫又不重要的事情,第四象限为急迫而不重要的事情。

重要又紧迫的事,领导者都会立即行动,着手解决。既不紧迫又不重要的事,如看肥皂剧等无聊的事,有事业心、责任心的领导者往往也能自我约束。关键是在重要而不紧迫和紧迫而不重要的事情上，有的领导者常常不知如何分配时间和精力，这也是造成领导者疲于奔命、穷于应付、"累死磨旁"的主要原因。按 80/20 法则（帕累托法则），领导者应抓住关键的少数，有所为有所不为。做事做重点，掌握关键工作、关键人物与关键活动，"少花时间得大功效"，这是重要的时间管理要诀。

（2）善于放权。中国人"官本位"思想严重，大权在握才显英雄本色，所以不肯轻易授权，怕一旦授权，自己会被架空。不擅于授权，那只有"累死磨旁"的份，像诸葛亮这样的天才，事必躬亲，也最终把自己累死，54 岁就英年早逝。俗话说："大树底下不长草。"如果领导者总是大权紧握，还会影响下属的锻炼和成长。领导的最高境界应是无为而治——不必事必躬亲，但一切尽在掌控中。领导者要善于放权，这样既可调动下属的积极性，又可使自己从琐碎的小事中腾出身来做影响大局的关键性工作。

（3）善于说"不"。中国人不善于说"不"，也是造成领导者疲于奔命、穷于应付、"累死磨旁"的一个原因。领导者往往碍于情面，怕失去人心，不愿意说"不"。其实领导者应多说说"就这样吧""还有什么事吗""我还有一个会"之类的话，这样能为自己省下许多宝贵的时间，多做重要而正确的事情来提高工作效率，以多做贡献，这才更有助于赢得人心。

二、知人善任的艺术

知人善任，首先是知人，其次是善任。知人是指对所需所用之人有较全面的了解，在此基础上把合适的人配置到合适的岗位，即善任。"知人"是领导者用人的第一要素和前提；知人识才是为了胜任，通过人才的胜任企业才能持续获得竞争力，才是用人艺术的最终落脚点。

1．慧眼识才

"世有伯乐，然后有千里马，千里马常有而伯乐不常有。"萧何月下追韩信、刘备三顾茅庐等识才故事广为流传。这说明识才是一个"剖石为玉，淘沙为金"的过程，与领导者自身能力水平直接相关。在人还未发挥出才能之时，就能预见这个人的潜能，识美玉于璞石之中，并大胆给予重用，这才是真正有识才之慧眼。领导者要练就慧眼，有善于观察人的能力，通过观其性格、察其智能、重其实绩等途径，把人才从人群中挑选出来。

2．精心选才

人才有"显"才、"潜"才、"过"才之分。如何人尽其才、才尽其用，让有待发掘的人脱颖而出，让小有瑕疵的人聚而用之？领导者要精心选择人才，在所识的人才中进行比较，根据他们各自的言行、德才、专长等不同方面以及其在顺逆境、人前人后的各种表现进行对比，而且领导者本人必须避免偏见和私心，公正选才，让"山中竹笋，嘴尖皮厚腹中空"的无德无才之人失去"用武之地"，让"有为者有位，无为者无位，不为者让位，大为者好位"。

3．大胆用才

古人云："骏马能历险，力田不如牛。""人才各有所宜，用得其宜，则才著，用非其宜，则才晦。"只有把人才放在最合适的地方，才能最大限度地发挥人才的作用，才能形成识才、爱才、敬才、用才的组织文化。管理大师杰克·韦尔奇提出了著名的活力曲线，指出一个组织中必然有20%的人是最好的，70%的人是中间状态，10%的人是较差的。这是一个动态的曲线，即每个部分所包含的具体人一定是不断变化的，一个合格的领导者，必须随时掌握那20%的人的动向，并制定相应的机制，在70%的中间者中挖掘出有特长的人才，从而使20%的优秀者不断得以补充与更新。可见，韦尔奇在用人艺术方面更为注重在制度的保证下发现优秀的人才。

4. 宽怀容才

常言道："为人上者，最怕器局小，见识俗。"观点尽管尖刻，却也深刻：器局小，就不能容才聚才；见识俗，就不能知人善任。古人云："德不广不能使人来，量不宏不能使人安。"领导者要以长远的眼光、卓越的胆识、开阔的胸怀、恢弘的度量，看待人才贵乎正，使用人才贵乎当，培养人才贵乎周，吸纳人才贵乎广。容下各种人才，包括有缺点的人才，出以公心，知人善任，"外举不避仇，内举不避亲"。

5. 细心育才

拥有一流人才，才能出一流业绩，事业才能不断呈现出蒸蒸日上的局面。从某种意义上讲，最好的人才不是引进的，而是自我培养的。使用人才，适用、实用才能达到最好的效果，自己培育才能适应实际需要。领导者要注意做好人才培养的基础工作，营造良好的人才发展环境，建立完善可行的人才培养机制，因人制宜，因地制宜，对各个年龄段、各种专业人才进行有计划、有目的的合理培养，切实做到因事育人、因事择人、因事用人。

【☆思政专栏8-2】

中国传统文化的用人艺术——知人善任

在《尚贤》中，墨子指出："尚贤者，政之本也。"为政之要，在于用人。选贤任能、用当其时，知人善任、人尽其才，不仅关系到干部的自身发展、关系到人民群众的利益，更关系到党和国家事业的兴衰成败。习近平总书记指出：用一贤人则群贤毕至，见贤思齐就蔚然成风。作为领导干部，只有较好地运用用人艺术，才能真正做到知人善任。

资料来源：卢骏骅. 练就知人善任的用人艺术[EB/OL]. （2017-05-16）. http://theory.peopry.people.com.cn/n1/2017/0516/c409497-29277552.html.

三、冲突管理的艺术

针对世界领导特质的调查显示，成功的领袖素质多达25项，每项素质因人而异，不同岗位的领导应具有不同的素质，唯有冲突管理能力是每个领导者的必备素质。领导者恰当运用一定的冲突管理艺术，可以改变冲突的水平和形式，最大限度地抑制消极作用而发挥其积极作用。

（一）熟悉冲突管理风格

在管理实践中，由于组织成员对冲突的知觉、预期以及信念各不相同，需要领导者熟悉有哪些冲突管理风格，以便因地制宜。

1. 两种冲突管理取向

双赢取向与输赢取向：双赢取向认为双方最终一定能够寻找到一种互惠、共赢的方式来解决分歧；输赢取向则认为双方共有资源有限，若一方赢得较多，另一方的利益就会相应受损。在处理冲突的过程中，领导者若不以非此即彼的方式看待冲突，而是以建设性的态度理解分歧，则会有更多机会实现互惠和双赢；若持有输赢取向的立场，则容易激化冲突。

2. 五种冲突管理风格

美国行为科学家托马斯（K. Thomas）和他的同事克尔曼（Kilmann）提出了一种二维模式，以沟通者潜在意向为基础，认为冲突发生后，参与者有两种可能的策略可供选择：关心自己和关心他人。其中，"关心自己"表示在追求个人利益过程中的"武断程度"，为纵坐标；"关心他人"表示在追求个人利益过程中与他人"合作"的程度，为横坐标，以此来定义冲突行为的二维空间。于是，就出现了 5 种不同的冲突处理策略：斗争、合作、折中、迁就和回避，称为 Thomas-Kilmann 的 5 种冲突管理模式，如图 8.6 所示。

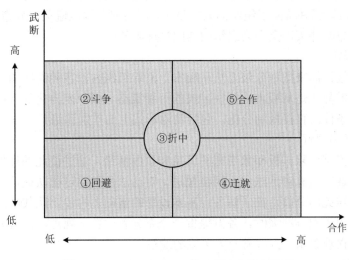

图 8.6　Thomas-Kilmann 的 5 种冲突管理模式

（1）合作。双方通过积极地解决问题来寻求互惠和共赢。其特征是双方乐于分享信息，并善于在此基础上发现共同点，找到最佳解决方法。通常，合作是首选的冲突管理方式。但只有在双方没有完全对立的利益，且彼此有足够的信任和开放程度来分享信息时，合作才可以有效地发挥作用。

（2）回避。试图通过逃避问题情境的方式平息冲突。这种比较消极的冲突管理方式在应对不太紧要的问题时比较有效，此外，当问题需要冷处理时亦可采用回避作为权宜之计，以防止冲突进一步激化。但是回避无法从根本上解决问题，且容易导致自己和对方产生挫败感。

（3）斗争。以他人的利益为代价，试图在冲突中占上风。这种极端不合作的冲突管理方式通常并不是最佳解决方案。但是，当确信自己正确且分歧需要在较短时间内解决时，斗争是必要的。

（4）迁就。完全屈从于他人的愿望，而忽视自身的利益。当对方权力相当大或问题对于自身并不是太重要时，迁就就是比较有效的方式。但它容易令对方得寸进尺，从长远看，迁就并不利于冲突的解决。

（5）折中。试图寻求一个中间位置，使自身的利益得失相当。折中方法比较适合难以共赢的情境。当双方势均力敌，且解决分歧的时间期限比较紧迫时，折中方法比较有效。但由于忽略双方共同利益，因此折中往往难以产生非常令人满意的问题解决办法。

冲突管理的精髓在于针对不同情况采取不同的冲突管理风格。

（二）选择合适的冲突管理

1. 强调高级目标

高级目标是指超越冲突双方各自具体目标的更高一级的目标，是冲突双方服务和追求的共同目标。通过多种方法突出高级目标的重要性，有利于增强组织的凝聚力，减少社会情绪性冲突。在解决由目标不兼容和差异化造成的冲突时，此种策略的作用尤为显著。通过提高成员对组织共同目标的忠诚度，可有效解决由部门目标不一致造成的分歧；在异质性团队中，若成员理解并认同了组织的共同目标，则能够有效地避免差异带来的潜在冲突，使团队成员能够忽略冲突，全力为组织的共同目标服务。

2. 减少差异化

通过强调高级目标来抵制分歧无法从根本上消除组织内部各种潜在的多样性需求及其负面影响，减少差异化是从根本上解决冲突的一种策略。减少差异化是指通过改变或消除导致差异的各种条件，直接抵制分化，包括消除形式上的差别和培养共同经历等方法。

3. 增进沟通和理解

有效的沟通能够消除刻板印象带来的偏见和负面情绪，增进彼此的理性认识。在组织管理中，常用沟通方法有对话法和组间镜像法。对话法是指通过团队成员之间正式或非正式的交谈来讨论彼此的分歧，在了解各自基本设想的基础上构建团队共同的思维模式。组间镜像法一般适用于双方冲突时，各方提供一个充分表达各自观点、讨论分歧的机会，并最终通过改变错误观念来找到改善双方关系的途径。

4. 增加资源

解决由资源匮乏导致的冲突时，增加资源无疑是最直接、最有效的方法。当然，管理者需权衡增加资源的成本及冲突带来的损失。

5. 明确规则与程序

当面临资源匮乏时，如何分配和利用资源需要做出明确的规定，明确规则与程序能够有效解决由模糊性带来的冲突，有利于消除误解，建立公平的工作环境，增强组织的凝聚力。

任何组织都无法避免冲突，领导者需要积极应对冲突，妥善处理，以保证企业正常甚至高效率运转。

四、提高会议效率的艺术

会议是传递信息、沟通有无、形成决策的重要手段。团队领导经常通过会议征集意见，制订计划;通过会议组织工作;通过会议协调关系和分配工作,以及通过会议监督和掌控工作进程;等等。因此,提高会议效率是领导艺术的一个重要体现。

(一)重视会议功能

(1)信息沟通。通过会议,可以传达上级的意图,公布企业整体状况,了解下属工作情况,明了下属思想、情绪状态,以及沟通其他信息。

(2)生成方案。通过会议的讨论活动,可以产生解决问题或展开行动的方案。

(3)统一思想。通过会议,可以融合各种不同的见解,达成一致思想,以指导组织的各个部分在核心思想指导下协调一致地行动,增强组织的协调性。

(4)产生权威。通过会议形成的决议,常常比单纯的行政命令更具权威性,因为,会议决议含有民主的成分、集体的智慧。比如,全国人民代表大会的决议对全社会的影响力和冲击力,就比一份单纯的红头文件或行政命令强烈。

(5)地位象征。按照传统的价值观念,许多人认为参加会议越多,表示社会地位越高;因此,会议也成为一种地位与待遇的象征。现实管理活动中,有的人之所以反对某项方案,绝大部分原因是没被邀请参加会议,感到自身地位与尊严受到藐视,表现出来的方案本身有漏洞只是小部分原因。

(6)调节情绪。有些会议并无太多的日常管理实质内容,而纯粹是通过会议来调节与会者的情绪与心态,为某种特定的管理需求服务,如誓师大会、保险公司对推销员开的早会(许多保险公司通过给推销员开早会来安慰失败者,鼓励成功者,振奋精神)、干部任命会议。

(二)遵循布置会议的原则

布置任务的会议是最常见的会议之一,遵循以下原则在一定程度上能够提高会议效率。

1. 准备充分原则

一次成功的会议背后一定要做好非常充分的准备工作。高效会议要求领导者循序渐进、按部就班地做好会前的各项准备工作。召开会议之前,明确会议议题、会议成果、与会人员、会议时间、会议场地、所需设备、应急预案等,统筹规划,布置到位,不开无准备、无结果、无效率之会。

2. 责任明确原则

会议中有很多角色,只要将各种角色弄清楚并各司其职才能提高会议的效率。不论是会议的设计者、组织者、指导者,还是会议的参与者、执行者,其角色、任务各不相同,责任一定要指派到具体的人身上,且标准明确。只有保证充当各种角色的人员认真完成自己的工作才能保障会议的顺利进行。

3. 时间明确原则

必须明确限定完成任务的时间,除非不言自明。根据会议议题重要性的不同安排相应的时间,并列出一张简单的会议进程表格,以便对会议进程了如指掌,科学安排时间。作为领导者,是否养成布置任务的同时限定完成任务时间的习惯,在很大程度上会直接影响下属的工作效率。研究统计表明,领导者养成给下属"限定完成任务时间"的习惯,可以提高工作效率 30%～50%。如果没有限定完成任务的时间，大多数下属"天然"地具有拖延任务的倾向；在极端的情况下，甚至可能把完成任务的时间拖沓得遥遥无期。给下属限定完成任务的时间，必须告知明确的、量化的时间概念；禁止出现越快越好、尽快完成、尽最快的速度完成等模糊时间概念。如果领导无法提供准确的时间限制，也必须预测出完成任务的时间范围。尽管预测的时间范围存在数值上的误差，但是比"越快越好"更能产生实际的指导意义。

4. 标准明确原则

必须明确完成任务的达标要求，且具可操作性。有些领导者认为，只要自己明白任务的优劣标准，下属自然也会不言自明。但是，调查发现，大多数下属并不能准确地掌握上级的意图，这导致任务完成的绩效与领导的期望值相距甚远，甚至南辕北辙、大相径庭。一定要告诉下属完成任务的优劣标准，且是可操作性的标准，避免使用"一定要做好""只能干好不能干砸"等不确定性语言、词汇。

（三）掌握主持会议的技巧

会议是管理工作中的重要内容，善于主持会议的领导者能够获得尽量多、尽量全面、尽量符合实际需求的建议和方法；不善于主持会议的领导者往往不能从集体的智慧中吸取有益的成分，需要做出决策时，也往往是议而不决、盲目决策。

1. 开门见山

会议的开场白一定要开门见山、简洁明了。精彩的开场白往往可以激发与会者的兴趣，吸引其注意力。开场白要让参加会议的人提前掌握会议的目的与重点，使之有一定的思想准备，以便能更好地领会会议的精神。

2. 自然衔接

会议的主持者在整个会议中扮演着牵线搭桥的角色，需要一定的口才，以便使整个会议成为一个有机的整体，通过主持者的组织能力和概括能力，使会议衔接自然，不至于出现尴尬、冲突等状况。而自然的衔接不外乎承上启下——肯定前面的，画龙点睛；引出后面的，渲染蓄势。

3. 紧扣议题

主持会议的人要掌握好会议时间。为了保证在有限的时间内取得满意的效果，领导者要把握会议的主题，控制会议的节奏，有张有弛，使会议尽可能地依照事先的议程进行，还要使与会者能够充分交流意见。

4. 积极引导

领导者召开会议的目的不是将自己的意图强加给与会者，而是要层层设问，积极引导，调动大家的积极性和参与性，启迪与会人员思考，抓住大家共同关心的问题，抛砖引玉，广开言路，使大家从各种不同的角度探讨和发现问题、提出问题、分析问题、解决问题，达成一致的认识，推动决策执行。

5. 善于总结

会议的过程就是一个化解分歧，统一观念，并最终达成一致目标的过程。在会议临近结束时，领导者要善于用归纳总结的方式把会议研究的主要结果概括出来，将自己对他人观点的认同标准，隐含在总结、补充、修正正反两方面意见的过程中，进一步深化会议的精神，重述会议主旨，加深与会者印象，提高领导威信。

6．形成结论

没有结论的会议等于没有开会。如果一次会议不能做出整体结论，也必须做个阶段性的小结，使得会议的成果有具体的体现。避免会议中出现小事情占据大块时间的情况，掌控好会议节奏和议题，不偏题、不跑题、不扯皮，力求做到会而议、议而决、决而行、行而果。

【知识拓展 8-2】

罗伯特议事规则

1876 年，美国人亨利·马丁·罗伯特耗时 10 年专门总结出一本统一的开会规则——《罗伯特议事规则》（见表 8.1），可谓"会议专用辞典"。"罗伯特议事规则"是一套科学体系，其基础是一系列的"根本原则"，进而推理发展成一系列"基本规则"，再进一步推理归纳出"具体规则"，并针对实践中所遇到的问题发展成几大分支。

表 8.1 罗伯特议事规则简表

三个特点	（1）约定性：即规则明示在前，对事不对人
	（2）工具性：凡事不做道德评价，能用工具来解决的绝不无端拔高和指控
	（3）价值中性：旨在凝聚组织认同，提高运作效率，平衡多元利益，通过文明议事来说服、辩论、妥协，从而形成有效果的行动
十二个基本原则	（1）中心原则：动议是开会议事的基本单元。会议讨论的内容应当是一系列明确的动议，具体、明确、可操作；先动议后讨论，无动议不讨论
	（2）中立原则：会议"主持人"的基本职责是遵照规则来裁判并执行程序，尽可能不发表自己的意见，也不能对别人的发言进行评价（主持人若要发言，必须先授权他人临时代行主持之责，直到当前动议表决结束）
	（3）机会均等原则：任何人发言前均需示意主持人，得到其允许后方可发言。先举手者优先，但尚未对当前动议发过言者，优先于已发过言者。同时，主持人应尽量让意见相反的双方轮流得到发言机会，以保持平衡
	（4）立场明确原则：发言人应首先表明对当前待决动议的立场是赞成还是反对，然后说明理由
	（5）发言完整原则：不能打断别人的发言
	（6）面对主持原则：发言要面对主持人，参会者之间不得直接辩论
十二个基本原则	（7）限时限次原则：每人每次发言的时间有限制（比如约定不得超过 2 分钟）；每人对同一动议的发言次数也有限制（比如约定不得超过 2 次）
	（8）一时一件原则：发言不得偏离当前待决的问题。只有在一个动议处理完毕后，才能引入或讨论另外一个动议
	（9）遵守裁判原则：主持人应制止违反议事规则的行为，这类行为者应立即接受主持人的裁判
	（10）文明表达原则：不得进行人身攻击、不得质疑他人动机、习惯或偏好，辩论应就事论事，以当前待决问题为限
	（11）充分辩论原则：表决须在讨论充分展开之后方可进行
	（12）多数裁决原则：（在简单多数通过的情况下）动议的通过要求"赞成方"的票数严格多于"反对方"的票数（如平局，即没通过）。弃权者不计入有效票

实践证明，这套规则体系可以媲美一部设计精巧的机器，其精妙的安排，不仅彰显了它所追求的理念，更显示出其对人性的深邃洞察以及对逻辑系统的精准把握。

资料来源：罗伯特议事规则 https://baike.baidu.com/item/%E7%BD%97%E4%BC%AF%E7%89%B9%E8%AE%AE%E4%BA%8B%E8%A7%84%E5%88%99/81826?fr=aladdin。

掌握正确的开会技巧，是做好领导管理工作的基本功。随着企业员工人数的增长，在领导者的工作内容中，通过开会提升管理效率的比重越来越大。根据调查，企业员工人数超过 1000 人的总经理，70%的时间用来主持或参加各种会议。因此，不懂开会的领导者绝不是一个称职的领导者，开好会议是当好领导的必备前提条件。通过系统学习，考虑形成符合中国实际的议事规则，培养使用规则的习惯，从而推进整个社会组织治理结构的完善，促进社会和谐与文明的发展。

本 章 小 结

领导是在一定条件下，指引和影响个人或组织，实现某种目标的行动过程。领导者是指居于某一领导职位、拥有一定领导职权、承担一定领导责任、实施一定领导职能的人。领导者、被领导者、领导环境、领导目标共同组成领导活动的基本要素。其中，领导者是领导活动的主导因素；被领导者是实现领导活动的基础；领导环境是领导活动的前提条件和客观依据；领导目标是联系领导者与被领导者的媒介，是领导活动所要达到的目的。领导活动的基本特征主要表现在权威性、综合性、战略性、超然性、服务性和间接性。

领导与管理作为两种不同的社会行为和社会活动，有一定区别。概括地说，领导重在决策，做正确的事；管理重在执行，正确地做事。领导带领组织变革，管理需要适应变革。领导能力可为组织发展提供活力和动力，管理能力只能在维持现状的情况下发挥作用。领导更多地关注组织的变革和持续发展的动力发掘，管理只是在固定的流程上按一定的程序进行活动。具体来说，领导与管理在侧重点、功能、行为方式、对主体的素质要求、对员工态度、着眼点和价值取向七个方面不同。

领导理论按历史的顺序大致有领导特质理论、领导行为理论和领导权变理论。领导特质理论有斯托格蒂尔的领导个人因素论、吉伯的天才领导者特点论、鲍莫尔的领导品质论、吉赛利的领导品质论，日本企业界要求领导者应具有 10 种品德和 10 项能力。领导行为理论的主要研究成果包括勒温的三种领导方式理论、领导行为连续体理论、领导行为四分图理论、密执安大学的双中心论、管理方格理论、PM 领导行为理论等。领导权变理论将领导看作一个动态过程，认为领导能力可以在实践中培养，领导的有效行为可以随着被领导者的特点和环境的变化而有所不同。在这一指导思想下，管理心理学家从不同角度提出了费德勒模式、领导生命周期理论、路径—目标理论等。

人性假设是管理理论的必要前提，古今中外都对管理中的人性假设认识有所建树，西方学者对于人性假设的论述更为严密、科学，最具代表性的是 X 理论-Y 理论、超 Y 理论和四种人性假设理论。

领导艺术是指领导者在一定知识、经验和辩证思维的基础上，富有创造性地运用领导原则和方法的才能。领导艺术是领导者的一种特殊才能，表现为创造性地灵活运用已经掌握的科学知识和领导方法，是领导者的智慧、学识、胆略、经验、作风、品格、方法、能力的综合体现。现代社会，需要领导者掌握提高工作效率的艺术、知人善任的艺术、冲突管理的艺术、提高会议效率的艺术。领导艺术属于方法论范畴，强调从实际出发，具体情况具体分析。

复习思考题

1. 领导活动的基本特征有哪些？
2. 试分析领导与管理的异同。
3. 简述领导特质理论的主要内容和研究特点。
4. 领导方式的基本类型有哪些？它们的特点各是什么？
5. 简述双中心论、领导行为四分图理论、管理方格理论的基本观点。
6. 举例说明领导行为连续体理论的主要观点。
7. 费德勒模式的主要观点是什么？你如何看待这一理论？
8. 简述领导生命周期理论与路径—目标理论的主要观点。
9. 如何理解几种人性假设理论？试举例进行分析。
10. 如何理解领导艺术？

自测练习题

案例分析题

第九章 沟 通

 **本章导读**

被誉为"日本经营四圣"之一的松下幸之助曾经说过:"企业管理过去是沟通、现在是沟通、将来还是沟通。"也有人对此持不同观点,他们认为沟通只是一种信息的传递方式。虽然是信息驱动了企业的运转,但不能就此就把企业管理界定为沟通,那就犯了逻辑上的错误。如果这种说法成立的话,也可以说企业管理就是决策,就是解决问题,因为这些事时时刻刻都在进行,缺了它也一定不行。

管理实际上是确定目标和方向、做决策、贯彻执行三者交互作用的过程。管理者要抓班子、带队伍,要科学地组织、指挥、协调、控制工作进程,所有这些起灵魂作用的是沟通。因此,沟通是实现上述目标最基本的技能。

管理的第一要素是人,人都有各自的思维、想法、主张和认知,如果人心齐,就能形成合力;反之,就是破坏力。管人最难的地方就在于聚心、齐心,形成共识,而形成共识的核心短期靠金钱,长期靠有效沟通。沟通也是生产力,好的沟通能产生战斗力、协作力、执行力,取得好的效率和效果;不好的沟通会影响计划的实施、执行和效率,从而影响工作业绩和成果,最终影响企业整体经营效果。

虽然现在人工智能技术越来越发达,机器人也开始替代部分人工作,但机器人也不能完全代替人。智能机器再怎么智能也只是为人服务,只能代替某些工作场景、种类,不能取缔人。因此,只要有人在的地方,就需要沟通。

学习目标

知识目标:掌握组织沟通的定义、组织沟通的过程与要素;了解沟通的不同分类;掌握人际沟通中存在的各种障碍及改善措施;掌握组织冲突的管理策略及有效谈判的技巧。

能力目标:问题分析的能力;沟通协调的能力。

素质目标:倾听的艺术;清除沟通障碍;有效沟通的技巧。

思政目标:沟通是建立人际关系的桥梁,良好的沟通让员工感觉到组织对自己的尊重和信任,因而产生极大的职责感、认同感和归属感,增强团队的内部凝聚力。培养学生的团队精神、高度责任感、换位思考能力及解决问题的能力。

 关键概念

沟通(communication) 信息(message)

沟通过程（communication process） 编码（encoding）
链式沟通网络（chain form communication） Y式沟通（Y-type communication）
全通道式沟通（all round channel communication） 组织冲突（organizational conflict）

第一节 沟通概述

组织运行过程中离不开组织成员的分工与合作，而组织成员的分工合作以及行为协调又依赖于相互之间传递信息、了解信息表达的真实含义。因此，作为一名管理者必须掌握沟通的艺术。

一、沟通的概念

沟通（communication）一词源于拉丁语，意为"分享、传递共同的信息"。对于沟通的概念众说纷纭，莫衷一是。20多年前，美国威斯康星大学的F.丹斯教授就统计过，人们关于沟通的定义已达126种之多。

《大英百科全书》认为，沟通就是用任何方法彼此交换信息，即一个人与另一个人之间用视觉、符号、电话、电报、收音机、电视或其他工具为媒介进行信息交换。《韦氏大辞典》认为，沟通就是文字、文句或消息的交流，思想或意见的交换。桑德拉·黑贝尔斯认为，沟通是人们分享信息、思想和情感的任何过程。孔茨则把沟通解释为信息从发送者转移到接收者那里，并使接收者理解该项信息的含义。西蒙认为，沟通可视为一种程序，组织中的某一成员可借此程序将其意见或建议传送给其他成员。

通过上述对沟通的解释可知，沟通是组织之间、组织与个人、个人与个人之间的信息交流。通信科学技术领域、工程心理学、社会学与社会心理学等不同的学科对沟通都有不同的解释，但在这些学科领域中，沟通都涉及了三方面内容：一是沟通的主体是两个以上的人；二是沟通的客体是信息；三是沟通需要一定的传递渠道。

（一）沟通的定义

从管理学的角度考察与研究组织内部的信息沟通，我们将沟通定义为：沟通是一种信息双向甚至多向的交流，是参与者为了设定的目标，凭借一定的符号载体，在个人与群体间传达思想、交流情感与互通信息的过程，是尽己所能期望自己的信息被正确地理解，同时，对方的信息被准确把握的过程。

我们可以从以下几个方面来理解沟通。

1. 沟通是信息的传递

在沟通过程中，信息发送者将信息传递给接收者，对方在接收到信息后，将自己的意见和看法反馈给发送者。沟通中传播的信息主要分为两类：一是语言信息，包括口头语言信息和书面语言信息，二者所表达的都是一种事实或个人态度；二是非语言信息，主要是指沟通者所表达的情感，包括面部表情、语气、语调和肢体语言信息等。也有人把沟通信息分为四类，即事实、情感、价值观和意见。人们通常所讲的沟通能力，就是个人在这四方面有效地与他人交流的社会能力。因为沟通的过程并不限于传递信息、思想与情感的某一个方面，它可能同时涉及几个方面。例如，"交给你的任务是否已完成？"这一简单的问话，由于其语气、眼神及手势不同，其表达的意义可能就不同。如果语气亲切平和，眼神关切，表明问话者对下属工作的关心与照顾，你大可把进程及所遇到的困难简单地加以汇报。如果眼神严肃，使用反问的语气甚至是强有力的手势质问，即表明这样一个事实：你的上司是一个相当有效率意识与时间观念的人，你就必须克服遇到的一切困难按要求完成任务。

2．沟通是信息的相互理解

沟通成功不仅意味着沟通的信息被传递，同时被传递的信息还需要被理解。完美的沟通应该是发送者和接收者所感知的信息完全一致。但是由于信息是一种无形的东西，语言、身体动作、表情等都是一种符号，因此，在沟通过程中，发送者要把传递的信息进行编码，接收者则需要将接收到的信息进行解码，将其转化为自己可理解的信息。由于每个人的信息符号存储系统各不相同，对同一符号常常存在不同的理解，由此导致了不少沟通问题。因此，在沟通过程中，还必须注意所传递的信息能否被理解，能否达到沟通的目的。

3．沟通双方要准确理解信息的含义

良好的沟通有时会被错误地理解为沟通双方达成协议，而非准确理解信息的含义。在现实工作中有一些管理者认为，有效的沟通就是使别人接受自己的观点、看法或意见。实际上，很多情况下，你可以准确地理解对方所说的意思，但不一定同意对方的意见。沟通双方能否达成一致意见，对方是否接受你的观点，往往并不是因为沟通有效与否这个因素，而是由于大家的利益是否一致、价值观念是否相同等因素。例如，在国际商务谈判中，如果谈判双方都只在意自己的利益，关注自己是否达到目标，毫不考虑对方，谈判就会变得毫无意义。沟通并不一定要使对方完全接受自己的观念与价值观，但要使对方完全明白自己的观念与价值观。

4．沟通是一个双向、互动的反馈过程

每个人每天都在与他人进行各种各样的沟通，但是并不是每个人都是成功的沟通者，也不是每一次沟通都是有效的，这是因为沟通不是一个纯粹单向的活动。在沟通过程中经常会出现传递的信息与理解的信息并不完全一致的情况，所以，沟通的目的不是行为本身，而在于结果。如果预期结果并未出现，接收者并未对你发出的信息做出反馈，那么也没有沟通成功，这时你就要反思沟通的方式与方法了。沟通是一个双向、互动的反馈和理解过程，即使沟通主要是为了告知对方该怎样做或应该到哪里去，信息的接收者也能给传递者反馈。这种反馈并非一定要通过语言表现出来，也可以是接收者以其表情或目光、身体姿势这些信息反馈给传递者，从而使传递者得知对方是否接收、理解其所发出的信息，并了解对方的感觉。

（二）沟通的作用

沟通是管理的一项基本职能，也是执行计划、组织、领导和控制职能过程中不可缺少的部分。因此，沟通是组织管理者最为重要的职责之一。沟通的作用主要表现在以下五个方面。

1. 沟通是组织与外部环境之间建立联系的桥梁

外部环境永远处于变化之中，组织为了生存就必须适应这种变化。这就要求组织不断地与外界保持沟通，获得各种信息与情报，降低交易成本，实现资源有效配置，提高组织的竞争力。

2. 沟通有助于建立和谐的人际关系

沟通是人重要的心理需要。个人之间如果存在矛盾，通过沟通可以消除误会，解除人内心的怨恨。组织内部的沟通，可以使组织成员在相互沟通中产生共鸣，加深彼此的了解，从而友好相处、彼此尊重，建立相互信任、融洽的工作关系。

3. 沟通是使组织成为一个整体的凝聚剂

沟通是组织的凝聚剂、催化剂和润滑剂，它可以改善组织内的工作关系，充分调动组织成员的积极性。管理者通过沟通可以了解组织成员的需要，并根据实际情况来帮助他们实现自己的目标和愿望。沟通也可以让他们了解组织目标和发展战略，鼓励成员积极参与到管理决策中来，增强组织成员的主人翁精神和责任感，增强组织的凝聚力。

4. 沟通有助于激发员工的创新意识

世界上唯一不变的就是变化。随着管理的民主化趋势日益明显，许多组织展开全方位的沟通活动，让组织成员进行跨部门的交流、讨论、思考、探索，在这些过程中会产生一些创新思想，为组织发展提供创新方向。

5. 沟通有助于提高决策的科学性和合理性

科学的决策与组织的沟通范围、方式、方法、时间、渠道是密不可分的。任何决策都会涉及人、目标、任务、时间、地点、方式等问题，管理者在处理这些问题时需要获取大量的信息，这些信息就是在组织内外沟通过程中获取的。管理者根据决策的内容和目标再与组织内的决策层进行沟通、商讨，最后确定方案。沟通产生的结论是多人智慧的结晶，能够大概率保证决策的科学性和合理性。在组织的一些基层决策中，组织内的基层员工也可以主动与上级管理人员沟通，提出自己的建议，给领导者决策提供参考。组织内部的沟通为各部门管理人员的决策提供了信息，增强了他们的判断能力。

【管理故事 9-1】

触龙说赵太后

公元前 265 年，赵惠文王死，其子孝成王继位，年幼，由赵太后摄政。赵太后就是赵威后——赵惠文王的妻子、赵孝成王的母亲。当时，秦国趁赵国政权交替之机，大举攻赵，并已占领赵国三座城市。赵国形势危急，向齐国求救。齐国说："必须把长安君作为人质，才肯出兵。"赵太后不同意，大臣极力劝谏。太后明确告诉左右："有再说让长安君做人质的，我老婆子一定朝他的脸吐唾沫。"左师触龙在这种严重的形势下与赵太后进行了一次长谈，目的是劝说她，让长安君出质齐国，解除赵国的危机。

触龙说希望谒见太后。太后怒容满面地等待他。触龙进来后慢步走向太后，到了跟前请罪说："老臣脚有病，已经丧失了快跑的能力，好久没能来谒见了，私下里原谅自己，可是怕太后玉体偶有欠安，所以很想来看看太后。"太后说："我老婆子行动全靠手推车。"触龙说:"每天的饮食该不会减少吧?"太后说:"就靠喝点粥罢了。"触龙说:"老臣现在胃口很不好,就自己坚持着步行,每天走三四里,稍为增进一点食欲,对身体也能有所调剂。"太后说:"我老婆子可做不到。"太后的脸色稍微和缓些了。

触龙说:"老臣的劣子舒祺,年纪最小,不成才。臣子老了,偏偏爱怜他。希望能派他到侍卫队里凑个数,来保卫王宫。所以冒着死罪来禀告您。"太后说:"一定同意您的。年纪多大了?"回答说:"十五岁了。虽然还小,希望在老臣没死的时候先拜托给太后。"太后说:"做父亲的也爱怜他的小儿子吗?"触龙回答说:"比做母亲的更爱。"太后笑道:"妇道人家特别喜爱小儿子。"触龙回答说:"老臣个人的看法,太后爱女儿燕后,要胜过长安君。"太后说:"您错了,比不上对长安君爱得深。"触龙说:"父母爱子女,就要为他们考虑得深远一点。太后送燕后出嫁的时候,抱着她的脚为她哭泣,是想到可怜她要远去,也是够伤心的了。送走以后,并不是不想念她,每逢祭祀一定为她祈祷,祈祷说'一定别让她回来啊!'难道不是从长远考虑,希望她有了子孙可以代代相继在燕国为王吗?"太后说:"是这样。"触龙说:"从现在往上数三世,到赵氏建立赵国的时候,赵国君主的子孙凡被封侯的,他们的后代还有能继承爵位的吗?"太后说:"没有。"触龙说:"不只是赵国,其他诸侯国的子孙有吗?"太后说:"我老婆子没听说过。"触龙说:"这是他们近的灾祸及于自身,远的及于他们的子孙。难道是君王的子孙就一定不好吗?地位高人一等却没什么功绩,俸禄特别优厚却未尝有所操劳,而金玉珠宝却拥有很多。现在太后给长安君以高位,把富裕肥沃的地方封给他,又赐予他大量珍宝,却不曾想到目前让他对国家做出贡献。有朝一日太后百年了,长安君在赵国凭什么使自己安身立命呢?老臣认为太后为长安君考虑得太短浅了,所以我以为您爱他不如爱燕后。"太后说:"行啊。任凭你派遣他到什么地方去。"于是为长安君套马备车一百乘,到齐国去做人质,齐国就出兵了。

左师触龙通过与赵太后的沟通,成功劝说赵太后,改变了她的决定,争取到了齐国的援助,解除了赵国的危机。由此可以看出沟通在管理中的重要性。

二、沟通过程与要素

(一)沟通过程

1. 沟通过程的定义

沟通过程就是沟通主体对沟通客体进行的有目的、有计划、有组织的思想、信念、信息交流,使沟通成为双向互动的过程。

2. 沟通过程的要素

沟通过程简单来说就是信息传递的过程,但是在这个传递的过程中,包含着沟通主体、沟通客体、沟通媒介、沟通环境和沟通渠道5个要素。

(1)沟通主体。沟通主体是指有目的地对沟通客体施加影响的个人和团体,如政党、行政组织、家庭、社会文化团体及社会成员等。沟通主体具有选择沟通客体、沟通媒介、沟通环境和沟通渠道的决定权。

(2)沟通客体。沟通客体指的是沟通对象,具体包括个体沟通对象和团体沟通对象两种,其中,团体的沟通对象还可分为正式群体和非正式群体两部分。沟通客体是沟通过程的终点，在沟通过程中具有积极的能动作用。

（3）沟通媒介。沟通媒介指的是沟通主体用以影响、作用于沟通客体的中介，包括沟通内容和沟通方法。沟通媒介能够使沟通主体与客体间形成一定的联系，保障沟通过程的顺利实现。

（4）沟通环境。沟通环境指的是沟通主体与沟通客体间保持联系的社会整体环境，如政治制度、经济制度、道德风尚、群体结构等，也包括与个体直接关联的区域环境，如学习环境、工作环境和家庭环境等，还包括对个体直接施加影响的社会环境及小型人际群落。

（5）沟通渠道。沟通渠道指的是信息从沟通主体传递到沟通客体经历的途径。沟通渠道能够将正确的思想观念尽可能全、准、快地传达给沟通客体，同时还能准确、及时地将沟通客体的思想动态和反馈信息收集回来，使信息传递形成一个闭环。因此，沟通渠道是实施沟通过程、提高沟通效果的重要一环。

（二）沟通要素

当人们需要进行信息传递时，沟通的过程就开始了。信息是发送者传递给接收者的经过编码的信号。沟通过程就是信息经发送者发出，经过一定的渠道，到达接收者的全过程，如图 9.1 所示。沟通主要有信息发送者、编码、信息传递渠道、信息接收者、解码、信息的反馈、背景、噪声 8 个要素。

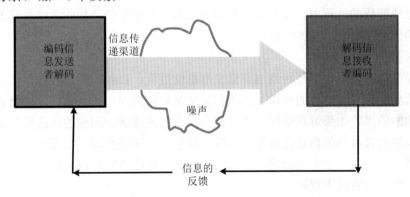

图 9.1　沟通过程

1. 信息发送者

信息的发送者将脑海中的信息进行编码，主动选择沟通渠道、沟通方式和沟通媒介，将信息传递给接收者，在沟通过程中处于主导地位。例如，管理者要与下属沟通一个项目存在的问题，他需要组织语言，找一个合适的时机，选择一个恰当的方式与下属将这个问题沟通清楚，解决项目问题。在整个的沟通过程中，所有内容均由管理者主导。

2. 编码

编码就是将信息转换成可以传输信号的过程，这些信号或符号可以是文字、数字、图画、声音或身体语言。信息的发送者必须将信息编码成信息接收者可以理解的信号。只有在发送者传递的信息与信息接收者接收到的信息一致的情况下，才能实现有效沟通。信息在编码过程中将受到来自发送者的技能、态度、知识和社会文化程度的影响。如果编码的信号不清楚,将会影响接收者对信息的理解。例如,在沟通过程中不适时宜地使用专业用语,或在非正式的场合中使用过于正式的语言,都会影响沟通的效果。

3. 信息传递渠道

信息传递渠道是指信息从发出到被接收过程中间所经过的途径。信息传递渠道有许多,如书面文件、计算机、电话和互联网等。选择什么样的信息渠道,要根据沟通的内容、方便程度、沟通双方所处环境等因素来确定。在沟通过程中,选择哪种信息沟通渠道都各有利弊,因此,谨慎选择沟通渠道对实施有效沟通极为重要。如对于十分紧急和重要的信息,显然不宜采用备忘录的传递方式;而员工绩效评估结果的公布,如采用口头表达的形式,就易失去其严肃性与权威性。因此,选用恰当的信息传递渠道对有效沟通十分重要。然而,在各种沟通方式中,影响力最大的莫过于最原始的面对面的沟通方式,因为它可以最直接地发出信息,并感受到对方对信息的接收程度。

4. 信息接收者

信息接收者也是沟通的客体,当信息接收者接收到由发送者传递而来的"共同语言"或"信号",他按照相应的办法将它们还原为自己可理解的语言,这样就实现了单向的信息传递。然后,信息接收者需要将他的反馈信息传递给信息发送者,此时他自己变成了信息的发送者,原来的发送者变成了信息的接收者。在接收和理解信息的过程中,接收者对信息的理解程度受其受教育程度、技术水平以及当时的心理活动等诸多因素的影响。因此,在接收信息或解码的过程中,容易发生偏差或疏漏,从而使信息接收者接收到的信息与发送者发送的信息不一致,导致信息失真。

5. 解码

解码是信息接收者将信号转换成有意义信息的过程。在解码的过程中,信息的接收者需要将接收到的信息与个人的知识、经验和文化背景相结合,只有这样才能使获得的信号转换为正确的信息。如果解码错误,信息将会被误解或曲解。沟通的目的就是发送者希望信息接收者能对接收到的信息做出相应的反应或采取正确的行动,如果达不到这个目的,就说明沟通不畅,产生了沟通障碍。一般来说,信息接收者的解码与信息发送者所要表达的意义越一致,沟通效果越好。

6. 反馈

反馈就是信息接收者将自己的相关信息返回给信息发送者的过程,并对信息是否被接收、理解进行核实,它是沟通过程的最后一个环节。通过反馈,能使双方对沟通的过程和有效性加以正确把握。在沟通过程中,反馈可以是有意的,也可以是无意的。例如,课堂上教与学的过程本身就是个沟通的过程。学生可以用喝倒彩的方式反馈他们对教师讲授内容或教学方式的不满;学生也可以在课堂上显得疲惫、精神不集中,这种无意间的神情与表情的流露,也可以反映出他们对教师所授内容或教学方式不感兴趣。为此,一个经验丰富的教师就会根据学生反馈的各种状态及时调整课堂教学内容,改进教学方式。

7. 背景

背景是指沟通所面临的总体环境,这种环境可以是物质环境,也可以是非物质环境。任何形式的沟通都会受到各种环境因素的影响。这些因素包括物理背景、心理背景、知识背景和社会文化背景等。例如,一则小道消息在嘈杂的市场中听到,与以电话的方式告知对方的效果截然不同，前者常显示出其随意性，而后者却体现其神秘性。对同一个信息，心情不同的情形下往往会反馈出不同的态度。受教育程度不同，对问题的看法和角度会不同，在沟通过程中关注的视角也有所差异。社会文化的背景反映了不同的社会角色及文化差异对同一信息的价值取向的不同，由此要求沟通的双方必须站在对方的立场，要尊重对方的民族习惯，与其进行信息的交流不能超越社会角色、违背文化差异。

8．噪声

噪声是指沟通过程中对信息传递和理解产生干扰的一切因素。噪声存在于沟通过程的各个环节，如难以辨认的字迹、沟通双方都说较难听懂的语言、电话中的静电干扰、生产场所中设备的噪声等。当噪声对编码产生干扰时，信息就会失真，这给沟通造成了极大障碍。

三、沟通模式

（一）拉斯韦尔"5W"模式

1948年，美国政治学家拉斯韦尔提出了传播过程及其五个基本构成要素：谁（who）、说什么（say what）、通过什么渠道（in which channel）、对谁说（to whom）、取得什么效果（with what effect），即"5W"模式，如图9.2所示。

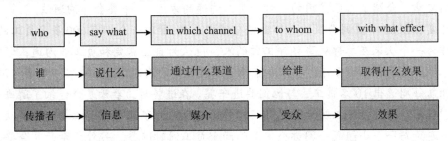

图9.2 拉斯韦尔"5W"模式

（二）申农—韦弗模式

申农—韦弗模式中，传播被描述为一种直线性的单向过程，包括信息源、发射器、信道、接收器、信息接收者、噪声6个因素，这里的发射器和接收器发挥编码和译码的功能。它的第一个环节是信息源，由信息源发出信息，再由发射器将信息转为可以传送的信号，经过传输，由接收器把接收到的信号还原为信息，将之传递给信息接收者。在这个过程中，信息可能受到噪声的干扰。例如，在收看广播电视节目时，天线接收功能不好，电视信号弱而非电视信号又过强，造成图像不清晰；教室里光线过强，影响了显示在屏幕上的投影图像的清晰度；教室外过道上的谈话声过大，影响了课堂的教学授课及学生听讲；等等。这些都可以看作噪声的影响。

申农和韦弗的模型不仅适用于通信系统，还可以推广到其他信息系统。他们在该模式中提出了一个新因素——"噪声"，表示信息在传递过程中受到干扰的情形。这说明信息系统的两个基本问题是要解决有效性与可靠性，即以最大速率准确无误地传递信息。"噪声"的概念也提醒人们注意研究交流过程中干扰与障碍的问题。

四、沟通的种类

根据不同的划分标准，沟通可以分为不同的类型。

（一）按产生的方式划分

按产生的方式不同，沟通分为正式沟通与非正式沟通。

1. 正式沟通

正式沟通是指组织依据规章制度规定的原则和渠道进行的沟通，如组织间的公函来往、组织内部的文件传达、发布指示、指示汇报、会议制度、书面报告、一对一的正式会见等。正式沟通和组织结构息息相关，是组织内部信息传递的主要方式。正式沟通的优点表现为：信息量大、沟通效果好、约束力强、严肃可靠、易于保密，并且具有权威性。正式沟通的缺点表现为：信息层层传递，沟通速度一般较慢。

【经典案例 9-1】

李开复的"午餐会"

良好的沟通氛围是许多企业的成功秘诀之一。创新工场 CEO 李开复在微信公众号上发表了一篇文章，介绍了自己常用的一种和员工沟通的方法："午餐会"沟通法。

李开复在 2000 年被调回微软总部出任全球副总裁，管理一个拥有 600 多名员工的部门。当时，作为一个从未在总部从事领导工作的人，他认为自己需要和员工多沟通，倾听员工的心声。为了达到这样的目标，李开复选择了一种独特的沟通方法——"午餐会"沟通法。

李开复每周选出 10 名员工，与他们共进午餐。在进餐时，李开复会详细了解每一个人的姓名、履历、工作情况以及他们对部门工作的建议。为了让每位员工都能畅所欲言，李开复尽量避免与一个小组或一间办公室里的两个员工同时进餐。另外，李开复会要求每个人说出他在工作中遇到的一件最让他兴奋的事情和一件最让他苦恼的事情。

进餐时，李开复一般会先跟对方谈一谈自己最兴奋和最苦恼的事，鼓励对方发言。李开复还会引导大家探讨一下近来普遍感到苦恼或者普遍比较关心的事情是什么，然后一起寻找最好的解决方案。

午餐会后，李开复一般会立即发一封电子邮件给大家，总结一下"我听到了什么""哪些是我现在就可以解决的问题""何时可以看到成效"等。使用这样的方法，李开复很快就认识和了解了部门中的每一位员工。最重要的是，李开复可以在充分听取员工意见的基础上合理安排工作。李开复说，午餐会这种沟通方法非常有效果，至今他仍然经常使用。吃饭对象不仅包括员工、同事，还有合作伙伴、朋友。

2. 非正式沟通

非正式沟通是指除正式沟通渠道以外的信息交流方式。非正式沟通是正式沟通的补充，可弥补正式沟通存在的不足。因此，非正式沟通在信息沟通中起着重要的作用。实际上，大部分沟通都是采用非正式的沟通渠道进行的，最常见的非正式沟通渠道就是传闻或小道消息。从某方面来讲，非正式沟通的效果会远远超过正式沟通的效果。

与正式沟通不同，非正式沟通的对象、内容和时间都是未经正式计划的，因而这些信息遭受歪曲和发生错误的可能性很大，且无从查证。非正式沟通的优点是传递信息的速度快，形式不拘一格，并能提供一些正式沟通无法传递的内幕消息。非正式沟通的缺点表现在传递的信息容易失真，容易在组织内部引起矛盾，而且不容易控制。

【知识拓展 9-1】

小道消息

在沟通过程中，小道消息或办公室传闻是非正式沟通的重要组成部分。它的传播有助于缓解员工的焦虑情绪，传达员工的愿望和期待。当组织成员无法从正式渠道获得他们渴望的信息时，或者对与自己切身利益相关的组织重大事件因为不知情而感到茫然时，就会求助于非正式渠道的沟通方式。但如果组织成员的焦虑和期望得不到及时的缓解或满足，那么小道消息便会失控，并四处蔓延，谣言四起，从而导致组织中人心涣散，缺乏凝聚力，成员士气低落。因此，为减少小道消息造成的消极影响，优秀的管理者可采取以下几项措施。

第一，公布重大决策的时间安排。

第二，公开解释那些看起来不一致或隐秘的决策行为。

第三，对目前的决策和未来的计划，在强调其积极一面的同时，也指出其不利的一面。

第四，公开讨论事情最差的结果，减少由猜测引起的焦虑。

（二）按信息传递的媒介划分

按信息传递的媒介不同，可将沟通分为口头沟通、书面沟通、非语言沟通和电子媒介沟通。

1. 口头沟通

口头沟通是指借助于口头语言实现信息交流的一种沟通方式，它是日常生活中最常采用的沟通形式。口头沟通常用的方式主要有演讲、汇报、一对一辩论、集体讨论、会谈、电话联系、流言或谣传等。

口头沟通缩短了沟通的距离，其优点是传递速度快、反馈速度快、简单易行。口头的消息可以在很短的时间内传递，并能很快得到答复。如果接收者不能确认信息的准确含义，快速的反馈可以让发送者较早认识到这种情况，并尽早做出修正。口头沟通的缺点是当消息传递需要经过很多环节的时候，信息容易失真。消息经过的层级越多，歪曲原意的可能性就越大。每个层级的人都以自己的方式解释消息，消息的内容到达其目的地时，经常与原意大相径庭。口头沟通的使用范围有限，尤其是在团体沟通场合，使用起来有困难，随机性强，影响沟通效率。在口头沟通过程中，如果沟通双方采取面对面的方式，会增加彼此的心理压力，造成心理紧张，影响沟通效果。

2. 书面沟通

书面沟通是指借助文字进行的信息传递与交流，形式主要包括布告、通知、书信、刊物及调查报告等。书面沟通的优点是受时间与空间的限制较小，有利于长期保存、反复研究，具有一定的严肃性与规范性。书面沟通的缺点是沟通效果受知识背景的影响大，对情况变化的适应性较差。

3. 非语言沟通

非语言沟通指的是使用除语言符号以外的各种符号系统，包括形体语言、副语言、空间利用以及沟通环境等进行沟通。在沟通过程中信息的内容部分往往通过语言来表达，而非语言则作为提供解释内容的框架来表达信息的相关部分。因此，非语言沟通常被错误地看作辅助性或支持性角色。非语言沟通的功能是传递信息、沟通思想、交流感情，在沟通过程中扮演了非常重要的角色。当有些信息无法用语言进行表述时，非语言沟通就能发挥重要的作用。

非语言沟通的特点主要有无意识性、情境性、可信性和个性化。例如，当与自己不喜欢的人站在一起时，保持的距离会比与自己喜欢的人远些；有心事，不自觉地就给人一种忧心忡忡的感觉。这些表现很多情况下都是真情流露。非言语行为更多的是一种对外界刺激的直接反应，基本都是无意识的反应。与语言沟通一样，非语言沟通也受情境左右。相同的非语言符号在不同的情境中会有不同的意义。同样是拍桌子，可能是"拍案而起"，表示怒不可遏；也可能是"拍案叫绝"，表示赞赏至极。当某人说他毫不畏惧的时候，他的手却在发抖，那么我们更相信他是在害怕。语言信息受理性意识的控制，容易作假，人体语言则不同，人体语言大都发自内心深处，极难压抑和掩盖。一个人的肢体语言同说话人的性格、气质紧密相关。爽朗敏捷的人同内向稳重的人的手势和表情肯定是有明显差异的。每个人都有自己独特的肢体语言，它体现了个性特征，人们时常从一个人的形体表现来解读他的个性。

4. 电子媒介沟通

电子媒介沟通又称E沟通，是由计算机技术与电子通信技术组合而产生的以信息交流技术为基础的沟通。它是随着电子信息技术的兴起而新发展起来的一种沟通形式，包括视频会议、电子邮件、微信、QQ、微博、短视频及各种网络交互媒介形成的沟通模式。

与传统的沟通模式相比，电子媒介沟通的特点主要体现在六个方面。第一，它采用视频会议、电子报纸、互联网及组织内部网等方式进行沟通，使组织内的电子化书面沟通形式多于口头沟通形式。第二，它加强了组织即时输出和即时回收信息的能力，实现了书面信息能以面对面或电话式的口头信息一样的快捷速度传递。第三，它实现了远距离、跨地域的即时沟通，方便跨国组织、集团公司的沟通运作，并大大降低成本。第四，它使员工在组织内可以跨越层级工作，实现了在组织内全通道开放式的沟通网络，模糊了组织内的地位等级界限，对中层管理人员的地位造成挑战。第五，电子沟通使组织成员可以在家里或其他地方工作，并使其更方便地与其他成员交流。第六，由网络技术和视频技术结合出现的视频会议将代替传统的会议，实现了随时随地进行跨越地域空间的"口头"沟通的可能。

电子媒介沟通除了具备书面沟通的某些优点外，还具有传递快捷、信息容量大、成本低和效率高等优点。一份信函从国内寄往国外，恐怕要数天才能到达收信者的手中，而通过电子邮件或传真，却可以即时收到。电子媒介沟通的缺点是有时看不到对方的表情，在网络上的某些交流中，甚至搞不清对方的真实身份。

（三）按是否存在第三者传递划分

按是否存在第三者传递划分，沟通可分为直接沟通与间接沟通。

1. 直接沟通

直接沟通是指发送信息与接收信息无须第三者传递，如面对面谈话、电话或视频直接对话等。直接沟通的优点是双方可以充分交换意见，获得准确的信息；缺点是有时会受时间、地点等条件的限制。

2. 间接沟通

间接沟通是指发送信息与接收信息之间存在第三者传递，有时需要两个以上的第三者。间接沟通的优点是不受时间的限制，应用机会多；缺点是浪费人力与时间，有时会使信息受损、失真，有的信息到达接收者手中时已失去使用价值。

（四）按沟通主体不同划分

按沟通主体的不同，可将沟通分为人际沟通、群体沟通。

1. 人际沟通

人际沟通是指个体与个体之间的沟通，可分为三类：领导与下属的沟通、下属之间的沟通、领导之间的沟通。人际沟通在形成群体规范、协调人际关系、实现群体目标和加强群体领导方面是一个非常重要的因素。

2. 群体沟通

群体沟通是指组织中两个或两个以上相互作用、相互依赖的个体，为了达到基于各自特定目标而组成的集合体，并在此集合体中进行交流的过程。协商、互通情报、联席会议、国家首脑之间的会晤及各国大使之间的会谈等都是群体沟通中的常见方式。它是加强组织性的必要条件，可协调各方面的关系，减少组织冲突。

【☆思政专栏9-1】

迎难而上，为国担当，奋力开启中国特色大国外交新征程（节选）

2020年是极不平凡的一年，百年变局与世纪疫情相互激荡、叠加共振，开启了中国特色大国外交新征程。

元首外交领航定向，发出共克时艰最强音。沧海横流，山岳弥坚。面对世纪大疫，习近平总书记指出，人类文明史也是一部同疾病和灾难的斗争史。病毒没有国界，疫病不分种族。人类是命运共同体，团结合作是战胜疫情最有力的武器。习近平总书记以大国领袖的世界情怀和使命担当，密集开展元首外交，同外国领导人及国际组织负责人会晤、通话88次，出席二十国集团领导人应对新冠肺炎特别峰会、上海合作组织成员国元首理事会第二十次会议、金砖国家领导人第十二次会晤、亚太经合组织第二十七次领导人非正式会议、第73届世界卫生大会等23场重要外交活动，倡导构建人类卫生健康共同体等重大理念，提出打好疫情防控全球阻击战、有效开展国际联防联控、积极支持世界卫生组织等国际组织发挥作用、加强宏观经济政策协调等重要主张，为中国开展抗疫外交指引方向，为中国同各国关系发展注入新的内涵，为全球团结抗疫凝聚最广泛共识，赢得国际社会普遍赞誉。

抗疫外交有情有义，彰显尽责有为新担当。大道不孤，大爱无疆。中国从一开始就本着公开、透明、科学、负责的态度，同世卫组织和国际社会携手抗击疫情。最早向世界报告疫情，第一时间发布新冠病毒基因序列等关键信息，第一时间公布诊疗方案和防控方案。

组织上百场跨国视频专家会议，开设向所有国家开放的疫情防控网上知识中心，毫无保留地与各国分享抗疫经验。坚定支持世卫组织发挥领导作用，向世卫组织和联合国全球人道主义应对计划提供资金援助。在自身疫情防控任务艰巨的情况下，发起新中国成立以来规模最大的全球人道主义行动，向150多个国家和10个国际组织提供抗疫援助，为有需要的34个国家派出36支医疗专家组。发挥最大医疗物资产能国优势，向各国提供了2200多亿只口罩、23亿件防护服、10亿份检测试剂盒。积极推进药物、疫苗研发合作和国际联防联控，以实际行动表明了中国推动构建人类命运共同体的真诚愿望。

伙伴关系走深走实，打造全球合作升级版。患难与共，风雨同舟。周边命运共同体建设迈出新步伐。中日关系平稳过渡，稳妥把握中印关系方向，与韩国有效推进复工复产等互利合作。习近平总书记访问缅甸，推动中缅关系进入新时代。亚太区域合作达成建设共同体重要共识。区域全面经济伙伴关系协定正式签署，积极考虑加入全面与进步跨太平洋伙伴关系协定，提振了各方共建亚太自贸区的信心。李克强总理出席东亚合作领导人系列会议，中国与东盟实现互为第一大贸易伙伴的历史性突破。"中国+中亚五国"外长会晤成功启动。同发展中国家团结合作展现新气象。举办中非团结抗疫特别峰会，实现中拉、中阿等重要集体对话平台全覆盖。向有需要的发展中国家提供抗疫医疗和物资援助，致力于实现疫苗在发展中国家的可及性和可负担性，积极参与制定和落实二十国集团缓债倡议，与联合国共同举办减贫与南南合作高级别会议。中国同广大周边和发展中国家在抗击疫情和复苏经济方面同呼吸、共命运，深化双方守望相助的友好情谊。

资料来源：外交部. 迎难而上 为国担当 奋力开启中国特色大国外交新征程[EB/OL]. https://www.fmprc.gov.cn/web/ziliao_674904/zyjh_674906/t1846767.shtml.

（五）按信息流向不同划分

按沟通信息流向不同，可将沟通分为自上而下、自下而上、横向沟通与斜向沟通。信息在组织中有多个流向，既有自上而下的流动，也有自下而上的流动，还有水平流动和交叉流动。古典管理理论强调自上而下的信息沟通。但事实证明，如果只有自上而下的沟通，管理会出问题，因为它容易忽视信息的接收者。彼得·德鲁克主张，信息沟通应该从接收者开始，也就是说，信息的流向应当是自下而上的。但仅仅谋求上下级之间的信息沟通是不够的，同级之间也应该存在沟通和交流。

1. 自上而下的信息沟通

自上而下的信息沟通就是信息从较高的组织层次流向较低的组织层次。在充满专制气氛的组织中尤为强调这种沟通方式。自上而下的口头沟通采用的形式包括命令、指示、谈话、会议、电话及广播等。命令是上级对下级的工作提出的要求，指示则是上级对下级的工作做出的解释和说明。在实际工作中，命令与指示往往交织在一起，划分得并不是很清楚，有时也将命令和指示看作一回事。自上而下的书面沟通采用的形式有备忘录、信函、手册、文件、报刊及公告等。自上而下的沟通方式有五种目的：一是提供具体工作指示；二是提醒下属了解各项任务的相互关系；三是向下属提供有关组织政策、规章、制度等的资料；四是反馈下属的工作成绩；五是向下属阐明组织的目标。

自上而下的沟通方式的缺点主要有两点。第一，信息在传递中往往会发生遗漏或曲解。

最高管理层发布的命令和指示,有时根本没有被下属接收和理解,发下去的文件甚至连看也不看。因此,建立反馈系统是必不可少的。第二,信息的传递要花费许多时间才能完成。时间上的延误可能会使事情变糟。为了快速传递信息,有些组织的高层管理人员采取把要传递的信息直接交给接收者的方式,绕开不必要的中间环节。

2. 自下而上的信息沟通

自下而上的信息沟通是指信息沿着组织层次向上流动,由下级流向上级。常见的方式有请示、汇报、提案制度、申诉程序、上访制度、讨论会、离职谈话及职工士气调查等。在职工参与管理和民主气氛浓厚的组织中这种沟通方式较常见。但这种信息沟通方式容易受到某些管理人员的阻碍,会把下级反映上来的信息过滤掉一些,将那些不利于自己的信息截留下来,不传送给上级领导,使沟通效果受到影响。

自下而上的信息沟通需要有一个下属能够畅所欲言的环境。组织的内部环境主要受最高管理层的影响,他们有责任为下属创造轻松的沟通氛围。作为管理层,在组织内应该提倡自下而上的沟通,方便了解组织成员对接收信息的理解程度,鼓励组织成员提出有价值的创意。

3. 横向沟通

横向沟通是指在组织机构中具有同等职权、地位的人或部门之间的沟通。这种沟通大多发生在工作的交流上,因此,沟通的效率更高。这种内部交流信息的方式常常可以起到协调行动,加强组织凝聚力的作用。有时为了传递执行某项特殊职能所需的技术信息,直线部门和参谋部门之间也需要横向沟通。

4. 斜向沟通

斜向沟通是指组织内部无隶属关系的不同层次的部门或个人之间的信息交流。这种沟通常常发生在直线部门和参谋部门之间,直线部门之间也常常应用斜向沟通。斜向沟通的目的是加速信息的流动,使组织成员增进对信息的了解,实现组织目标。斜向沟通的渠道既有口头方式,也有书面方式。

(六)按网络形态不同划分

按网络形态不同,可将沟通分为链式、轮式、Y 式、环式和全通道式沟通。

信息沟通网络是指由若干环节的沟通路径所组成的信息结构。组织中的信息通常需要经过多个环节的传递,才能到达最终的接收者。群体中不同的沟通结构对于群体活动的效率有不同的影响。美国心理学家莱维特最早提出了五种不同的沟通网络,即链式、Y 式、轮式、环式和全通道式。以 5 位成员之间的沟通为例,这五种沟通网络形态如图 9.3 所示。

1. 链式沟通网络

链式沟通网络是信息在组织成员之间进行单线、顺序传递的一种沟通网络形态,形状犹如链条,故命名为链式沟通网络。在这种沟通网络中,居于两端的成员只能与其内侧的人联系,居中的成员则可以分别与两侧的人联系。这种沟通网络的特点是成员之间的联系面很窄,平均满意度较低。在链式沟通网络形态中,由于经过层层传递和筛选,信息很容易失真,最末环节收到的信息往往与初始环节发送的信息有很大差距。

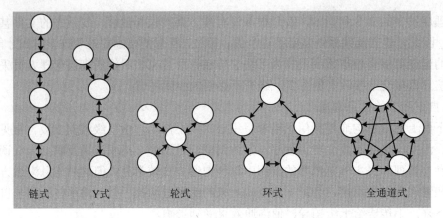

图 9.3　沟通的网络形态

2．Y 式沟通网络

Y 式沟通网络是链式与轮式相结合的一种沟通网络形态，形状犹如英文字母 Y，故命名为 Y 式沟通网络。Y 式沟通网络中有一个成员位于沟通网络的中心。这种沟通网络的特点是成员的士气较低，因为增加了中间的过滤和中转环节，容易导致信息曲解和失真，因此沟通的准确性会受到影响。例如，总经理、秘书和下属之间就有可能发生 Y 式沟通出现的问题。当下属需要通过秘书与总经理传递信息时，秘书因为获得大量信息，可能会对信息进行筛选，使总经理在处理事情的时候能够分清楚轻重缓急，提高工作效率。这种网络形态适合于管理人员的工作任务繁重，需要有人协助筛选信息提供决策依据，同时又要对组织实行有效控制的情形。

3．轮式沟通网络

轮式沟通网络是信息经由中心人物向四周多线传递的一种沟通网络形态，形状犹如轮盘，故命名为轮式沟通网络。在这种沟通网络中，中心人物是信息的汇集点和传递点，其他成员之间没有信息的相互交换关系，所有信息都是通过中心人物进行交流的。这种沟通网络的特点是信息沟通的准确度很高，解决问题的速度快，处于中心位置的管理人员控制能力强，但其他成员的满意度低。这种沟通网络实际上是为加强组织控制而采取的一种沟通形式。轮式沟通网络适合于组织接受紧急任务，需要进行严密控制，同时又要争取时间的情况。

4．环式沟通网络

环式沟通网络可以看作将链式两端连接而形成的一种封闭式的沟通网络形态，形状犹如车轮，故命名为环式沟通网络。在这种沟通网络中，所有成员依次联络和传递信息。网络中的每一个成员都同时与两侧的成员沟通信息，因此大家地位平等，没有谁能够成为信息沟通的中心。采用环式沟通网络的组织，集中化程度较低，成员具有较高的满意度。但由于沟通的渠道窄、环节多，沟通的速度和准确性难以保证。如果组织中需要创造出一种能够激发高昂士气的环境来实现组织目标时，采用环式沟通效果比较好。

5．全通道式沟通网络

全通道式沟通网络是一种全方位开放式的沟通网络形态，所有成员之间都能进行相互的不受限制的信息沟通和联系。采用这种沟通网络的组织，集中化程度低，成员地位差异小，有利于提高成员的士气和培养成员的合作精神。同时，这种网络的宽阔信息沟通渠道，使成员可以直接、自由、充分地发表意见，有利于提高沟通的准确性，对解决复杂问题有明显的促进作用。但由于沟通渠道太多，也容易造成混乱，增加沟通时间，影响工作效率。

第二节　沟通障碍与有效沟通

组织中的信息沟通存在着种种障碍，影响沟通的效果。国外的一项研究显示：约有80%的管理人员认为，沟通障碍是造成他们工作困难的主要原因。事实上，信息沟通上的问题往往是其他更深层次问题的表象。因此，了解信息沟通障碍并提出解决对策对组织发展十分重要。

【经典案例9-2】

52号航班惨剧

1990年1月25日晚7:40，阿维安卡52号航班飞行在南新泽西海岸11 277.6米的高空，飞机降落至纽约肯尼迪机场仅需不到半小时的时间，而机上的油量可以维持近两个小时的航程。晚上8:00，肯尼迪机场航空交通管理员通知52号航班的飞行员，由于严重的交通问题，他们必须在机场上空盘旋待命。晚上8:45，52号航班的副驾驶员向肯尼迪机场报告，他们的燃料快用完了。管理员收到了这一信息，于9:24批准飞机降落。由于飞行高度太低以及能见度较差，飞机无法安全着陆。当肯尼迪机场指示52号航班进行第二次试降时，机组成员再次报告他们的燃料将要用尽，但飞行员却告诉管理员新分配的跑道"可行"。9:32，飞机的两个引擎失灵，1分钟后，另外两个也停止了工作，耗尽燃料的飞机于9:34坠毁于长岛，机上73名人员全部遇难。事后，调查人员考察了飞机座舱中的黑匣子，并与当事的管理员讨论之后查找这场悲剧的原因。

结果分析：本次事故的主要原因是沟通失败。首先，飞行员在等待降落时曾报告燃料快用完了。管理员误认为每架飞机都存在燃料问题，所以没有给予高度重视。事后他们说："如果飞行员表明情况十分危急，那么所有的规则程序都可以不顾，我们会尽可能以最快的速度引导其降落。"遗憾的是，52号航班的飞行员从未说过情况紧急，所以肯尼迪机场的管理员一直未能理解飞行员所面对的真正困难。其次，许多管理员都接受过专门的训练，可以在各种情境下捕捉到飞行员声音中极细微的语调变化。但是52号航班的机组成员即使面临油料用尽的紧急情况，也没有在语调中表现出来。

资料来源：52航班的悲剧[EB/OL]. (2018-05-03). https://wenku.baidu.com/view/851cb501f342336c1eb91a37f111f18583d00cf6.html.

一、沟通障碍

沟通障碍是指由于沟通过程中某些干扰因素的存在，使沟通无法进行或者使沟通的结果违背人的本意。沟通是信息由发送者向接收者传递的过程，在此过程中，任何环节出现障碍，都会导致沟通无法有效进行。沟通障碍主要有以下几个方面。

（一）信息发送方面的障碍

在沟通过程中，障碍更多是由沟通主体的个人因素造成的，主要有以下几点。

1. 沟通准备工作不到位

组织沟通必须有准备，做到有备无患，这也是任何场合沟通都适用的原则。管理者在沟通前要做好充分收集信息的准备，以保证沟通的有效与成功。在实际工作中，许多管理人员不做准备就开口做报告，未经思考就下达指示，致使下属不理解或不明白领导意图，更甚者会使下属产生抵触行为。

2. 沟通信息过量

在沟通过程中，信息对于组织非常重要，但并非越多越好。在有些情况下，过量的信息不仅不会提高组织沟通的效果，反而会给沟通带来一定的障碍。大量的信息蜂拥而至，组织成员根本无法或没有能力处理超量的信息，致使许多有价值的信息未被认真对待，难以达到沟通目的。如果花费大量时间在沟通信息上，会使人们不能把更多的时间放在实际工作上。在信息过量的情况下，常见的结果是沟通效果不佳，大量会议陷入无休止的争论中，议而不决，决而不做，无法为组织决策提供助力。

3. 自卫性过滤信息

有些人在沟通过程中故意操纵信息，使信息显得对接收者更为有利。比如，上级在传达信息给下属时也常加入自己主观的解释，管理者向上司报告的信息都是他想听到的东西，报喜不报忧，这就是在操纵信息。操纵信息的程度与组织结构的层级和组织文化因素有关，在组织等级中，纵向层次越多，操纵信息的机会也越多。

（二）信息传递方面的障碍

1. 信息传递链过长

信息在传递过程中通过的等级越多，信息失真的可能性越大，沟通的效果就越差。因此，在沟通过程中，尽可能采用最短的信息传递链条，最好是面对面直接沟通，消除沟通中存在的噪声和干扰因素，实现有效沟通。例如，管理者想了解组织内部运营存在的问题，最好通过座谈会的形式与组织成员进行面对面的沟通。这样的沟通效果要比下达文件，要求大家把想法形成书面文件，上交到各部门，再由各部门进行汇总后上交到管理者手中的效果好。

2. 沟通媒介选择不当

信息沟通需要一定的媒介，沟通媒介选择不当会对沟通的效果造成不利影响。信息传递的渠道过于狭窄、传递信息的设备过于陈旧，都会直接影响信息沟通的效果。例如，网络速度慢、信息传递设备版本低等都会导致信息传递速度慢、卡顿、频率低，影响沟通效果和质量。

3. 沟通环境嘈杂

如果在一个很嘈杂的环境下进行沟通，沟通双方可能听不清对方的声音，理解不了对方的本意，从而影响沟通效果。特别是在两个人就不同看法交换意见时，本来需要认真听取对方的看法并进行冷静的思考,这时如果不断地被他人打断或被其他事情干扰,双方很难做深入的讨论,可能会使沟通无法继续进行,甚至中断。因此,选择适当的环境进行信息沟通是非常重要的。

4. 沟通时间不合时宜

组织的沟通主要在固定的工作时间范围内进行。如果组织内管理人员的管理幅度过宽,如一个管理人员负责几十名下属,那么他很难在有限的工作时间内和每位下属进行有效沟通。因此,管理者可能会在非工作时间与下属进行沟通,但下属在这个时间可能有其他事情要处理。例如,照顾孩子、照看老人或做其他分散精力的事情,在这种情况下,沟通的效果必然会受到影响。

(三) 信息接收方面的障碍

1. 选择性接收信息

选择性接收信息是指人们拒绝或片面地接收与他们期望相一致的信息。在沟通过程中,信息的接收者会根据自己的需要、动机、经验、背景及其个人特点有选择地去看或去听信息。在解码的过程中,信息接收者还会将自己的兴趣和期望带进信息之中。例如,主管在与下属的沟通过程中,只注意下属在工作中表现不好的地方,而对下属表现好的方面视而不见。

2. 自身情绪干扰

在接收信息时,接收者的情绪会影响他对信息的理解,不同的情绪感受会使个体对同一信息的解释截然不同。极端的情绪体验,如狂喜或抑郁,都可能阻碍信息的有效沟通。这种状态常常使人无法对客观事物做出理性的思考和判断。例如,员工因为工作中的不平等待遇与管理者发生激烈争吵,在这种情况下,双方情绪不稳,很难实现有效沟通。

3. 信息理解能力差

沟通过程中受信息接收者的年龄、经验和教育背景不同的影响,不同人对同样的信息理解不一样。信息理解能力差是指在沟通过程中由于自身技术问题,无法准确理解沟通的目的和主题,或是在对方进行一些非语言暗示时无法准确理解它的含义,致使沟通不畅。

二、有效沟通

沟通障碍是一种客观存在,不可能完全消除,但可以通过采取有效的技术和策略,将障碍对沟通效果的影响降到最低。

(一) 有效沟通的原则

哈罗德·孔茨认为信息沟通是否有效,可用预期的效果来评价。为此他提出七项准则帮助克服沟通中的障碍,提高沟通的效果。

1. 明确性原则

在沟通过程中由于语言可能成为沟通障碍,因此,信息发送者必须对自己想要传递的信息有清晰的认知,准确组织信息的用词,使信息表达清楚,易于接收者理解。为了确保信息的清晰性和完整性,要简化语言,使信息接收者能够准确接收到所传递的信息。

2. 一致性原则

有效的沟通应该使信息发送者传递的信息本意与信息接收者理解的信息内容相一致。在组织进行沟通前要设计好沟通计划，沟通计划不能脱离实际，它必须与组织的环境要求相一致。因此，需要对沟通环境进行深入调查。

3. 可接收原则

信息沟通的内容要考虑信息接收者的实际需要，必须对信息接收人具有实际价值，信息接收者才会愿意接收信息。如果沟通的信息内容对接收者没有任何价值，则信息接收人在沟通过程中配合度低，致使沟通没有意义。

4. 协调性原则

实现有效沟通需要多种沟通要素协调使用，以达到理想的沟通效果。例如，在信息沟通中，信息发送者的语音语调、面部表情、措辞、讲话内容与讲话方式之间的协调一致会使信息接收者更好地理解并接受所传递的信息。

5. 短渠道原则

有效沟通应该尽量减少组织层级，缩短信息传递链，拓宽沟通渠道，以利于信息的反馈，实现沟通的目的。同时，加强平行沟通，促进横向交流，创造有利于沟通的工作环境，对于实现有效沟通也很重要。

6. 反馈性原则

有效沟通的实现必须重视信息的反馈。在沟通过程中，只有信息传递而没有反馈的情况屡见不鲜。信息只有被接收者理解并反馈了，沟通才算是完整的。发送者只有得到接收者的信息反馈，才能知道自己传递的信息是否被人所理解。在实际工作中，也可以通过提问、询问及鼓励等方式邀请信息接收者对接收的信息提出自己的看法或意见。

7. 可信赖原则

沟通应该建立在彼此信任的基础上。信息沟通不只是传递信息而已，它还涉及感情因素，在沟通过程中要注意感情要素的运用。信息沟通在激励组织成员为实现组织目标而努力工作的同时，也会为实现人与人之间的感情沟通做出贡献。如果沟通双方彼此信任，且双方之间感情深厚，那么沟通起来就会比较顺畅。

（二）有效沟通的措施

1. 改善沟通的技术与方法

为达到有效沟通的目的，可以采用一些技术和方法来克服沟通中存在的障碍。

（1）提高信息表达能力。在沟通过程中，信息发送者要注意沟通的完整性和准确性。无论是采取口头沟通还是书面沟通形式，信息发送者都要用容易理解的语言或文字将传递的信息表达清楚。这需要信息发送者具备良好的语言和文字表达能力，并熟悉下级、同事和上级的语言。

（2）学会倾听。倾听是有效沟通的重要环节。组织中有些管理者由于不善于倾听，致使沟通过程困难重重。真正的倾听不仅意味着你要全神贯注地听对方讲话的内容，还要理解他为什么这么做。然而，能够有效地听取信息并不是一件容易的事情。在沟通过程中常常出现信息接收者抓不住信息的中心思想的现象，造成沟通障碍。善于倾听的人更容易理解沟通双方的谈话,注意他人谈话时的表情和姿态,能在一定的时间内掌握更多的信息和内容。因此,学会倾听是一种重要的沟通能力。

【知识拓展 9-2】

倾听的 9 条艺术

（1）即使你认为对方所讲的内容无关紧要或者是错误的,仍应从容而耐心地倾听。虽然不必表现你对他所说的都赞同,但应在适当间歇中以点头或应声表示你的注意和兴趣。

（2）不仅要听对方所说的事实和内容,更要留意捕捉他所表现的情绪。

（3）必要时,将对方所说的予以提要重述,以表示你在注意听,也可以鼓励对方继续说下去,不过语调要尽量保持客观和中立,以免影响或引导说的方向。

（4）安排较充分而完整的交谈时间,不要因其他事而打断,更不要使对方感到这是官式谈话。

（5）在谈话中,避免直接的置疑或反驳,让对方畅所欲言。即使有问题,留到稍后再来查证,此时更重要的是洞察对方究竟在想什么。

（6）遇到某一件你确实想多知道一些的事情时,不妨重复对方所说的要点,鼓励他做进一步解释或澄清。

（7）注意关注对方有意避而不谈的内容,这些可能正是问题的症结所在。

（8）如果对方确实想知道你的观点,不妨诚实以告。但是在"听"的阶段,仍以了解对方意见为主,自己不要说得太多,以免影响对方的表达。

（9）不要在情绪上过于激动,要尽量了解对方;赞成也好,反对也罢,稍后再加评论。

（3）学会换位思考。沟通过程中双方如果能够设身处地、换位思考,对于沟通双方彼此的相互理解极为有利。心理学的研究表明,人类之所以能够相互交流思想,基础之一就是人类具有这种设身处地、由己及人的能力。人能够超越自身,站在他人的角度思考,为相互理解提供了共同的基础。如果人缺乏这种能力,人与人之间的交流就会受到阻碍。一个管理者如果能设身处地为下属着想,了解下属的困难和问题,他就能够做出恰当的决定,通过信息沟通激励下属更加努力地工作。特别是当沟通出现困难时,设身处地地站在对方立场上思考就变得十分重要。管理者可以运用这种方法找出困难的原因所在,然后给予解释说明,解决存在的问题,以保障沟通顺利进行。

（4）构建双向沟通渠道。为了避免沟通过程中的误解和曲解,应运用反馈原理构建双向沟通渠道。双向沟通渠道能够促使信息有效反馈,使信息接收者对信息内容的理解更准确,信息发送者也可以通过双向沟通更好地掌握接收者对信息的理解程度,实现有效沟通的目的。

（5）调整不良情绪。在沟通过程中沟通双方的情绪对沟通结果有直接影响。例如,当管理者对某件事十分失望时,很可能会对所接收到的信息产生误解,使沟通气氛变得紧张,给下属造成一定的心理压力,致使其无法清晰和准确地表述信息,沟通效果不佳。此时,管理者需要调整自己的不良情绪,或者中场休息,使情绪恢复正常。管理者应该为沟通对象创造一个轻松、无压的沟通氛围,这样沟通对象更有可能畅所欲言,把沟通问题阐述清楚,并与管理者畅谈解决方案。

2. 制度性措施

在沟通过程中,要达到有效沟通目的,除了采用一些沟通的技巧和方法外,组织在制度上还要进行改进和完善。

(1) 建立常用沟通形式。为使组织管理人员和全体职工更好地了解情况,可考虑建立组织内部报刊、印发小册子等,还可确立定期的例会制度,使有关工作在会上得到及时沟通。

(2) 定期召开职工会议。组织定期召开职工会议,让各类成员聚集在一起,发表意见、提出看法。这是一种非常有价值的沟通形式。与职工代表大会不同,这种职工会议是针对具体问题,利用会议形式鼓励大家发表意见。例会制度在组织中一般都有,但绝大多数例会属于同级人员的聚会,信息沟通会受到一定限制。职工会议由一定范围内的管理人员和普通员工共同参加,不同等级的成员可以直接接触、直接沟通。

(3) 建立建议制度。建议制度主要针对组织内的普通职工,鼓励他们就任何关心的问题提出意见或建议。这是为了避免向上沟通的信息被过滤掉而采取的一种强行向上沟通的办法。在沟通过程中,沟通双方会因为等级和权力上的差别造成阻碍。因此,组织有必要建立一套建议制度,保证组织成员有机会向上沟通。组织中各种各样的参与管理、参与决策的制度,实际上也都起到了改善沟通的作用。

(三) 有效沟通的技巧

有效沟通是为了更好地实现组织目标,在组织成员之间以及与相关组织之间进行的事实、思想、意见的传递与交流过程。有效沟通的实现需要管理者既掌握人际沟通的一般技巧,又掌握组织沟通的技巧。

1. 人际沟通技巧

对于一些管理者来说,实现有效沟通是很困难的,因此,管理者要采用正确的技巧和方法,实现沟通目的,提升组织管理效率。

(1) 沟通时态度要诚恳,注重情感交流。沟通不仅是一种信息的交流,更应是一种感情的传递。在人际沟通中,不能只谈工作,不谈思想。沟通双方如果能够本着诚恳的态度,敞开心扉,用心与对方交流,不仅能增进相互之间的感情,建立信任关系,还能增强组织的凝聚力。沟通效果也会大大提升。

【经典案例9-3】

林肯竞选议会议员

1858年,林肯在竞选议会议员的时候,要到伊利诺伊州南部去演讲。林肯是主张废除奴隶制的人,而伊利诺伊州南部的人却是奴隶制的拥护者。这里的人们性情暴戾,非常痛恨反对奴隶制的人。听说林肯要来演讲,那里的恶霸们云集在一起,准备将他当场赶出去,并且还要将他杀死。面对这样的恐吓,林肯并没有退缩。他在开始演讲前,亲自去会见对方的头目,并且和他们热烈地握手。然后,他用十分诚恳的态度做了一番演说。

他说:"南伊利诺伊州的同乡们,肯塔基州的同乡们,密苏里州的同乡们,我听说在场的人群之中,有些人要与我为难,我不知道他们为什么要那样做。我是一个和你们一样爽直的平民,那为什么不能和你们一样有着发表意见的权利呢?朋友们,我也是你们中的一员,我和你们共同携手,不是来干涉你们的人。我生在肯塔基州,长在伊利诺伊州。和你们一样,我也是在艰苦的环境中挣扎出来的。我认识南伊利诺伊州的人,也认识肯塔基州的人,我还认识密苏里州的人,因为我是你们中的一个,所以我应该在认识你们的同时,让你们也能认识我。如果你们能够十分清楚地认识我,那么,你们就应该知道我是不会做对你们不利的事情的。我既然不做不利于你们的事情,那么,你们为什么要来做对我不利的事情呢?诸位同乡们,请不要做那样的蠢事,让我们来做朋友,让我们彼此用朋友的态度互相对待。我是世上最谦虚、最平和的人中的一个,我不会损害任何人,而且也不会干涉任何人的权利。我对你们没有什么奢侈的要求,我只有几句话要说,希望你们能够静心地听一下。你们是勇敢而豪爽的人,我相信我对你们的一点希望,你们是能够做到的。现在让我们诚恳地同大家共同来讨论我们的意见吧!"

林肯在说上面的一段话时,态度十分诚恳和善,讲话的声音也充满了恳切之情。因此,一场一触即发的动乱立刻变得风平浪静。他们本来对他是仇视的,现在把仇视变成了友谊,而且对他的演说还报以雷鸣般的掌声。后来,这些粗鲁的人还成了林肯当选总统最忠实的支持者。林肯的故事再一次证明了心理学的互惠关系定律:你对我友善,我也对你友善。林肯就是以他的坦诚换来听众的坦诚。了解了这一点,我们就把握了沟通中最关键的要素。如果你期望对方的合作和坦诚,那么首先你要有合作和坦诚的态度,这样别人才会有诚意。所以,沟通之前要了解想要别人如何对待自己,然后,用这种方式去对待他们。如果想得到对方的尊重,那么自己首先要尊重对方。

资料来源:人际沟通[EB/OL].(2017-03-03).https://www.doc88.com/p-2522805913420.html.

(2)找准切入点,多谈对方感兴趣的话题。沟通有两个关键环节:"听"和"说"。倾听时要寻找合适的切入点,说的时候要多谈对方感兴趣的话题,实现无缝沟通。在与别人沟通时,不能用"我要你怎么做,你应该怎么做"这类指挥式的沟通方式,这样只会增加对方的心理压力和反感情绪。最明智的做法就是多提些对方感兴趣的问题,多让对方谈谈自己在工作中遇到了什么样的问题,希望得到什么样的帮助,从而达到良好的沟通效果。

(3)把准时机,避免沟通禁忌。寻找沟通的时机很重要。人们一般在心情愉快时比较乐于和他人沟通,也更容易接收外界信息。在情绪低落、心烦意乱时,硬与别人进行沟通,沟通结果不理想的可能性极大。在沟通过程中也要注意沟通的十忌。第一,不要轻易打断对方的谈话或抢对方的话。第二,说话不要没头没脑,让对方一头雾水。第三,不要心不在焉,让别人重复说过的话。第四,不要连续发问,让对方觉得你过分热心和要求太高,难以应付。第五,不要避实就虚,含而不露,让人迷惑不解。第六,不要随便解释某种现象,轻率地下断语。第七,不要强调某些不恰当的与主题风马牛不相及的细枝末节,使人生厌。第八,不要对他人的提问漫不经心,让人感到你不愿意为对方的困难助一臂之力。第九,当别人对某话题兴趣不减时,不要感到不耐烦,也不要立即将话题转移到自己感兴趣的方面去。第十，不要将正确的观点、中肯的劝告称为错误和不适当，使对方怀疑你话中有戏弄之意。

（4）准确表达沟通信息，慎重选择沟通渠道。沟通的目的是达意，管理者在交谈时语言要简洁，以便将沟通的信息准确地表达出来。信息的沟通有很多渠道可以选择，使用不同通道传递信息会产生不同的结果。选择沟通渠道主要考虑两个因素：沟通对象和沟通信息的性质。如果要听取沟通对象的意见，要求有反馈时，最好用面对面的方式。如果所要传达的对象是某一个人或少数几个人时，那么可以考虑私下约谈的方式。选择何种沟通方式主要取决于沟通对象的个性和习惯。如果所需沟通的事情是发布一项命令，可以用召开职工大会的形式传达，或是利用书面的文稿交至每一位组织成员手中。如果材料涉及个人隐私需要保密，可以设立总经理接待日、总经理信箱等，以减轻沟通者的心理压力。

2. 组织沟通技巧

管理者要想达到有效沟通的目的，不仅要掌握人际沟通的有效技巧，还要掌握相应的组织沟通的有效技巧。

（1）优化组织沟通环境，消除沟通障碍。在组织沟通过程中，为保证组织内沟通渠道畅通，必须对组织沟通环境进行优化和检查，要求组织成员具备沟通相关知识，并能够将这些知识灵活运用。管理者应为有效的组织沟通营造良好的氛围，一种值得信赖的组织氛围是组织有效沟通实现的前提条件。要想实现有效组织沟通，还需要为组织和成员制订共同的目标。只有目标一致，才能够为共同的目标努力，这也是许多上下级之间、不同部门之间消除沟通障碍的有效途径。

（2）检查和疏通组织沟通网络，保证沟通网络通畅。需要检查的组织沟通网络包括保障组织顺利运营的管理网络或与共同任务有关的网络；为解决问题构建的创新活动网络；公司出版物、宣传栏等指导性网络。组织要定期对沟通网络进行检查，发现问题要及时处理、疏通，实现有效沟通。

（3）建立双向沟通机制，改善组织沟通效果。有效的沟通机制能够保证组织发布的信息顺利传达。双向沟通机制不仅能使组织内从上到下传递信息和命令，还能使下级通过沟通渠道将自己的感受、意见和建议顺利传达给上级。双向沟通机制通常是以建议系统或申诉系统为形式体现的，它对下级表达想法和建议有很大的帮助，能改善组织沟通的效果。

第三节　组织冲突与有效谈判

冲突是指人与人、人与群体、群体与群体之间激烈对立的社会互动方式和过程，当事人之间存在利害关系，为了某些利益或争夺一定的资源产生了分歧，而处于一种行为对立状态。在组织运营过程中，由于各种利害关系和有限的资源，必然会存在组织冲突。如何看待组织冲突，并对其实施有效管理，是对管理者能力的一种考验。

一、组织冲突

（一）组织冲突的定义及种类

1. 组织冲突的定义

组织冲突是指组织内部成员之间、成员个人与组织之间、组织中不同团体之间，由于利益上的矛盾或认识上的不一致而造成的彼此抵触、争执或攻击的组织行为，是一个从知觉到情绪再到行为的心理演变过程。

2. 组织冲突的种类

1）建设性冲突

建设性冲突是指组织成员从组织利益角度出发，对组织中存在的不合理地方提出不同的意见而引起的冲突。这类冲突对于发现组织问题，促进组织内部与小间间公平竞争，防止思想僵化，激发组织内员工的创造力，使组织适应不断变化的外界环境都具有重要作用。建设性冲突的主要特点是冲突双方都关心组织，为实现组织目标和解决现有问题而努力，不是为了自己的个人利益；冲突双方都愿意了解彼此的观点，以争论问题为中心进行深度讨论；冲突双方争论的目的是寻找更好的方法解决现存问题。

2）破坏性冲突

破坏性冲突是由于冲突双方在认识上的不一致、组织资源和利益分配方面的矛盾，组织内成员之间因相互抵触、争执甚至攻击等行为而产生的冲突。这类冲突对组织发展具有破坏作用，使组织内成员彼此排斥、互相拆台，不利于组织的协调统一。同时，这类冲突也容易给组织造成资源的浪费，降低组织凝聚力，从根本上妨碍了组织目标的顺利完成。破坏性冲突的特点主要是冲突双方都极为关注自己的利益是否得到保障、提出的建议是否能够通过，无视组织整体的目标和利益；冲突双方不愿听取对方的意见，极力主张自己的观点；沟通中常常由以问题为中心的争论转为人身攻击；冲突双方互相交换意见的情况不断减少，甚至完全中断。

（二）组织冲突的成因

1. 组织成员缺乏良好的沟通

组织冲突多数情况是由沟通不良造成的。完美的沟通是发送者发出的信息被接收者准确无误地解读并理解，再形成有效的信息反馈，但这种情况在实际工作中并不常见。由于组织成员缺乏有效的沟通，组织成员不能有效理解对方，导致沟通双方因为误解或者站在不同的角度思考问题而产生争论，严重时可能会发生肢体冲突。

2. 组织结构不合理

组织结构不合理是组织冲突产生的一个主要原因，它是由组织规模、成员参与管理的范围、组织部门关系等因素所致。

（1）组织规模越大冲突越大。组织行为学家罗宾斯总结了有关冲突和组织规模之间的关系，他发现组织规模越大，冲突也越大。究其原因，可能是规模越大，分工越多，组织中不同意见也就越多，冲突也就越大。

（2）成员参与管理程度越高，冲突越激烈。有关研究表明，下级参与管理程度越高，其冲突水平也越高。这主要是因为参与者越多，其个体差异也就越大。此外，仅仅参与管理并不等于所提建议必被采纳，如建议不被采纳，下级无权把自己的想法付诸实施反而会影响组织内部的成员关系。

（3）组织部门之间的矛盾越多，冲突越多。组织中的直线部门工作直接关系到组织的核心业务活动。比如，在工业企业，生产部门是直线部门；在商业企业，市场销售部门是直线部门。职能部门主要包括公关部门、人事部门等，其工作是辅助直线部门更好地运作核心业务。由于直线部门和职能部门的职责不同、目标不同、成员的价值观和背景不同，因此它们之间也常有冲突。例如，直线部门更关心经营，而职能部门则不直接参与主营核心业务活动；直线部门成员关心的是日常工作，而职能部门成员则更关心长远的问题。

3. 组织成员的差异性

组织冲突产生的直接原因可以归为组织成员的差异性。在组织内，具有相互依赖关系的成员之间个体差异性越大，对于要做什么、由谁来做和怎么做等问题就越难达成一致的意见，由此引发冲突的可能性就越大。组织中的差异性是多种多样的，最主要的是成员在价值观、处理问题的方法等方面的差异。如果管理者的价值观比较传统，处理问题因循守旧，不懂创新，这样的工作方式与新时代年轻人必然会形成冲突。相关研究表明，那些好冲突的人具有一些特质，如独断专行的人容易扩大事态以攻击别人；自尊心弱的人容易因感到别人的威胁而先发制人。无论独断专行还是自卑的人，都会因感到需要"自我防卫"而主动与他人发生冲突，管理者也应该针对不同情况做充分准备和预案。

4. 资源的有限性

组织冲突产生的一个重要原因就是资源的有限性。如果组织拥有足够资源，各部门的利益都能够得到保障，组织冲突可能就不会发生。但现实情况是组织的资源是有限的，各部门为了保护本部门的利益争夺有限的资源，就会引发组织冲突，导致协作的不良，配合度极低。例如，组织奖励以一方多得、另一方少得的方式发放，这就很容易造成部门之间资源分配不均衡或者失调。

（三）组织冲突的管理

保持适度的冲突，使组织养成批评与自我批评、不断创新、努力进取的风气，组织就会出现人心汇聚、奋发向上的局面，也就有旺盛的生命力。冲突管理实际上是一种艺术，管理者需要根据组织的实际情况对组织中的各类冲突进行科学管理。

1. 冲突管理的风格

冲突管理的五种风格如图9.4所示。

（1）回避。回避主要是指处理冲突时意识到冲突的存在，但希望逃避或抑制它。回避适用于一些无关紧要，不值得花时间、精力去处理和解决的冲突；或者是没有解决冲突的足够信息和能力，无力改变现状。实际上，利用回避的方式处理冲突很容易把问题搁置，无法从根本上解决问题。

（2）强迫。强迫是指在处理冲突过程中，表现为以自我利益为中心，无视他人需要，寻求一方得益、一方损失的策略。在正式组织中，如果管理者过于依赖强迫方式解决冲突，会忽略组织成员的利益，降低其工作积极性和动力。它主要适用于需要对重大事件迅速采取行动的情况；为了组织的长期发展，采取如削减成本、开除业绩差的员工等一些不受欢迎的行动；为保护自己不被他人利用而有必要采取行动。

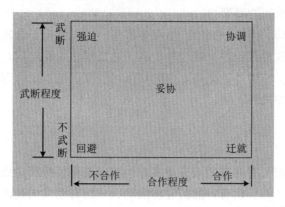

图9.4 冲突管理的五种风格

（3）迁就。迁就主要是指组织在处理冲突中，鼓励冲突各方以合作的态度面对问题，鼓励他人与自己合作或服从他人。它适用于处于感情冲突爆发的边缘、需要用合适的方法化解的冲突；或者为了保持短期内的和谐，避免分裂的冲突；以及由个性引起的难以解决的冲突。

（4）协调。协调是指组织在处理冲突时，希望满足各方利益并寻求相互受益的结果，主张冲突面前舍弃自身利益以满足他方利益，强调求同存异。它主要适用于：冲突双方相互之间充分依赖，值得把时间和精力用于协调个人差异上的情况；冲突双方力量均等，交往自在，不用考虑上下级关系的情况；冲突双方有互利的潜力，在长期内能将纠纷化解为双赢的结果的情况；组织充分支持花费时间协调解决冲突的情况。

（5）妥协。妥协是指组织在处理冲突时，主张双方都放弃一些利益，采取让步行为，共同分享利益。与协调风格相比，它稳妥但只是部分地满足每个人，因此不适用于以下冲突：想使冲突双方都得到好处，至少不会比没有协议时糟糕；根本不可能达成完全意义上的双赢协议；冲突目标对立，无法按照一方计划达成协议。

2．冲突管理的策略

（1）确定需要激发的冲突。面对组织产生的各类冲突，管理者首先要考虑的问题应该是什么样的冲突需要激发。虽然建设性冲突与破坏性冲突有时很难明确划清界限，但管理者需要根据组织运营的实际情况对各类冲突进行判断，并确定：要激发哪些冲突来促进组织的建设性发展；哪些冲突应该淡化处理，以降低其产生的负面影响。

（2）优化组织文化。在决定激发冲突后，管理者就应向下属传递这些信息：冲突有其存在的合理性，组织鼓励具有建设性、促进组织成长和发展的冲突存在，并以自己的行动加以支持。组织应该对那些敢于向现状挑战、倡议革新、提出不同看法和进行创新思维的成员给予大力鼓励。

（3）引进外部优秀人才。管理者可以通过招聘或引进外部优秀人才为组织或群体注入新鲜血液，增加创新思想，给组织带来新的活力，促进组织不断前进或改变组织停滞的状态，实现外部人才优势。

（4）拓宽组织的沟通渠道。管理者应善于运用组织的正式沟通渠道和非正式沟通网络，促进组织成员间的沟通意愿、频率，拓宽组织沟通渠道，消除组织中由于沟通不畅引发的破坏性冲突，增加组织间的凝聚力。

（5）重构组织结构。组织冲突的产生很多都是由组织结构不合理造成的，管理者可以将优化组织结构作为改善组织冲突的一种机制。通过优化组织结构，构建适合组织发展的组织框架，重新组合工作群体、提高工作的规范化程度、增加组织部门之间的相互依赖程度等方法，打破组织冲突的现状。

二、有效谈判

谈判是指既有共识又有冲突的双方或多方为实现某种目标而达成协议的过程。市场经济本身是一种契约经济，一切有目的的经济活动、一切有意义的经济关系都要通过谈判来建立。管理中的许多冲突也是通过谈判来协调解决的，因此，谈判是冲突管理的重要方面。

（一）谈判的类型

谈判有两种基本类型：零和谈判和双赢谈判。

1．零和谈判

零和谈判指的是有输有赢的谈判，即一方有所得就会有一方有所失，一方赢就会有一方输。零和谈判能够成功是因为谈判双方的目标都有弹性，并有重叠区存在。重叠区就是双方和解并达成协议的基础。

2．双赢谈判

双赢谈判指的是双方共同解决问题，双方都能获益。它要求双方对彼此的需求十分敏感，各自都比较开放和灵活，双方彼此有足够的了解和信任。在此基础上通过开诚布公的谈判，找到双方都能接受的解决问题的方案。在双赢谈判中，谈判双方主要用协调和妥协的方式解决冲突。

（二）谈判过程

谈判过程主要分为如下四个阶段。

1．调查准备阶段

这是最重要的谈判步骤之一，需要收集问题与方案信息，了解对方谈判的风格、动机、个性与目标，分析基本背景。

2．方案表达阶段

这个阶段包括提出最初目标、表达我方需要。这个阶段，人的表达能力与沟通能力十分重要，特别是在跨国谈判中，跨文化差异在这一阶段尤为明显。

3．讨价还价阶段

管理者利用各种公关手段、沟通技能与谈判策略达成原则意见。在这个过程中谈判双方需要本着真诚的态度认真对待谈判，同时也要对对方的情况加以斟酌。

4．达成一致阶段

通过讨论达成一致意见或协议，这是谈判的最后一步。达成一致意见后，根据达成的意见拟定合同和协议,双方管理者签字盖章后,谈判双方要按签好的文件履行自己的职责。

(三) 有效的谈判技巧

管理者要提高谈判的效率,达到预期结果,就应该具备一些谈判技巧。谈判技巧包括以下几个方面。

1. 研究谈判方

管理者要尽可能多地了解对方的兴趣和目标、对方在此次谈判中想要达到的目的、对方可能会采取的策略、对方的谈判底线等相关信息。只有这样管理者才能更好地理解谈判方的行为,预测对谈判行为的反应,帮助组织达成协议,同时不损害对方的利益。

2. 以积极主动的态度开始谈判

研究表明,在谈判过程中,适当的让步会取得意想不到的回报,并最终达成协议。因此,谈判双方都应该以积极主动的态度开始谈判。在谈判过程中,一味地咄咄逼人可能会得到适得其反的效果。而适当的让步会让对方看到自己的诚意,有助于与对方进行洽谈,最终达成一致意见。

3. 谈判过程中对事不对人

谈判双方在谈判过程中要着眼于谈判问题本身,而不针对个人特点。当谈判十分棘手时,应避免攻击对方。如果在谈判过程中不同意对方的看法或观点,应该将态度表明,把事与人分开,不要使差异人格化。

4. 强调双赢解决方式

如果条件许可,最好寻求综合的解决办法。考虑对方的利益后,再来建构选项,并寻求能够使双方均满意的解决办法。

5. 建构开放和信任的谈判气氛

有经验的谈判者是好听众,他们更注重询问问题,关注对方的提议,减少防卫性沟通,避免使用会激怒对方的词语。换句话说,他们更善于构建开放、信任的气氛,以达到解决问题的目的。

(四) 优秀管理者的谈判技巧

优秀的管理者通常按照如下方式进行重要的谈判。

1. 理性分析谈判的事件

抛弃历史和感情上的纠葛,理性地判别信息、依据的真伪,分析事件的是非曲直,分析双方未来的得失。

2. 理解你的谈判对手

他的制约因素是什么?他的真实意图是什么?他的战略是什么?他的兴奋点和抑制点在哪里?只有充分理解对手的需求,才能有效推进谈判的进程。

3. 抱着诚意开始谈判

态度不卑不亢,条件合情合理,提法易于接受,必要时可以主动做出让步,尽可能寻找双赢的解决方案。

4. 坚定与灵活相结合

对自己目标的基本要求要坚持，对双方最初的意见不必太在意，那多半只是一种试探，有极大的伸缩余地。当陷入僵局时，应暂停、冷处理，之后再谈；或争取第三方调停，尽可能避免谈判破裂。

本 章 小 结

本章介绍了沟通的概念和相关理论，详细探讨了沟通的类型与方法，阐述了组织冲突与有效谈判相关内容。现将本章涉及的一些重点概念和问题做一简要回顾。

沟通是一种信息双向甚至多向的交流，是参与者们为了设定的目标，凭借一定的符号载体，在个人与群体间传达思想、交流情感与互通信息的过程，是尽己所能期望自己的信息被正确地理解，同时，对方的信息被准确地把握的过程。沟通过程就是沟通主体对沟通客体进行的有目的、有计划、有组织的思想、信念、信息交流，使沟通成为双向互动的过程，包含沟通主体、沟通客体、沟通媒介、沟通环境和沟通渠道五个要素。沟通主要有信息发送者、编码、信息传递渠道、信息接收者、解码、信息反馈、背景、噪声八个要素。

按产生的方式不同，可将沟通分为正式沟通与非正式沟通。按信息传递的媒介不同，可将沟通分为口头沟通、书面沟通、非语言沟通和电子媒介沟通。按是否存在第三者传递划分，沟通可分为直接沟通与间接沟通。按沟通主体的不同，可将沟通分为人际沟通、群体沟通。按信息流向不同，可将沟通分为自上而下、自下而上、横向沟通和斜向沟通。按网络形态不同，可将沟通分为链式、Y式、轮式、环式和全通道式沟通。

沟通主要有信息发送方面的障碍、信息传递方面的障碍和信息接收方面的障碍。有效沟通的原则主要有明确性原则、一致性原则、可接收原则、协调性原则、短渠道原则、反馈性原则、可信赖原则。有效沟通的措施主要有改善沟通的技术与方法、有效组织沟通的技巧。

组织冲突可分两种：建设性冲突和破坏性冲突。组织冲突产生的原因主要有组织成员缺乏良好的沟通、组织结构不合理、组织中成员的差异性、资源的有限性。组织冲突的管理风格分为五类：回避、强迫、迁就、妥协、协调。冲突管理的策略主要有确定需要激发的冲突、优化组织文化、引进外部优秀人才、拓宽组织的沟通渠道、重构组织结构。

有效谈判的类型主要有零和谈判和双赢谈判。谈判阶段分为调查准备阶段、方案表达阶段、讨价还价阶段、达成一致阶段。有效的谈判技巧有：研究谈判方、以积极主动的态度开始谈判、谈判过程中对事不对人、强调双赢解决方式、建构开放和信任的气氛。

复习思考题

1. 如何理解沟通的概念？
2. 沟通的过程是什么？

3. 沟通要素有哪些？
4. 沟通分为哪几类？各有哪些优缺点？
5. 有效沟通的障碍有哪些？该如何进行改善？
6. 组织冲突的风格和管理策略有哪些？
7. 有效谈判的技巧有哪些？

自测练习题

案例分析题

第十章 激 励

 **本章导读**

激励是管理的重要内容,有效的激励方式能够点燃组织成员的热情,使他们的工作动机更加强烈,让他们产生超越自我和他人的欲望,并将潜在的巨大的内驱力释放出来,为组织的远景目标奉献自己的力量。如何在工作上调动员工的积极性,激发全体员工的创造力,是人力资源管理的最高层次目标。组织需要创造一个鼓励员工开拓创新精神和冒险精神的宽松环境以及思想活跃和倡导自由探索的氛围,建立正确的评价和激励机制,重奖重用有突出业绩的开拓创新者,强化组织内的竞争机制,鼓励人们去研究新动向、新问题,并明确规定适应时代要求的技术创新和管理创新的具体目标,倡导组织成员更新知识体系,不断学习,引导他们面对现实去研究技术的新动向。

在人力资源管理中,激励的方式灵活多样。在大多数人印象里,"赏罚分明"是天经地义的道理,铁面无私、懂得赏罚公平的领导是大家敬仰和信任的管理者。但有些管理者却认为激励要因事、因时、因人而异,在有些情况下,不仅要奖励成功,也要奖励失败。这样的做法从本质上来看,其目的还是要扣动大家的心灵扳机,把失败造成的心理阴影和低落情绪扭转为积极的心态和动力。优秀的管理者应该想尽各种有效的激励方法去调动组织成员的积极性和创造性,激发他们的潜能,使组织成员努力完成组织的任务,实现组织的目标。

 学习目标

知识目标:掌握激励的概念,理解激励的要素;掌握各种激励理论的主要内容和基本观点;了解激励的要求;掌握各种激励方法。

能力目标:掌握准确判断组织成员真实需要的能力;掌握并灵活应用激励方法的能力。

素质目标:针对不同情况选择有效的激励方法,根据实际情况改进和完善激励方法。

思政目标:激励方式合适与否直接关系组织的创造力。激励的公平与否也关系组织是否具有凝聚力,想要留住优秀人才,那么激励方式和方法选择要科学、合理。培养学生的科学精神、创新思维、团队意识、严谨的工作作风和务实的工作态度。

 关键概念

激励(motivation) 需要(need)
激励因素(motivators) 需要层次理论(hierarchy of needs theory)

激励-保健理论(motivation-hygiene theory)　　强化理论(reinforcement theory)
公平理论(equity theory)　　　　　　　　　期望理论(expectancy theory)

第一节　激励概述

为实现组织的目标,管理者的工作职责之一就是掌握和运用正确的激励手段,不断开拓新的激励方式,充分发挥激励的作用,挖掘组织成员的潜力,提高组织成员的积极性。人的潜力很大,只要方法正确,善于引导,就能迸发出巨大的生产力。成功的管理者需要创造并维持一种激励环境,应该知道哪些激励方式对组织成员的影响微乎其微,哪些激励方式能够极大地提高组织成员的积极性。

一、激励的概念

激励(motivation)一词来源于拉丁文"movere",是激发和鼓励的意思。近年来,管理学者从不同的角度对激励的定义进行了研究。斯蒂芬·罗宾斯认为,激励是通过高水平的努力实现组织目标的意愿,而这种努力以能够满足个体的某些需要为条件。管理学家孔茨认为,激励包括激发和约束两个方面的含义,奖励和惩罚是两种最基本的激励措施。激励的两方面含义是对立统一的,激发导致一种行为的发生,约束则是对所激发的行为加以规范,使其符合一定的方向,并限制在一定的时空范围内。美国得克萨斯农工大学管理学教授加雷斯·琼斯指出,激励是一个基本的心理过程,它决定组织中个人行为方向、个人努力程度和个人在困难面前的毅力。美国管理学家贝雷尔森和斯坦尼尔给激励下了这样的定义:一切内心要争取的条件、希望、愿望、动力等都构成了对人的激励,它是人类活动的一种内心状态。

很多心理学家认为人类的一切行为都是由某种动机引起的,动机对人类的行动具有激发、推动和加强作用。从广义上讲,激励是调动人积极性和创造性的过程。狭义的观点则是把激励看成是各种外在因素对内在需要的唤醒。

综上所述,激励可以定义为:在特定的条件和环境下影响人们的内在需要,产生行为动机,从而调动人们的积极性,强化和引导人们的行为,以满足个人需要和实现组织目标的心理过程。对激励概念的理解主要有以下几点。

(1)激励具有目标性。任何激励行为都具有其目标性,这个目标可能是一个结果,也可能是一个过程,但必须是一个现实、明确、可实现的目标,这样人们才能朝着目标努力奋进。没有目标的激励毫无价值可言。

(2)激励通过人们的需要或动机来强化、引导或改变人们的行为。人们的行为来自动机,而动机源于需要,激励活动通过对人的需要或动机施加影响,来强化、引导或改变人们的行动。因此,从本质上说,人们在激励下产生的行为是其主动、自觉的行为,而不是被动的、强迫的行为。

(3)激励受特定条件和环境的影响。激励是人们内心对某种需要的一种愿望,对个体的内因起重要的作用。这种作用在不同条件和环境下有所不同。例如，人在穷困潦倒之际，物质激励可能要比精神激励效果更好。因此，不同阶段、不同环境下的激励方法有所差别，要根据人的真实需要进行选择。

（4）激励是一个心理过程。人从有尚未被满足的某种需要开始，就会产生紧张感，产生满足需要的愿望和内驱力，进而产生行为动机，促使人产生特定的行动来促成目标的实现，使个体需要得到满足。

【管理故事 10-1】

徽 州 渔 翁

清江渔舟是徽州一道明丽的风景线。岸边三户渔家各有一只小舟、数只鱼鹰。一天，商界旅游团前去参观。导游介绍，这三家中一家致富，一家亏损，另一家最惨，鱼鹰都死了，只能停业。商界来客细问缘由，导游说："原因就出在扎在鱼鹰脖子上的细铁丝上，致富的渔翁给鱼鹰捆的铁丝圈不紧不松，不大不小，鱼鹰小鱼吞下，大鱼吐出；亏本的那家把铁丝圈捆得过松、过大，本可卖钱的鱼也让鱼鹰私吞了；而最惨的渔家自以为精明，把鱼鹰的脖子扎得又紧又小，结果事与愿违，饿死了鱼鹰，血本无归！"商界人士听罢，感叹不已："到底是徽商故乡，处处可闻商道。"原来用铁丝圈捆鱼鹰的脖子也是门学问，捆得太紧，把鱼鹰勒死了，就无法捕鱼了；捆得太松，大鱼、小鱼全都被鱼鹰吃掉了，渔翁什么都没得着；只有捆得不松不紧，才能有双赢的结果，这其中就要讲究个"度"。

从这个小故事中我们可以看出大道理。鱼鹰就像是组织的成员，是组织的第一生产力，是为组织创造价值的元素。但激励组织成员是一门学问，激励不到位不可以，激励过度也不行，关键是如何把握这个"度"。首先，要做到完全了解下属的能力，分层次激励。其次，要了解下属的需求，合理的支持，不合理的要求坚决不能同意。最后，讲求激励的实效。激励不仅可采用金钱方式，还包括褒奖、认同、放权等多种方式。只要效果好，哪种激励方式都是可行的。如果把组织比作小船，组织成员就是载舟之水。因此，如何有效地激励组织成员，是领导者的一门必修课。

资料来源：激励案例分析[EB/OL]. (2018-10-08). https://wenku.baidu.com/view/b46f0a5fbdd126fff705cc1755270722182e590c.html.

二、激励的要素

激励是一个心理过程，从构成激励的内因和外因分析，影响激励的要素有外部刺激、内部需要、动机和行为。

（一）外部刺激

外部刺激是激励的条件，也是激励的外因。它是指在激励过程中，人们所处的外部环境中各种影响需要的条件与因素。在管理激励中，外部刺激主要指管理者为实现组织目标而对被管理者采取的种种管理手段以及相应形成的管理环境。

(二)内部需要

需要是人对一定客观事物或某种目标的渴求或期望,它是激励的起点与基础,是激励的内部因素。人的需要是积极性的源泉和实质,动机则是需要的表现形式。只有了解了人的真正需要,才能有针对性地设计激励方案,实现激励目标。

(三)动机

动机是构成激励的核心要素,是推动人产生某种行为的心理动力。人们在管理中所采取的各种行动都是由动机驱使的,有什么样的动机就会产生什么样的行为。激励的关键环节就是使被激励者产生所希望的动机,引起有助于组织目标实现的行为。激励的核心要素就是动机,关键环节就是动机的激发。

(四)行为

行为是激励的过程,它是指在激励状态下人们为动机驱使所采取的实现目标的一系列成效大小的衡量标准。被管理者采取有利于组织目标实现的行为是激励的目的,也是激励能否取得成效的关键。

外部刺激、内部需要、动机和行为这些要素相互组合与作用,构成了对人的激励,从而提高组织的效率。

三、激励的类型

不同的激励类型对组织成员行为过程会产生不同程度的影响,因此,选择何种类型的激励是做好激励工作的一项先决条件。

(一)物质激励与精神激励

1. 物质激励

物质激励是指管理者运用物质手段使组织成员得到物质上的满足,从而进一步调动其积极性、主动性和创造性。它的主要形式有奖金、分红、奖品等,通过满足组织成员的物质需要,促使其积极、努力工作。物质激励的出发点是关心组织成员的切身利益,不断满足他们日益增长的物质生活需要。

2. 精神激励

精神激励是指管理者对组织成员精神方面的无形激励,包括组织内对成员授权、对他们工作业绩的认可,公平、公正的晋升制度,提供学习资源,实行灵活多样的弹性工作时间制度、职业发展空间,为组织成员量身定制职业生涯发展规划等。精神激励是一项深入细致、复杂多变、应用广泛、影响深远的激励方式,它是管理者用思想教育的手段倡导企业精神,调动组织成员积极性、主动性和创造性的有效方式。

(二)正激励与负激励

1. 正激励

正激励是指当组织成员的行为符合组织的需要时,管理者通过对组织成员的肯定、承认、赞扬、奖赏、信任等具有正面意义的激励方式来鼓励这种行为，以达到持续和发扬这种行为的目的。但是，正激励对组织成员的心理影响会逐步淡化，特别是对于高收入阶层，奖励金额如果低于其收入的 10%，对他们的激励作用微乎其微。因为相对于其较高的薪酬总额来说，这点奖金微不足道，并且经常性的表扬也会落入"习以为常"的圈套。

2. 负激励

负激励是指当组织成员的行为不符合组织目标或社会需要时，组织将给予惩罚或批评，使之减弱和消退，从而抑制这种行为。负激励的具体表现为警告、处分、经济处罚、降级、降薪、淘汰等。

正激励与负激励作为激励的两种不同类型，目的都是对人的行为进行强化，不同之处在于二者的取向相反。正激励起正强化的作用，是对行为的肯定；负激励起负强化的作用，是对行为的否定。

（三）内激励与外激励

1. 内激励

内激励是指由内酬引发的、源自工作人员内心的激励。内酬指的是工作任务本身的刺激，即在工作进行过程中所获得的满足感，它与工作任务是同步的。俗话说的"乐在其中"即指此。例如，当一位科研人员攻克了一项课题难关，他的欢欣鼓舞之情并不源于这项课题能给他带来多少奖金，而是攻克难关、实现自我价值的欢乐。内酬所引发的这种内激励会产生持久的作用。

2. 外激励

外激励是指由外酬引发的、与工作任务本身无直接关系的激励。外酬是指工作任务完成之后或在工作场所以外所获得的满足感，它与工作任务不是同步的。如果一个人欣然从事一项又脏又累、枯燥无味、别人都不愿干的工作，或别人都已下班回家，只有他甘愿留下来加班，那么他所得到的激励可能更多源于外酬的刺激。他之所以留下来，纯粹是因为完成这些任务后，将会得到一定额外的报酬、奖金及其他补贴。他对完成任务的态度只是例行公事，一旦外酬消失，积极性也就荡然无存。因此，由外酬引发的外激励是难以持久的。

四、激励的效果

激励在管理工作中至关重要，其效果主要体现在以下几个方面。

（1）激发组织成员工作的热情和兴趣，提高工作积极性。通过激励使组织成员对工作产生强烈、深刻、积极的情感，并以此为动力，贡献出自己的全部精力，为达到预定目标而努力。通过激励可以充分调动人们的积极性，使其全面发挥自己的技术和才能，从而保持工作的有效性和高效性。美国哈佛大学的心理学家威廉·詹姆斯在对组织成员激励的研究中发现，按时计酬的职工仅能发挥其能力的 20%~30%；而受到充分激励的组织成员可发挥其能力至 80%~90%。这就是说，同一个人在得到充分激励后所发挥的作用相当于激励前的 3~4 倍。

（2）激励目标协调统一，提高组织成员工作的主动性和创造性。个人目标及个人利益是行动的基本动力。一般来讲，个人目标和组织目标之间既有一致性，又存在诸多差异。当两者发生背离时，个人目标往往会干扰组织目标的实现。激励的功能就在于以组织利益和需要满足为基本作用力，诱导组织成员将个人目标和组织目标保持一致，推动组织成员为完成工作任务做出贡献，促进个人目标与组织目标共同实现。个人目标与组织目标统一的程度越高，组织成员的自觉性、主动性、创造性越能得到充分发挥。

（3）促使组织成员保持工作干劲，提高工作绩效。激励可以激发人的干劲，并为实现目标而不懈努力。一般来说，在目标一致、客观条件基本相同的条件下，工作绩效与能力、激励水平之间可用数学公式表示：工作绩效=f(能力×激励水平)，即工作绩效取决于能力和激励水平的高低。能力固然是取得绩效的基本保证，但是不管能力多强，如果激励水平低，就难以取得好的成绩。

【经典案例 10-1】

星巴克的激励机制

星巴克是全球最大的咖啡连锁店，在全球范围内已经有近 12 000 间分店，遍布北美、南美洲、欧洲、中东及太平洋区。星巴克的成功值得细细考究一番，下面让我们走近星巴克，透视和分析一下它的激励机制。

中国是个茶文化盛行的国度，但在许多大都市都有星巴克的咖啡店，且同一座城市里不止一家分店，这是令人惊叹的现象。不仅如此，在日本、韩国等其他讲究茶艺、茶道的东方国度，星巴克亦引领了一股咖啡潮流。在咖啡已是生活一部分的西方国家，星巴克的业绩如何是不言而喻的。提起星巴克，人们一定会想起一个词语——"第三空间"。这是由它的创始人兼 CEO 霍华德·舒尔茨提出的："我们有一个憧憬：为咖啡馆创造迷人的气氛，吸引大家走进来，在繁忙生活中也能感受片刻浪漫和新奇。"若说"第三空间"的品牌定位是霍华德·舒尔茨的天才构想，那么他的管理风格同样令人拍案叫绝。他精通企业管理，星巴克的激励机制是最好的例证，表现在以下几方面。

（1）优厚的薪酬及独特的额外福利。与同行业的其他公司相比，星巴克雇员的工资和福利都是十分优厚的。星巴克每年都会在同业间做一个薪资调查，经过比较分析后，每年会有固定的调薪。在许多企业，免费加班是家常便饭，但在星巴克，加班被认为是件快乐的事情。因为那些每周工作超过 20 小时的员工可以享受公司提供的卫生扶助方案及伤残保险等额外福利措施，这在同行业中极为罕见。那些享受福利的员工对此心存感激，对顾客的服务就会更加周到。

（2）股票期权激励——"豆股票"。在星巴克公司，员工不叫员工，而叫"合伙人"。这就是说，受雇于星巴克公司，就有可能成为星巴克的股东。1991 年，星巴克开始实施"咖啡豆股票"（bean stock）。这是面向全体员工（包括兼职员工）的股票期权方案，其思路是：使每个员工都持股，都成为公司的合伙人，这样就把每个员工与公司的总体业绩联系起来，无论是 CEO 还是任何一位合伙人，都采取同样的工作态度。要具备获得股票派发的资格，一个合伙人在从 4 月 1 日起的财政年度内必须至少工作 500 小时，平均起来为每周 20 小时，并且在下一个一月份即派发股票时仍为公司雇员。1991 年一年挣 2 万美元的合伙人，5 年后仅以他们 1991 年的期权便可以兑换现款 5 万美元以上。由此可见，如果优厚的薪酬是星巴克吸引人才的原因，那股票期权激励是它留住人才的关键。

（3）鼓励员工出谋划策，哪怕是小主意。公司对每位员工的建议都认真对待。星巴克公司经常在公司范围内进行民意调查，员工可以通过电话调查系统或者填写评论卡对问题畅所欲言，相关的管理人员会在两周时间内对员工的意见做出回应。星巴克公司还在内部设立公开论坛，探讨员工对工作的忧虑，告诉员工公司最近发生的大事，解释财务运行状况，允许员工向高级管理层提问。

激励因素是和工作本身相关的因素，包括工作成就感、工作挑战性、工作中得到的认可与赞美、工作的发展前途、个人成才与晋升的机会等。保健因素是指与不满情绪有关的因素，如管理措施、监督、人际关系、物质工作条件、工资、福利等。良好的保健因素让组织成员没有不满意，良好的激励因素让组织成员满意。

首先，对于保健因素，星巴克是个"第三空间"，工作环境不乏浪漫情调，本身有种让人身心放松、心情愉悦的工作氛围，组织成员当然没有不满意。员工的薪酬待遇比同行优厚，额外福利也很优渥。另外，还有"豆股票"的股票期权激励，保健因素的措施总体来说实施得非常不错，几乎没有令员工不满意的方面。

其次，对于激励因素，星巴克鼓励员工献计献策，哪怕微小的主意，也会被认真对待，且允许员工在公司内部公开论坛上向高管直接提问。这可以体现对员工的尊重，增强员工的主人翁意识，提高公司的凝聚力；对改进公司管理水平具有重要作用；还可以增强员工的成就感。可谓一举三得。

总结：星巴克的激励制度归根结底不过是"主体归位，利益内嵌"。通过比同行丰厚的薪酬和福利，让员工感到所付出的劳动得到了更好的回报，因此愿意留在星巴克工作。同时，对于工作达到一定时间的员工，不管是全职还是兼职，都可以拥有"豆股票"，更有利于留住人才。星巴克在丰厚奖酬后还有思想工作，鼓励员工踊跃提建议，满足员工的成就感，体现对员工的尊重。星巴克将公平理论运用得得心应手，将其效用发挥得淋漓尽致。

透视星巴克的员工激励机制，无论是比同行更丰厚的薪酬和福利，股票期权激励，还是鼓励员工出主意，都让员工更满意，更好地服务顾客，为公司赚取更多利润。星巴克通过激励制度将公司利益与员工利益融合，从而有效地将企业、管理者、员工联系起来，共同取得发展与进步。

资料来源：星巴克的激励制度[EB/OL].（2020-01-14）. https://wenku.baidu.com/view/f7b14f0ba01614791711cc7931b765ce05087af9.htm.

第二节　激励理论

自 20 世纪 20 年代以来，特别是 50 年代是激励理论的黄金时期。管理学家、心理学家及行为科学家们从不同的角度对激励问题进行了理论上的研究，提出了各种激励理论。按照研究问题的角度和行为关系的不同，激励理论可分为三大类：内容型激励理论、过程型激励理论和行为改造型激励理论。

一、内容型激励理论

在激励过程中,需要是激励的主要内容。内容型激励理论是重点研究需要的内容和结构、引导人们行为的理论。比较有代表性的内容型激励理论有需要层次理论、成长理论、成就需要理论、X-Y 理论和双因素理论等。

(一)需要层次理论

需要层次理论(hierarchy of needs theory)是美国心理学家马斯洛(Abraham Maslow)于 20 世纪 40 年代提出的,他把人类的多种需要划分为五个层次:生理需要、安全需要、感情与归属需要、尊重需要与自我价值实现需要,如图 10.1 所示。

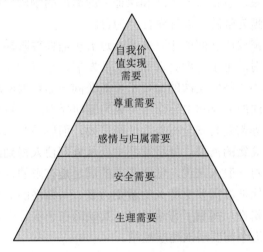

图 10.1　马斯洛的需要五层次

1. 生理需要

生理需要是指维持人们体内生理平衡的需要,如对水、空气、食物的需要,对于温暖的需要,等等。生理需要是驱使人们产生各种行为的强大动力,当生理需要得到一定程度的满足之后,人们会产生下一个层次的需要。

2. 安全需要

当生理需要得到了一定程度的满足之后,人们最需要的是周围环境中不存在威胁生存的因素。人们需要生活环境具有一定的稳定性和法律秩序,即需要生活在有一定安全感的社会里,或者生活中有一种力量能够保护他,需要所处的环境中没有混乱、没有恐吓、没有焦躁等不安全因素的折磨。因此,安全需要包括社会环境安全、生命财产得到保护、摆脱失业的威胁、生活有保障、病有所医等。

3. 感情与归属需要

感情与归属需要也被称为社交需要。当生理需要和安全需要基本满足以后,感情与归属需要就成为人们的强烈动机。人们希望与人保持友谊、亲密的关系,希望得到信任和友爱,渴望有归属,成为群体的一员。

4. 尊重需要

尊重需要又可分为内部尊重和外部尊重。内部尊重就是人的自尊，它是指一个人希望在各种不同情境中有实力、能胜任、充满信心、能独立自主。外部尊重是指人都希望自己有稳定的社会地位，要求个人的能力和成就得到社会的承认，希望有地位、有威信，受到别人的尊重、信赖和高度评价。马斯洛认为，尊重需要得到满足能使人对自己充满信心、对社会满腔热情，体验到自己活着的用处和价值。因此，尊重需要包括自尊、自重和被别人尊重的需要，具体表现为希望获得实力、成就、独立和自我，渴望得到他人的赏识和高度评价。

5. 自我价值实现需要

自我价值是指在个人生活和社会活动中，自我对社会做出贡献，而后社会和他人对作为人存在的一种肯定关系，包括人的尊严和保证人的尊严的物质、精神条件。自我价值的实现必然以对社会的贡献为基础，以答谢社会为目的。

马斯洛给出了五个需要层次间的相互关系：这五种需要像阶梯一样从低到高，逐层上升。一个层次的需要相对满足了，就会向高一层次发展。这五种需要不可能完全满足，越到上层，满足的程度越小。不同层次的需要不可能在同一等级内同时发生作用，在某一特定的时期内总有某一层次的需要起主导作用，成为驱动行为的主要动力。

马斯洛还认为，生理需要与安全需要为低级需要，而感情与归属需要、尊重需要以及自我价值实现需要为较高级的需要。低级需要主要从外部使人得到满足，高级需要则从人的内心使人得到满足。对一般人来说，低级需要的满足是有限的，高级需要的满足是无限的，因而高级需要具有比低级需要更持久的激励力量。马斯洛的需要层次理论简单明了，易于理解，具有内在逻辑性，得到了普遍认可，其缺陷在于实际中人的需要发展趋势并不一定严格按照马斯洛的五个需要层次逐层递增。

【☆思政专栏 10-1】

宁为玉碎，不为瓦全

张文彬是中共党史上富有传奇色彩的共产党员，曾被美国著名记者尼姆·威尔斯称赞为"保卫井冈山的孤胆英雄""中共第一流青年政治家"，是被中共中央两次开会悼念的英烈。

张文彬原名张纯清，1910 年出生于湖南省平江县梓江乡高基村一个农民家庭，1925 年加入中国共产主义青年团，1927 年春加入中国共产党；大革命失败后，曾任红五军政委等职；1936 年春，任中国工农红军抗日先锋军第十五军团东渡黄河司令部政委，后调任毛泽东秘书。为联合西北军共同抗战，党中央派张文彬到西安对杨虎城进行统战工作。张文彬不辱使命，成功地与杨虎城所率十七路军达成互不侵犯、取消经济封锁的协议。

"西安事变"时，作为中共代表之一，张文彬参加同蒋介石代表的谈判，协助周恩来、博古、叶剑英做了大量工作。1937 年 5 月任红军驻兰州办事处主任，大力营救被关押在兰州集中营的西路军指战员。全面抗战爆发后，张文彬奉命到广东整顿南方临时工作委员会，建立中共南方工作委员会（简称"南委"），恢复和发展党的组织，领导和扩大游击武装，积极开展抗日游击武装斗争。1941年年底香港沦陷后，张文彬奉命和廖承志一道，秘密将何香凝、柳亚子、邹韬奋、茅盾、夏衍等800多名民主人士和重要文化人士从香港日军的严密控制下营救出来，安全地护送到大后方，受到中共中央的通电表扬。

自抗战进入相持阶段以来，国共摩擦不断，在摩擦中，中共都有不同程度的人员牺牲，1942年5月至6月，中共南委遭到国民党的严重破坏。1942年5月下旬，南委副书记张文彬得悉中共江西省委机关被国民党破坏的消息后，迅速带着机关向闽西、东江等地转移。6月6日，当张文彬与南委宣传部长涂振农等人按计划向东江游击区转移，途经广东大埔县高陂镇时，与叛徒狭路相逢，因寡不敌众，被特务抓获。他眼见难以脱身，为了保护其他地下党员，他向周围的群众大喊："请大家注意，有汉奸、反革命逮捕爱国分子！"以此暗示地下党同志迅速离开。

被捕后，张文彬被押解到江西省泰和县马家洲国民党集中营囚禁。国民党对他很重视，妄图将张文彬树立成反共的典型。为了达到目的，他们对张文彬精心策划和实施了多套软硬兼施、威逼利诱方案。

国民党特务给张文彬下马威，他们使用老虎凳、灌辣椒水、鸭儿浮水等酷刑折磨张文彬，意图摧残他的肉体，从而打垮他的意志。

在狱中，张文彬勉励难友，坚持斗争。由于敌人的折磨，张文彬的肺病加重，1944年8月26日，在江西马家洲集中营牺牲。看守收检他的遗物时，发现他生前留下的遗书《我誓死不能转变》。信中写道："宁为玉碎，不为瓦全。我誓死而归，乐于就义，愿为江西人，尤其为整个中华民族的革命儿女留些正气！"

1944年9月初，张文彬牺牲的消息传到延安，中共中央为张文彬举行隆重的追悼会，毛主席还在延安举行了小范围悼念活动。中共中央南方局为了缅怀张文彬誓死不转变信仰的革命精神，在重庆红岩举行了追悼会。张文彬坚定信念、对党忠诚的高尚品格深深地印在延安和红岩干部党员心中。

"天下至德，莫大于忠。"忠诚，虽历来为人们所敬仰，却鲜见哪个集团、哪个政党对忠诚有着永恒的追求。只有中国共产党，在它的入党誓词里明确地写着"对党忠诚"。对党忠诚是中国共产党党员的基本政治修养，是基于马克思主义信仰和党性原则的政治忠诚，是对党和人民的伟大事业高度热爱的朴素情怀。也正是因为这种忠诚，中国共产党才从一个只有几十人的组织，历经百年，大浪淘沙，到最后发展成能够建立民族独立、人民解放的新中国，并成功开辟中国特色社会主义道路的执政党。

资料来源：张文彬的忠诚：宁为玉碎，不为瓦全[EB/OL].（2017-08-07）. http://jjc.cq.gov.cn/html/2017-08/07/content_42520839.htm.

（二）成长理论

成长理论是由美国心理学家、耶鲁大学著名学者奥尔德弗（Alderfer）根据已有试验和研究，继马斯洛需要层次理论后，提出的又一种内容型激励理论。奥尔德弗把马斯洛的需要层次压缩为三种需要，即生存（existence）、相互关系（relatedness）、成长需要（growth），所以该理论也称ERG理论。这一理论系统地阐述了一个关于需要类型的新模式。

1. 生存需要

生存需要是指全部的生理需要和物质需要，如衣、食、住、报酬、对工作环境和条件的要求等。这一类需要大体上和马斯洛需要层次中的生理需要、部分安全需要相对应。

2. 相互关系需要

相互关系需要是指人与人之间关系、联系的需要。这一需要类似于马斯洛需要层次中的部分安全需要、全部感情和归属需要，以及部分尊重需要。

3. 成长需要

成长需要是一种要求得到提高和发展的内在欲望。它不仅要求充分发挥个人的潜能，有所作为和有成就，还包含开发新能力的需要。这一需要与马斯洛的需要层次中部分尊重需要和整个自我价值实现需要相对应。

成长理论假设激励行为是遵循一定的等级层次的，在这一点上虽和马斯洛提出的论点类似，但它有三个重要的区别。

（1）奥尔德弗认为 ERG 理论中的三种需要之间没有明显的界限，它们是一个连续体。理论限制条件稍易于应用。

（2）成长理论认为在任何时间里，多种层次的需要会同时发挥激励作用。它承认人们可能同时受赚钱的欲望、友谊和学习新技能的机会等多种需要的激励。

（3）成长理论明确提出了"气馁性回归"的概念。马斯洛的需要层次理论认为人的低层次需要得到满足后，就会出现更高层次的需要，受高层次需要的激励。可是奥尔德弗认为，如果上一层次的需要一直得不到满足，个人就会感到沮丧，然后回归到对低层次需要的追求。例如，有人在工资水平达到一定程度后，希望能和同事建立更深层的友谊以满足关系需要。但不管什么理由，假如他发现不能成为他人的好朋友，最终他会有受挫感，回归到追求更多的金钱，为满足生存的需要而努力。

成长理论以三个论点为基础：第一，某个层次的需要得到的满足越少，这种需要越为人所渴求；第二，较低级的需要得到的越多，对较高级的需要渴求就越强；第三，较高级的需求得到的越少，对较低级的需要的渴求也就越多。

（三）成就需要理论

成就需要理论是研究人对成就需要的理论，是后期行为科学理论体系的重要组成部分，它是由哈佛大学教授、心理学家戴维·麦克利兰（David C. McClelland）提出的。该理论认为，人们在生理需要得到满足后，在工作情境中还有三种基本的动机和激励需要，即成就需要、权力需要和归属需要。他和他的学生们对成就需要做了大量研究，研究工作取得了显著成就，他们认为成就需要最富挑战性，最让人充满激情和奋斗精神，对人的行为起主要影响作用。

1. 成就需要

成就需要是指达到标准、追求卓越、争取成功的需要。具有高度成就需要的人有强烈的成功愿望，寻求有挑战性的工作，寻求适当难度的目标，敢于承担责任。这类人有一种内在的驱动力量，希望自己能够把从事的工作做得更完美，更有成效；希望在可以发挥其独立工作能力的环境中完成任务，并且使工作绩效能及时明确地得到反馈，以此显示自己的成就。有高度成就需要的人有承担责任、解决问题、寻求答案的渴望;有寻求挑战、趋向于寻求适度困难的目标,对工作抱有极大热诚,执着于所从事的工作。麦克利兰认为,具有高度成就需要的人对组织有重要作用。组织拥有这样的人越多,发展就越快,经济效益就越高。

2. 权力需要

权力需要主要指影响或控制他人且不受他人控制的欲望。具有高度权力欲望的人对施加影响和控制他人表现出极大的关切。权力需求是管理成功的基本要素之一。麦克利兰将组织中管理者的权力分为两种:个人权力和职位权力。追求个人权力的人的特点是围绕个人需要行使权力,在工作中需要及时的反馈,更倾向于自己亲自操作。追求职位权力的人会与组织共同发展,自觉地接受约束,从行使权力的过程中得到一种满足。

不同的人对权力的渴望程度有所不同。权力需要较高的人对影响和控制别人表现出很大的兴趣,喜欢对别人"发号施令",注重争取地位和影响力。他们表现出的特点是喜欢争辩、健谈、直率和头脑冷静;善于提出问题和要求;喜欢教训别人、乐于演讲。他们喜欢具有竞争性、能体现较高地位的场合或情境,追求卓越的成绩,但他们这样做并不像高成就需要的人那样是为了个人的成就感,而是为了获得地位和权力,或与自己已具有的权力和地位相称。

3. 归属需要

有归属需要的人具有建立友好亲密的人际关系的愿望,希望从被人接纳中得到快乐,并尽量避免因被某团体拒绝而带来痛苦。这类人的特征是经常关心和寻求维持融洽的社会关系,希望获得他人的友谊,结交知心朋友,在社团活动的亲密与了解中得到乐趣,并乐于帮助和安慰危难中的伙伴。

以上三种工作的动机和激励需要,在人们的现实生活中不同程度地存在,只是各种需要的强弱程度因人而异。麦克利兰和他的同行所做的研究表明:企业家们怀有很高的成就需要和较高的权力需要,但归属需要却很低。管理者一般有高度的成就和权力需要和较低的归属需要,但是其程度都不及企业家。不少事实证明,拥有高度成就需要的人对企业、对国家都颇有建树,这类人越多,事业发展越快,组织就越兴旺发达。高成就需要者喜欢能独立负责、可以获得信息反馈和中度冒险的工作环境。如果能创造这样的环境,他们能在这种环境下工作,就可能被高度地激励。

通过对成就需要理论的深入研究,麦克利兰提出四种方法增进个人的成就需要。第一,以成功人士为楷模,加大力度宣传,刺激每个人想取得成功的动机。第二,有意识地安排一些成功反馈。在实际工作中,每过一个阶段,就对已取得的成绩和进步加以肯定,并对每次成功都给予一定的奖励。第三,通过增强人的自信,促使人们相信"只要不懈努力,就能取得成功",从而改变心态,成为一个有高度事业心和责任感的人。第四,用正向的思想鼓励自己,当人处于紧张状态时,可采用不断和自己对话的方式克服消极的意识,转变观念。

(四)X-Y 理论

X-Y 理论是由美国心理学家和行为科学家道格拉斯·麦格雷戈(Douglas M. Mc

Gregor）在 1960 年提出的。通过观察他发现，管理者处理组织成员关系的方式是建立在一种人性的假设基础之上的，管理者根据这些假设塑造他们自己对下属的行为方式。经过研究和总结，麦格雷戈提出，对人本性的认识有两种截然不同的观点：一种是消极的"X 理论"；另一种是积极的"Y 理论"。他认为，自泰勒以来的古典管理理论对人性的看法做了错误的假设，麦格雷戈把它叫作"X 理论"。

1．"X 理论"对人性的假设

（1）人天生不喜欢工作，只要有可能，他们就会逃避工作。

（2）必须采取强制措施或惩罚办法，使他们实现组织目标。

（3）大多数人缺乏进取心，逃避责任，安于现状。

（4）人们都趋向安逸，没有雄心壮志。

麦格雷戈认为，传统的管理都以"X 理论"为指导，有些管理者采用"强硬的"管理方法，包括强迫和威胁、严密的监督以及对组织成员行为的严密控制；有些管理者采用"松弛的"管理方法，包括采取温和的态度、顺应职工的要求和保持一团和气等。他认为泰勒的科学管理是强硬的"X 理论"，人际关系学说是温和的"X 理论"。但事实证明，这两种方法都没有起到调动组织成员积极性的作用。不改变对人本性的看法，用惩罚和控制进行管理，都不能激励人的行为。要想达到激励的目的，就必须探讨新的管理理论，并把这种新理论建立在对人的本性更恰当的认识基础上。

2．"Y 理论"对人性的假设

（1）对人来说，在工作中应用体力和脑力如同休息、娱乐一样自然。

（2）人们对于自己参与的目标会实现自我指导和自我控制，以完成任务。

（3）在适当条件下，每个人不仅能承担责任，而且能主动承担责任。

（4）大多数人都有解决问题的丰富想象力和创造力，在现代工业条件下，一般人的潜力只能得到部分发挥。

麦格雷戈的激励理论若从马斯洛需要层次理论的框架基础上进行分析，"X 理论"对人性的假设是从较低层次的需求支配人的行为；"Y 理论"对人性的假设则是从较高层次的需求支配人的行为。麦格雷戈把人的本性说成是先天赋予的，具有唯心的色彩，因而造成了他认识上的片面性。但在实际管理运营中，并无证据证实哪一种假设会更有效。例如，丰田公司美国市场运营部副总裁就是"X 理论"的追随者，他激励组织成员的手段就是采用"鞭策式"体制，使丰田产品的市场占有份额大幅度提高。而至今也无证据表明采用"Y 理论"更能调动组织成员的积极性。具体应用哪种激励理论要具体问题具体分析，灵活应对。

（五）激励—保健理论

激励—保健理论也称双因素理论，是美国心理学家弗雷德里克·赫茨伯格（Frederick Herzberg）于 20 世纪 50 年代后期提出的，赫茨伯格把影响人们动机与行为的因素分为两类：激励因素和保健因素。

1．激励因素

激励因素是指使组织成员感到满意的因素，缺乏这类因素不会使组织成员产生"不满意"情绪。激励因素主要包括工作的成就感、工作成绩得到认同、领导和同事的赞誉、工作本身的挑战和乐趣、个人晋升的机会、在工作中的成长及责任感等。激励因素的改善能够激励组织成员的积极性和热情，提高生产效率。组织具备激励因素时，会使成员感到满意，从而调动起强烈的积极性；但缺乏这类因素却并不会引起组织成员不满意情绪。在实际工作中，不是所有的需要得到满足都能激发工作的积极性，只有激励因素的需要得到满足，人的积极性才能得到极大的调动。

2．保健因素

保健因素是指可能引起组织成员不满意情绪的因素。缺乏这类因素会引起组织成员的强烈不满，但有这类因素存在也不会使组织成员感到极度满意。保健因素主要包括公司政策、管理措施、监督、人际关系、工作条件、工资、福利等。如果保健因素低到人们可以接受的水平以下，就会引起组织成员的强烈不满。例如，在组织运营过程中，组织成员加班不给加班费，就会使组织成员产生不满情绪。但是，当保健因素改善了，只能消除不满意情绪，形成某种既不是满意也不是不满意的中性状态，不会激发组织成员的积极性和创造性。

由于激励对象和环境的不同，各种因素的归属有些差别。但总的来看，激励因素基本上都属于工作本身或与工作内容相关的因素，属于内在激励；保健因素基本属于工作环境和工作关系的相关因素，属于外在激励。有的激励因素和保健因素存在重叠现象，如领导的赞誉属于激励因素，基本上都能够起到积极作用；但有些人觉得自己应该得到赞誉却没有得到时，又可能起到消极作用，这时该因素又表现为保健因素。

3．双因素理论的创新与不足

双因素理论对传统激励理论进行了改进和完善。传统激励观点认为满意的对立面是不满意，双因素理论则认为满意的对立面是没有满意；不满意的对立面是没有不满意。双因素理论强调以工作为核心，提出从工作本身来激励组织成员，这是以前激励理论中没有体现出来的。

赫茨伯格的双因素理论也存在许多缺陷。例如，其研究方法的可靠性问题一直有争议，对满意和不满意的评价标准的看法也不统一，特别是他的研究样本只是 200 个工程师和会计师，这个样本显然不具有普遍适用性。某些激励因素不能对这些高级劳动者起到激励作用，但不等于对其他组织成员也如此。但双因素理论自诞生以来还是得到了广泛流传，特别是应用双因素理论提出的工作丰富化受到了广泛的关注。

事实上，通过仔细分析可以发现，赫茨伯格的双因素理论和马斯洛的需要层次理论是兼容的。赫茨伯格的保健因素相当于马斯洛的较低层次需要，而激励因素则相当于其高层次的需要，只是马斯洛是针对需要本身而言的，而赫茨伯格则是针对这些需要的目标和诱因而言的。对于赫茨伯格的样本，即那些工程师和会计师而言，所谓的保健因素之所以不能起到激励作用，是因为作为层次较低的需要，他们已经得到了一定程度的满足。所以，他们最为迫切的需要，或他们的需要中担当主角的已经不再是这些保健因素，而是代表更高层次需要的激励因素。如果样本不同，比如，选一些建筑工人或加油站的职工作为样本，可能得出的保健因素和激励因素就会截然不同，但这仍然基本符合马斯洛的需要层次理论。所以从这个角度说，赫茨伯格的双因素理论在一定程度上验证了马斯洛的需要层次理论。

二、过程型激励理论

过程型激励理论主要研究人们的行为是怎样被激发、引导、维持和阻止的,找出对行为起决定作用的关键因素,弄清它们之间相互关系的过程,即行为是怎样产生的,是怎样发展的,如何使这种行为保持下去,怎样结束这种行为。过程型激励理论的主要代表理论有期望理论和公平理论。

(一) 期望理论

1. 期望理论内容

期望理论(expectancy theory)是由北美著名心理学家和行为科学家维克托·弗鲁姆(Victor H. Vroom)于1964年在《工作与激励》中提出的。弗鲁姆认为某项活动对人的激励力,取决于该活动结果给此人带来的价值以及实现这一结果的可能性。这一理论可表示为

$$M=VE \tag{10.1}$$

式中:M 代表激励力(motive force),表示个人对某项活动的积极性程度,希望达到活动目标的欲望程度;V 代表效价(value),即活动的结果对个人的价值大小;E 代表期望值(expectancy),即个人对实现这一结果的概率估计值。

这个公式是整个期望理论的核心内容,它指出了影响激励力的两个关键因素:效价和期望值。期望理论认为,一个人把目标的价值看得越大,估计能实现的概率越高,那么激发的动机越强烈,积极性就越高。期望值和效价有一项为零,激励作用将消失。管理者既要考虑目标的效价,又要考虑期望值,且两者的取值都要高,这样才能有效激发组织成员的积极性。

2. 期望模式

组织成员努力的第一层结果是个人绩效,但个人绩效往往对组织成员不具有效价,它只是取得第二层结果即组织奖酬的媒介,其中,组织奖酬主要包括工资、奖金、提升、赏识及相关福利待遇等。组织成员是否会获得较高的激励力量,需要看个人努力、个人绩效、组织奖酬与个人需要之间是否高度相关。在实际管理工作中,管理者应努力促进它们之间的关联度,使组织成员能够意识到个人努力、绩效、报酬和个人需要之间具有直接关系。

(1) 努力与绩效的关系。努力与绩效的关系主要取决于组织成员对目标的期望值,而期望值的大小又直接影响组织成员积极性的发挥。如果他认为通过自己的努力能够达到目标,就会激发强大的内驱力,投入工作,以获得更好的工作绩效。

(2) 绩效与奖酬的关系。人总是期望在取得预期的成绩后,能得到适当的奖励,如工资、奖金、表扬、晋升等。因此,奖励必须根据组织成员的工作绩效设定。通过这些物质或精神激励措施对这些行为进行强化,激发组织成员的工作热情。如果没有这些物质或精神的奖励进行强化,人们激发起来的工作热情也会慢慢消退,甚至消失。

(3) 奖酬与满足需要的关系。人总是希望通过努力工作满足自己的需要。如果自己努力工作,取得的奖酬却不是自己需要的,那么这项激励措施就起不到激励的作用。因此,管理者要与组织成员进行沟通,准确掌握组织成员需要什么,有针对性地设置奖酬,方能

达到有效激励的目的。

3. 期望理论对管理者的启示

在管理实践应用中，期望理论带给管理者很多启示。要想提升激励力，必须提高期望值和效价。可通过提高组织成员两方面的信心提高期望值：一是组织成员能够达到期望绩效的信心，坚信自己通过努力就可以达到期望绩效；二是组织成员达到期望绩效后，能获得组织应有的公正评价和奖励的信心。提高效价的途径是应使组织给予的奖酬与组织成员的需要相匹配。期望理论带给管理者的启示主要有以下三点。

（1）管理者要全面了解组织成员的需要，帮助组织成员树立合理目标，激发组织成员的期望心理。管理者要根据组织成员的需要，帮助他们分析面临的客观条件，合理地设计目标，使效价和期望值能够有效配合，提高组织成员完成目标的信心和期望概率。

（2）管理者要设计科学、有效、公正的绩效评估系统，建立合理的奖酬制度。组织内成员绩效能否得到公正的评价，直接影响组织成员的积极性。因此，管理者必须设计一套科学、有效、公正的绩效评估系统，使努力、绩效、奖酬密切结合。同时，也要让组织成员明确绩效的奖惩标准，并应用实际行动表明一旦组织成员取得绩效，就会获得相应的奖酬，从而激发组织成员工作的积极性和动力。

（3）管理者要帮助组织成员认识和提高目标的效价。组织成员的效价不是一成不变的，只要经过教育引导或组织文化的熏陶，个人的价值观就会发生变化，效价也会随之发生变化。因此，管理者需要帮助组织成员正确认识效价，引导组织成员设立或变更适宜个人的需要目标。同时，管理者应该尽量采取适应个人需要的奖励方式达到奖酬与个人需要目标的匹配，提高效价，增加激励力。

（二）公平理论

公平理论（equity theory）是由美国的斯达西·亚当斯（J. Stacey Adams）提出的。亚当斯通过大量的研究发现：组织成员对自己是否被公平合理地对待十分敏感。他们工作的积极性不仅受到其所得报酬绝对值的影响，更受到相对值的影响。公平理论为管理中提高组织成员的满意度及提高其工作积极性提供了一种新的思路。一个人所得的相对值比绝对值更能影响人的工作积极性。

1. 公平理论内容

公平理论认为，激励中的一个重要因素是个人对报酬结构是否觉得公平。亚当斯首先选择一个参照物，主观地将他的投入（包括努力、经济、教育等因素）进行横向比较，即同别人的投入进行对比；或进行纵向比较，即和自己以前情况相比，来评价他本人是否得到公平或公正的报酬。通常情况下，组织内成员首先思考的是自己的收入与付出的比率，然后再与他人的收入与付出比率进行比较。如果感觉自己的比率与他人或自己以前的比率相同，则为公平状态，否则就会产生不公平感。

（1）横向比较。

$$\frac{O_p}{I_p} = \frac{O_x}{I_x} \qquad (10.2)$$

式中：

O_p 代表自己对所获报酬的感觉；

O_x 代表自己对他人所获报酬的感觉；

I_p 代表自己对个人所做投入的感觉；

I_x 代表自己对他人所做投入的感觉。

当式 10.2 为不等式时，可能出现以下两种情况，会使组织成员感觉到不公平。

$$\frac{O_p}{I_p} > \frac{O_x}{I_x}, \frac{O_p}{I_p} < \frac{O_x}{I_x} \qquad (10.3)$$

（2）纵向比较。

$$\frac{O_{pp}}{I_{pp}} = \frac{O_{pl}}{I_{pl}} \qquad (10.4)$$

式中：

O_{pp} 代表自己对现在所获报酬的感觉；

O_{pl} 代表自己对过去所获报酬的感觉；

I_{pp} 代表自己对个人现在投入的感觉；

I_{pl} 代表自己对个人过去投入的感觉。

当式 10.4 为不等式时，可能出现以下两种情况：

$$\frac{O_{pp}}{I_{pp}} > \frac{O_{pl}}{I_{pl}}, \frac{O_{pp}}{I_{pp}} < \frac{O_{pl}}{I_{pl}} \qquad (10.5)$$

在横向比较情况下，人们往往会过高地估计自己的投入和他人所得的报酬，而过低地估计自己所得的报酬和他人的投入，从而出现式 10.2 左边的比值小于右边的比值的情况。这极易导致组织成员对组织或管理人员不满。如出现式 10.2 左边的比值大于右边比值的情况，即人们认为个人的报酬比认为公平的报酬大，他们可能会更努力地工作，但也可能在一段时间后，因满足侥幸所得使工作又恢复原状。因此，只有在公式的左右两边相等时，组织成员才会感到组织的公平，也才会得到强有力的激励。

研究表明，男女组织成员都倾向于同性别比较。从事类似工作，女性比男性的报酬低，因而报酬期望值也低，所以，一个女性以另一个女性为参照物易于产生一个较低的比较标准。如果说女性可以容忍较低的工资，这可能要归于她们使用的比较标准较低。

2. 管理中应注意的问题

公平问题存在于组织管理的各个方面，如果公平问题处理不好，可能会引起组织成员的不满、怠工、罢工、离职，严重时会影响组织目标的实现。管理者应重视公平问题并对由此引发的问题进行恰当的处理。

（1）管理者应尽量减少组织成员间的相互攀比。组织成员之间的相互比较是一种普遍的心理现象，完全杜绝是不现实的，管理者应该想办法降低成员之间的攀比心理。以年终奖为例，有的企业采用秘密发奖的办法，通过工资奖金保密，不允许私下讨论为由，减少组织成员间的相互攀比。

（2）管理者要正确认识和理解组织成员的比较和由不公平感产生的行为。当组织成员对金钱、地位、荣誉等进行比较时，如果因为感觉受到不公平待遇而产生怨言、怠工等行为，不能由此就判断该人贪婪、斤斤计较，对其加以否定。根据公平理论观点，组织成员是在把自己的贡献与奖酬的比值进行衡量，如果组织成员认为自己的贡献没有得到他人、领导及社会的承认，就会产生不满情绪，产生挫折感，这是人之常情，可以理解。

（3）管理者要引导组织成员正确对待公平。公平与不公平是一种主观感觉，组织成员可能会由于过高估计自己的付出而产生错误的感觉，对自己的报酬不满意。此时管理者应该及时了解组织成员的心理状态，加强对实际情况的解释说明、信息的沟通、适当的教育，引导组织成员正确地看待自己和别人的付出，正确地对待奖酬，把精力用于组织目标的完成上。

（4）管理者在工作中应以身作则，严格要求自己，做到廉洁公正，不以权谋私、拉帮结派，对组织成员一视同仁、任人唯贤、以贡献论奖酬。只有管理者做到了，他才能给组织成员起到示范作用，才能要求他们理性看待公平问题。

（5）管理者应建立科学、有效的激励制度。关于奖惩机制必须明确，要形成制度化操作流程，只有这样，一个组织成员才能清楚地认识到自己的行为、绩效以及由此带来的奖酬，减少因模糊操作而带来的不公平感。

（6）管理者要帮助组织成员认清公平不是平均主义。在管理中必须注意公平问题，让付出的人得到相应的回报，但绝对不是搞"平均主义"和"大锅饭"。如果实行人人有份的平均主义，实际上产生了新的不公平。

三、行为改造型激励理论

行为改造型激励理论的着眼点在于人的行为，强调对人行为的改造和转化，以使其行为有利于组织发展目标的实现。行为改造型激励理论的主要代表理论有强化理论、归因理论和挫折理论。

（一）强化理论

强化理论是美国心理学家和行为科学家斯金纳（Burrhus Frederic Skinner）提出的一种理论。他认为人或动物为了达到某种目的，会采取一定的行为作用于环境。当这种行为的后果对他有利时，这种行为就会在以后重复出现；当这种行为对他不利时，这种行为就会减弱或消失。人们可以用这种正强化或负强化的激励方法影响行为的后果，从而修正其行为。因此，强化理论也被称为行为修正理论。斯金纳认为，这是最简单也是最有效的激励方法。管理人员以某个强化物为控制行为的因素，通过强化的手段营造一种有利于组织目标实现的环境和氛围，以使组织成员的行为符合组织的目标。强化方式可分为正强化和负强化两种激励方式。

1. 正强化

正强化是指奖励那些符合组织目标的行为，以便于这些行为经进一步加强后反复出现，从而有利于组织目标的实现。正强化的方法包括物质奖励和精神奖励，如认可、赞赏、增加工资、职位提升、奖金、提供满意的工作条件等，这些可使组织成员的行为重现及加强。强化理论认为，管理人员应根据组织的需要和职工的行为，不定期、不定量地实施强化。实践证明，组织采用这种方法的效果更好。因为连续、固定的强化，时间长了会使组织的成员感到理所当然，甚至会产生越来越高的期望，以致激励效果不佳。

2．负强化

负强化就是预先告知某种不符合要求的行为或较差绩效可能引起的不良后果。例如，批评、罚款、降职，更严重者被迫离职等，使组织成员为了减少或消除可能会作用于自身的某种不愉快的刺激，使其行为符合要求或避免做出不符合要求的行为，保证组织目标的实现。负强化的方法主要包括两类：物质惩罚和精神处分。例如，减少薪资和奖金、罚款、批评及降级等都是负强化常用的方法。与正强化相反的是，负强化要维持其连续性，即对每一次不符合组织目标的行为都及时予以处罚，从而消除人们的侥幸心理，减少直到完全消除这种行为重复出现的可能性。

斯金纳的强化理论认为，管理者应把重点放在实施积极的正强化措施和方式上，而不是简单进行负强化。负强化中惩罚产生的作用可能很快，但效果可能是暂时的，也可能会对人产生消极作用。在组织管理中，往往通过运用强化理论控制强化物，改造组织成员的行为，从而达到激励的目的。

3．管理中采用强化理论激励组织成员时的注意事项

（1）管理者应灵活运用强化理论，对不同的强化对象实施不同的强化措施。由于组织成员的年龄、性别、职业、学历、经历不同，他们的需要也不同，强化方式也应有所不同。例如，有些组织成员比较重视物质奖励，有些组织成员更看重精神奖励。作为一名合格的管理者，应全面掌握组织成员的需要，采取有针对性的强化措施。

（2）管理者应分阶段为组织成员设立切实可行的目标。管理者为组织成员设立的目标应符合客观实际情况，并对目标给予明确、清楚的说明。同时，还要将目标进行阶段式分解，将总目标分解成若干个细化的小目标。组织成员在完成每个小目标时，作为管理者都应该及时给予适当的强化激励。不断地进行激励不仅有利于组织目标的实现，还可以增强组织成员的信心，充分地调动他们工作的热情和积极性。

（3）管理者应对组织成员的行为进行及时强化。组织要想取得良好的激励效果，必须在组织成员行为发生以后及时采取适当的强化措施。组织成员在实施了某种行为以后，管理者应该通过某种形式和途径，及时将工作结果告诉组织成员。即使是管理者仅对组织成员进行口头表示这样简单的反馈，也能起到一定的强化作用。

（二）归因理论

归因理论出现于20世纪50年代，是研究如何推测、判断、解释人们行为及其行为结果原因的理论。它最早是由美国心理学家海德（F. Heider）提出的，后由美国斯坦福大学的罗斯等人加以发展，侧重于研究个人行为成功与失败原因的认知过程，并力图通过改变人的自我认知改变人的行为。在管理工作中，管理者可以用归因理论改变人的认知，从而达到改变人的行为的目的。

1. 归因理论的主要内容

归因理论认为，人们产生某种行为的结果主要归结于四个因素：努力程度（相对不稳定的内因）、能力大小（相对稳定的内因）、任务难度（相对稳定的外因）以及运气和机会（相对不稳定的外因）。罗斯等人认为，把以往工作和学习失败的原因归于内、外因中的相对稳定因素还是相对不稳定因素，是影响今后工作、学习的关键。如果把失败的原因归于相对稳定的内、外因素，就会使人动摇信心，而不再坚持努力行为；而如果把失败的原因归于相对不稳定的内、外因素，则人们仍会继续保持努力行为。

2. 归因理论给管理者的启示

下属在工作中遭受失败后，帮助他寻找原因、分析原因、对症下药、因势利导、鼓励和引导他继续保持努力行为，争取下一次的成功是管理者的职责所在。同样，一个人成功时，管理者也要帮助他找到成功的原因，使其在以后的工作中取得更大的进步。在管理中运用归因理论时，管理者需要了解组织成员的归因倾向，以便有效地引导和训练组织成员，调动他们工作的积极性。

（1）管理者要引导组织成员积极归因。哪怕组织成员的工作只取得了一点点进步，管理者也应该告诉他，进步是他努力的结果，他的能力并不低；还存在不足的地方是因为用的劲还不够，鼓励其继续努力。当组织成员有进步时要给予充分肯定，使他们确信自己的努力是有效的。经过一段时间的训练，组织成员在遇到失败时，首先会从主观努力上找原因，不再灰心丧气，从失望的状态中解脱，努力走向成功。

（2）管理者要引导组织成员正确归因。积极归因与正确归因是不同的，能提高行为积极性的归因方式叫作积极归因，而找出失败真正原因的归因方式，则被称为正确归因。作为一个管理者，应对组织成员的行为状况、成败原因了然于胸。当管理者将归因结果告知组织成员时，应侧重于积极归因，以鼓励为主。此外，管理者还需要注意工作方法，不宜在公开场合指责组织成员，可在私下单独谈话时委婉地指出他存在的不足，同时使其明确努力方向。

（3）管理者应遵从客观实际，避免归因偏好。管理者要遵从客观实际情况，避免在归因时加入个人主观因素。例如，管理者对自己喜欢的组织成员和不喜欢的组织成员做不同的归因。管理者常会有意无意地将自己喜欢的下属的成功，归因于能力等内在的稳定因素，将其失败归因于工作难度或偶然失误等外在的不稳定因素。相反，管理者对于那些自己不喜欢的下属获得的成功，往往会归因于外部原因，如任务难度低或运气好等；而当下属失败时，则归因于他能力不足，无法有效完成任务。

（三）挫折理论

挫折理论是由美国学者亚当斯（J. S. Adams）提出的，主要研究人们遇到挫折后的行为反应。挫折理论主要揭示人的动机行为受阻而未能满足需要时的心理状态，并由此而导致的行为表现，力求采取措施将消极性行为转化为积极性、建设性行为。管理者针对组织成员的挫折应积极主动地采取相应措施，引导员工走出挫折的阴影，使其尽快恢复自信和活力，积极努力地投入新的工作。

1. 挫折的概念

挫折是一种普遍存在的社会心理现象，是指人们从事有目的的活动时在环境中遇到障碍和干扰，需要不能得到满足时的一种情绪状态。任何人一生中都不可能事事一帆风顺，因而挫折的产生是不以人的意志为转移的。根据不同的人的心理特点，人在受到挫折后的行为表现主要分为两类：一是积极进取，即采取减轻挫折感的积极适应态度；二是消极甚至对抗态度，如攻击、冷漠、固执等。

2. 产生挫折的原因

挫折的产生归纳起来有主观和客观两个方面的原因：主观上的原因包括对待事务的态度、自身的能力、目标的适宜性和环境的适应性等方面；客观上的原因包括自然环境因素、物质环境因素和社会环境因素。

3. 挫折理论对管理者的启示

挫折理论对管理实践有较高的应用价值。面对挫折，有的人采取积极态度，有的人采取消极态度，甚至是对抗态度。管理者要善于运用挫折和心理学理论，采用改变环境、分清是非、心理咨询等多种方法引导组织成员。管理者要培养组织成员掌握正确战胜挫折的方法，教育他们要树立远大的目标，不要因为眼前的某种困难和挫折而失去前进的动力。同时，管理者要正确对待受挫折的组织成员，为他们排忧解难，维护他们的自尊，使他们尽快从挫折情境中解脱。管理者还要积极改变情境使受挫折员工向有利于组织的方向发展，避免其因"触景生情"产生心理疾病和越轨行为。

【经典案例10-2】

海尔集团的激励机制

说起激励机制，许多管理者马上就会想起考核和奖励制度。其实说到底，激励机制就是奖罚制度。一个企业是否有一套科学、合理、健全的奖罚制度，决定着一个企业的兴衰成败。海尔集团从一个名不见经传、濒临破产的小企业成为世界一流的大企业，它成功的秘诀就是激励机制的运用和发展。海尔集团的总裁张瑞敏曾向记者介绍了海尔集团的激励机制。

（1）"三工"并存，动态转换。"三工"即优秀工人、合格工人、试用员工。海尔集团用工改革的思路如下："三工"并存，动态转换。干得好可以成为优秀工人，干得不好，随时可能转为合格工人甚至是试用员工。在社会保障机制尚不完善的现状下，这种做法比较有效地解决了"铁饭碗"问题，使企业不断焕发出新的活力。同时对在岗干部进行控制，对干部每月进行考评。考评档次分为表扬与批评两类，表扬得1分，批评减1分，年底两者相抵，最终分数达到-3分者就要被淘汰。制定制度，使在岗干部在多个岗位上轮岗锻炼，全面增长其才能，根据轮岗表现决定干部的升迁。

（2）实行定额淘汰。每年必须有一定比例的人员被淘汰，以保持企业的活力。定额淘汰的原则是，充分发挥每个人潜在的能量，让每个人每天都能感受到来自内部竞争和市场竞争的压力，又能够将压力转化为竞争的动力，这是企业持续稳定发展的秘诀。

（3）富有特色的分配制度。薪酬是重要的调节杠杆，起着重要的导向作用。海尔的薪酬原则是，对内具有公平性，对外具有竞争性。高素质、高技能人才获得高报酬，人才的价值在分配中得到体现。组织成员的薪酬体系不仅是单纯的货币工资，还包括住房、排忧解难等其他隐性收入。

（4）重视精神激励。物质激励绝非唯一的手段，海尔还十分重视精神激励。如何不陷入物质激励的误区，不断开发组织成员的潜能，是企业高速发展的关键。海尔不断探索各种精神激励措施，如以员工名字命名的小发明（启明焊枪、云燕镜子、召银扳手等）、招标公关、设立荣誉奖励（最高奖为"海尔奖"，这是对人才最权威的奖励，由总裁签发）、开展全员性合理化建议活动（专门设立了"合理化建议奖"）等，以此来激发员工的工作责任感和创造力。

（5）强化培训，创造机会。海尔为各类人员设计了不同的升迁途径，使员工一进入企业就知道该向哪个方向发展，怎样才能获得成功。海尔认为，没有培训过的员工是负债，唯有培训过的员工才是资产。为此，海尔为员工创造各种学习机会，进行以市场拓展为目标的各种形式的培训，以提高员工的能力和素质。

通过培训，能够使员工在思想上和行为上与公司的战略发展高度统一。通过培训，让员工认同企业文化，处处以企业的核心价值观为导向。例如，部队的军事化训练从行为入手，新兵入伍后，一切生活方式和行为都要按照部队的标准进行。当行为上达到高度统一，思想上潜移默化地也就统一了。而企业的培训是先让员工在思想上与企业的思想达成统一，进而实现工作行为与企业的战略目标一致。

以往的一些企业只注重员工专业技能的培训，这充其量只能把员工培养成在一线生产的技术工人，而在当今这个以知识为标志的经济时代，企业更需要的是复合型的人才。所以，企业不但要为员工提供专业知识的培训，还告诉员工今天的时代发生了什么样的变化，要时刻有危机感，要时刻有"永远战战兢兢，永远如履薄冰"的心态。

海尔的激励机制可以让我们意识到，组织唯有通过营造积极向上、富有激情的工作环境，并且设立具有实际意义的激励机制，才能使组织成员在工作过程中变被动的服从为主动创新，激发组织成员的潜能。

第三节 激励原则与基本途径

管理者对激励理论的研究是为了在管理实践中建立科学、合理、规范、有效的激励制度，激发组织成员的工作积极性和内在的潜力，提高他们在工作中的满意度，从而高效地实现组织的目标。激励原则与基本途径就是激励理论在管理中的体现与应用，是激励理论运用于管理实践的中介和桥梁。

一、激励原则

激励的原则主要有目标原则、按需原则、公平原则、物质与精神相结合原则、时效性原则、正激励与负激励相结合的原则。

(一)目标原则

激励与组织目标紧密地联系在一起,因此,设置科学、合理的组织目标是激励中的重要环节。组织希望通过设定适当的目标,诱发组织成员的动机和行为,调动组织成员工作积极性。在管理实践中,应设立合理的目标,目标应具有明确的绩效衡量标准。组织目标设置既不能过高,也不能过低。组织目标设置过高,会使组织成员的期望值降低,影响工作积极性;组织目标设置过低,则会使目标的激励效果下降,达不到预期的目的。

(二)按需原则

激励是管理者通过满足组织成员的需要来调动组织成员工作积极性的一种措施和方法。激励理论认为,组织内每个成员都是一个独特的个体,他们的需要各不相同,因人因时而异。管理者只有满足其最迫切的需要,效价才高,激励强度才大。因此,管理者必须对组织成员的需要进行深入调查研究,不断了解他们的需要层次、需要结构的变化趋势,根据组织成员的需要差异进行针对性激励,引发他们更高层次的需求。

(三)公平原则

管理者在进行资源分配、奖励、惩罚时必须做到公平、公正、合理,不能因人的地位、家庭背景、同领导关系的亲疏等有所不同。如果奖励机制是公平合理的,那么无论受奖还是未受奖的组织成员都会有一种公平感。但是,如果奖惩标准不统一,不但未受奖者不服气,就是受奖者也不一定高兴。因为受奖者会将自己的表现、贡献及所受奖励的大小与其他受奖者进行比较。只有感到自己受到公平对待时,才会心情舒畅,受到鼓舞,以后也会更努力地工作;否则,即使得到了奖励也会心存埋怨。管理者要想做到公平合理,就必须奖惩得当。例如,管理者是否给予员工奖励、给予何种奖励,要有一定的规章制度和标准,即当奖即奖、大功大奖、小功小奖、无功不奖。

(四)物质与精神相结合原则

在管理实践过程中,物质激励和精神激励相辅相成、缺一不可。物质激励是基础,精神激励是根本。在两者结合的基础上,逐步过渡到以精神激励为主。通过物质激励和精神激励相结合,在组织成员中产生一定的心理效应,达到调动组织成员工作积极性的目的。在实施激励时,管理者应该灵活运用物质激励和精神激励这两种激励方式,使其有效结合,促使组织成员产生内驱力、深刻和持久的工作动力,发挥最大的工作潜力。

(五)时效性原则

管理者对组织成员的激励要把握好时机,"雪中送炭"和"雨后送伞"的效果是不一样的。激励越及时,越有利于将人们的激情推向高潮,使其创造力连续有效地发挥出来。激励的时机与激励的频率关系紧密,要掌握适当的度,频率过高或过低都会影响激励效果。

（六）正激励与负激励相结合的原则

正激励就是对组织成员符合组织目标的行为进行奖励。负激励就是对组织成员违背组织目的的行为进行惩罚。在实施激励过程中，正负激励要有效结合，尽可能以奖励为主，但也要存在惩罚机制，两者相配合，才能起到理想的激励效果。在组织运营过程中，正负激励都有存在的必要，它不仅能作用于组织成员中，而且会间接地影响他们周围的人。

二、激励基本途径

组织成员的需求是多种多样的，所以，激励的途径也应该是多种多样的。物质激励只是其中的一种途径，而更高层次上的需求，如尊重需求、自我实现需求等，在对人的激励中，尤其是对知识分子的激励中尤为重要。在实际工作中，根据激励性质的不同，激励的基本途径大致分为四类：物质激励、成就激励、能力激励和环境激励。

（一）物质激励

物质激励主要是将工资、奖金、各项福利及其他方式等影响因素作为激励手段，提升组织成员工作的主动性和积极性。在管理实践中，物质激励比较容易操作，见效快，对实施者要求低。物质激励方式主要有工资激励、奖金激励、福利激励和其他物质激励。

1. 工资激励

付出劳动就应获得工资回报，这体现了劳动者的价值。根据赫茨伯格的双因素理论，工资属于保健因素。但是管理者可以采用两种方式将工资作为激励手段：一是不再按资排辈，用工资反映成员对组织贡献的大小、业务水平的高低，鼓励组织成员以多贡献和钻研业务来取得相应的报酬；二是进行工资制度改革，把晋级择优、浮动工资等作为激励的手段，激发组织成员工作的积极性和潜力。

2. 奖金激励

组织的奖金是指对超额完成任务或优质完成任务的组织成员给予额外报酬的一种奖励方式。管理者利用奖金激励组织成员时需要特别注意：奖金的分配要公平、公正，它的初衷是表达对那些表现优异的组织成员的认可，使他们意识到自己努力工作的价值，这对组织成员起到了激励作用。但在现实中，许多企业将奖金变成了工资附加部分，没有起到"对在工作上具有倡导和鼓励价值的表现予以额外奖励"的作用。

3. 福利激励

福利是组织采用的非现金形式的报酬，如住房补贴、交通补贴、健康保险、带薪假期等形式。良好的福利待遇是组织吸引人、留住人的一个重要因素。福利待遇与工资收入不同，一般情况下是以隐形收入体现出来的，不需要缴纳个人所得税。基于这种原因，相对于等量的现金奖励，有些福利待遇对组织成员具有更大的激励作用。

4. 其他物质激励

其他物质激励主要是指除了上述物质激励以外的一切物质激励方式。例如，管理者对于那些有创造发明、重大贡献或在一定期间成绩突出、弥补或避免了重大经济损失的组织成员，除上述物质奖励手段外，还给予大笔奖金或较高价值的实物奖励。

（二）成就激励

随着社会的发展，人们生活水平的提高，越来越多的人在选择工作时已经不仅仅是为了生存。在知识密集型组织单位，对于组织成员而言，工作更多是为了获得一种成就感。所以，成就激励是组织激励中一类非常重要的内容，根据具体情况的不同，可以把成就激励分为组织激励、榜样激励、荣誉激励、绩效激励、目标激励和理想激励六个方面。

1. 组织激励

优化组织管理模式，在一些决策的制定过程中，邀请组织成员参与管理，进一步激发组织成员工作的主动性和积极性。优化组织设计，为每个岗位制定详细的职务说明书，让组织成员参与制订工作目标，让他们对自己的工作过程享有较大的决策权。

2. 榜样激励

榜样的力量是无穷的，但在实施榜样激励时，管理者要为组织成员树立正确的榜样，并实事求是地宣传他们的事迹。管理者要引导下属一分为二地看待榜样，防止机械地、形式主义地模仿。管理者要分析榜样形成的条件和成长过程，给组织成员做科学指引。同时，管理者要关心组织成员的成长，使之不断进步。管理者要保护榜样，对那些中伤、打击榜样的错误言行要进行批评教育，防止组织成员产生嫉妒心理。

3. 荣誉激励

荣誉激励是给有贡献的组织成员一种荣誉称号，激发其工作主动性、积极性、责任感与集体荣誉感。荣誉激励主要包括颁发奖状、奖旗、奖牌，给予记功，授予称号，等等。管理者要对组织成员身上存在的积极因素、优秀表现及时给予肯定、鼓励和支持，这也是一种荣誉激励，可满足组织成员的自尊、自我实现的需要。

4. 绩效激励

管理者在绩效考核时要让组织成员知道自己的考评结果，使他们能够准确认识到自己的优势与不足，并帮助他们改进工作中的不足，促进他们的职业成长。这会对组织成员产生激励作用，激励他们不断提升自己的工作业绩，进而实现理想目标。

5. 目标激励

目标激励是以完成组织的目标为核心，激发人们前进的动力，指引人们前进的方向。人的需要产生动机，动机决定人的行为，人的行为能够促使组织目标的实现。当一个阶段的工作目标完成后，往往会有一种成就感，从而激发人为完成更高的目标做好精神准备。所以，管理者应制订切合实际的、科学的目标作为激励的手段和方法。

6. 理想激励

管理者应当了解组织成员的理想，并努力将组织的目标与成员的理想结合起来，实现组织和成员的共同发展。每位组织成员都有自己的理想，如果他发现自己的工作是在为自己的理想而奋斗，就会焕发出无限的热情。

（三）能力激励

每一位组织成员都有自己的职业生涯发展规划，有发展自己能力的需求。因此，组织管理人员可以通过培训和扩展工作内容这两个方面满足员工能力提升方面的需求。

1. 培训激励

培训激励对组织内成员，尤其是年轻人尤为有效。通过培训，组织成员可以提高工作方面的能力，为将来承担更大的责任、接受更富挑战性的工作及提升到更重要的岗位创造条件。培训激励对组织内成员具有重要的激励作用。现在许多年轻人在找工作时也特别看重组织对新进员工的培训情况。

2. 工作内容激励

在组织运营过程中，工作内容本身有时候就是最有意义的一种激励方式。如果一个组织单位能让其成员从事自己最喜欢的工作，那么这工作本身就会产生激励作用。管理者应该了解组织成员的兴趣所在，使其发挥各自的特长，提高其工作绩效。另外，管理者在分配任务时也可以实行自主选择工作的方式，让员工选择适合自己的工作，这样工作效率也会大大提高。

（四）环境激励

良好的规章制度可以对组织成员产生激励作用。这些规章制度可以保证组织在一些评价方面的公平性和公正性，而这些对于组织成员来说也非常重要。如果组织成员认为他在平等、公平、团结、友爱的环境中工作，就会减少很多不必要的摩擦和怨气，工作效率也会提升，这对组织成员来说也是一种激励。很多人会因为舍不得现有的工作环境而选择继续留在组织内。除此之外，组织的客观环境也会影响成员的工作情绪，如办公环境、办公设备、卫生环境等。在高档次的环境里工作，员工的工作行为和工作态度都会不由自主地向高档次发展，这在无形当中也是对组织成员的一种激励。

【知识拓展 10-1】

美国企业的激励方法

（1）职务轮换激励法。职务轮换的做法因工作、因人而异。有的工作可每 1~2 小时或 1 天或 1 个月轮换一次，使员工对工作产生新鲜感，克服厌倦感。此办法实行后，员工缺席、病假及辞职现象大大减少。

（2）工作加码激励法。为了员工能有机会施展自己的才能，组织应采取让能人挑重担的做法。比如，将两个人的工作量都放在一个人的身上，或找其谈心，分配给他新任务等方式。这样既节约了人力，又使有能力的员工适应了工作的需要，发挥了自己的聪明才智，同时，使员工感觉到组织的需要和领导的信任，使其找到自己在组织中的价值，激发其积极性。

（3）工作自治激励法。让员工自己管理自己，让"作业组"自己负责工作日程和工作分配，管理人员只充当教练或顾问的角色。实行这种制度能够很好地提高员工的工作效率，降低成本。

（4）员工参与管理激励法。这种方法主要是劳资双方加强合作。具体实行时，有的企业由工会选举工作人员参政或加入董事会；或企业设立职工管理委员会，每届有两名主席，劳资双方各一名，双方代表数相同。在管委会上，职工可随时提出意见，并参与决策。实行这种制度后，职工对企业情况更加了解，可以充分发挥其主观能动性，增强主人翁精神。

（5）质量责任激励法。成立质量活动小组。质量小组的工作都是义务的，定期召开讨论会，讨论质量改进建议，制订行之有效的措施。通过这种活动，员工可以增强工作责任感，以便更好、更快、保质、保量地完成工作任务，从而达到激励目的。

本 章 小 结

激励可以定义为：在特定的条件和环境下，影响人们的内在需要，产生行为动机，从而调动人们的积极性，强化和引导人们的行为，以满足个人需要和实现组织目标的心理过程。激励主要包括外部刺激、内部需要、动机和行为四个要素。激励的类型可以分为物质激励与精神激励、正激励与负激励、内激励与外激励。激励的作用主要有：激发组织成员工作的热情和兴趣，提高工作积极性；激励目标协调统一，提高组织成员工作的主动性和创造性；促使组织成员保持持久的干劲，提高工作绩效。

激励的理论主要有内容型激励理论、过程型激励理论和行为改造型激励理论。内容激励理论是重点研究需要的内容和结构、引导人们行为的理论。比较有代表性的内容型激励理论包括：需要层次理论、成长理论、成就需要理论、X-Y 理论和双因素理论等。过程型激励理论主要研究人们的行为是怎样被激发、引导、维持和阻止的，找出对行为起决定作用的关键因素，弄清它们之间相互关系的过程，即行为是怎样产生的，是怎样发展的，如何使这个行为保持下去，以及怎样结束行为。过程型激励理论主要代表理论有期望理论和公平理论。行为改造型理论的着眼点是人的行为，强调对人的行为的改造和转化，以使其行为有利于组织发展目标的实现。行为改造理论的主要代表理论有强化理论、归因理论和挫折理论。

激励原则与基本途径是激励理论在管理中的应用与体现，是激励理论运用于管理实践的中介和桥梁。激励的原则主要有目标原则、按需原则、公平原则、物质与精神相结合原则、时效性原则、正激励与负激励相结合原则。根据激励的性质不同，把激励基本途径大致分为四类：物质激励、成就激励、能力激励和环境激励。物质激励方式主要有工资激励、奖金激励、福利激励和其他物质激励；成就激励主要包括组织激励、榜样激励、荣誉激励、绩效激励、目标激励和理想激励；能力激励主要包括培训激励和工作内容激励两个方面；环境激励主要包括良好的规章制度和组织的客观环境两方面内容。

要掌握激励基本理论和方法，善于举一反三，记住实践是最好的师傅。如果激励方法运用得当，所起到的作用往往是巨大的，会取得意想不到的效果。

复习思考题

1. 简述激励的概念。

2. 激励包含哪四个要素？
3. 内容型激励理论、过程型激励理论和行为改造型激励理论包含哪些基本内容？
4. 激励的原则有哪些？
5. 激励的基本途径有哪些？
6. 结合自己的切身经历，谈一谈激励的重要性。

自测练习题

案例分析题

第五篇　控制篇

第十一章　控制的基础
第十二章　控制方法

第十一章 控制的基础

本章导读

斯蒂芬·罗宾斯曾这样描述控制的作用:"尽管计划可以制订出来,组织结构可以整得非常有效,员工的积极性也可以调动起来,但是这仍然不能保证所有的行动按计划执行,不能保证管理者追求的目标一定能达到。"这种理想的状态不可能成为企业管理的现实,无论计划制订得多么周密,由于各种各样的原因,人们在执行计划的活动中总是会或多或少地出现与计划不一致的现象,这时,管理控制就显得非常必要。

学习目标

知识目标:掌握控制和管理控制的概念,理解控制在管理过程中的地位和作用;了解控制的类型划分,了解控制应遵循的原则,熟悉控制过程所包含的基本程序,掌握并能够熟练运用预算控制和非预算控制等各种控制技术和方法。

能力目标:能够灵活运用控制的原理及各种控制方法进行管理实践活动,了解事物发展的规律,能够预测事物的发展方向,遇到问题能够及时修正,拥有审时度势的决策能力,以及及时发现问题、快速解决问题的能力。

素质目标:养成经常进行自我检查的习惯,注意薄弱环节,了解"失之毫厘,谬以千里"的道理,培养谨慎的工作作风。

思政目标:培养学生"勿以善小而不为,勿以恶小而为之"的思想意识,关注细节,重视细节,在细节中体现个人的良好素质。

关键概念

控制(decision making)　　　　　　　　管理控制(management control)
前馈控制(feedforward control)　　　　　实时控制(real-time control)
反馈控制(feedback control)

第一节 控制概述

计划、组织、领导的目的是实现分工协作目标,这是一个持续努力的过程。为了保证工作效率,必须不断考察组织运行状况,防范和纠正可能出现的偏差。管理工作中的控制职能由此产生。控制的任务是根据既定计划及其衡量标准，检查工作的实际情况及进展，总结经验，发现问题，采取措施，改进工作。与此相应，明确工作测评的标准，了解工作进展的信息，制订工作调整的措施，是进行管理控制的必要条件。

一、控制的基本概念

"控制"一词，最初来源于希腊语"掌舵术"，意指领航者通过发号施令，将偏离航线的船只拉回到正确的航向上来。按照《辞海》的解释，"控制"一词的含义是"节制，掌握住，不使任何活动越出范围"。

法约尔认为，控制就是保证各项工作与已制订计划相符合，与下达的指示以及确定的原则相符合。控制的目的在于找出工作中的缺点和错误，以便纠正并避免重犯。

理查德·L.达夫特在《管理学原理》一书中指出，控制就是调解组织行为，使之与计划目标和绩效标准相一致，并以某种标准衡量和改进现实工作的过程。

弗莱蒙特·E.卡斯特在《组织与管理——系统方法与权变方法》一书中进一步说明了控制的含义，他认为，控制是管理系统的一个运行阶段，目的在于监控绩效，并提供用来调整目标与手段的反馈信息，在具有既定目标和工作计划的情况下，控制职能的含义是度量实际情况并进行传达，协调组织活动的信息，使之沿正确方向前进，并达到前进中的动态平衡。

因此，控制是计划、组织、领导工作的进一步发展，是以计划为依据，以组织为平台，以领导为途径，对工作过程所进行的动态管理，目的在于发现问题、矫正偏差、提高效率。

与此相应，对于控制职能的理解，需要把握几个基本要点。

首先，控制是干预工作状况的实际行动，也就是说，控制与领导一样，通过具体的工作指令加以实施，体现着管理者对于工作状况的具体要求。

其次，控制工作状况以信息反馈为基础。这是因为，控制不是简单地执行工作计划和落实责任，而是对计划的执行情况进行改进，因此必须首先了解实际工作状况。

再次，控制工作状况的目的在于防范和纠正工作偏差，这是控制工作的特点，也是控制工作的重点。这种特点将控制工作与一般的决策指挥区别开来。在实际工作中，是否需要控制、控制什么内容、如何进行控制等，都以促进既定目标的实现为原则。

最后，控制是一个保证既定目标得以实现的持续过程，虽然控制措施只在出现偏差的时候出现，但防范和处理偏差的努力必须是连续的。不仅如此，随着情况的变化，还要不断地调整控制的内容和形式，以提高控制工作的效率。

二、控制的重要性

（1）控制职能贯穿管理全过程。控制是管理的四大职能之一，与计划、组织和领导职能密切配合，共同构成组织的管理循环；控制是贯穿于管理全过程的一项重要职能，是与计划职能孪生的；控制要以计划、组织和领导职能为基础，同时又是计划、组织、领导工作有效开展的必要保证。偏差存在于各项职能当中时，控制就会作用于各项职能，直至偏差消失。而且控制不但能消除偏差，还能找出偏差产生的原因及消除偏差的有效途径，并及时反馈给管理者，减轻环境的不确定性对组织活动的影响，避免或减少管理失误造成的损失。

（2）控制可以保证复杂的组织活动能够协调一致地运作，帮助组织赢得竞争优势。有效的控制可以帮助管理者准确地评价组织的产出能力与资源利用效率，有效地监控产品和服务质量，维持良好的客户关系，塑造企业良好的文化氛围。

（3）控制增强组织有效性。有效的控制可以使复杂的组织活动能够协调一致、有序地运作，以增强组织活动的有效性；可以补充与完善初期制订的计划与目标，以有效减轻环境的不确定性对组织活动的影响；可以进行实时纠正，避免和减少管理失误造成的损失。

（4）建立秩序控制过程。有效的控制通过检查监督、纠正偏差等活动限定实现组织目标的基本程序、行为准则，从而建立起组织程序的正常秩序。许多组织失败，不是因为计划不周或缺乏制度，而是控制不力。

三、控制的类型

在组织中控制可以从不同角度进行划分。

（一）根据控制点位置的不同划分

根据控制信息获取的方式和时点不同，可将管理控制划分为前馈控制、同期控制和反馈控制三种。

1. 前馈控制

前馈控制又称事前控制或预先控制，不是等问题发生后再采取控制的措施，而是把问题消灭在发生之前。由于问题没有发生，也就是说，组织在运行过程中没有出现偏差，直接地实现了控制。前馈控制的具体做法是：对输入系统的各种要素进行控制，把输入系统的各种要素与预先确定的标准进行比较，如果输入系统的各种要素与预先确定的标准相符，则让其输入系统，如果不相符则调整输入的要素。

在企业管理中，有许多应用前馈控制的例子。对企业人员素质的控制就是一例。企业经常要从外部招收新的员工，控制的目的就是要使这些新的员工能够符合企业生产过程的需要。为了实现控制的目标，既可以采用前馈控制的方法，也可以采用反馈控制的方法。如果采用反馈控制的方法，那么企业在招收新的员工时，可以不分性别与年龄，不管文化程度的高低与身体素质的好坏，只要按照企业所需要的人员的数量招收进来即可。让这些新的员工在各个工作岗位上工作，然后再根据个人对工作的适应情况，把不符合工作要求的人员淘汰出去。通过不断地反复这个过程，最后留在企业中的员工必然适合企业生产需要。

前馈控制具有许多优点。首先，前馈控制是在工作开始之前进行的控制，因而可以防患于未然，避免了事后控制对已铸成的差错无能为力的弊端。其次，前馈控制适用于一切领域中的所有工作，如企业、医院、学校、军队等都可运用这种控制方法。最后，前馈控制是在工作开始之前，其针对某项计划行动所依赖的条件进行控制，不针对具体人员，因而不会造成心理冲突，易于被员工接受并付诸实施。一些组织的事前控制特别重要，如报社和电视台在新闻播出之前核实新闻的准确性；卫星发射之前的诸多检查，等等。

2. 同期控制

同期控制又叫实时控制或现场控制，是指对系统运行过程中的情况进行监督和调整，对系统在运行中各个阶段的情况进行检查和监督，把系统运行的具体情况与预定的标准进行比较，如果发现偏差，就采取措施进行纠正。

由于实时控制强调对于问题的及时发现和处理，因此基层管理和自我管理的作用至关重要，只有每一个基层管理人员及作业人员都重视工作标准，随时随地关注工作标准的实现情况，并及时主动地解决出现的问题，实时控制才是有效的。

企业根据生产过程中的几个关键点对产品生产的情况进行抽查，如果发现产品质量异常，就立即采取措施进行纠正，以保证生产出符合质量要求的产品。例如，现场管理指导和检查下属人员的工作，一旦出现偏差，立即采取纠正措施，就是实时控制的典型表现。以质量控制为例，班组长不仅检查成品和半成品，还在车间里不时走动，观察操作人员的工作过程，一旦发现操作方式不对、原料使用不当等，及时指出并加以指导和说明，帮助作业人员改进工作状况，这就是实时控制。实时控制强调对于工作情况的准确掌握和及时处理，往往需要深入现场，因此与现场管理直接相关。

实时控制简便易行且适应性强，因此是一种普遍使用的控制手段。在实际工作中，如何通过现场管理加强实时控制受到人们的重视。而且，计算机技术的发展为实时控制的采用提供了重要的技术支持。

最常见的实时控制方式是直接视察。当管理者直接视察下属的行动时，一方面管理者可以随时发现下属在工作中与计划要求相偏离的现象，从而及时采取措施进行纠正，将问题消灭在萌芽状态，或者避免已经产生的问题对企业不利影响的扩散。另一方面，管理者有机会当面解释工作的要领和技巧，纠正下属错误的作业方法与过程，从而提高他们的工作能力。几乎所有的组织都有实时控制，例如，在戴尔电脑公司的装配厂里，计算机系统组件在装配完成后要进行周期性的检查，以确保装配后的所有组件正常工作。

实时控制也有很多弊端。首先，运用这种控制方法，容易受管理者的时间、精力、业务水平的制约。其次，现场控制的应用范围较窄，对生产工作较容易进行现场控制，而对那些难以辨别成果的工作，如科研、管理工作等，几乎无法进行现场控制。最后，现场控制容易在控制者与被控制者之间形成心理上的对立，容易损害被控制者的工作积极性和主动精神。

3. 反馈控制

反馈控制又称事后控制，是把组织系统运行的结果输送到组织系统的输入端，再与组织预定的计划标准进行比较，然后找出实际与计划之间的差异，并采取措施纠正这种偏差的一种控制方法。反馈控制依赖于对工作状况的及时把握，特别是对工作问题的及时发现和判断，因此，与信息收集和利用的关系密切。对于组织的高层管理者而言，这个要求尤其重要，这是因为高层管理者对于问题的察觉和处理依赖于基层管理者所上报的情况，而基层管理者对于情况的判断可能与高层管理者不一样，这就可能出现信息延误和失真。在反馈控制中，如何提高信息质量，防止信息失真和延误，是保证控制工作有效进行的关键。

反馈控制是在组织活动结束后，通过活动结果与计划的比较，肯定成绩，分析不足，总结经验教训，即使已经出现了一定的损失，但由于控制目标明确，控制对象清楚，因此可为后续的计划提供参考与借鉴。因此，反馈控制仍然是企业管理中最常用、最典型的控制方法，在生产、营销、人力资源管理等方面均有广泛的应用。例如，绩效评估、财务分析、质量管理等往往以反馈控制的方式进行，集中体现了控制工作的特殊管理职能。

反馈控制是面向未来的，对后续活动的计划实施有非常重要的作用。首先，反馈控制为管理者提供了关于计划的效果究竟如何的真实信息。如果反馈显示标准与现实之间只有很小的偏差，说明计划的目标达到了；如果偏差很大，管理者就应该利用这一信息，使新计划制订得更有效。其次，反馈控制可以增强员工的积极性。因为人们希望获得评价他们绩效的信息，而反馈正好提供这样的信息，例如零售企业的售后服务和信息反馈，对于有效消除顾客不满起到了非常重要的作用。

【管理故事 11-1】

扁鹊的医术

魏文王问名医扁鹊："你们家兄弟三人都精于医术，到底哪一位最好呢？"

扁鹊答："长兄最好，仲兄次之，我最差。"

文王再问："那为什么你最出名呢？"

扁鹊答："我长兄治病，是治病于病情发作之前。由于一般人不知道事先就能铲除病因，所以他的名气无法传播出去，只有我们家的人才知道。"

"我仲兄治病，是治病于病情初起之时，一般人以为他只能治疗轻微的小病。所以他的名气只及于本乡里。"

"而我扁鹊治病，是治病于病情严重之时，一般人都看到我在经脉上穿针管放血，在皮肤上敷药等大手术，以为我医术高明，名气因此响遍全国。"

文王听罢，感慨道："你说得好极了。"

资料来源：小故事大道理：扁鹊的医述[EB/OC]. (2020-12-19). https://wenku.baidu.com/view/ 4c2291a450d380eb6294dd88d0d233d4b14e3fae.html?fixfr=edq%252FXuPMOcTN9dalOrLLPw%253D%253D&fr= income5-wk_go_searchX-search.

为了保证工作的正常进行，更好地实现工作目标，在实际工作中，需要把前馈控制、实时控制、反馈控制结合起来，建立全过程的控制体系。这三种控制方式互为前提、互相补充。在实际工作中，不能只依靠某一种方式进行控制，必须根据实际情况，综合运用各种控制方式，以提高控制效果。三种控制方式的关系如图 11.1 所示。

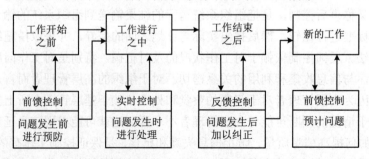

图 11.1　控制方式之间的关系

【知识拓展 11-1】

关于控制的相对性

从一个控制周期看,前馈控制是一种事前控制,因为前馈控制把问题消灭在发生之前,但从一个更大的周期看,前馈控制实质上也是一种反馈控制,因为前馈控制所根据的要素输入的标准也是过去经验的结果。而且,前馈控制具有一定的难度,它需要对信息的充分了解,以及一定的经验积累,不仅如此,前馈控制的基础是预测,以对未来情况的判断为依据,而实际工作中的情况是在不断变化的,因此,前馈控制的准确性也受到了影响。

从组织系统的运行周期看,实时控制也是一种事前控制,因为它不是等系统运行的结果产生以后再采取措施进行纠偏,而是对系统运行的过程进行控制,使系统运行结果不会出现偏差。但是,实时控制也是一种反馈控制,因为所谓的实时,是指对系统运行的某个时点进行监督和调整,就这个时点来说也是等问题发生再采取措施纠正偏差。

(二)根据控制源的不同划分

按照控制源划分,可以把控制分成正式组织控制、群体控制和自我控制三种类型。

1. 正式组织控制

正式组织控制是指由管理人员设计和建立起来的规定进行控制,如规划、预算和审计部门等都是正式组织控制的例子。组织可以通过规划指导组织成员的活动,通过预算控制消费,通过审计检查各部门或各类人员是否按照规定进行活动,并提出更正措施。

2. 群体控制

群体控制是指由非正式组织基于群体成员的价值观念和行为准则加以维持的控制,非正式组织中的行为规范虽然没有明文规定,但是其成员都十分清楚这些规范,并自愿遵守。非正式组织会通过群体的接纳和认可,强化成员的行为群体控制。由于是通过非正式组织左右人们的行为,处理得好,则有利于达成组织的目标;处理得不好,将会给组织带来很大的危害。

3. 自我控制

自我控制是指个人有意识地按某一行为规范进行活动。自我控制的能力取决于个人本身的素质,也取决于组织文化的影响以及管理制度的实施。具有良好修养的人,一般自我控制能力较强。强大的企业文化的约束会使组织成员因重视集体利益而约束自己。此外,由于个人失控会给组织带来损失,员工会因此受到严厉处罚,也会使员工增强自控能力。

【经典案例 11-1】

客户服务质量控制

美国某信用卡公司的卡片分部认识到了高质量客户服务的重要性。客户服务不仅影响公司信誉,也和公司利润息息相关。比如,一张信用卡每早到客户手中一天,公司可获得 33 美分的额外销售收入,这样一年下来,公司将有 140 万美元的净利润。

客户服务质量标准还反映了公司竞争性、经济能力和组织现行处理能力等经济因素。考虑了每一个因素后,适当的标准就成型了,所以该公司就开始实施服务质量控制计划。

计划实施效果很好，比如，处理信用卡申请的时间由 35 天降到 15 天，更换信用卡从 15 天降到 2 天，回答用户查询时间从 16 天降到 7 天。这些改进给公司带来的潜在利润是巨大的。例如，办理新卡和更换旧卡节省的时间会给公司带来 1750 万美元的额外收入。另外，如果用户能及时收到信用卡，他们就不会使用竞争者的卡片了。该质量控制计划潜在的收入和利润对公司还有其他的益处。该计划使整个公司都注重客户期望；各部门都以自己的客户服务记录为骄傲；而且每个雇员都为改进客户服务做出了贡献，使员工士气大增。信用卡部客户服务质量控制计划的成功，使公司其他部门纷纷效仿。无疑，它对公司的贡献将是非常巨大的。

第二节 控制的原则与程序

一、控制的原则

控制的目的是保证企业活动符合计划的要求，以有效地实现预定目标，为此，有效的控制应该具备以下几个原则。

（一）适时性原则

企业经营活动中产生的偏差，只有及时采取措施加以纠正，才能避免扩大或防止其对企业不利影响的扩散。及时纠偏，要求管理人员及时掌握能够反映偏差产生及其严重程度的信息。如果等到偏差已经非常明显，且对企业造成了不可挽回的影响后，反映偏差的信息才姗姗来迟，那么，即使这些信息是非常系统、绝对客观、完全正确的，也不可能对纠正偏差带来任何指导作用。

纠正偏差的最理想方法应该是在偏差未产生以前，就注意到偏差产生的可能性，从而预先采取必要的防范措施防止偏差的产生；或者企业由于某种无法抗拒的原因，偏差的出现不可避免，那么这种认识也可以指导企业预先采取措施，消除或遏制偏差产生后可能对企业造成的不利影响。

虽然在实践中预测偏差的产生有许多困难，但在理论上是可行的——可以通过建立企业经营状况的预警系统来实现。我们可以为需要控制的对象建立一条报警线——反映经营状况的数据，一旦超过这条警戒线，预警系统就会发出警报，提醒人们采取必要的措施，防止偏差的产生和扩大。质量控制系统可以被认为是一个简单的预警系统，如图 11.2 所示。

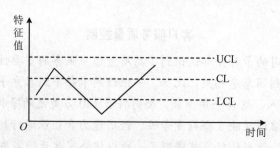

图 11.2　质量控制预警系统

图 11.2 中纵轴表示反映产品某个质量特征或某项工作质量完善程度的数值，横轴表示取值（进行控制）的时间，中心线 CL 表示反映质量特征的标准状况，UCL 和 LCL 分别表示上、下警戒线。反映质量特征的数据如果始终分布在 CL 周围，则表示质量"在控制中"，而一旦超越 UCL 和 LCL 则表示出现了质量问题。在出现质量问题以前，质量控制人员就应引起警惕，注意质量变化的趋势，并制订或采取必要的纠正措施。

（二）适度性原则

适度性原则是指控制的范围、程度和频度要恰到好处，这种恰到好处的控制要注意以下几个方面的问题。

1. 防止控制过多或控制不足

控制常给被控制者带来某种不愉快，但是缺乏控制又可能导致组织活动的混乱。有效的控制应该既能满足对组织活动监督和检查的需要，又能防止与组织成员发生强烈的冲突。适度的控制应能同时体现这两个方面的要求：一方面，要认识到，过多的控制会对组织中的成员造成伤害，对组织成员行为的过多限制会扼杀他们的积极性、主动性和创造性，会抑制他们的首创精神，从而影响个人能力的发展和工作热情的提高，最终会影响企业的效率；另一方面，要认识到，过少的控制将不能使组织活动有序地进行，就不能保证各部门活动进度成比例协调，将会造成资源的浪费；过少的控制还可能使组织中的个人无视组织的要求，我行我素，不提供组织所需的贡献，甚至利用在组织中的便利地位谋求个人利益，最终导致组织的崩溃。

控制程度适当与否，受许多因素的影响。判断控制程度或额度是否适当的标准，通常要随活动性质、管理层次以及下属受培训程度等因素而变化。一般来说，科研机构的控制程度应小于生产劳动组织；企业中对科室人员工作的控制要少于对现场的生产作业的控制；对受过严格训练、能力较强的管理人员的控制要低于那些缺乏必要训练的新任管理者或单纯的执行者。此外，企业环境的特点也会影响人们对控制严厉程度的判断：在市场疲软时期，为了共渡难关，部分职工会同意接受比较严格的行为限制；而在经济繁荣时期，职工则希望工作中有较大的自由度。

2. 处理好全面控制与重点控制的关系

任何组织都不可能对某一个部门、每一个环节的每一个人在每一个时刻的工作情况进行全面的控制。由于存在对控制者的再控制问题，这种全面控制甚至会造成组织中控制人员远远多于现场作业者的现象。值得庆幸的是，并不是所有成员的每一项工作都具有相同的发生偏差的概率，并不是所有可能发生的偏差都会对组织带来相同程度的影响。企业工资成本超出计划的 5% 对经营成果的影响要远远高于行政系统的邮资费用超过预算的 20%。这表明，全面系统的控制不仅代价极高，而且是不可能的也不必要的。适度的控制要求企业在建立控制系统时，利用 ABC 分析法和例外管理原则等工具，找出影响企业经营成果的关键环节和关键因素，并据此在相关环节上设立预警系统或控制点进行重点控制，也就是常说的关键点控制。这也体现了控制的整体性与重点性。

除此之外，一个有效的控制系统还应该站在战略的高度来抓取影响企业行为与绩效的关键因素。有效的控制系统往往集中精力于例外事件，即例外管理原则。凡已出现过的事情，都可按规定的控制程序处理，第一次发生的事例需投入较大的精力。

3．使一定的控制成本得到足够的控制收益

任何控制都需要一定的费用，衡量工作成绩、分析偏差产生的原因以及为了纠正偏差而采取的措施等，都需支付一定的费用；同时，任何控制，由于纠正了组织活动中存在的偏差，也都会带来一定的收益。一项控制，只有当它带来的收益超出所需成本时才是值得的。控制费用与收益的比较分析，实际上是从经济角度去分析上面考察过的控制程度与控制范围的问题，也就是控制的经济性。图11.3说明了控制费用与收益是如何随着控制程度而变化的。

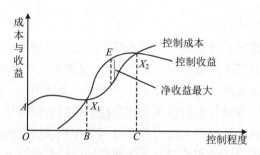

图 11.3　控制费用与收益变化关系图

从图11.3中可以看出，控制费用基本上随着控制程度的提高而增加，控制收益的变化则比较复杂。

在初始阶段，较小范围和较低程度的控制不足以使企业管理者及时发现和纠正偏差，因此控制费用会高于可能产生的收益；随着控制范围的扩大和控制程度的提高，控制的效率会有所改善，能指导管理者采取措施纠正一些重要的偏差，从而使控制收益能逐渐补偿并超过控制费用。

（三）客观性原则

控制工作应该针对企业的实际状况，采取必要的纠偏措施，或促进企业活动沿着原来的轨道继续进行。因此，有效的控制必须是客观的、符合企业实际的。客观的控制源于对企业经营活动状况及其变化的客观了解和评价。为此，控制过程中采用的检查、测量的技术与手段必须能正确地反映企业经营在时空上的变化程度与分布状况，准确地判断和评价企业各部门、各环节的工作与计划要求的相符或相背离程度，这种判断和评价的正确程度还取决于衡量工作成效的标准是否客观和恰当。为此，企业还必须定期检查过去规定的标准和计量规范，使之符合现实的要求。另外，由于管理工作带有许多主观评定，因此，针对一名下属人员的工作是否符合计划要求，不应不切实际地加以主观评定，因为主观评定会影响对业绩的判断。没有客观的标准和准确的检测手段，人们对企业实际工作就不易有一个正确的认识，以致难以制订出正确的措施进行客观的控制。

（四）弹性原则

企业在生产经营过程中经常可能遇到某种突发的、无力抗拒的变化，这些变化使企业计划与现实条件严重背离。有效的控制系统应在这样的情况下仍能发挥作用，维持企业的运营，也就是说，应该具有灵活性或弹性。

弹性控制通常与控制的标准有关。比如，预算控制通常规定了企业各经营单位的主管人员在既定规模下能够用来购买原材料或生产设备的经营额度。这个额度如果规定得绝对化，那么一旦实际产量或销售量与预测数值存在差异，预算控制就可能失去意义：经营规模扩大，会使经营单位感到经费不足；而销售量低于预测水平，则可能使经费过于富绰，甚至造成浪费。有效的预算控制应能反映经营规模的变化。应该考虑到未来的企业经营可能呈现出的不同水平，为经营规模的参数值规定不同的经营额度，以使预算在一定范围内是可以调整的。

一般来说，弹性控制要求企业制订弹性的计划和弹性的衡量标准。

【管理故事11-2】

曲 突 徙 薪

古时候，有一户人家建了一栋房子，许多邻居和亲友前来祝贺，人们纷纷称赞这房子造得好。主人听了十分高兴。但是一位客人却诚心诚意地向主人提出："您家厨房里的烟囱是从灶膛上端笔直通上去的，这样，灶膛的火很容易飞出烟囱，落到房顶上引起火灾。您最好改一改，在灶膛与烟囱之间加一段弯曲的通道。这样就安全多了。"（即"曲突"，突指烟囱）顿了一顿，这个客人又说："您在灶门前堆了那么多的柴草，这样也很危险，还是搬远一点好。"（即"徙薪"，"徙"指移动、搬迁，"薪"指柴草）主人听了以后，认为这个客人是故意找碴儿出他的洋相，心里很不高兴。当然，也就谈不上认真采纳这些意见了。

过了几天，这栋新房果然由于厨房的隐患起火了，左邻右舍齐心协力，拼命抢救，才把火扑灭了。主人为了酬谢帮忙救火的人专门摆了酒席，并把被火烧得焦头烂额的人请到上座入席，唯独没有请那位提出忠告的人。这就叫作：焦头烂额座上宾，曲突徙薪靠边站。

这时，有人提醒主人："您把帮助救火的人都请来了，可为什么不请那位建议您改砌烟囱、搬开柴草的人呢？如果您当初听了那位客人的劝告，就不会发生这场火灾了。现在是论功而请客，怎么能不请对您提出忠告的人，而请在救火时被烧得焦头烂额的人坐在上席呢？"主人听了以后幡然醒悟，连忙把当初那位提出忠告的人请了来。

资料来源：《汉书·霍光传》。

二、控制的程序

控制是根据计划的要求设立衡量绩效的标准，然后把实际工作结果与预定标准相比较，以确定组织活动中出现的偏差及其严重程度；在此基础上，有针对性地采取必要的纠正措施，以确保组织资源的有效利用和组织目标的圆满实现。不论控制的对象是新技术的研发、产品的加工制造、市场营销宣传，还是企业的人力资源、物质要素、财务资源，控制的过程都包括三个基本环节的工作：①确立控制标准；②衡量绩效；③纠正偏差。

（一）确立控制标准

标准是人们检查和衡量工作及其结果（包括阶段结果与最终结果）的规范。制定标准是进行控制的基础。要控制就要有标准，没有一套完整的标准，衡量绩效或纠正偏差就失去了客观依据。因此，控制过程的第一步就是确定标准。计划和目标是控制的总标准，为了对各项业务活动实施控制，还必须以总标准为依据设置更加具体的标准，作为控制的直接依据，如劳动定额消耗、定额生产进度、质量标准等。因此，需要确立控制对象，并且选择关键的控制点，以制定合理的控制标准。

1. 确立控制对象

标准的具体内容涉及需要控制的对象，那么，企业经营与管理中哪些事物需要加以控制呢？这是建立标准首先要加以分析的。

虽然管理的控制职能贯穿整个管理活动，但由于控制对象的复杂性和管理人员能力的有限性，管理者必须选择重点要素进行控制。这些影响组织目标成果实现的关键因素有以下几点。

1）企业环境特点及其发展趋势

企业在特定时期的经营活动是根据决策者对经营环境的认识和预测来计划和安排的，如果预期的市场环境没有出现，或者企业外部发生了某种无法预料和不可抗拒的变化，那么原来计划的活动就可能无法继续进行，也就难以为组织带来预期的结果。由于环境是动态变化的，对环境及其发展趋势的控制有利于组织认识计划的科学程度，并根据其变化做出科学的判断。

2）资源投入

企业经营成果是通过对一定资源的加工转换得到的，所以对资源的投入要给予充分的控制。没有或缺乏这些资源，企业经营就会成为无源之水、无本之木。投入的资源不仅会影响经营活动的按期、按量、按质进行，而且其取得费用会影响生产成本，从而影响企业的盈利程度及预期的经营效果。因此，必须对资源投入进行控制，使之在数量、质量以及价格等方面符合预期经营成果的要求。

3）组织活动过程

对活动过程的控制有利于把握组织的经营成果，以及员工的工作质量和数量。输入到生产经营中的各种资源不可能自然形成产品。企业经营成果是通过全体员工在不同时间和空间利用一定技术和设备对不同资源进行不同内容的加工劳动才最终得到的。企业员工的工作质量和数量是决定经营成果的重要因素，因此，必须使其员工的活动符合计划和预期结果的要求。为此，必须建立员工的工作规范，以及各部门和各员工在各个时期的阶段成果的标准，以便对他们的活动进行控制。

2. 选择关键控制点

所谓关键控制点，是指对计划目标实现具有重大影响的关键因素，它们是业务活动中一些能使计划更好发挥作用的有利因素。控制了关键点就控制了全局，关键控制点通常包含以下几点。

（1）影响整个工作进程的重要操作事项。

(2) 能在重大损失发生之前显示出差异的事项。
(3) 若干能反映组织主要绩效水平的时间和空间分布均衡的控制点。
3．制定控制标准
制定控制标准的常用方法有三种：统计分析法、经验估值法和工程标准法。
1) 统计分析法
统计分析法是根据企业的历史数据资料以及同类企业的水平，运用统计学方法确定企业经营各方面工作的标准。用统计计算法制定的标准，便称为统计标准。统计分析法的优点是简便易行，但也有一定的局限性，具体如下。
一是对历史统计数据完整性和准确性要求高，否则制定的标准没有利用价值。
二是统计数据分析方法选择不当会严重影响标准的科学性。
三是统计资料只反映历史的情况，而不反映现实条件的变化对标准的影响。
四是利用本企业的历史性统计资料为某项工作确定标准，可能低于同行业的先进水平甚至是平均水平。
2) 经验估值法
经验估值法是根据管理人员和工作人员的实际工作经验，并参考有关技术文件或实物，评估计划期内条件的变化等因素，来制定标准的方法。经验估值法适用于缺乏技术资料、统计资料的情况，其优点是简单易行、工作量小，但受主观因素影响大，准确性差。
3) 工程标准法
工程标准法是指对工作情况进行客观的分析，并以准确的技术参数和实测的数据为基础，通过科学计算确定标准的方法。

（二）衡量绩效

衡量绩效就是按照标准衡量工作成绩达到的程度，当工作成绩低于或超过标准时，就说明工作出现偏差。这一步骤包括两个方面的内容：收集反映实际成效的信息；比较实际成效与标准找出差距。

为了能够及时正确地提供能够反映偏差的信息，同时又符合控制工作其他方面的要求，管理者在衡量工作成绩的时候，应注意以下几个问题。

1．建立信息反馈系统
信息是现代管理的基础，也是管理控制的依据。负有控制责任的管理人员只有及时掌握反映实际工作与预期工作绩效之间偏差的信息，才能迅速采取有效的纠正措施。

为了使反映实际工作情况的信息能迅速地收集上来，适时地传递给恰当的主管人员，又能够将纠偏指令迅速地传达到有关人员，以便对问题做出处置，有必要建立有效的信息反馈系统。信息要能有效地服务于管理控制工作，必须符合三个基本要求，即信息的及时性、信息的可靠性和信息的适用性。管理人员获得信息的方法主要有亲自观察、分析报表资料、召开会议、抽样调查等。

建立这样的信息反馈系统不仅更有利于保证预定计划的实施，而且能防止基层工作人员把衡量和控制视作上级检查工作、进行惩罚的手段，从而避免产生抵触情绪。

2. 确定适宜的衡量频度

正如我们在有效控制的要求中分析的,控制过多或不足都会影响控制的有效性。这种"过多或不足",不仅体现在控制对象衡量标准的数目选择上,而且表现在对同一标准的衡量次数或频度上。对影响各种结果的要素或活动过于频繁地进行衡量,不仅会增加控制的费用,而且可能引起有关人员的不满,从而影响他们的工作态度;而检查和衡量的次数过少,则可能使许多重大的偏差不能被及时发现,从而不能及时采取措施。

以什么样的频度、在什么时候对某种活动的绩效进行衡量,这取决于被控制活动的性质。例如,对产品的质量控制,常常需要以小时或以日为单位进行;而对新产品开发的控制则可能只需以月为单位进行就可以了。需要控制的对象可能发生重大变化的时间间隔是确定适宜的衡量频度所需考虑的主要因素。

3. 通过衡量工作成绩检验标准的客观性和有效性

负有控制责任的管理人员只有及时掌握反映实际工作与预期工作绩效之间的偏差信息,才能迅速采取有效的纠正措施。然而,并不是所有衡量绩效的工作都是由主管直接进行的,有时需要借助专职的检测人员,因此,应该建立有效的信息反馈网络,使反映实际工作情况的信息适时地传递给适当的管理人员,使之能与预定标准相比较,及时发现问题。这个网络还能及时将偏差信息传递给与被控制活动有关的部门和个人,以使他们及时知道自己的工作状况,并指导他们更有效地完成工作。

(三)纠正偏差

利用科学的方法,依据客观的标准,对工作绩效进行衡量,可以发现计划执行中出现的偏差。纠正偏差就是在此基础上,分析偏差产生的原因,制订并实施必要的纠正措施。这项工作使得控制过程得以完整,并将控制与管理的其他职能相互连接:通过纠偏,使组织计划得以遵循,使组织结构和人事安排得到调整。

为了保证纠偏措施的针对性和有效性,必须在制定和实施纠偏措施的过程中注意下述问题。

1. 找出偏差产生的主要原因

并非所有的偏差都会影响企业的最终成果。有些偏差可能反映了计划制订和执行工作中的严重问题。而另一些偏差则可能由一些偶然的、暂时的、区域性的因素引起,不一定会对组织的最终活动结果产生重要影响。因此,在采取任何纠偏措施以前,必须对反映偏差的信息进行评估和分析。首先,要判断偏差的严重程度是否足以构成对组织活动效率的威胁,是否值得分析原因、采取纠正措施;其次,要探寻导致偏差产生的主要原因。

纠正措施的制订是以偏差原因的分析为依据的。而同一偏差则可能由不同的原因引起:销售利润的下降,既可能是因为销售量的降低,也可能是因为生产成本的提高。前者既可能是因为市场上出现了技术更加先进的新产品,也可能是由于竞争对手采取了某种竞争策略,或是企业产品质量下降;后者既可能是原材料、劳动力消耗和占用量的增加,也可能是由于购买价格的提高。不同的原因要求采取不同的纠正措施。要通过评估反映偏差的信息和对影响因素的分析,透过表面现象找出造成偏差的深层原因,在众多的深层原因中找出最主要者，为纠偏措施的制订指明方向。

2. 确定纠偏措施的实施对象

需要纠正的可能是企业的实际活动，也可能是组织这些活动的计划或衡量这些活动的标准。例如，大部分员工没有完成劳动定额，可能不是由于全体员工的抵制，而是定额水平太高；承包后企业经理的兑现收入可高达数万元甚至数十万元，可能不是由于经营者的努力数倍，而是由于承包基数不恰当或确定经营者收入的挂钩方法不合理；企业产品销售量下降，可能并不是由于质量劣化或价格不合理，而是由于市场需求的饱和或周期性的经济萧条。在这些情况下，首先要改变的是衡量这些工作的标准或指导工作的计划。

预定计划或标准的调整是由两种原因决定的：一是原先的计划或标准制定得不科学，在执行中出现了问题；二是原来正确的标准和计划由于客观环境发生了预料不到的变化，不再适应新形势的需要。负有控制责任的管理者应该认识到，外界环境发生变化以后，如果不对预先制订的计划和行动标准及时进行调整，那么即使内部活动组织得非常完善，企业也不可能实现预定的目标。如果消费者的需求偏好转移，那么这时企业的产品质量再高，功能再完善，生产成本、价格再低，仍然不可能找到销路，也就不会给企业带来预期利润。

3. 选择恰当的纠偏措施

针对产生偏差的主要原因，就可能制订改进工作或调整计划与标准的纠正方案。在纠偏措施的选择和实施过程中，要注意以下几方面。

（1）使纠偏方案双重优化。纠正偏差，不仅在措施对象上可以进行选择，而且对同一对象的纠偏也可采取多种不同的措施。所有这些措施，其实施条件和效果的经济性都要优于不采取任何行动、任由偏差发展，有时如果行动的费用超过偏差带来的损失，则最好的方案也许是不采取任何行动。这是纠偏方案选择过程中的第一种优化。第二种优化是在此基础上，通过对各种经济可行方案的比较，找出其中追加投入最少、解决偏差效果最好的方案来实施。

（2）充分考虑原定计划实施的影响因素。由于对客观环境的认识能力提高，或者由于客观环境本身发生了重要变化而引起了纠偏需要，可能会导致对原定计划与决策的局部甚至全局的否定，从而要求企业活动的方向和内容进行重大调整，这种调整有时被称为"追踪决策"，即"当原有决策的实施表明将危及决策目标的实现时，对目标或决策方案所进行的一种根本性修正"。

（3）注意消除人们对纠偏措施的疑虑。任何纠偏措施都会在不同程度上引起组织的结构、关系和活动的调整，从而会涉及某些组织成员的利益。不同的组织成员会因此对纠偏措施持不同态度，特别是在纠偏措施属于对原先决策和活动进行重大调整的最终决策时。虽然一些原先反对初始决策的人会幸灾乐祸，甚至夸大原先决策的失误，反对保留其中任何合理的成分，但更多的人对纠偏措施持怀疑和反对的态度，原先决策的制定者和支持者会因害怕改变决策标志着自己的失败而公开或暗地里反对纠偏措施的实施；执行原先决策、从事具体活动的基层工作人员则会对自己参与的已经形成的或开始形成的活动结果怀有感情，或者担心调整会使自己失去某种工作机会，影响自己的既得利益，从而极力抵制任何重要的纠偏措施的制订和执行。因此，控制人员要充分考虑组织成员对纠偏措施的不同态度，特别是要注意消除执行者的疑虑，争取更多人理解、赞同和支持纠偏措施，以避免在纠偏方案的实施过程中出现人为障碍。

【☆思政专栏11-1】

反效果定律（opposite effect）

心理学家库（Cone）说一般人的头脑受反效果定律支配，我们会撞上那个我们尽力要避免的东西，因为我们所害怕的事会变成我们意识的焦点。这句话的大意是：我们的头脑受反效果定律支配，总是让意识焦点集中在我们所害怕的事物上。有点像人们常说的：最担心的事情发生了，哪壶不开提哪壶。

奥修在说反效果定律时曾举了一个例子：一个在路上骑自行车的人，看见前方有一块小石头，他担心自己会碰上去。他越是担心那块石头，石头的威胁就越大。结果，石头占据了他的整个思想，最后不可避免地碰上去了。这是人类的预感吗？其实，人所盼望的、期望的大多没有发生。只是不愿发生的一旦发生，就会成为强化的记忆——你看看，预见得多么准，真的就发生了。这就好比弹簧，你越是用力压，它越是要反弹，似乎在跟你作对。在爱伦坡的小说《黑猫》中，有人杀死了猫并砌进墙中。警察来调查，这人紧张得听到了猫叫，说：猫不在墙里。

资料来源：MBA智库"反效果定律"。

本 章 小 结

本章着重介绍了控制和管理控制的含义、控制在管理过程中的地位和作用，详细探讨了控制的类型划分和对象，分析了控制应遵循的原则及控制过程所包含的基本程序。

首先，介绍控制职能的几个基本要点：控制是干预工作状况的实际行动；控制对于工作状况以信息反馈为基础；控制目的在于防范和纠正工作偏差；控制是一个保证既定目标得以实现的持续过程。其次，论述控制的重要性：控制职能贯穿管理全过程；控制可以保证复杂的组织活动能够协调一致地运作，帮助组织赢得竞争优势；控制增强组织有效性；建立秩序控制过程。再次，详细探讨控制的类型划分及控制的原则。控制的原则包括适时性原则、适度性原则、客观性原则、弹性原则。最后，介绍控制的三个基本环节：确立控制标准、衡量绩效、纠正偏差。

复习思考题

1. 谈谈控制对于整个组织管理的意义。
2. 管理中控制的含义和作用是什么？

3. 简述控制的类型。
4. 简述控制应遵循哪些原则和控制的基本程序。
5. 在当今管理活动中，前馈控制为什么显得更为重要？
6. 联系实际谈谈组织如何做到有效控制。

第十二章 控制方法

本章导读

控制的技术和方法多种多样，最终目的就是提高经济效益，实现经济发展。如何有效地运用控制技术和方法，是成功进行控制的重要保证。管理控制是包括人力控制、物力控制、财力控制等子系统的管理控制系统，其主要内容有：建立多层次的目标系统，在各单位、各部门间进行资源的优化配置，采用卓有成效的管理方法，建设精干、高效的管理机构。菲利浦·克劳士比在20世纪60年代初提出"零缺陷"思想。这就是在实施控制技术的理念。他还在美国推行"零缺陷"运动。这种运动后来传至日本，在日本制造业中全面推广，使日本的制造业产品质量迅速提高，达到了世界级水平，继而扩大到工商业所有领域。

学习目标

知识目标：掌握预算控制、非预算控制等多种控制方法，理解控制技术在管理过程中的地位和作用；熟悉各种预算技术的主要内容及优缺点；熟悉各种预算技术的适用范围。

能力目标：掌握综合分析、判断的能力；掌握在复杂环境下选择技术方法并有效执行的能力。

素质目标：成本意识；全过程的思维；经济适度原则；关键点决策艺术。

思政目标：细节决定成败；培养学生的危机意识、科学严谨作风及务实态度。

关键概念

控制技术（control technology）　　预算控制（budget control）
非预算控制（non-budget control）　　作业控制（operational control）
财务控制（financial control）　　综合控制（integrated control）
增量预算（incremental budget）　　零基预算（zero-base budgeting，ZBB）
定期预算（regular budget）　　滚动预算（rolling budget）

在企业管理实践中有多种控制方法，管理人员除了利用现场巡视监督或分析下属依循组织渠道传送的工作报告等手段进行控制外，还经常借助预算控制、比率分析、审计控制、盈亏控制以及网络控制等方法进行控制。本章重点从预算控制、作用控制、财务控制及综合控制四个方面介绍一些常用的控制方法。

第一节 预算控制

企业在未来的几乎所有活动中都可以利用预算进行控制，预算预估了企业在未来的经营收入或现金流量，同时也为各部门或各项活动规定了在资金、劳动、材料、能源等方面的支出不能超过的额度。预算控制根据预算规定的收入与支出标准检查和监督各个部门的生产经营活动，以保证各种活动或各个部门在充分达成既定目标、实现利润的过程中对经营资源的利用，从而使费用的支出受到严格有效的约束。

一、预算的编制

预算可以根据不同的预算项目，分别采用相应方法进行编制。

(一) 分预算与全面预算

1. 分预算

分预算是按照部门和项目进行编制的，它详细说明了相应部门的收入目标或费用支出的水平，规定了它们在生产活动、销售活动、采购活动、研究开发活动或财务活动中筹措和利用劳力、资金等生产要素的标准，是以货币及其他数量形式所反映的有关组织未来一段时间内局部经营活动各项目标的行动计划与相应措施的数量说明。

2. 全面预算

全面预算是在对所有部门或项目分预算进行综合平衡的基础上编制而成的，它概括了企业相互联系的各个方面在未来时期的总体目标。只有编制了总体预算，才能进一步明确组织各部门的任务目标、制约条件以及各部门在活动中的相互关系，从而为正确评价和控制各部门的工作提供客观的依据。

任何预算都需用数字形式表述，全面预算必须用统一的货币单位衡量，而分预算则不一定用货币单位衡量。

(二) 固定预算与弹性预算

1. 固定预算

固定预算又称静态预算（static budget），是指在编制预算时，只根据预算期内正常、可实现的某一固定的业务量（如生产量、销售量等）水平作为唯一基础来编制预算的方法。固定预算的适用范围：经营业务稳定、产品产销量稳定、能准确预测产品需求及产品成本的企业，也可用于编制固定费用预算。它是最传统的也是最基本的预算编制方法。固定预算法是按照预算期内可能实现的经营活动水平确定相应的固定预算数来编制预算的方法。

固定预算法的优点是简便易行。

固定预算法的缺点主要有如下两方面。

(1) 过于机械呆板。因为编制预算的业务量基础是事先假定的某一个业务量,所以不论预算期内业务量水平发生哪些变动,都只能将事先确定的某一个业务量水平作为编制预算的基础。

(2) 可比性差。这是固定预算法的致命弱点。当实际的业务量与编制预算所依据的预计业务量产生较大差异时,有关预算指标的实际数与预算数就会因业务量基础的不同而失去可比性。因此,按照固定预算法编制的预算不利于正确地控制、考核和评价企业预算的执行情况。

2. 弹性预算

弹性预算又称变动预算、滑动预算,是在变动成本法的基础上,以未来不同业务水平为基础编制预算的方法,与固定预算相对应。弹性预算是以预算期间可能发生的多种业务量水平为基础,分别确定与之相应的费用数额而编制的、能适应多种业务量水平的费用预算,以便分别反映在各业务量的情况下所应开支(或取得)的费用(或利润)水平。正是由于这种预算可以随着业务量的变化而反映该业务量水平下的支出控制数,具有一定的伸缩性,因而称为"弹性预算"。

弹性预算的适用范围:弹性预算从理论上讲,适用于全面预算中。与业务量有关的项目编制弹性成本预算,应在选择适当业务量计量单位,并确定其有效变动范围的基础上,按该业务量与有关成本费用项目之间的内在关系进行分析。而常见的实现方式有公式法、列表法、图示法等。下面主要叙述前两种方法。

(1) 公式法。公式法是运用总成本性态模型测算预算期的成本数额,并编制成本预算的方法。根据成本性态,成本与业务量之间的数量关系可用公式表示为

$$y=a+bx \tag{12.1}$$

式中:y 表示某项预算成本总额;a 表示该项成本中的预算固定成本额;b 表示该项成本中的预算单位变动成本额;x 表示预计业务量。

公式法的优点是便于计算任何业务量的预算成本。但是,阶梯成本和曲线成本只能先用数学方法修正为直线,才能应用公式法。必要时,还需在"备注"中说明适用不同业务量范围的固定费用和单位变动费用。

(2) 列表法。列表法是在预计的业务量范围内将业务量分为若干个水平,然后按不同的业务量水平编制预算。

应用列表法编制预算,首先要在确定的业务量范围内划分出若干个不同水平,然后分别计算各项预算值,汇总列入一个预算表格。

列表法的优点:不管实际业务量是多少,不必经过计算即可找到与业务量相近的预算成本;混合成本中的阶梯成本和曲线成本可按总成本性态模型计算填列,不必用数学方法修正为近似的直线成本。但是,运用列表法编制预算,在评价和考核实际成本时,往往需要使用插补法计算"实际业务量的预算成本",比较麻烦。

弹性预算的优点:一方面,能够适应不同经营活动情况的变化,扩大了预算的范围,更好地发挥了预算的控制作用,避免了在实际情况发生变化时对预算做频繁的修改;另一方面,能够使预算对实际执行情况的评价与考核建立在更加客观可比的基础上。

弹性预算的适用性:这种方法适用于各项随业务量变化而变化的项目支出,如学校的

货物采购项目，由于学生的招生规模变化很大，因而可以根据预算年度计划招生人数、在校学生人数测算应添置的课桌、凳、床的数量，教学楼防护维修费用或其他采购项目。

（三）增量预算与零基预算

1. 增量预算

增量预算（incremental budget）方法又称调整预算方法，是指以基期成本水平为基础，结合预算期业务量水平及有关影响成本因素的未来变动情况，通过调整有关原有费用项目而编制预算的一种方法。这是一种传统的预算方法。

增量预算方法的假设前提如下。

（1）现有的业务活动是企业必需的。

（2）原有的各项开支都是合理的。

（3）增加费用预算是值得的。

增量预算的特征及缺陷如下。

首先，资金被分配给各部门或单位，这些部门或单位再将资金分配给适当的活动或任务。

其次，增量预算基本上都是从前一期的预算推演出来的，每一个预算期开始时，都采用上一期的预算作为参考点，而且只有那些要求增加预算的申请才会得到审查。然而，这两个特征都可能产生一些问题。

（1）增量预算往往缺乏针对性。当资金分配给企业内部的各部门以后，在一个部门内部区分活动的优先次序变得困难起来。因为，企业各个部门通常具有多重目标和从事多项活动，但增量预算并不考虑这种活动的多样性，它们只管把资金分配给部门而不是分配给活动或任务。具有多重目标的部门或单位一般都存在这样的问题：一些目标比其他目标更加重要且达到不同目标的难易程度往往存在差异，而增量预算对此不加区分。因此，作为一种计划工具，增量预算方法缺乏有效的针对性。

（2）当管理层希望用预算来控制成本或提高效率时，增量预算的缺陷显得更加严重。事实上，增量预算最容易掩盖低效率和浪费。其中，最普遍的问题就是，在典型的增量预算中，原有的开支项一般很难砍掉，即使其中的一些项目已没有设立的必要了。这是因为在编制新年度的预算时，会参照上一期的资金分配情况，然后部门管理者再加上对新活动的预算要求和通货膨胀率。而最高管理层往往只审查那些增加的部分，对于原有的各项拨款是否应该继续很少考虑，结果是某些活动分配到的资金远远超过其实际的需要。

（3）增量预算往往缺乏结构性、灵活性、系统性，不利于控制成本或提高效率。

2. 零基预算

零基预算（zero-base budgeting，ZBB）是指对任何一个预算期、任何一种费用项目的开支，都不是从原有的基础出发，即根本不考虑基期的费用开支水平，而是从零开始考虑各费用项目的必要性，确定预算收支，编制预算。

和传统预算编制方法相比，零基预算具有以下优点。

（1）有利于提高员工的"投入—产出"意识。传统的预算编制方法主要是由专业人员完成的，零基预算是以"零"为起点观察和分析所有业务活动，并且不考虑过去的支出水平,因此,需要动员企业的全体员工参与预算编制,这使得不合理的因素不能继续保留下去,从投入开始减少浪费,通过成本—效益分析,提高产出水平,从而使投入产出意识得以增强。

(2) 有利于合理分配资金。要对每项业务进行成本—效益分析,对每个业务项目是否应该存在、支出金额多少,都要进行分析计算。只有精打细算、量力而行,才能使有限的资金流向富有成效的项目,所分配的资金也能更加合理。

(3) 有利于发挥基层单位参与预算编制的创造性。在零基预算的编制过程中,企业内部情况易于沟通和协调,企业整体目标更趋明确,多业务项目的轻重缓急容易获得共识,有助于调动基层单位参与预算编制的主动性、积极性和创造性。

(4) 有利于提高预算管理水平。零基预算极大地增加了预算的透明度,预算支出中的人头经费和专项经费一目了然,各级之间发生争吵的现象得到缓解,预算会更加切合实际,也能更好地起到控制作用,整个预算的编制和执行得以逐步规范,预算管理水平得以提高。

零基预算法的缺点如下。

尽管零基预算法和传统的预算方法相比有许多好的创新,但在实际运用中仍存在一些"瓶颈"。

(1) 由于一切工作从"零"做起,因此采用零基预算法编制工作量大,费用相对较高。

(2) 分层、排序和分配资金时,可能受主观因素影响,容易引起部门之间的矛盾。

(3) 任何单位工作项目的"轻重缓急"都是相对的,过分强调当前的项目,可能使有关人员只注重短期利益,忽视本单位作为一个整体的长远利益。

(四) 定期预算与滚动预算

1. 定期预算

定期预算(regular budget)也称为阶段性预算,是指在编制预算时以不变的会计期间(如日历年度)作为预算期的一种预算编制的方法。

定期预算的唯一优点是能够使预算期与会计年度相配合,便于考核和评价预算的执行结果。

按照定期预算方法编制的预算主要有以下缺点。

(1) 盲目性。由于定期预算往往是在年初甚至提前两三个月编制的,对于整个预算年度的生产经营活动很难做出准确的预算,尤其是对预算后期的预算只能进行笼统的估算,数据笼统含糊,缺乏远期指导性,给预算的执行带来很多困难,不利于对生产经营活动的考核与评价。

(2) 滞后性。由于定期预算不能随情况的变化及时调整,所以当预算中所规划的各种活动在预算期内发生重大变化时(如预算期临时中途转产),就会造成预算滞后,成为虚假预算。

(3) 间断性。受预算期的限制,经营管理者的决策视野局限于本期规划的经营活动,通常不考虑下一期。例如,一些企业提前完成本期预算后,以为可以松一口气,其他事等来年再说,形成人为的预算间断。因此,按固定预算方法编制的预算不能适应连续不断的经营过程,所以不利于企业的长远发展。为了克服定期预算的缺点,在实践中可采用滚动预算的方法编制预算。

2．滚动预算

滚动预算（rolling budget）又称永续预算或连续预算，是指按照"近细远粗"的原则，根据上一期的预算完成情况调整和编制下一期预算，并将预算编制的时期逐期连续滚动向前推移，使预算总是保持一定的时间幅度。

它的基本原理：使预算期永远保持 12 个月，每过 1 个月，立即在期末增列 1 个月的预算，逐期向后滚动，因而在任何一个时期都能使预算保持 12 个月的时间跨度。这种预算能使企业各级管理人员对未来永远保持整整 12 个月时间的考虑和规划，从而保证企业的经营管理工作能够持续稳定地进行。

滚动预算的编制也可采用长计划、短安排的方式进行，即在编制预算时，可先按年度分季，并将其中第一季度按月划分，编制各月的详细预算。其他三个季度的预算可以粗一些，只列各季总数，到第一季度结束前，再将第二季度的预算按月细分，第三、第四季度及下年度第一季度只列各季总数，依次类推，使预算不断地滚动下去。××公司编制的滚动预算如图 12.1 所示。

2005年度预算					
第1季度			第2季度	第3季度	第4季度
1月	2月	3月	总数	总数	总数

差异对比分析

	2005年度预算					2006年度
	第2季度			第3季度	第4季度	第1季度
	1月	2月	3月	总数	总数	总数

第1季度实际数

图 12.1　××公司滚动预算

与传统的定期预算相比，滚动预算具有以下优点。

（1）能保持预算的完整性、持续性，从动态预算中把握企业的未来。

（2）使各级管理人员能始终对未来一定时期的生产经营活动做周详的考虑和全盘规划，保证企业的各项工作有条不紊地进行。

（3）由于预算能随时间的推进不断加以调整和修订，使预算与实际情况更相适应，有利于充分发挥预算的指导和控制作用。采用滚动预算的方法，预算编制工作比较繁重。为了适当简化预算的编制工作，也可按季度滚动编制预算。

（4）有利于管理人员对预算资料做经常性的分析研究，并根据当前的执行情况及时加以修订，保证企业的经营管理工作稳定而有秩序地进行。

采用该方法编制预算的唯一缺点就是预算工作量较大。所以，也可以按季度滚动编制预算，而在执行预算的那个季度里，再按月份具体地编制预算，这样可以适当简化预算的编制工作。总之，预算的编制是按月份滚动还是按季度滚动，应视实际需要而定。

滚动预算的适用性如下。

这种方法适用于规模较大、时间较长的工程类或大型设备采购项目。

二、预算的种类

不同企业由于生产活动的特点不同,预算表中的项目会有不同程度的差异。但一般来说,预算内容涉及以下几个方面:收入预算、支出预算、现金预算、资金支出预算、资产负债预算。

(一) 收入预算

收入预算和支出预算提供了关于企业未来某段时期经营状况的一般说明,即从财务计划角度预测未来活动的成果以及未取得这些成果所需付出的费用。

由于企业收入主要来源于产品销售,因此收入预算的主要内容是销售预算。销售预算是在销售预测的基础上编制的,即通过分析企业过去的销售情况、目前和未来的市场需求特点及其发展趋势,比较竞争对手和本企业的经营实力,确定企业在未来为了实现目标利润必须达到的销售水平。

由于企业通常不止生产一种产品,这些产品也不仅在某一个区域市场上销售,因此,为了能为控制未来的活动提供详细的依据,便于检查计划的执行情况,往往需要按产品、区域市场或消费群为各经营单位编制分项销售预算。同时,由于在一年中不同季度和月度销售量也往往不稳定,所以,通常还需预计不同季度和月度的销售收入,这种预计对编制现金预算是很重要的。

(二) 支出预算

企业销售的产品是在内部生产过程中加工制造出来的,在这个过程中,企业需要借助一定的劳动力,利用和消耗一定的物产资源。因此,与销售预算相对应,企业必须编制保证销售过程得以进行的生产活动的预算。关于生产活动的预算,不仅要确定为取得一定销售收入所需要的产品数量,而且更重要的是要预计为得到这些产品、实现销售收入需要付出的费用,即编制各种支出预算。

1. 直接材料预算

直接材料预算是根据实现销售收入所需的产品种类和数量,详细分析为了生产这些产品,企业必须使用的原材料的种类和数量,它通常以实物单位表示。考虑到库存因素后,直接材料预算可以成为采购部门编制采购预算、组织采购活动的基础。

2. 直接人工预算

直接人工预算需要预计企业为了生产一定数量的产品,需要哪些种类的工人,每种类型的工人在什么时候需要多少数量,以及利用这些人员劳动的直接成本是多少。

3. 附加费用预算

直接材料和直接人工只是企业全部经营费用的一部分,企业的行政管理、营销宣传、人员推销、销售服务、设备维修、固定资产折旧、资金筹措以及税金等也要消耗企业的资金,因此这些费用也需要进行预算,这就是附加费用预算。

（三）现金预算

现金预算是对企业未来生产与销售活动中现金的流入与流出进行预算，通常由财务部门编制。现金预算只能包括那些实际包含在现金流程中的项目，如：需要今后逐年分摊的投资费用却需要当年实际支出现金；赊销所得的应收款在用户实际支付以前不能列作现金收入；赊购所得的原材料在未向供应商付款以前也不能列入现金支出。因此，现金预算并不需要反映企业的资产负债情况，而是要反映企业在未来活动中的实际现金流量和流程。企业的销售收入、利润即使相当可观，但大部分尚未收回，或收回后被大量的库存材料或在制品所占用，那么也不可能给企业带来现金上的方便。通过现金预算，可以帮助企业发现现金的闲置或不足，从而指导企业及时利用暂时过剩的资金，或及早筹齐维持营运所短缺的资金。

（四）资金支出预算

上述各种预算通常只涉及某个经营阶段，是短期预算，而资金支出预算则可能涉及好几个阶段，是长期预算。如果企业的收支预算被很好地执行，企业有效地组织了资源的利用，那么利用这些资源生产得到的产品销售以后所得的收入就会超出资源消耗的支出，从而给企业带来盈余，企业利用盈余的一个很重要的部分是用来进行生产能力的恢复和扩大。由于这些支出具有投资的性质，因此对其的计划安排通常被称为投资预算或资金支出预算。资金支出预算的项目包括：用于更新改造和扩充包括厂房、设备在内的生产设施的支出；用于增加品种、完善产品性能或改进工艺的研究与开发支出；用于提高职工和管理队伍素质的人事培训与发展支出；用于广告宣传、寻找顾客的市场发展支出等。

（五）资产负债预算

资产负债预算是对企业会计年度末期的财务状况进行预测。它通过将各部门和各项目的分预算汇总在一起，表明如果企业的各种业务活动达到预先规定的标准，在财务期末企业资产与负债会呈现何种状况。作为分预算的汇总，管理人员在编制资产负债预算时虽然不必做出新的计划或决策，但通过对预算表的分析，可以发现某些分预算的问题，从而有助于及时采取措施调整。比如，通过分析流动资产与流动负债的比率，可能发现企业未来的财务安全性不高、偿债能力不强，可能要求企业在资金的筹措方式、来源及其使用计划上做相应的调整。另外，通过将本期预算与上期实际发生的资产负债情况进行对比，还可发现企业财务状况可能会发生哪些不利变化，从而指导事前控制。

三、预算的作用及缺点

由于预算的实质是用统一的货币单位为企业各部门的各项活动编制计划，因此，它使得企业在不同时期的活动效果和不同部门的经营绩效具有可比性，可以使管理者了解企业经营状况的变化方向和组织中的优势部门与问题部门，从而为调整企业活动指明了方向；通过为不同职能部门和职能活动编制预算，为协调企业活动提供了依据。更重要的是，预算的编制与执行始终是与控制过程联系在一起的，编制预算是为企业的各项活动确立财务标准；用数量形式的预算标准对照企业活动的实际效果，大大方便了控制过程中的绩效衡量工作，也使之更加客观可靠。在此基础上，很容易测量出实际活动对预期效果的偏离程度，从而为采取纠正措施奠定了基础。

由于这些积极的作用，预算手段在组织管理中得到了广泛应用，但在预算的编制和执行中，也暴露了一些局限性。

（1）它只能帮助企业控制那些可以计量的、特别是可以用货币单位计量的业务活动，而不能促使企业对那些不能计量的企业文化、企业形象、企业活力的改善给予足够的重视。

（2）编制预算时通常参照上期的预算项目和标准，会忽视本期活动的实际需要，因此会导致这样的错误：上期有的本期不需要的项目仍然沿用，而本期必需的上期没有的项目会因缺乏先例而不能增设。

（3）企业活动的外部环境是在不断变化的，这些变化会改变企业获取资源的支出或销售产品实现的收入，从而使预算变得不合时宜。因此，缺乏弹性，特别是涉及较长时期的预算可能会过度束缚决策者的行动，使企业经营缺乏灵活性和适应性。

（4）预算，特别是项目预算和部门预算，不仅对有关负责人提出了希望他们实现的结果，而且也为他们得到这些成果而有效开支的费用规定了限度。这种规定可能使主管们在活动中精打细算，小心翼翼地遵守不得超过支出预算的准则，而忽视了部门活动的未来目的。

（5）在编制费用预算时，通常会参照上期已发生过的本项目费用，同时，主管人员也知道在预算获得最后批准的过程中，预算申请多半需要被削减一部分，因此他们的费用预算申报数要多于实际需要数，特别是对那些难以观察、难以量化的费用项目更是如此。所以，费用预算总是具有按例递增的习惯，如果在预算编制的过程中没有仔细地复查相应的标准和程序，那么预算可能会成为低效的管理部门的保护伞。

只有充分认识了上述局限性，才能有效地利用预算这种控制手段，并辅之以其他的工具。

【☆思政专栏12-1】

懒蚂蚁效应

日本北海道大学进化生物研究小组对三个分别由30只蚂蚁组成的黑蚁群的活动进行了观察。结果发现，大部分蚂蚁都很勤快地寻找、搬运食物，而少数蚂蚁却整日无所事事、东张西望，他们把这部分蚂蚁叫作"懒蚂蚁"。

有趣的是，当生物学家在这些"懒蚂蚁"身上做标记，并且断绝蚁群的食物来源时，那些平时工作很勤快的蚂蚁表现得一筹莫展，而"懒蚂蚁"们则"挺身而出"，带领众蚂蚁向它们早已侦察到的新的食物来源转移。

原来，"懒蚂蚁"们把大部分时间都花在了"侦察"和"研究"上。它们能观察到组织的薄弱之处，同时保持对新的食物来源的探索状态，从而保证群体不断得到新的食物来源。这就是所谓的"懒蚂蚁效应"——懒于杂务，才能勤于动脑。

第二节 作业控制

我们可以把企业运营看成这样一个动态过程：企业首先获得原材料、零部件、劳动力等，经过企业系统的转换和经营，生产出有形的产品或无形的服务。在这个过程中，为了达到企业预定的目标，就必须对企业的经营管理活动进行控制。事实上，控制活动贯穿于上述整个过程，即管理人员需要对原材料、零部件、劳动力等投入进行控制，需要对企业系统的转换和运营进行控制，也需要对有形的产品或无形的服务进行控制。本节着重讨论与投入活动有关的对成本的控制、库存的控制及质量的控制。

一、成本控制

（一）成本控制的概念

成本控制（cost control）是指把本核算方法作为控制的手段，通过制定成本总水平指标值、可比产品成本降低率以及成本中心控制成本的责任等，达到对经济活动实施有效控制的目的的一系列管理活动与过程。

成本控制的过程是运用系统工程的原理对企业在生产经营过程中发生的各种耗费进行计算、调节和监督的过程，也是一个发现薄弱环节、挖掘内部潜力、寻找一切可能降低成本途径的过程。

科学地组织实施成本控制，可以促进企业改善经营管理，转变经营机制，全面提高企业素质，使企业在市场竞争的环境下生存、发展和壮大。

成本控制的目的是降低成本支出的绝对额，故又称绝对成本控制；成本控制还包括统筹安排成本、数量和收入的相互关系，以求收入的增长超过成本的增长，实现成本的相对节约，因此又称相对成本控制。

企业成本控制是指企业根据预先确定的成本制度和管理控制目标，在一定职权范围内，在成本过度耗费发生之前，对各种可能影响企业成本的主要因素和不利条件进行管控，进而采取风险预防和成本控制的措施，从而保证成本制度和管理控制目标顺利实现。

成本控制应是全面控制的概念，包括全员参与和全过程控制。成本控制和成本保证的某些活动是相互关联的。

（二）成本控制的分类

根据成本控制的阶段进行划分，企业成本控制主要分为事前企业成本控制、事中企业成本控制和事后企业成本控制三类。第一，事前企业成本控制是整个作业成本控制活动中最重要的环节，直接影响整个作业管理流程的成本。第二，事中企业成本控制是指对整个物流企业运行成本的事中控制，包括对物流、人力、物力、财力的事中控制以及劳动工具等费用支出的事中控制。第三，事后成本控制是指及时发现企业存在的成本问题，及时进行问题纠正，保证成本控制目标的实现。

(三)成本控制的对象

成本控制是成本管理的一部分。满足成本要求主要是指满足顾客、最高管理者、相关方以及法律法规等对组织的成本要求。成本控制的对象是成本发生的过程,包括设计过程、采购过程、生产和服务提供过程、销售过程、物流过程、售后服务过程、管理过程、后勤保障过程等所发生的成本控制。

成本控制的结果应能使被控制的成本达到规定的要求。为使成本控制达到规定的、预期的成本要求,就必须采取适宜的和有效的措施,包括作业、成本工程和成本管理技术及方法,如 VE 价值工程、IE 工业工程、ABC 作业成本法、ABM 作业成本管理、SC 标准成本法、目标成本法、CD 降低成本法、本量利分析、SCM 战略成本管理、质量成本管理、环境成本管理、存货管理、成本预警、动量工程、成本控制方案等。

开展成本控制活动的目的就是防止资源的浪费,使成本降到尽可能低的水平,并保持已降低的成本水平。

(四)成本控制的原则

成本控制反对"秋后算账"和"死后验尸"的做法,提倡预先控制和过程控制。因此,成本控制必须遵循预先控制和过程方法的原则,并在成本发生之前或在发生的过程中考虑和研究为什么要发生这项成本、应不应该发生、应该发生多少、应该由谁发起、应该在什么地方发生、是否必要,决定后应对过程活动进行监视、测量、分析和改进。

(五)成本控制的方法

成本控制最重要的是制定控制标准,一般组织可以采用预算成本和标准成本作为成本控制的标准。预算成本是指用财务核算方法为各部门或各项活动规定的,在资金劳动材料、能源等方面支出的额度;标准成本则是根据组织一段时间内各成本项目的实际耗费情况而确定的。

在控制方法上,可以采用成本中心法控制成本,各部门分厂或车间都可以被当作独立的成本中心,其主管人员对其产品的成本负责。加强成本控制,必须建立健全有关的基础性工作:建立分级控制和归口控制的责任制度,建立费用审批制度,加强和完善流程管理工作,组织发动员工开展各种降低成本的活动。

二、库存控制

(一)库存控制的概念

库存控制(inventory control)是对制造业或服务业生产、经营全过程的各种物品、产成品以及其他资源进行管理和控制,使其储备保持在经济合理的水平上。库存控制是使用控制库存的方法,得到更多利润的商业手段。 库存控制是仓储管理的一个重要组成部分。它是在满足顾客服务要求的前提下对企业的库存水平进行控制,力求尽可能降低库存水平、提高物流系统的效率,以提高企业的市场竞争力。

库存控制要考虑下面几个方面:销量、到货周期、采购周期、特殊季节、特殊需求等。

库存控制需要利用信息化手段，每次进货都记录下来；要有盘库功能，库存的价值与市场同步涨跌；要有生产计划，根据生产计划和采购周期安排采购。进行单件成本核算，节约奖励，对供货商进行管理，均衡采购，保持竞争才能得到优质的服务和低廉的价格。

实物库存控制只是库存控制的一种表现形式，主要针对仓库的物料进行盘点、**数据管理**、保管、发放等。

（二）库存控制的作用

保持适量的库存的作用主要体现在以下几个方面：在保证企业生产、经营需求的前提下，使库存量始终保持在合理的水平上；掌握库存量动态，适时、适量提出订货，避免超储或缺货；减少库存空间占用，降低库存总费用；控制库存资金占用，加速资金周转。

库存控制不良会给组织的活动带来如下负面的影响。

（1）库存量过大所产生的问题：增加仓库面积和库存保管费用，从而提高了产品成本；占用大量的流动资金，造成资金周转不良，既加重了货款利息等负担，又影响了资金的时间价值和机会收益；造成产成品和原材料的有形损耗和无形损耗；造成企业资源的大量闲置，影响其合理配置和优化；掩盖了企业生产、经营全过程的各种矛盾和问题，不利于企业提高管理水平。

（2）库存量过小所产生的问题：造成服务水平的下降，影响销售利润和企业信誉；造成生产系统原材料或其他物料供应不足，影响生产过程的正常进行；使订货间隔期缩短，订货次数增加，使订货（生产）成本提高；影响生产过程的均衡性和装配时的成套性。

【知识拓展 12-1】

ABC 管理法

ABC 管理法又叫 ABC 分析法，就是以某类库存物资品种数占物资品种总数的百分数和该类物资金额占库存物资总金额的百分数大小为标准，将库存物资分为 A、B、C 三类进行分级管理。

ABC 管理法的基本原理：对企业库存（物料、在制品、产成品）按其重要程度、价值高低、资金占用或消耗数量等进行分类、排序，一般 A 类物资数目占全部库存物资的 10%左右，而其金额占总金额的 70%左右；B 类物资数目占全部库存物资的 20%左右，而其金额占总金额的 20%左右；C 类物资数目占全部库存物资的 70%左右，而其金额占总金额的 10%左右。

A 类库存物资的管理：① 进货要勤；② 发料要勤；③ 与用户密切联系，及时了解用户需求的动向；④ 恰当选择安全系统，使安全库存量尽可能减少；⑤ 与供应商密切联系。C 类库存物资的管理：对于 C 类物料一般采用比较粗放的定量控制方式，可以采用较大的订货批量或经济订货批量进行订货。B 类库存物资的管理：介于 A 类和 C 类物料之间，可采用定量方式为主、定期方式为辅的方式，并按经济订货批量进行订货。

（三）库存控制系统的分类

库存控制系统必须解决三个问题：隔多长时间检查一次库存量、何时提出补充订货、每次订多少。按照对以上三个问题的解决方式的不同，可以分成三种典型的库存控制系统。

1. 定量库存控制系统

所谓定量库存控制系统，就是订货点和订货量都是固定量的库存控制系统，订货提前期是发出订货至到货的时间间隔，其中包括订货准备时间、发出订单、供方接受订货、供方生产、产品发运、提货、验收和入库等过程。显然，提前期一般为随机变量。

要发现现有库存量是否到达订货点，必须随时检查库存量。固定量系统需要随时检查库存量，并随时发出订货。这样虽然增加了管理工作量，但它使得库存量得到了严密的控制。因此，固定量系统适用于重要物资的库存控制。

为了减少管理工作量，可采用双仓系统。所谓双仓系统，是将同一种物资分放两仓（或两个容器），其中一仓使用完之后，库存控制系统就发出订货。在发出订货后，就开始使用另一仓的物资，直到到货，再将物资按两仓存放。

2. 定期库存控制系统

定量系统需要随时监视库存变化，对于物资种类很多且订货费用较高的情况是很不经济的。固定间隔期系统可以弥补固定量系统的不足。

定期库存控制系统就是每经过一个相同的时间间隔，发出一次订货，将现有库存补充到一个最高水平 S。当经过固定间隔时间 t 之后，发出订货，这时库存量降到 L_1，订货量为 $S-L_1$；经过一段时间（LT）到货，库存量增加 $S-L_1$；再经过固定间隔期 t 之后，又发出订货，这时库存量降到 L_2，订货量为 $S-L_2$，经过一段时间（LT）到货，库存量增加 $S-L_2$。

固定间隔期系统不需要随时检查库存量，到了固定的间隔期，各种不同的物资可以同时订货。这样简化了管理，也节省了订货费。不同物资的最高水平可以不同。固定间隔期系统的缺点是不论库存水平降低多少，都要按期发出订货，当库存水平很高时，订货量是很少的。为了克服这个缺点，就出现了最大最小库存控制系统。

3. 最大最小库存控制系统

最大最小库存控制系统仍然是一种固定间隔期系统，只不过它需要确定一个订货点 S。当经过时间间隔 t 时，如果库存量降到 S 及以下，则发出订货；否则，再经过时间 t 时再考虑是否发出订货。当经过间隔时间 t 之后，库存量降到 L_1，L_1 小于 S，发出订货，订货量为 $S-L_1$，经过一段时间（LT）到货，库存量增加 $S-L_1$。再经过时间 t 之后，库存量降到 L_2，L_2 大于 S，不发出订货。再经过时间 t，库存量降到 L_3，L_3 小于 S，发出订货，订货量为 $S-L_3$，经过一段时间（LT）到货，库存量增加 $S-L_3$，如此循环。

【知识拓展 12-2】

库存控制与仓储管理

在谈到"库存控制"的时候，很多人将其理解为"仓储管理"，这实际上是个很大的曲解。

传统的狭义观点认为，库存控制主要针对仓库的物料进行盘点、数据处理、保管、发放等。这只是库存控制的一种表现形式，或者可以定义为实物库存控制。那么，如何从广义的角度理解库存控制呢？库存控制应该是为了达到公司的财务运营目标，特别是现金流运作，通过优化整个需求与供应链管理流程(demand and supply chain management processes,

DSCMP），合理设置 ERP 控制策略，并辅之以相应的信息处理手段、工具，从而实现在保证及时交货的前提下，尽可能降低库存水平，减少库存积压与报废、贬值的风险。从这个意义上讲，实物库存控制仅仅是实现公司财务目标的一种手段，或者仅仅是整个库存控制的一个必要环节；从组织功能的角度讲，实物库存控制主要是仓储管理部门的责任，而广义的库存控制应该是整个需求与供应链管理部门乃至整个公司的责任。

三、质量控制

（一）质量的定义

质量有狭义和广义之分，狭义的质量指产品的质量，而广义的质量除了涵盖产品质量外，还包括工作质量。产品质量主要指产品的使用价值，即产品满足消费者需要的功能和性质，这些功能和性质可以具体化为下列五方面：性能、寿命、安全性、可靠性和经济性。工作质量主要指在生产过程中，围绕保障产品质量而进行的质量管理工作的水平。

（二）质量管理和控制的阶段

迄今为止，质量管理和控制已经经历了三个阶段。

1. 质量检查阶段

质量检查阶段大约发生在 20 世纪 20 年代至 40 年代，工作重点在产品生产出来的质量检查统计。

2. 质量管理阶段

质量管理阶段发生在 20 世纪 40 年代至 50 年代，管理人员主要以统计方法为工具，对生产过程加强控制，提高产品质量。

3. 全面质量管理

从 20 世纪 50 年代开始的全面质量管理（total quality management，TQM），是以保证产品质量和工作质量为中心，企业全体员工参与的质量管理体系，它具有多指标、全过程、多环节和综合性的特征，目的在于通过让顾客满意和本组织所有成员及社会受益而达到长期成功。如今全面质量管理已经形成一整套管理理念，并风靡全球。

20 世纪 50 年代末，美国通用电气公司的费根堡姆和质量管理专家朱兰提出了"全面质量管理"的概念，认为"全面质量管理是为了能够在最经济的水平上、充分满足客户要求的条件下进行生产和提供服务，让企业各部门在研制质量、维持质量和提高质量的活动中成为一体的一种有效体系"。20 世纪 60 年代初，美国一些企业根据行为管理科学的理论，在企业的质量管理中开展了依靠职工"自我控制"的"无缺陷"（zero defects）运动。日本在工业企业中开展了质量管理小组（quality control circle，QCC）活动，使全面质量管理活动迅速发展起来。

【知识拓展 12-3】

零缺陷管理

零缺陷管理由被誉为全球质量管理大师、"零缺陷"之父的美国质量管理学家菲利浦·克劳士比（Philip B. Crosby）于1962年首次提出。

"零缺陷"又称无缺点，零缺陷管理的思想主张企业发挥人的主观能动性来进行经营管理，生产者、工作者要努力使自己的产品、业务没有缺点，并向着高质量标准目标奋斗。它要求生产工作者一开始就本着严肃认真的态度把工作做得准确无误，在生产中严格按照产品的质量、成本与消耗、交货期等方面的要求合理安排，而不是依靠事后的检验来纠正。零缺陷强调预防系统控制和过程控制，要求第一次把事情做对并符合顾客要求。开展零缺陷运动可以提高全员对产品质量和业务质量的责任感，从而保证产品质量和工作质量。

克劳士比有一句名言——"质量是免费的"（Quality is free）。之所以不能免费是由于"没有第一次把事情做好"，产品不符合质量标准，从而形成了"缺陷"。美国许多公司常耗用相当于营业总额的15%~20%的成本去消除缺陷。因此，在质量管理中既要保证质量又要降低成本，其结合点是要求每一个人"第一次就把事情做好"（Do it right at first time），即人们在每一时刻对每一作业都需满足工作过程的全部要求。只有这样，那些浪费在补救措施上的时间、金钱和精力才可以避免，这就是"质量是免费的"的含义。

第三节 财务控制

一、财务控制的定义

财务控制（finance control）是指对企业的资金投入及收益过程和结果进行衡量与校正，目的是确保企业目标以及为达到此目标所制订的财务计划得以实现。现代财务理论认为企业理财的目标以及它所反映的企业目标是股东财富最大化（在一定条件下也就是企业价值最大化）。财务控制总体目标是在确保法律法规和规章制度贯彻执行的基础上，优化企业整体资源综合配置效益，厘定资本保值和增值的委托责任目标与其他各项绩效考核标准来制订财务控制目标，是企业理财活动的关键环节，也是确保实现理财目标的根本保证，所以财务控制将服务于企业的理财目标。

从工业化国家发展的经验来看，企业的财务控制存在着宏观和微观两种不同模式。其中财务的宏观控制主要借助于金融、证券或资本市场对被投资企业直接实施影响来完成，或者通过委托注册会计师对企业实施审计来进行，前者主要反映公司治理制度、资本结构以及市场竞争等对企业的影响，后者实际是外部审计控制。

二、财务控制的方法

本章主要讲述财务比率分析法。财务比率可以评价某项投资在各年度之间收益的变化，也可以在某一时点比较某一行业的不同企业，具体有以下几方面内容。

（1）获利能力分析指标。获利能力分析指标包括数量分析指标和质量分析指标。

其中，数量分析指标包括销售利润率、成本利润率、资产收益分析指标、资本收益分析指标；质量分析指标包括收益来源可靠性分析指标、收益时间分布分析指标、收益现金保障性分析指标、现金流量匹配性分析指标。

（2）营运能力分析指标。营运能力分析指标包括总资产周转率、经营性资产周转率、总资产相对节约或浪费额、流动资产周转率、固定资产营运效率、劳动效率及人力资源有效规模。

（3）偿付能力分析指标。缺乏现金流时的分析指标，如流动比率、速动比率、现金比率及资产负债率等；正常情况下分析指标，如现金流量比率、营运现金比率、纳税现金保障率、维持当前现金流量能力保障、营业现金净流量偿债贡献率、自由营业现金流量比率、现金流入短缺率及现金流入余裕率；风险变异性分析，如经营杠杆系数、财务杠杆系数、总杠杆系数；相关支持性分析，如已获利息倍数及非付现成本占营业现金流量比率。

（4）成长性分析指标。成长性分析指标包括销售增长率、净利润增长率、固定资产增长率、总资产增加率及资本保值增值率。

（5）财务预警分析指标。如现金流量适合率、销售现金净流量、销售变动系数、核心业务资产收益率、资金安全率、安全边际率、偿付能力分析、成长性分析与财务预警分析等财务比率指标。

以上这些反映企业经营状况的比率也通常需要进行横向的（不同企业之间）或纵向的（不同时期之间）比较才更有意义。

中小企业的财务控制应当从建立严密的财务控制制度、现金流量预算、应收账款、实物资产、成本和财务风险的控制等方面入手。

中小企业由于经营规模较小、资本和技术构成较低、发展时间一般不长、受自身体制和外部环境影响大等因素，财务控制方面存在一些薄弱环节，如财务控制制度不健全、现金管理不当、实物资产控制薄弱、成本管理粗放、会计人员素质不高。中小企业财务控制中存在的问题是由宏观经济环境和自身因素造成的，针对这些问题，必须结合中小企业的特点，从多方面入手搞好财务控制。

三、财务控制的特征

财务控制的过程是按照一定的程序与方法，确保企业及其内部机构和人员全面落实和实现财务预算的过程，其财务控制的特征如下。

（1）以价值形式为控制手段。
（2）以不同岗位、部门和层次的不同经济业务为综合控制对象。
（3）以控制日常现金流量为主要内容。

财务控制是内部控制的一个重要组成部分，是内部控制的核心，是内部控制在资金和价值方面的体现。

四、财务控制的实施方式

财务控制的实施方式需要创新与整合。

从机制角度分析，财务控制要以致力于消除隐患、防范风险、规范经营、提高效率为宗旨和标志，建立全方位的财务控制体系、多元的财务监控措施和设立按顺序递进的多道财务控制防线。

所谓全方位的财务控制，是指财务控制必须渗透到企业的法人治理结构与组织管理的各个层次、生产业务全过程、各个经营环节，覆盖企业所有的部门、岗位和员工。

所谓多元的财务监控措施，是指既有事后的监控措施，更有事前、事中的监控手段、策略；既有约束手段，也有激励的安排；既有财务上资金流量、存量预算指标的设定以及会计报告反馈信息的跟踪，也有采用人事委派、生产经营一体化、转移价格、资金融通的策略。

所谓按顺序递进的多道财务控制防线，是指对企业采购、生产、营销、融资、投资、成本费用的办理与管理必须由两个人、两个系统或两个职能部门共同执掌，单人单岗处理业务更需要相应的后续监控手续，这种对一线岗位双人、双职、双责的制度可以成为第一道财务防线；能够成为企业安保第二道防线的是在上述制度的基础上建立相关的票据、合同等业务文件在相关部门和相关岗位之间传递的制度、预算和目标；可以成为企业安保第三道防线的是以财务、审计部门能够独立对各岗位、各部门各项活动尤其是财务活动全面实施监督、检查、调节。这样的财务控制手段、方式决不局限于财经制度、财务计划、资金费用定额，它也需要创新，现实企业中创造的诸多具体的、可操作的财务控制方式都值得深入研究及进一步完善。

【知识拓展12-4】

财务控制分类

按照财务控制的时序可将财务控制分为事先控制、事中控制和事后控制三类。

事先控制是指企业单位为防止财务资源在质和量上发生偏差，而在行为发生之前所实施的控制。

事中控制是指财务收支活动发生过程中所进行的控制。

事后控制是指对财务收支活动的结果所进行的考核及其相应的奖罚。

第四节 综合控制

随着竞争的加剧和经营复杂性的提高，现代企业需要进行控制的组织层面越来越高，所要控制的活动范围也越来越广，这就需要企业采用综合的方法对企业运营的整个过程进行控制。在本节中，我们将介绍两种最新的有代表性的控制方法。

一、标杆控制

（一）标杆控制的概念

标杆控制也叫标杆管理。标杆控制是以在某一项指标或某一方面实践上竞争力最强的企业或行业中的领先企业或组织内某部门作为基准，将本企业的产品、服务管理措施或相关实践的实际状况与这些基准进行定量化的评价、比较，在此基础上制定、实施改进的策略和方法，并持续不断、反复进行的一种管理方法。

标杆管理起源于 20 世纪 70 年代末 80 年代初，在美国学习日本的运动中，首先开辟标杆管理先河的是施乐公司，后经美国生产力与质量中心系统化和规范化，是现代西方发达国家企业管理活动中支持企业不断改进和获得竞争优势的最重要的管理方式之一。标杆管理可概括为：不断寻找和研究同行一流公司的最佳实践，并以此为基准与该企业进行比较、分析、判断，从而使自己的企业得到不断改进，进入或赶超一流公司，创造优秀业绩的良性循环过程，其核心是向业内或业外最优秀的企业学习。通过学习，企业重新思考和改进经营管理，创造自己的最佳实践，这实际上是模仿创新的过程。

标杆控制的心理学基础在于人的成就动机导向，让任何个人与组织都设定既富有挑战性又具有可行性的目标，只有这样，个人和组织才有发展的动力。

(二) 标杆管理的实施步骤

一个组织与一个比其绩效更高的组织进行比较，以便取得更好的绩效，不断超越自己，超越标杆，追求卓越，这个组织创新和流程再造的过程被称为标杆管理。标杆管理源于 20 世纪 70 年代末 80 年代初的美国，至今已被全球各国争相使用。在中国标杆管理也广为流传，标杆管理的每一步都顺应公司的发展流程，给公司一个全新的、明确的发展路线。根据一些成功使用标杆管理的企业总结的经验看，标杆管理的六步法可以成功打造一个强大企业。

（1）明确目标，统一思想，成立相关组织机构。具体就是让企业各级人员理解标杆管理的重要性和基本知识，标杆管理工作直接参与人员理解标杆管理的操作思路、掌握标杆管理的相关工具。同时，企业要成立标杆管理领导小组、标杆管理办公室、标杆管理工作小组，明确各类指标归口管理单位，编制企业现状分析报告、标杆管理工作计划。

（2）建立标杆管理体系。标杆管理指标体系反映了企业的关键控制环节，用于衡量企业与对标对象的差距，明确企业需要改进的方向。

【经典案例 12-1】

埃克森—美孚石油公司标杆管理

埃克森—美孚石油公司在进行标杆管理前，调查了 4000 名顾客以寻找影响顾客消费选择的关键点：结果 20%的人认为价格最重要，80%的人认为最重要的是快捷的服务、能提供帮助的员工和对他们的消费忠诚的认可。美孚把这三样东西简称为速度、微笑和安抚，作为对标指标，分别寻找相应的对标对象。

（3）选择标杆管理的对标对象。对标对象是企业定点学习和超越的标杆，对标对象的选择既要切合企业实际，又要考虑对标对象资料数据获取的可能性和获取成本。中国海洋石油总公司在开展标杆管理工作中，选择的对标对象是世界排名第 14 位的挪威国家石油公司而非壳牌等排名第 1、第 2 位的企业。

（4）企业应对选定的标杆对象进行科学、认真的分析，以掌握标杆对象的最佳实践。

（5）学习与改进。企业通过对标分析，明晰与标杆对象间的差距后，组织相关人员拟定改进方案，制订实施计划，实施绩效改进。

(6) 评价与提高。标杆管理是一项基础管理工作，必须及时评价，持续改进。

【经典案例 12-2】

宝钢标杆管理

宝钢是中国最大的现代化钢铁联合企业，在多年的建设与发展过程中着眼于提升企业的国际竞争力，始终坚持技术创新，形成了自己的鲜明特色和优势。为了跻身于世界第一流钢铁企业之林，宝钢在 2000 年引入了标杆管理作为技术创新管理工具，选定了 164 项生产经营指标作为进行标杆定位的具体内容，选择了 45 家世界先进钢铁企业作为标杆企业。

宝钢的标杆管理是比较成功的，其管理成效也非常显著，其将标杆管理运用到企业的各个方面，并且将对标企业选择为本行业的佼佼者，最大可能地为宝钢提供了借鉴优势。同时借鉴了其他行业经验，在特定方面也引用了"外援"。标杆管理的引入和实施为宝钢的技术创新提供了一种可信、可行的奋斗目标，极大地增强了宝钢的技术创新体系对外部环境变化的反应能力。

（三）标杆管理的作用

(1) 方便对比找出差距。通过研究标杆，很容易发现企业管理的问题和不足，同时能够真实感受差距有多少。

(2) 借鉴经验少走弯路。标杆有许多已经在实践中取得成功的管理经验，可以为企业提供模板，减少企业从理论到实践的探索过程，提高效率，节约管理成本。

(3) 有利于确定自己工作的目标和方向，也便于将目标和指标量化，有助于管理措施的落实和推行。

【经典案例 12-3】

美的电器公司标杆管理

美的电器公司以戴尔的供应商管理库存为标杆进行标杆分析后发现，15%距离在 3 天以上车程的远程供应商是影响库存管理的关键。于是美的在顺德总部建立仓库，再把这些仓库租赁给供应商，库存成本仍由供应商承担，这样美的公司的资金占用率降低了，库存成本也下降了。

中海油公司与挪威国家石油公司进行竞争力对标分析时发现：其与挪威国家石油公司的资产规模之比为 1:4，年产量之比也是 1:4，营业收入之比为 1:7，国际化程度为 1:11，研发费用之比为 1:3.5……通过对标分析，中海油认识到了自己与世界水平之间的差距，从领导层到普通的员工都在思想观念上发生了转变，在制度、管理和科研等方面进行了深入的探索和改革。

（四）标杆管理的局限性

虽然作为一种管理方法或技术标杆管理，可有效地提升企业的竞争力，但是企业实施标杆管理的实践已证明，仅仅依赖标杆管理未必一定能够将竞争力的提高转化为竞争优势，有的企业甚至陷入了标杆管理陷阱之中,这就意味着标杆管理还存在许多局限。以企业为例,我们可以进行实证。

1. 标杆管理导致企业竞争战略趋同

标杆管理鼓励企业相互学习和模仿,因此,在奉行标杆管理的行业中,可能所有的企业都企图通过采取诸如提供更广泛的产品或服务以吸引所有的顾客细分市场等类似行动来改进绩效,在竞争的某个关键方面超过竞争对手,模仿使得整体上看企业运作效率的绝对水平大幅度提高,然而,企业之间的相对效率差距却日益缩小。普遍采用标杆管理的结果必然是各个企业战略趋同,各个企业的产品质量、服务甚至供应、销售渠道都大同小异,市场竞争趋向于完全竞争,造成企业在运作效率上升的同时,利润率却在下降。以美国印刷业为例,其在 1980 年利润率维持在 7%以上,普遍实行标杆管理之后,到 1995 年已降至 4%到 6%,并且还有继续下降的趋势。所以,标杆管理技术的运用越广泛,其有效性就越有限。

2. 标杆管理陷阱

科技的迅速发展使得产品的科技含量和企业使用技术的复杂性日益提高、模仿障碍提高,从而对实施标杆管理的企业提出了严峻的挑战。能否通过相对简单的标杆管理活动掌握复杂的技术和跟上技术进步的步伐?如果标杆管理活动不能使企业跨越与领先企业之间的"技术鸿沟",单纯为赶超先进而继续推行标杆管理,则会使企业陷入繁杂的"落后—标杆—又落后—再标杆"的"标杆管理陷阱"之中。例如,IBM、通用电气、柯达等公司在复印机刚刚问世时,曾标杆复印机领先者施乐公司,结果 IBM 和通用电气陷入了无休止的赶追游戏之中无法自拔,最后不得不退出复印机市场。

【管理故事 12-1】

海尔的"OEC"管理

海尔的"OEC"管理不但以自身的先进管理为中国企业树立了学习标杆,而且提供了防止标杆管理中战略趋同的创新理念。这套管理方法学习先进企业基本管理理念,以海尔文化和"日清日高"为基础,以订单信息为中心,带动物流和资金流运行。它激励员工创造并完成有价值的订单,使员工对用户负责,实现了企业管理的新飞跃。并且在学习标杆战略的基础上,突出其企业自身优势,利用海尔的文化创造出本土化的世界名牌。

在学习标杆技术的基础上,海尔进行自身技术创新。海尔以技术创新为本企业实力的坚强后盾,在策略上,着眼于利用全球科技资源,除在国内建立有独立经营能力的高科技开发公司外,还在国外建立了海外开发设计分部,并与一些世界著名公司建立了技术联盟。

二、平衡计分卡

(一)平衡计分卡的含义

平衡计分卡(balanced score card,BSC)是根据企业组织的战略要求而精心设计的指标体系。按照卡普兰和诺顿的观点:平衡计分卡是一种绩效管理的工具。它将企业战略目标逐层分解转化为各种具体的相互平衡的绩效考核指标体系,并对这些指标的实现状况进行不同时段的考核,从而为企业战略目标的完成建立起可靠的执行基础。

平衡计分卡反映了财务、非财务衡量方法之间、长期与短期目标之间、外部和内部、结果与过程、定量与定性等多个方面的平衡，所以能反映组织综合经营状况，使组织业绩评价趋于平衡和完善，利于组织长期发展。

（二）平衡计分卡的本质特征

（1）平衡计分卡是一个系统性的战略管理体系，是根据系统理论建立起来的管理系统。平衡计分卡是一个核心的战略管理与执行的工具，是在对企业总体发展战略达成共识的基础上，通过设计实施，将其四个角度的目标、指针以及初始行动方案有效地结合在一起的一个战略管理与实施体系。它的主要目的是将企业战略转化为具体的行动，以创造企业的竞争优势。

（2）平衡计分卡是一种先进的绩效衡量工具。平衡计分卡将战略分成四个不同角度的运作目标，并依此四个角度分别设计适量的绩效衡量指标。因此，它不但为企业提供了有效运作所必需的各种信息，克服了信息的庞杂性和不对称性的干扰，更重要的是，它为企业提供的这些指标具有可量化、可测度、可评估性，从而更有利于企业进行全面系统的监控，促进企业战略与远景目标的达成。

（3）平衡计分卡可作为一种沟通工具，具备整个系统最基础和最强大的特性。一个精心设计的清晰而有效的绩效指标，能够清楚地描述组织制定的战略并使抽象的远景与战略变得栩栩如生。据调查，实施平衡计分卡之前，不到50%的人说他们知道并理解企业的战略。而在实施平衡计分卡一年之后，该比例上升到87%。

（4）平衡计分卡绩效指标之间的因果关系。平衡计分卡与其他绩效管理系统的差别在于注重因果关系。

（三）平衡计分卡的基本理论

实际上，平衡计分卡方法打破了传统的只注重财务指标的业绩管理方法。平衡计分卡认为，传统的财务会计模式只能衡量过去发生的事情（落后的结果因素），但无法评估组织前瞻性的投资（领先的驱动因素）。在工业时代，注重财务指标的管理方法还是有效的。但在信息社会里，传统的业绩管理方法并不全面，组织必须通过在客户、供应商、员工、组织流程、技术和革新等方面的投资，获得持续发展的动力。正是基于这样的认识，平衡计分卡方法认为，组织应从四个角度审视自身业绩：创新与学习角度、内部流程角度、顾客角度、财务角度。

平衡计分卡反映了财务与非财务衡量方法之间的平衡、长期目标与短期目标之间的平衡、外部和内部的平衡、结果和过程的平衡、管理业绩和经营业绩的平衡等多个方面，所以能反映组织综合经营状况，使业绩评价趋于平衡和完善，有利于组织长期发展。

（1）财务与非财务衡量方法之间的平衡：平衡计分卡不仅有财务方面的指标，还有非财务方面的指标，将财务与非财务指标统一于战略目标下。

（2）短期目标与长期目标之间的平衡：传统的业绩评价系统偏重于对过去活动结果的财务衡量，控制短期经营活动，以维持短期的财务成果，这导致公司在短期业绩方面投资过多，在长期的价值创造方面，特别是有助于企业成长的无形资产方面投资过少，从而抑制了企业未来创造价值的能力。而平衡计分卡的四个计量方面则克服了这一弱点，通过设计出一套监督企业在向未来目标前进的过程中的位置和方向的指标使企业了解自己在未来发展的全方位的情况。

（3）外部（股东和客户）和内部（内部流程/学习和成长）之间的平衡：传统业绩评价方法通常只注重企业内部，而平衡计分卡将评价视野扩大到企业的外部利益相关者，关注如何吸引股东、如何令股东满意和如何赢得顾客等。同时，平衡计分卡还将内部流程与员工的学习和成长这些企业的无形资产作为评价企业成功的因素，作为将知识转化为发展动力的一个必要渠道，从而实现了内外部衡量的平衡。

（4）结果和过程之间的平衡：企业应当清楚其所追求的成果（如利润、市场占有率）和产生这些成果的原因——动因（如新产品开发投资、员工训练、信息更新）。只有正确地找到这些动因，企业才可能有效地获得所需的成果。平衡计分卡根据因果关系，对企业的战略目标进行划分，制订出实现企业战略目标的几个子目标，这些子目标是各个部门的目标，同样各级目标或者评价指标可以根据因果关系继续细分直至最终形成可以指导个人行动的绩效指标和目标。

（5）定量与定性之间的平衡：传统业绩评价系统主要应用定量指标（如利润、员工流动率、顾客抱怨次数），是因为定量指标比较准确。定性指标虽然具有较大的主观性及不确定性，有时还不容易获得，但因其具有较高的相关性、可靠性，且可对数据进行趋势预测，因而平衡计分卡将其引入来弥补定量指标的缺陷，使业绩评价系统更具现实价值。

（四）平衡计分卡的优点

平衡计分卡不仅是一种管理手段，也体现了一种管理思想，同时其要求考核多方面的指标，不仅是财务要素，还应包括客户、业务流程、学习与成长。自平衡计分卡方法被提出之后，其对企业全方位的考核及关注企业长远发展的观念受到学术界与企业界的充分重视，许多企业尝试引入平衡计分卡作为企业管理的工具。

实施平衡计分卡的管理方法主要有以下优点。
（1）克服财务评估方法的短期行为。
（2）使整个组织行动一致，服务于战略目标。
（3）能有效地将组织的战略转化为组织各层的绩效指标和行动。
（4）有助于各级员工对组织目标和战略的沟通和理解。
（5）利于组织和员工的学习成长和核心能力的培养。
（6）实现组织长远发展。
（7）通过实施平衡计分卡，提高组织整体管理水平。

（五）平衡计分卡的缺点

（1）运用平衡计分卡的难点在于试图使其"自动化"。平衡计分卡中有一些条目是很难解释清楚或者衡量出来的。财务指标当然不是问题，而非财务指标往往很难建立起来。

（2）确定绩效的衡量指标往往比想象得更难。企业管理者应当专注于战略中的因果关系，从而将战略与其衡量指标有机结合起来。尽管管理者通常明白客户满意度、员工满意度与财务表现之间的联系,平衡计分卡却不能指导管理者提高绩效,从而达到预期的战略目标。

(3) 当组织战略或结构变更的时候,平衡计分卡也应当随之重新调整。而负面影响也随之而来,因为保持平衡计分卡随时更新与有效需要耗费大量的时间和资源。

(4) 平衡计分卡的另外一个缺点是它很难执行。一份典型的平衡计分卡需要 5~6 个月去执行,另外再需几个月去调整结构,使其规则化。总的开发时间经常需要一年或者更久。同时,衡量指标有可能很难量化,而衡量方法却又会产生太多绩效衡量指标。

【管理故事 12-2】
平衡计分卡应用的成功案例

美孚石油(Mobil Oil)美国营销及炼油事业部于 1993 年引入平衡计分卡,帮助美孚从一个高度中央集权的、以生产为导向的石油公司转变为一个分散的、以客户为导向的组织。产生的结果是迅速和富有戏剧性的。1995 年,美孚的行业利润率从最后一名跃居第一名,并连续四年保持了这个地位(1995—1998 年)。不良现金流发生了戏剧性转变,投资回报率位居同行业榜首。

Brown & Root 能源服务集团(Brown & Root Energy Services)Rockwater 分公司于 1993 年引进了平衡计分卡,用以帮助两个新合并的工程公司明确战略并达成共识,使它们从低成本的小贩转变为有高附加值的合作伙伴。计分卡的设计过程被用于构建团队、鉴别客户价值目标的不同观点以及针对企业目标达成共识。1996 年,该公司的增长和获利率均在本行业位居榜首。

汉华银行(Chemical Retail Bank)(现在的汉华大通)于 1993 年引入平衡计分卡,以帮助银行吸收一家并购银行,引进更为一体化的金融服务,加速电子银行的使用。平衡计分卡明确地说明了战略的重点,并为在战略与预算间建立联系提供了构架。3 年内,其获利率增长了 20%。

(六) 平衡计分卡原理流程分析

平衡计分卡是一套从四个方面对公司战略管理的绩效进行财务与非财务综合评价的评分卡片,不仅能有效克服传统的财务评估方法的滞后性、偏重短期利益和内部利益以及忽视无形资产收益等诸多缺陷,而且是一个科学的集公司战略管理控制与战略管理的绩效评估于一体的管理系统,其基本原理和流程简述如下。

(1) 以组织的共同愿景与战略为内核,运用综合与平衡的哲学思想,依据组织结构,将公司的愿景与战略转化为下属各责任部门(如各事业部)在财务(financial)、顾客(customer)、内部流程(internal processes)、创新与学习(innovation & learning)四个方面的系列具体目标(即成功的因素),并设置相应的四张计分卡,其基本框架如图 12.2 所示。

(2) 依据各责任部门分别在财务、顾客、内部流程、创新与学习四种可具体操作的目标,设置一一对应的绩效评价指标体系,这些指标不仅与公司战略目标高度相关,而且是以先行(leading)与滞后(lagging)两种形式,同时兼顾和平衡公司长期和短期目标、内部与外部利益,综合反映战略管理绩效的财务与非财务信息。

（3）由各主管部门与责任部门共同商定各项指标的具体评分规则。一般是将各项指标的预算值与实际值进行比较，对应不同范围的差异率，设定不同的评分值。以综合评分的形式，定期（通常是一个季度）考核各责任部门在财务、顾客、内部流程、创新与学习四个方面的目标执行情况，及时反馈，适时调整战略偏差，或修正原定目标和评价指标，确保公司战略得以顺利与正确地实行。平衡计分卡管理循环过程的框架如图12.3所示。

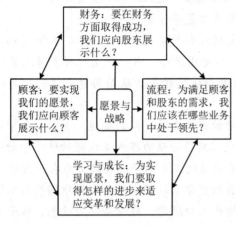

图12.2　平衡计分卡框架图例

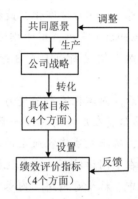

图12.3　平衡计分卡管理循环过程

【知识拓展12-5】

平衡计分卡的起源

平衡计分卡于20世纪90年代初源自哈佛商学院的罗伯特·卡普兰（Robert Kaplan）和诺朗诺顿研究所（Nolan Norton Institute）所长、美国复兴全球战略集团创始人兼总裁戴维·诺顿（David Norton）所从事的"未来组织绩效衡量方法"研究课题。当时该计划的目的在于找出超越传统以财务量度为主的绩效评价模式，以使组织的"策略"能够转变为"行动"。这是一种全新的组织绩效管理方法。平衡计分卡自创立以来，在国际上，特别是在美国和欧洲，很快引起了理论界和客户界的浓厚兴趣与反响。

平衡计分卡被《哈佛商业评论》评为75年来最具影响力的管理工具之一，它打破了传统的单一使用财务指标衡量业绩的方法，在财务指标的基础上加入了未来驱动因素，即客户因素、内部经营管理过程和员工的学习成长，在集团战略规划与执行管理方面发挥了非常重要的作用。根据解释，平衡计分卡主要通过图、卡、表来实现战略的规划。

（七）平衡计分卡的意义

平衡计分卡是绩效管理中的一种新思路，适用于对部门的团队考核。平衡计分卡的出现，使得传统的绩效管理从人员考核和评估的工具转变为战略实施的工具，使得领导者拥有了全面统筹战略、人员、流程和执行四个关键因素的管理工具，使得领导者拥有了可以平衡长期和短期、内部和外部，确保持续发展的管理工具。平衡计分卡因此被誉为世界上最重要的管理工具和方法。

【☆思政专栏12-2】

内卷化效应

内卷化效应是指长期停留在一种简单层面的自我消耗和自我重复现象,没有发展的增长。比如,长期从事一项相同的工作,并且保持在一定的层面,没有任何变化和改观。这种行为通常是一种自我懈怠、自我消耗。内卷化现象广泛出现在社会各个领域中,如家族发展的自我重复、行业发展长期停留在一种简单重复劳作等。

内卷化,亦称过密化,最初由俄裔美国文化人类学家亚历山大·戈登韦泽(Alexander Goldenweiser)提出,用于描述社会文化模式的变迁规律。当一种文化模式进入最终的固定状态时,便逐渐局限于自身内部不断进行复杂化的转变,从而再也无法转化为新的文化形态。

其后,内卷化逐渐演变为对于某种停滞性的经济发展阶段的描述。美国人类学家克利福德·格尔茨在爪哇岛的田野调查当中,将当地不断将劳动力投入至水稻种植等劳动密集型产业里,从而无法将农业生产延伸到更具经济效益的工业生产的现象称为农业内卷化。

而在中国语境下,内卷化概念最初闻名自历史学家杜赞奇对于古代中国经济生活的研究成果中。杜赞奇借用"内卷化"一词描述清代人口爆炸,廉价劳动力过剩,从而无法带动技术革新,使得古代中国的经济形态长期停滞于小农经济阶段的发展状态。

其后,历史学家黄宗智在其著作《华北的小农经济与社会变迁》中,将内卷化总结概括为对于"没有发展的增长"的经济状态的描述。由此,形成了中国社会科学界对于内卷化定义的共识性理解。

由此,中国社会科学领域开始逐渐将内卷化概念延伸至更广泛的研究领域当中,以求借其分析改革开放以来中国社会所存在的诸多问题。总而言之,在当下的互联网语境中,内卷化的具体内涵从最初对于社会文化变迁规律与分析经济发展阶段问题的描述,已逐渐产生了演变。

对于个体而言,内卷化——无论体现在考生之间的升学竞争当中,还是体现在各行各业内日趋普遍化的"996"工作模式当中——更多指代其学习、工作与生活需要投入更多精力与成本,却并不能相应地获得更多回报的"无效努力"的状态。

而对于宏观社会而言,诸多个体的内卷化又能够引发整个行业乃至社会为了实现同一个目标,需要付出同以往相比更多的人力和物力的整体效率下降的状态。

社会生活中内卷化现象可以说无处不在。大到一个社会,小到一个组织,微观到一个人,一旦陷入这种状态,就如同车入泥潭,原地踏步,裹足不前,无谓地耗费着有限的资源,重复着简单的脚步,浪费着宝贵的人生。

本 章 小 结

本章从预算控制、作业控制、财务控制及综合控制四个方面对控制技术做介绍。

首先,介绍预算控制的方法、编制方法、种类、作用及缺点。其次,介绍作业控制技术。着重讨论对成本的控制、库存的控制及质量的控制。讨论了成本控制的概念、分类、对象、方法及原则；库存控制的概念、作用及分类；质量控制的定义、质量管理和控制的三个阶段。再次，论述了财务控制的定义、方法、特征及实施方式。最后，介绍了综合控制技术两种最新的、有代表性的控制方法：标杆控制与平衡计分卡。着重讨论了标杆管理的概念、实施步骤、作用及局限性；介绍了平衡计分卡的含义、本质特征、基本理论、平衡计分卡的优缺点、原理流程分析以及平衡计分卡在企业的实施意义。

复习思考题

1. 管理控制的方法主要包括哪几个方面？
2. 预算控制的主要分类有哪些？
3. 生产控制技术中成本控制的方法有哪些？
4. 简述质量管理和控制的三个阶段。
5. 综合控制的方法中，标杆控制的作用以及标杆管理的局限性是什么？
6. 简述平衡计分卡的含义。
7. 平衡计分卡在企业实施的意义是什么？

自测练习题

案例分析题

参 考 文 献

[1] 周三多，陈传明，刘子馨，等. 管理学：原理与方法[M]. 7版. 上海：复旦大学出版社，2018.

[2] 朱镕基. 管理现代化[M]. 北京：企业管理出版社，1985.

[3] 卢昌崇. 管理学[M]. 2版. 大连：东北财经大学出版社，2006.

[4] 贝特曼，斯奈尔. 管理学（原书第5版）[M]. 北京：清华大学出版社，2004.

[5] 芮明杰. 管理学——现代的观点[M]. 4版. 上海：上海人民出版社，2020.

[6] 郭占元. 管理学理论与应用[M]. 2版. 北京：清华大学出版社，2015.

[7] 罗宾斯. 管理学（原书第4版）[M]. 北京：中国人民大学出版社，1996.

[8] 罗宾斯，库尔特. 管理学（原书第13版）[M]. 刘刚，程熙镕，梁晗，等译. 北京：中国人民大学出版社，2017.

[9] 习近平. 干在实处 走在前列：推进浙江新发展的思考与实践[M]. 北京：中共中央党校出版社，2014.

[10] 习近平. 谈治国理政（1-3卷）[M]. 北京：外文出版社，2020.

[11] 李柏州. 管理学概论[M]. 哈尔滨：哈尔滨工程大学出版社，2003.

[12] 李维刚，白瑷媛. 管理学原理[M]. 北京：清华大学出版社，2007.

[13] 冯占春，吕军. 管理学基础[M]. 2版. 北京：人民卫生出版社，2013.

[14] 卢润德，蒋志兵，蔡翔，等. 管理学[M]. 北京：机械工业出版社，2010.

[15] 郑强国. 管理学：基本理论 实战方法 标杆案例[M]. 北京：清华大学出版社，2020.

[16] 余孝炉，赵洪波. 管理学新编[M]. 北京：机械工业出版社，2019.

[17] 饶静，范晓. 管理学基础[M]. 北京：高等教育出版社，2020.

[18] 张德. 人力资源开发与管理[M]. 4版. 北京：清华大学出版社，2012.

[19] 余伟萍，金卓君，胡豪. 组织变革：战略性ERP价值实现的保障[M]. 北京：清华大学出版社；北京交通大学出版社，2004.

[20] 张凤. 管理学[M]. 北京：中国建筑工业出版社，2015.

[21] 岳澎，黄解宇. 现代组织理论[M]. 北京：中国农业大学出版社，2010.

[22] 全国管理咨询师考试教材编写委员会. 企业管理咨询实务与案例分析：下册[M]. 北京：企业管理出版社，2014.

[23] 邓燊，王福胜. 现代管理学[M]. 上海：上海交通大学出版社，2010.

[24] DAFT R L. 管理学（原书第5版）[M]. 韩经纶，韦福祥，译. 北京：机械工业出版社，2003.

[25] 张国平，唐娟，曹旭平，等. 管理学[M]. 北京：北京交通大学出版社，2016.

[26] 赵洪俊.《党政领导干部公开选拔和竞争上岗考试大纲》学习读本：下册[M]. 北京：党建读物出版社，2004.

[27] 孙健. 领导科学[M]. 天津：南开大学出版社，2008.

[28] 李婉. 组织行为学教程[M]. 广州：暨南大学出版社，2009.

[29] 王杰. 心理学原理与应用[M]. 北京：机械工业出版社，2015.

[30] 程新友. 酒店经理的沟通艺术[M]. 北京：旅游教育出版社，2010.

[31] 孙涤，郑荣清. 议事规则导引：公司治理的操作型基石[M]. 上海：格致出版社；上海人民出版社，2015.

[32] 暴丽艳，徐光华. 人力资源管理实务[M]. 北京：北京交通大学出版社，2010.

[33] 刘永芳. 管理心理学简明教程[M]. 北京：清华大学出版社，2015.

[34] 中国就业培训技术指导中心. 企业人力资源管理师（3级）[M]. 北京：中国劳动社会保障出版社，2014.

[35] 孙艳春，章启庆，林珠兰. 领导科学[M]. 南京：江苏凤凰科学技术出版社，2016.

[36] 波特. 竞争优势[M]. 北京：中信出版社，2016.

[37] 徐帅，潘明喜，张明智. 从战略和战术两个层面实现成本领先：美国西南航空公司的实践和启示[J]. 财务与会计，2015（23）：21-26.

[38] 吕锋. 基于差异化战略的企业管理策略研究[J]. 企业改革与管理，2019（24）：9-10.

[39] 明茨伯格. 战略历程：纵览战略管理学派[M]. 北京：机械工业出版社，2002.

[40] 王迎军，柳茂平. 战略管理[M]. 2版. 天津：南开大学出版社，2013.

[41] 程铁信，付聪. 项目管理[M]. 北京：中国铁道出版社，2011.

[42] 杨加陆，袁蔚. 管理学[M]. 上海：复旦大学出版社，2015.

[43] 焦强，罗哲. 管理学[M]. 3版. 成都：四川大学出版社，2014.

[44] 谭蓓. 管理学基础[M]. 重庆：重庆大学出版社，2014.

[45] 黄海天. 管理学及案例[M]. 上海：上海大学出版社，2014.

[46] 安义中，李丹. 管理学[M]. 成都：四川大学出版社，2013.

[47] 朱舟，周建临. 管理学教程[M]. 4版. 上海：上海财经大学出版社，2017.

[48] 高映红，王华强. 管理学原理[M]. 天津：天津大学出版社，2013.

[49] 田虹，杨絮飞. 管理学[M]. 厦门：厦门大学出版社，2012.

[50] 刘志坚. 管理学原理与案例[M]. 3版. 广州：华南理工大学出版社，2012.

[51] 覃家君. 新编管理学基础[M]. 北京：北京邮电大学出版社，2012.

[52] 李福海. 管理学新论[M]. 成都：四川大学出版社，2011.

[53] 黄东梅，李红梅. 管理学[M]. 北京：中国经济出版社，2013.

[54] 阮文彪. 管理学原理[M]. 北京：中国农业大学出版社，2007.

[55] 王波涛. 管理学概论[M]. 北京：对外经济贸易大学出版社，2007.

[56] 王祥. 管理学[M]. 昆明：云南大学出版社，2007.

[57] 李享章，石红. 管理学[M]. 上海：立信会计出版社，2006.

[58] 王利晓. 管理学基础[M]. 西安：西北大学出版社，2019.

[59] 尤利群. 管理学基础[M]. 杭州：浙江大学出版社，2019.

[60] 李小丽，马香云. 管理学[M]. 西安：西安电子科技大学出版社，2018.

[61] 宋克勤，徐炜. 管理学[M]. 3 版. 北京：首都经济贸易大学出版社，2018.

[62] 徐艳兰，刘珣. 管理学[M]. 上海：上海财经大学出版社，2017.

[63] 白玫. 技术创新与管理创新[M]. 北京：中国经济出版社，2002.

[64] 周治平. 松下冷链（大连）服务创新研究[D]. 大连：大连理工大学，2014.

[65] 陈俊梁，陈洁婷. 原子型组织结构：共享经济时代的组织结构创新[J]. 苏州：苏州科技大学学报（社会科学版），2018，35（3）：12-16+107.

[66] 丰怀方. STS 视域下华为的技术创新模式研究[D]. 武汉：华中师范大学，2020.

[67] 李品媛. 管理学原理[M]. 2 版. 大连：东北财经大学出版社，2012.

[68] 秦志华. 管理学[M]. 大连：东北财经大学出版社，2011.

[69] 李松林，黄方正. 管理学基础[M]. 长沙：湖南师范大学出版社，2013.